中亚五国史研究

哈萨克斯坦卷

蓝琪 著

商务印书馆
The Commercial Press

图书在版编目（CIP）数据

中亚五国史研究. 哈萨克斯坦卷 / 蓝琪著. — 北京：商务印书馆，2024
ISBN 978-7-100-21140-6

Ⅰ.①中… Ⅱ.①蓝… Ⅲ.①哈萨克－历史－研究 Ⅳ.①K360.7

中国版本图书馆CIP数据核字（2022）第077878号

权利保留，侵权必究。

责任编辑：崔蕊满
版式设计：智善天下
封面设计：武守友

中亚五国史研究
哈萨克斯坦卷
蓝琪 著

商务印书馆出版
（北京王府井大街36号 邮政编码100710）
商务印书馆发行
三河市尚艺印装有限公司印刷
ISBN 978-7-100-21140-6

2024年5月第1版　　开本 880×1240　1/32
2024年5月第1次印刷　印张 13　1/4

定价：78.00元

前　言 *

近四十年来，笔者一直致力于中亚通史的构建。2012年，在完成了六卷本《中亚史》（始于石器时代，终于苏联解体）的撰写以后，笔者的研究目标自然转向了独立中亚五国史的研究。

本书主要论述哈萨克斯坦独立后二十七年（1991—2017）的历史。为了让读者对哈萨克斯坦有一个全面的了解，本书上编对哈萨克斯坦的地理，以及1991年以前的历史文化做了一个概述。与六卷本《中亚史》致力于中亚地区共性的研究不同，在概述中，笔者强调的是哈萨克斯坦地理、历史和文化的个性：介绍了哈萨克斯坦的地势、地貌和交通特征，梳理了哈萨克斯坦历史文化发展的基本线索，论述了印欧种人、突厥人、蒙古人、哈萨克人、俄罗斯人在其上的统治，追溯了哈萨克族和哈萨克斯坦国土的形成过程。

在上编中，笔者将哈萨克斯坦的原始文化放在欧亚大陆的大环境中进行比较研究，总结出如下一些观点：哈萨克草原的原始文化兼有欧亚草原东西两端文化的特征，总的来看，它更多地受到了欧亚草原西部文化的影响；哈萨克草原的原始文化与其他地区的原始文化基本上保持着同步发展的势头，其中公元前3000年至前2000年间的博泰文化处于世界领先水平。在探讨民族形成之时，笔者以一章四节的篇幅对哈萨克族的族源、民族的主要部落、民族形成的

---

* 本书为国家社科基金西部项目"中亚五国史研究"（批准号：14XSS001）最终成果。

决定因素和哈萨克族步入世界民族之林诸问题做了详细论述。从种族上看，哈萨克族和乌兹别克族都是蒙古利亚人种与欧罗巴人种融合的结果；从生产方式和生活方式来看，乌兹别克人吸收了河中地区农耕文化的传统，很快接受了伊斯兰教思想，而哈萨克人继续着以往的畜牧游牧生活，长时期内保持了旧的氏族宗法制度和原宗教观念；社会经济生活的差异使哈乌两族朝着不同的方向发展，形成了有明显特征的、可区别的两个民族。笔者认为：在哈萨克民族形成的过程中，哈萨克汗国起到了决定性的作用。

本书以四分之三的篇幅论述了独立的哈萨克斯坦的历史。笔者以2003年为界，将其分为两个阶段：第一阶段（中编）主要论述了独立国家的创建历程。在此期间（1991—2003），哈萨克斯坦政府对内侧重于国家政权机构的建设和社会稳定，对外寻求国际社会认同和保证国家的边界安全。第二阶段（下编）论述了独立国家巩固和发展的历程。在此期间（2003—2017），哈萨克斯坦经历了"颜色革命"的威胁，在政权逐步稳定的形势下，哈萨克斯坦继续着政治、经济和社会改革。在继续对外开放的前提下，哈萨克斯坦注重寻求国际社会的经济支持。

在中编中，笔者着重阐述哈萨克斯坦政治体制、市场经济体系的构建和意识形态的重构，着重研究了哈萨克斯坦在转型过程中出现的民族、宗教和社会问题。

本编以独立以后颁布的宪法和历次宪法修正案为基础阐述了哈萨克斯坦的政治体制。笔者指出：1993年宪法赋予议会（最高苏维埃）很大的权力，1995年宪法和1998年的宪法修正案让总统分享了议会的一些权力，总统权力的一步一步扩大，最终形成了"强总统、弱议会、小政府"的威权政治模式。笔者认为：在政治局面还未充分稳定的条件下，在社会经济基础还不强大的前提下，威权政治在巩固新生政权、维持社会秩序方面起到了积极作用。然而,威权统治只是过渡时期的政治体制,哈萨克斯坦最终要走向真正的民主制度。

在独立国家创建过程中,政党制度是哈萨克斯坦政权构建中的重要组成部分。本书梳理了1993、1995年宪法以及1996年的《政党法》有关政党构建和活动的规定。笔者指出:独立后的第一部宪法(1993年宪法)承认了意识形态和政治多元化,但对政党的建立、地位、作用及活动方式没有明确的定义。1995年宪法对政党的建立和活动做了以下界定:"禁止建立旨在以暴力改变宪法制度、破坏哈萨克斯坦共和国的完整、威胁国家安全以及挑起社会、种族、民族、宗教、阶层和氏族仇恨的社会组织及其活动。"1996年颁布的《政党法》加强了对政党的管理和限制,其中第10条规定:"政党必须在哈萨克斯坦共和国司法部登记,拥有不少于3000名成员,代表哈萨克斯坦共和国半数以上州的政党,方可进行国家登记。"第16条对政党的经费来源有如下规定:"外国法人和公民、外国和国际组织以及有外国人参加的法人不得为政党提供资金。"对政党成员有如下规定:"国家安全机关、内务机关和监察机关下属人员、军人、法官以及外国公民和无国籍人员不得参加国内政党的活动,总统在任期内也要中止政党活动。"在梳理法律的基础上,笔者认为:尽管对政党有着种种限制,但坚持政党政治是哈萨克斯坦现代化民主政治进程中的重要进步,议会的多党制仍然是哈萨克斯坦今后政治体制改革的主要方向之一。

在市场经济的构建中,哈萨克斯坦以私有化为主线对苏联时期高度集中的计划经济体制进行了全面改革。笔者指出:哈萨克斯坦经济转型以价格改革为先导,经历了货币改革、外贸体制改革及其核心部分的所有制改造。在此过程中,尽管哈萨克斯坦选择德国式的"社会市场经济模式"作为本国经济转型的发展模式，计划用15年至20年时间建立较完备的市场经济体制，然而，经济改革的各项措施是激进的。政府拟定在三个阶段内完成经济改革任务：第一阶段实现国有资产非国有化和私有化，以调动劳动者的积极性；第二阶段改变和优化国民经济结构，建立各类要素市场；第三阶段加快发展外向型经济，逐步与国际接轨，跻身于工业化国家行列。笔者认为：经过十多年的经济改革，到2003年，哈萨克斯坦基本上完成了第一阶段的任务，形成了私人、私营、国有、外资、合作等多种经济所有制的经营模式；而第二阶段的任务没有实现，产业结构不合理的现象仍在扩大；第三阶段发展外向型经济的任务仅在引进外资方面取得了成功。

在独立国家意识形态的构建方面，哈萨克斯坦最初以伊斯兰教为价值标准，试图通过伊斯兰思想团结民众，增强社会凝聚力，以达到穆斯林对国家的认同；1997年以后，哈萨克斯坦确立了以爱国主义为核心的新意识形态，弘扬民族历史成为爱国主义教育的重要组成部分。全国掀起了重新审视历史、修正历史、书写历史的热潮，通过恢复历史记忆的种种措施，提升了哈萨克人的自豪感，增强了哈萨克人的国家认同感。

在本编中，笔者还论述了哈萨克斯坦在政治、经济转型中出现的民族问题。哈萨克斯坦是多民族国家，哈萨克族是哈萨克斯坦的主体民族，俄罗斯族在该国人口中居第二位。随着主体民族化的立法和具有民族主义倾向的干部政策的实施，哈俄两族之间的矛盾激化，新兴国家面临分裂的危险。针对这一严峻局面，政府制定了多元统一的民族政策。1995年的宪法修正案做了有利于民族和谐的修订。是年，政府将原来的国家语言委员会改建为国家民族政策委员会，将语言问题提升到民族政策的高度。同年，哈成立了由来自全国各族代表组成的哈萨克斯坦各民族大会。强调主体民族地位的政策发生了变化,族际和谐成为哈萨克斯坦国家制定政策的出发点。1995年以后,哈萨克斯坦在一定程度上改变了独立初期主体民族化的干部任用政策。到1997年,俄罗斯族与哈萨克族之间的冲突基本缓和。笔者认为:哈萨克斯坦的民族政策取得了成效,哈俄两族矛盾的缓和维护了政局稳定和社会和谐,哈萨克斯坦在独立后的二十多年间没有发生过重大的民族冲突。

在本编中,笔者还论述了哈萨克斯坦出现的社会问题。在计划经济向市场经济转轨的过程中,苏联时期的收入与分配体系被打破,哈萨克斯坦出现了两极分化,随之带来了贫困、失业、腐败、毒品等社会问题。笔者认为:两极分化出现的直接原因之一是收入初次分配的不平等,市场化分配机制中存在着诸如垄断等不平等现象,造成了劳动工资分配在不同行业、不同部门之间的差异。

在下编中,笔者论述了哈萨克斯坦2003年以后的政治、经济、社会改革,以及这一时期哈萨克斯坦的对外关系和国际地位。在政治改革中强调了民主化进程,开始了从总统集权制向总统-议会制的过渡;在经济改革中强调了产业结构的调整,开始了多元化经济的实质性调整;在社会改革中注意改善民生,开始了社会保障体系的构建。

笔者梳理了哈萨克斯坦在"颜色革命"期间颁布的法律法规,考察了哈政府应对"颜色革命"的政策和手段。笔者认为,哈政府所采取的一系列措施有效遏制了"颜色革命",保证了国家政权的稳定。

笔者考察了哈萨克斯坦民主化进程。1995年,哈总统纳扎尔巴耶夫提出了"哈萨克斯坦道路"这一概念。此概念包含的具体内容是:"在社会转型期,政治上坚持总统共和制,强化总统权力,坚持大总统、小政府、弱议会的政治格局,确保国家的政治稳定,在此前提下逐步推进民主政治发展。"随着经济的持续发展,推进民主政治的改革于2005年提上日程,纳扎尔巴耶夫在本年的国情咨文中说:"这些年来,我们一直在按'先经济,后政治'的原则推进民主化,2005年应该成为积极推动政治改革年和全民大讨论年。"然而,由于"颜色革命"的威胁,民主政治在2007年才有了实质性的推进。2007年,哈萨克斯坦修改了宪法。本部宪法扩大了议会权力,标志着哈萨克斯坦从总统集权制向总统-议会制过渡。

在本编中,笔者对哈萨克斯坦经济改革的论述集中在产业结构的调整方面。独立之初,哈萨克斯坦经济改革的战略目标是建立市场经济体制,这一目标于2002年初步完成。调整和优化产业结构的任务从国家独立初期就已经开始,然而,由于资金的严重匮乏,实质性进展不大。在经济好转的形势下,2003年以后哈政府制定了《2010—2014年哈萨克斯坦共和国加速工业创新发展国家纲要》和《哈萨克斯坦2020年前国家战略发展规划》等中长期战略,其目标是实现经济多元化。在本编中,笔者从多方面、多视角对哈萨克斯坦经济进行了考察,如考察了现代农牧业的构建、制造业与加工业的建设、能源政策的调整、基础设施的完善、服务业的发展,用大量篇幅论述了哈萨克斯坦多元经济的实践。

在本编中,笔者在论述市场经济建设的基础上,对哈萨克斯坦的社会保障体系做了初步研究,其中探讨了哈萨克斯坦的社会保险制度,以及养老、就业、医疗、教育的保障机制。笔者指出:社会保障是哈萨克斯坦社会改革的重要内容,也是该国政治、经济改革能够顺利进行的社会基础。随着市场经济的深入发展,哈萨克斯坦在就业、养老、医疗、住房、教育等方面实施了改革,保障公民权益的一系列法律和战略规划出台。目前,哈萨克斯坦的社会保障走在了中亚国家的前面，基本上形成了符合本国国情的社会保障体系，这是哈萨克斯坦社会安定团结的保证。

在本编中，笔者还阐述了哈萨克斯坦的外交政策。独立初期，哈萨克斯坦制定了保证国家安全，在互利友好基础上与世界各国发展关系的外交原则，确立了多层次、全方位的外交政策。在外交实践中，哈萨克斯坦首先发展与中亚国家的友好关系，同时确立了发展以俄罗斯为首的独联体国家关系、以美国为首的西方国家关系、以中国为首的周边国家关系和以土耳其为首的伊斯兰国家关系的外交政策。笔者认为：经过二十多年的经营，哈萨克斯坦的外交取得了很大成就，正以有活力、有竞争力的形象出现在国际舞台上，成为国际关系中受欢迎和有权威的参与者。

蓝　琪

2019年1月18日

目 录

上编 悠久的历史文化

第一章 自然地理与原始文化 ... 3
- 第一节 水草丰美的草原 ... 3
- 第二节 畜牧性质的原始文化 ... 7
- 第三节 丝绸之路北道的交通 ... 11

第二章 哈萨克斯坦古代史 ... 18
- 第一节 印欧种人的古国 ... 18
- 第二节 突厥人的汗国 ... 23
- 第三节 蒙古人的帝国 ... 28
- 第四节 哈萨克人的汗国 ... 35
- 第五节 哈萨克人的三个玉兹 ... 43

第三章 民族的形成 ... 53
- 第一节 哈萨克族的族源构成 ... 54
- 第二节 哈萨克族的主要部落 ... 58
- 第三节 哈萨克族形成的决定因素 ... 63
- 第四节 步入世界民族之林 ... 68

第四章 哈萨克斯坦近现代史 ... 75
- 第一节 军管形式的殖民统治 ... 75
- 第二节 不屈不挠的抗俄斗争 ... 82

  第三节 哈萨克共和国的兴衰 88
  第四节 追赶世界的经济进步 96
  第五节 苏联时期的成就与不足 103

第五章 国土的确立 110
  第一节 国土形成的关键因素 110
  第二节 国土确立的决定因素 114

中编 艰辛的建国之路

第六章 走向独立 125
  第一节 无可挽回的解体 125
  第二节 形势逼人的独立 129

第七章 独立国家的创建 134
  第一节 弘扬民族文化的国家标志 134
  第二节 理论上的民主政体 138
  第三节 实践中的威权政治 144
  第四节 形式上的多党制 151
  第五节 从无到有的军队建设 156

第八章 市场经济的确立 161
  第一节 多种形式的所有制改造 161
  第二节 举步维艰的经济结构调整 168
  第三节 借助外资的石油开发 172
  第四节 融入世界的外向型经济 179

第九章 意识形态与宗教、文化 184
  第一节 以爱国主义为核心的意识形态 184
  第二节 以伊斯兰教为主的多元宗教 191
  第三节 以哈萨克族文化为主的多元文化 197

第十章 民族问题与民族政策 202
第一节 哈俄两族的冲突 202
第二节 多元统一的民族政策 209
第三节 哈萨克族内部的利益冲突 215

第十一章 社会问题 221
第一节 两极分化与新贵族 221
第二节 贫困与失业 228
第三节 难以消除的腐败 235
第四节 防不胜防的毒品 240

下编 曲折的"哈萨克斯坦道路"

第十二章 "哈萨克斯坦道路"的核心——民主化 249
第一节 短暂的动荡时期 249
第二节 总统-议会制的平稳过渡 257
第三节 艰难曲折的民主化道路 265

第十三章 多元经济的构建 269
第一节 多元化的经济战略 269
第二节 构建中的现代化农牧业 274
第三节 建设中的制造业与加工业 280
第四节 调整中的能源政策 285
第五节 日益达标的原油加工业 291
第六节 逐渐完善的基础设施 297
第七节 快速发展的服务业 304
第八节 深入发展的外向型经济 310

第十四章 社会改革与社会保障 313
第一节 符合国情的社会保障体系 313

第二节　有待完善的就业保障 318
第三节　关注弱势群体的住房改革 325
第四节　走出困境的养老保障制度 329
第五节　摸索中的医疗保障制度 335
第六节　有待完善的教育保障 340

第十五章　立足本国的对外关系 347
第一节　对话形式的中亚国家关系 347
第二节　渐行渐远的中亚一体化 353
第三节　俄罗斯的战略支柱——哈俄关系 356
第四节　平稳发展的哈美关系 361
第五节　欧盟项目下的哈欧关系 368

第十六章　国际组织与国际地位 373
第一节　积极配合联合国、欧安组织的活动 373
第二节　推动世界和平的"弃核化" 377
第三节　积极参与独联体的活动 383
第四节　外交首选上合组织 388
第五节　促进地区稳定的亚信会议 393

参考书目 399

后　记 404

上编

悠久的历史文化

　　哈萨克斯坦国土横跨亚欧两洲，西临里海，东至阿尔泰山，北依南乌拉尔山脉，南抵天山和图兰低地，图兰低地由东向西一直延伸到里海沿岸。这片土地的大部分被欧亚草原覆盖，自古以来一直是游牧民的家园，其中留下了自己名字的游牧民有：奄蔡、康居、月氏、乌孙、突厥、回鹘、契丹、克烈人（或乃蛮人）、蒙古人。然而，最终给予这片草原名字的是哈萨克人。15世纪中叶，哈萨克人在这片草原上建立的游牧政权被称为哈萨克汗国，这片草原便被称为哈萨克草原。17世纪30年代，哈萨克草原陆续被沙俄军队占领，哈萨克人接受了沙皇俄国的殖民统治。十月革命以后，苏联政府在哈萨克草原上建立了哈萨克苏维埃社会主义共和国（简称哈萨克共和国），哈萨克人开始了现代民族国家的建设。1991年12月10日哈萨克苏维埃社会主义共和国改名为哈萨克斯坦共和国（简称哈萨克斯坦），同年12月16日宣布独立。

第一章
自然地理与原始文化

水草丰美的哈萨克草原是原始人类生活的地方，在此发现了从旧石器时代早期一直到铁器时代的连续不断的文化遗址。哈萨克草原的原始文化兼有欧亚草原东西两端文化的特征，总的来说，它更多地受到了欧亚草原西部文化的影响。哈萨克草原的原始文化与当时其他地区的原始文化保持了同步发展的势头，其中，公元前3000年至前2000年间的博泰文化处于世界领先水平。公元前1千纪初期，畜牧部落开始了游牧尝试，哈萨克草原上出现了以游牧经济为基础的游牧政权。

第一节 水草丰美的草原

哈萨克斯坦西起伏尔加河下游，东至阿尔泰山，北依南乌拉尔山，南至天山山脉。东西长约3000千米，南北宽约1700千米。[1] 在这片幅员辽阔的土地上，除南部地区处于荒漠地带外，全境几乎完全被地处北纬45°—55°之间的欧亚大草原覆盖。

欧亚草原是世界三大草原之一，与北美草原和南美草原两大草原相比，它的面积最大。欧亚草原东西长达约6000千米，南北宽1000千米以上，它以带状形式夹在北部的森林地带和南部的沙漠地

---

[1] 赵常庆编著：《哈萨克斯坦》，社会科学文献出版社，2004年，第1页。

带之间。欧亚草原按地理和生态环境的差异可以分为三个区，即黑海-哈萨克斯坦区、亚洲中部区和青藏高原区。哈萨克草原处于黑海-哈萨克斯坦区的东段，在伏尔加河下游至阿尔泰山之间。哈萨克草原一名兴起于15世纪中叶，在此之前，这片草原先后被称为斯基泰草原、古思草原、钦察草原。哈萨克斯坦国土虽然被欧亚草原覆盖，但境内地形仍然复杂多样，从北向南分布着平原、丘陵、山地、荒漠和半荒漠等多种地形。

纵向观之，哈萨克斯坦地形呈现出草原、丘陵和低地的外貌特征。哈萨克斯坦在北纬47°—55°之间是草原地带。草原地带的北部是稀树草原，往南逐渐进入草原，草原面积大约有140万平方千米，占哈萨克斯坦国土总面积的一半以上。再往南，与草原地带毗连的是哈萨克丘陵（即哈萨克褶皱地）。哈萨克丘陵北接西西伯利亚平原，东缘多山地。它是世界上最大的丘陵，南北最宽处大约达900千米，面积约占哈萨克斯坦的五分之一。哈萨克丘陵以南是半荒漠和荒漠带，从里海一直延伸到阿尔泰山，它们占据了哈萨克斯坦大约15%的国土。其中，图兰低地（图兰平原）占据了很大面积。图兰低地位于北纬35°—47°、东经55°—70°之间，东接天山山脉，西临里海，南抵伊朗高原北部，面积150万平方千米，地势自东向西逐渐降低。图兰平原南部位于亚欧板块和印度洋板块交界处，锡尔河和阿姆河流经境内。

横向观之，哈萨克斯坦呈现出东高西低的特征：东部和东南部有山顶终年积雪和冰川长年不化的巍峨高山，西部有低于海平面几十米的低地。其中，阿尔泰山、准噶尔阿拉套山、天山、外伊犁阿拉套山这组平行山脉耸立在东部。

阿尔泰山呈西北—东南走向，西北高东南低，绵延2000多千米，斜跨中国、哈萨克斯坦、俄罗斯、蒙古国境。在哈萨克斯坦境内分为南、北阿尔泰山,植被垂直分布明显,山地中富藏有色金属,阿尔泰山在蒙语中意为"金山",早期居民在此开采金矿。

外伊犁山(外伊犁阿拉套山)位于哈萨克斯坦东南部,是北天山的支脉,全长350千米,外伊犁山北缘是伊犁盆地的西段,伊犁河从此流过,由此得名。外伊犁山最高峰为塔尔加尔峰(5017米),位于阿拉木图城南面。

天山山系中高峰多达40座,最高峰汗腾格里峰海拔6995米,是天山山脉的第二高峰。值得一提的是天山支脉卡拉套山。卡拉套山全长420千米,从西北向东南延伸,成为中亚地区农牧业的分界线。北部经济基本上以游牧业为主,越过卡拉套山,就进入了农耕地区或绿洲城镇。因此,哈萨克草原又是游牧民进入农耕地区的南北交通要道。

哈萨克斯坦境内河流分布广泛,除季节性河流外,大约有39000条河流。[1]重要的河流有:乌拉尔河、锡尔河、伊犁河、额尔齐斯河,以及伊希姆河、努腊河、萨雷河等。

乌拉尔河是欧亚两洲的界河,它发源于乌拉尔山东南坡,从北向南流经俄罗斯和哈萨克斯坦,在哈萨克斯坦的阿特劳市注入里海,全长2428千米。

锡尔河是哈萨克斯坦南部地区的一条大河,全长2991千米[2],源于天山山脉,由南向北流经塔吉克斯坦、乌兹别克斯坦和哈萨克斯坦中亚三国,在哈萨克斯坦境内注入咸海。锡尔河河水的利用成为哈萨克斯坦与吉尔吉斯斯坦、乌兹别克斯坦两国长期纠纷的焦点。

伊犁河是哈萨克斯坦东南部河流,源于天山山脉,由东南向西

---

[1] 邓铭江:《哈萨克斯坦跨界河流国际合作问题》,《干旱区地理》2012年第3期。
[2] 宋德明、萧志斌:《简明世界地理》,陕西人民出版社,1980年,第47页。

北流经中国和哈萨克斯坦，在哈萨克斯坦境内注入巴尔喀什湖，全长大约1236千米。

额尔齐斯河是哈萨克斯坦东部大河，发源于中国境内阿尔泰山南坡，向西北流入哈萨克斯坦的斋桑湖，出湖后继续向西北流经哈萨克斯坦东北部，然后，在俄罗斯境内汇入鄂毕河，全长4248千米。额尔齐斯河左岸支流伊希姆河源自哈萨克丘陵北缘的尼亚兹山，出境后流入俄罗斯西西伯利亚平原，全长2450千米。

托博尔河是哈萨克草原西北部河流，发源于图尔盖高原，向东北流经俄罗斯西西伯利亚平原，全长1591千米。

哈萨克斯坦境内湖泊众多，大约有48000个。[1]大湖泊有里海、咸海、巴尔喀什湖和斋桑湖。里海是地球上最大的内陆湖，位于亚洲与欧洲交界处，水面面积39万平方千米[2]，湖面低于海平面28米，海岸线长度有7000千米，其中在哈萨克斯坦境内的海岸线有1600千米。

咸海坐落在哈萨克斯坦与乌兹别克斯坦两国交界处，水源主要依赖阿姆河和锡尔河。20世纪初，咸海还是世界上第四大内陆湖，当时它的水域面积达6.8万平方千米；从20世纪中叶起，由于大量的灌溉用水，咸海面积呈现快速萎缩状态，如今咸海面积只有4.1万平方千米。哈萨克斯坦等中亚国家采取多种措施挽救咸海的生态环境，然而，萎缩的进程仍在继续。随着水量减少，水含盐量从原来的9.6%增至15.9%以上，鱼类资源遭受严重破坏，原来生活其间的600多种鱼，现在只能捕到鲟鱼、鲤鱼、鲱鱼和鲻鱼等几十种。[3]

---

1 邓铭江：《哈萨克斯坦跨界河流国际合作问题》，《干旱区地理》2012年第3期。

2 亦有37.4万平方千米之说，见蒲开夫等：《独立后哈萨克斯坦的农业状况》，《俄罗斯中亚东欧市场》2009年第11期。

3 蒲开夫等：《独立后哈萨克斯坦的农业状况》，《俄罗斯中亚东欧市场》2009年第11期。

巴尔喀什湖地处哈萨克草原东南部，东西长约605千米，南北宽8千米至70千米，面积1.82万平方千米[1]，是仅次于里海、咸海和贝加尔湖的中亚第四大湖泊。该湖颇具特色：一个湖泊，两种水质，东咸西淡。

斋桑湖是哈萨克斯坦东部淡水湖，面积原为1810平方千米，1959年斋桑湖水坝建立，水坝以上沿额尔齐斯河直达斋桑湖形成面积为5500平方千米的大水库，湖水平均深度增至11米至13米。

哈萨克斯坦的广袤草原和众多的河流湖泊适宜大量野生动物和鱼类的生长繁殖，为原始人类的狩猎、捕鱼经济提供了最佳条件。在这片草原上栖息的原始人群创造了丰富多彩的原始文化。

第二节　畜牧性质的原始文化

欧亚草原地带上从西向东分布着匈牙利草原、俄罗斯草原、哈萨克草原、准噶尔草原、蒙古草原、满洲草原。这些草原上星罗棋布的优良牧场养育了大批牧民，其中哈萨克草原也是原始人类生活的地区，其自然生态条件非常适宜畜牧业的发展。

考古发现，原始人类在哈萨克草原创造了从旧石器时代早期到铁器时代的连续不断的畜牧文化和小范围的农业文化。目前，在里海东岸发现了旧石器时代早期的、具有中亚本地特征的圆形砾石石器，在阿尔泰山区（戈尔诺阿尔泰州比斯克市南13.5千米处）发现了旧石器时代中期人类居住的洞穴，在捷尼索娃洞第22层遗迹中出土了具有西方勒瓦娄哇技术和莫斯特文化特征的石器。[2] 后者

---

[1]　蒲开夫等：《独立后哈萨克斯坦的农业状况》，《俄罗斯中亚东欧市场》2009年第11期。

[2]　〔日〕关矢晁：《近年俄罗斯阿尔泰地区的考古学状况——1992—1994年旧石器时代、新石器时代的发掘收获》，朱延平译，《华夏考古》1997年第4期。

的发现证实,哈萨克草原在旧石器时代中期就开始了与西方的文化交流。

新石器时代,欧亚大陆按地带形成了畜牧与农耕的分野。在此期间,哈萨克草原出现了原始人类居住的遗址。在距今巴甫洛达尔州东北方200千米的彭基遗址上,发现了长15米、宽7米,呈南—北纵向的居住遗迹,住宅中央有一个直径为2.5米的椭圆形炉灶,靠着北墙和南墙分别另有一个炉灶。从遗址发掘物分析,草原居民开始了从狩猎向驯养动物的过渡。新石器时代早期,哈萨克草原居民还以狩猎、捕鱼和采集为生;新石器时代晚期,畜养家畜的现象出现。彭基遗址的居住遗迹反映了哈萨克草原居民的畜牧经济开始稳定下来。

在铜石并用时期,哈萨克草原著名的典型文化遗址是博泰。博泰位于哈萨克草原北部的彼得罗巴甫洛夫斯克附近,时间大约在公元前3000年至前2000年之间。博泰遗址上出土了30多万块动物骨骸,其中,99.9%是马的遗骸。苏联学者科罗勃科娃在马骨中分辨出被笼头套过的颊片;美国考古学家安东尼等人经研究认为,马在当时已经用于骑乘。这些迹象表明,博泰遗址的居民已经开始驯化野马。在出土的19匹3岁以上成年马的遗骨中,在3匹马中发现了5颗有明显磨损痕迹的牙齿。也就是说,一些马使用过马嚼,并被骑乘了数百小时。[1] 马被骑乘是游牧经济的开端,因此,从某种意义上说,博泰文化是亚洲游牧文化的先驱,在人类历史上有着非常重要的意义。

如果说,野马的驯化在博泰遗址时期还只是科学推断的话,那

---

1 Brown, D. R. etc., "Bit Wear, Horseback Riding and the Botai Site in Kazakstan", *Journal of Archaeological Science*, 1998, Vol. 25, pp. 331-347.

么，在青铜文化时期，这一推断则有了确切的证据。哈萨克草原青铜文化的代表是大约处于公元前2000年至前1000年初、分布范围广泛的安德罗诺沃遗址和处于公元前13世纪至前10世纪的卡拉苏克文化。在以上文化遗址上出土了牛、马、羊等家畜的骨骼，出土的骨镳表明，马在安德罗诺沃文化中期（前15—前12世纪）已经用于骑乘，此后（前12—前8世纪），半游牧经济开始形成。

在青铜文化遗址中，青铜器的使用普遍。在属于安德罗诺沃文化的卡尔宾遗址上发现了开采过的露天矿井、矿石和炼渣。在居住遗址上发现了冶炼和铸造场所的遗迹，冶炼者有用黏土模具浇注的，也有石材复合模具浇注的，铸造的青铜器种类繁多，有斧、矛、镞、刀、短剑、锛、凿、锯、镐、鱼钩、锥、针等。由此推断，哈萨克草原已经出现了专门制作青铜器的手工业者。

卡拉苏克文化广泛分布于哈萨克草原中部地区，在该文化遗址上发现了采铜和冶铸铜器的工场遗迹。在杰卡兹干（Jezkazgan）遗址上发现了开采过大约100万吨矿石的矿场。[1] 从卡拉苏克文化的青铜器分析，其上居民掌握了在铜中添加砷和锡的青铜冶炼技术。

随着金属工具的使用，哈萨克草原的原始居民出现了贫富分化的迹象。安德罗诺沃文化遗址大多数是墓地遗迹，它们是一些不高的土冢。土冢的周围有石板砌成的圆形围垣，直径为5米至33米不等，有些围垣互相衔接成网状。一般而言，墓内随葬品不多，多为陶器、青铜器、木器和骨制品；在规模较大的墓中发现了金器。从葬式和随葬品来看，贫富差异的现象已经出现。

在安德罗诺沃文化遗址上发现了村落的遗迹，它们一般分布在

---

[1] Denis Sinor, *The Cambridge History of Early Inner Asia*, Cambridge University Press, 1990, p. 85.

河流下游沿岸，总面积在1万平方米以上。村落居住地建筑了10座至20座不等的圆形或长方形半地穴式房屋，屋顶以圆木柱支撑，房内有贮藏窖，以及炊用的泥灶和取暖的石灶。在阿列克谢耶夫卡（Alekseevka）遗址上有长方形房屋12座，面积均不超过250平方米，中间有隔墙。除半地穴式房屋外，还发现了建筑在平地上的茅舍遗迹。在下一个时期，即铁器时代，居住遗址层变薄了，这一变化证明了游牧经济的流动性特征。

早期铁器时代文化遗址在阿姆河下游三角洲、咸海东岸、哈萨克中部草原都有发现，在铁器时代的遗址中，铁器并不多见，大多数遗址发掘出土的生产工具仍然是青铜器。然而，这些遗址更多地呈现出从畜牧部落向半游牧或游牧部落演变的特征，真正意义上的"游牧人"开始出现。

处在公元前10世纪至前8世纪之间的丹迪贝-比加泽（Dandybay-Begazy）遗址是哈萨克草原具有代表性的铁器时代文化遗址。该遗址出土的骨制笼头是当地的首次发现，笼头是马被驯化用于骑乘的有力证据。该遗址上的文化层不厚，反映出定居时间不长，由此可以推断，其上居民已经从畜牧业过渡到了随季节性迁徙的半游牧生活。

由于马与骑乘技术的推广和运输工具的改进，青铜时代的畜牧者在公元前1千纪初完成了向游牧的过渡。迁徙导致了部落的重组和部落牧地的重新分配，于是，掌握分配权力和保护部落安全的部落首领有了更大的权力。随着权力的制度化，他们逐渐成为专制小君主，大型陵墓的建筑反映了上层建筑的这一变化。

丹迪贝-比加泽墓地最具代表性的建筑是陵墓。陵墓呈正方形，墓有入口，墓内有一两个墓室，墓顶盖有石板。比加泽墓的独特之处一是墓中设有祭坛，祭坛上放置着祭祀器物和献祭品；二是墓室中放有桌子，桌上放置着日常用品（多为陶器）、装饰品、武器。从墓的规模和随葬品的丰富程度来看，在此曾出现过某种形式的政权。

哈萨克草原铁器时代的又一个典型遗址是咸海东岸的塔吉斯肯（Tagisken）墓地。在塔吉斯肯高原上发现了汇集70多座墓的墓地，它们遍布在高原北部至咸海以东地区，被统称为塔吉斯肯文化，时间大约在公元前1千纪初。在塔吉斯肯文化遗址中，每一块墓地都由几个大墓及周围或其间的小墓构成，这些小墓或者附属于大墓，或者成群地环绕在大墓周围。大墓所附属的小墓数目不等，最多的有7个，最少的也有3个。塔吉斯肯墓的形制为墩丘状坟冢，用未焙烧生砖建造，大墓建筑一般采用长54厘米、宽28厘米、高10厘米至12厘米或长48厘米、宽32厘米、高10厘米至12厘米两种规格的生砖砌成，小墓的生砖规格各异、无定式。大墓的中央墓室和墓内走廊上摆放着丰富的陶器、青铜器、金制饰品等随葬品。

从多个小墓围绕一个大墓排列的建制和大、小墓的形制来看，塔吉斯肯大墓和丹迪贝-比加泽大陵墓的主人绝非是只能号令一个部落的首领，而是能够指挥庞大人群的专制君主。哈萨克草原开始迈入文明时代。

第三节　丝绸之路北道的交通

按地理和生态环境的特征划分，哈萨克草原属于欧亚草原西段的黑海-哈萨克斯坦区，但按实际所处的位置（伏尔加河下游至阿尔泰山）来看，它在欧亚草原带的中间位置，是东西草原联系的桥梁。哈萨克草原是原始人类东来西去的必经场所，为人类的交流做出了贡献。

哈萨克草原东邻蒙古草原，阿尔泰山脉是它们的分界线；西接东欧平原，伏尔加河是它们的分水岭。然而，阿尔泰山和伏尔加河都未成为哈萨克草原与外界交通的自然障碍。阿尔泰山系在哈萨克草原上的海拔为2300米至2600米，阿尔泰山前地区经长时间风化侵蚀，只是一片地势较为平坦的多沙丘、盐沼的丘陵地带，不可能成为哈萨克草原与蒙古草原交通的障碍。可以说，正是哈萨克草原的山脉隘口和走廊起到了交通的作用。至于哈萨克草原与东欧草原分界线的伏尔加河，不仅不是难以逾越的鸿沟，而且还是东西方交通的途径，人类利用船的时间早于车辆，而在冰封时期，封冻的河面也常常以陆路交通的形式便利了交通。作为欧亚两洲分水岭的乌拉尔山也不是东西方交通不可逾越的阻碍。乌拉尔山久经销蚀，山势一般不高，平均海拔在500—1200米，当它逶迤南下至北纬51°之处时，往南留下的是一片宽阔平坦的沙漠，这片沙漠与东欧平原相连。

从考古发掘中可以认定，欧亚草原是原始人类东迁的过道。考古资料表明，哈萨克草原在旧石器时代中期已经成为东西方文化交流的通道，西方的石器技术经哈萨克草原传入阿尔泰地区，然后由此向东传播到蒙古高原。青铜时代，哈萨克草原与东西方的联系更加频繁。其中，分布范围广泛的安德罗诺沃文化，西与东欧的木椁墓文化、东与西伯利亚森林地带文化、南与阿姆河畔的塔扎巴格雅布文化都发生过接触。

公元前3千纪中叶，野马在欧亚草原上被驯化成功，最初用于拉车，马车的速度比牛车快，为远距离流动提供了前提。公元前3千纪末叶，欧亚草原上的牧民，特别是欧亚草原西部的南俄草原上的牧民开始向南方各农耕文明发起攻略。公元前2千纪中叶，欧亚非三洲的区域文明——爱琴海流域的克诺索斯文明、美索不达米亚文明、埃及文明、印度河文明和华夏文明——遭到了来自草原的冲击。当马被进一步驯化成为骑乘工具之时，畜牧民开始了游牧生活，马背上的游牧民在几个月的时间内可跑上几千里，东、西草原的交流便捷快速起来。

走的人多了便成了路。欧亚草原在北纬50°左右的地带形成了一条交通大动脉，这就是如今定义的草原之路。草原之路西起顿河注入黑海的海口城市塔奈斯，经哈萨克草原，抵达希罗多德所说的阿尔泰山支脉石头平原。草原之路东去的道路并不止于阿尔泰山，从阿尔泰山南麓经科布多盆地后沿杭爱山北部向东抵达蒙古高原；从杭爱山北部向东到鄂尔浑河流域，经漠北草原南下可抵达中国中原地区的洛阳。

从公元前1千纪初叶起，草原之路上从东向西运输的主要商品是黄金。在阿尔泰山开采的黄金源源不断地运往黑海沿岸，再流向西方，在希腊产生了以铸造黄金闻名的迈锡尼文化。公元前7世纪至前5世纪，为了寻求黄金，斯基泰人奔走在这条道路上，而黄金也成为斯基泰文化的载体留传后世。

在丝绸之路开通之前，由草原之路输往中国内地的主要商品并非黄金而是玉石。自殷周以来，中原贵族社会内建立起一套礼制，玉石成为行礼时所用礼器的重要材料之一，需求量很大。中国运往西方的商品主要有丝绸、漆器、铜镜等，这些商品受到西方商人的青睐。

草原之路上有名的遗址是巴泽雷克墓遗址和塔尔加尔古城遗址。在巴泽雷克墓出土了中国的丝织品，在5号墓中出土了中国产的金属镜子一面，此外还出土了米底或波斯的大毛毯。出土物反映了公元前5世纪草原之路上的交换和贸易，证实了哈萨克草原在东西方交往中的地位。

塔尔加尔古城地处天山支脉塔尔加尔山山脚，遗址距阿拉木图城南大约35千米处。塔尔加尔是从草原之路转向丝绸之路北道的商旅整顿的落脚处，从此经碎叶城可以东去，南下经塔拉斯可进入丝绸之路中道。城呈正方形，中心区域350米×450米，遗址上有8至9世纪、10至12世纪两个文化层。古城出土了中国钱币、瓷盘子、中国人像，今藏于阿拉木图中央国家博物馆。

蒙古帝国时期，在哈剌和林与黑海东北岸之间的草原之路上建立了驿站，经此路到蒙古帝国的旅行者络绎不绝。随之，花剌子模绿洲的玉龙杰赤城成了草原之路的重要枢纽。由此前往伏尔加河流域、黑海沿岸、君士坦丁堡的草原之路西段繁忙起来，贩马贸易在其中占有重要地位，据《金帐汗国兴衰史》记，钦察草原的马运往北印度的最多，有时一个商队贩运的马匹可达6000匹。这一时期经草原之路旅行的有意大利人柏朗嘉宾、法国佛兰德斯人威廉·鲁布鲁克、小亚美尼亚（西里西亚）的国王海屯。

柏朗嘉宾受教皇英诺森四世派遣出使蒙古帝国，于1245年从法国里昂启程，1246年7月抵达蒙古帝国都城哈剌和林。以后，柏朗嘉宾用拉丁文写了一本出使报告《蒙古史》，此书的汉译名为《柏朗嘉宾蒙古行纪》。据此书，柏朗嘉宾一行从法国里昂出发，经波希米亚、西里西亚（今波兰西南部希隆斯克地区）、沃里尼亚（今乌克兰西部地区）、乞瓦（今基辅），来到伏尔加河拔都驻地萨莱城，后穿越里海和咸海北部的康里人居住区，经锡尔河下游向南至讹答剌城，讹答剌城位于哈萨克斯坦奇姆肯特市阿雷思河和锡尔河交汇处；此后，沿巴尔喀什湖进入中国新疆的叶密立城，由此经额尔齐斯河上游越阿尔泰山抵达哈剌和林。据记载："我们以极快的速度骑马前进，每天要换五次或七次马。在穿过沙漠时，则供给我们以能够支持长期奔跑的较好和较强壮的马。"[1]

威廉·鲁布鲁克于1253年春受法国国王路易九世的派遣出使钦察草原，以后写了一部《东方行纪》，汉译书名为《鲁布鲁克东行纪》。鲁布鲁克在书中记录了旅行路线，从地中海东岸的阿卡城出发，抵达君士坦丁堡（今伊斯坦布尔），从君士坦丁堡向东北穿越黑海，来到拔都萨莱城，以后到了里海和咸海北部，鲁布鲁克写道："有的时候我们一天换二三次马。……在二三十匹马中，我们总是骑最坏的马，因为他们（拔都使者）总是在我们之前把较好的马挑选去。"[2] 过咸海以北草原后，沿锡尔河东南行至塔拉斯河流域，当地人引水灌溉了整个地区。"这条河不流入任何海，而是被土地所吸收，并形成若干沼泽。"[3] 此后，他们穿越巴尔喀什湖东南平原，在名为海押立的地方休整了12天，海押立地处今哈萨克斯坦科帕尔城一带，是进入楚河流域和钦察草原之地；从海押立出发继续向东北进发，途经阿拉湖，向东北行至塔尔巴哈台山，塔尔巴哈台山位于今新疆塔城市北面，山脉横卧在哈萨克斯坦与中国的边界线上。

小亚美尼亚国王海屯于1254年动身前往蒙古觐见蒙哥大汗。他先抵达卡尔斯（今土耳其卡尔斯），拜见了拜住将军，然后，北上经过打耳班去觐见拔都及其子撒里答。5月13日，海屯一世一行从萨莱城出发，渡过乌拉尔河，经楚河流域、渡额尔齐斯河、越阿尔泰山，于9月13日抵达哈剌和林。1255年回到小亚美尼亚后，随员乞剌可斯执笔，将经蒙古旅行记录下来，名为《海屯王中亚纪

---

[1] 〔英〕道森编：《出使蒙古记》，吕浦译，周良霄注，中国社会科学出版社，1983年，第57页。

[2] 同上书，第150页。

[3] 同上书，第152页。

行》，收入《亚美尼亚历史》中。

公元 6 世纪，隋唐中国成功地在天山北麓开拓了丝绸之路北道。[1] 裴矩记载："北道从伊吾，经蒲类海铁勒部，突厥可汗庭，度北流河水，至拂菻国，达于西海。"[2] 此处的突厥可汗庭是地处碎叶城的西突厥可汗庭，北流河水指今哈萨克斯坦与吉尔吉斯斯坦的界河楚河。西突厥可汗庭所在的碎叶城在今托克马克东南，托克马克处在草原之路与丝绸之路北线的交汇处，从此地出发北上进入哈萨克斯坦与草原之路相接。

在联合国教科文组织列入"丝绸之路：长安—天山廊道的路网"的 33 处遗产中，哈萨克斯坦境内有 8 处。其中塔尔加尔古城、阿克托贝遗址、库兰遗址、奥尔内克遗址、阿克亚塔斯遗址、科斯托比遗址（怛罗斯古遗址）是丝绸之路北道转向草原之路的重要商贸之城，也是草原之路向南进入中亚南部绿洲的重要中转城市。

在目前的文献中，较早沿草原之路进入丝绸之路北道的旅行者是 6 世纪后期拜占庭帝国使节蔡马库斯。据拜占庭史家弥南德记载，蔡马库斯一行在返回拜占庭途中，渡欧克河，复经长途而抵大湖，来到亦克河，又到得嶷黑河和阿提拉河，后经特拉布松城乘船至君士坦丁堡。在以上地名中，如今可以确定的是：欧克河即药杀水（今锡尔河），大湖指咸海，亦克河指从东北注入里海的恩巴河，得嶷黑河指乌拉尔河，阿提拉河指伏尔加河。可以说，西突厥与东罗马之交通大致是从丝绸之路北道进入草原之路进行的。

丝绸之路北道以后成为东西方使节频繁往来的路线。中国道教

---

[1] 有学者认为，丝绸之路北道开通于公元 1 世纪至 5 世纪，最初只是车师后王国（今吉木萨尔县）与敦煌之间的交通，到唐代时已经发展为贯穿中原地区与天山北麓，以至中亚、西亚地区的交通路线。

[2] 《隋书》，中华书局，1973 年，第 1579 页。

真人丘处机、奉蒙哥大汗之命西行的常德都是从草原之路南下,后经塔拉斯流域进入丝绸之路中道:从山东登州(今山东蓬莱)出发至燕京(今北京),出居庸关,北上克鲁伦河畔,向西行至镇海城(今蒙古国哈腊乌斯及哈腊湖南岸),向西南经准噶尔盆地至赛里木湖,南下经锡尔河北岸到河中地区,最终目的地是阿富汗的八鲁湾。[1]

草原之路沿怛逻斯河(今塔拉斯)河畔南行可与丝绸之路中道相接。从草原之路的科斯托比遗址南下二百余里可抵白水城(今哈萨克斯坦南部奇姆肯特东南),再西南行至恭御城和笈赤建国。恭御城-笈赤建国遗址在今奇姆肯特城(古称扫兰)附近。奇姆(Shym)意为草地,肯特(Kent)意为城,奇姆肯特意为"草地之城",此处地貌以草原为主,小块绿洲点缀其间。从奇姆肯特再往南可至丝绸之路中道经过的费尔干纳盆地和泽拉夫善河流域。

在人类持续不断的迁徙和交流中,哈萨克草原的原始居民吸收了东西方文化成分,创造了从旧石器时代一直到铁器时代的不间断的原始文化。如今,哈萨克人认识到自己在欧亚地区的位置,哈萨克斯坦总统纳扎尔巴耶夫曾在国情咨文中说:"我还想强调一点:哈萨克斯坦位于欧亚交通运输中心地带,我们应从维护本国和国际社会利益出发利用这个独特的地理位置。"在2006年的国情咨文中,他又强调:"哈萨克斯坦面临的基本任务是融入欧亚运输体系。发展交通运输体系应该保证哈萨克斯坦作为欧亚桥梁的地缘优势。"

---

[1] 杨建新主编:《古西行记选注》,宁夏人民出版社,1987年,第187页。

第二章

哈萨克斯坦古代史

公元前7世纪至前5世纪期间，哈萨克草原迎来了第一个游牧政权——斯基泰王国。此后，一个个游牧政权的兴起、形成、发展和衰落是哈萨克草原古代文明的主要内容。在哈萨克草原上留下了名字的游牧政权有：奄蔡国、康居国、乌孙国、西突厥汗国、葛逻禄汗国、喀喇汗王朝、西辽、钦察汗国、白帐汗国和蓝帐汗国。15世纪中叶，成吉思汗长支后裔在哈萨克草原建立了自己的游牧政权——哈萨克汗国。18世纪30年代初，哈萨克汗国分裂成了大、中、小三个玉兹，分裂的中、小玉兹投靠了沙皇俄国，大玉兹先后接受了准噶尔汗国和清王朝的保护，哈萨克草原步入了近代史。

第一节 印欧种人的古国

公元前7世纪至前5世纪活跃在哈萨克草原上的是斯基泰人。斯基泰人最初生活在蒙古高原西北草原，在叶尼塞河源头的萨彦岭已经发现了属于他们的墓地。对有代表性的图瓦沙皇谷（前9世纪末或前8世纪初）和安罗加（Anloga）金字塔式陵墓（前8世纪—前7世纪）的研究可以证明，斯基泰人来到哈萨克草原之前，已经建立了超越部落的较强大政权。两地墓冢的明显特征是规模宏大。沙皇谷中的阿尔宗（Arzon）二号墓直径有80米，高2米；安罗加墓地中有直径达120米、呈三重同心圆的布局。从这些墓的布局和规模来看，斯基泰社会不仅产生了财富分化，而且出现了能够调动大批人力和畜力的集权。

考古研究的推断得到了文献记录的证实。古希腊历史学家希罗多德写于公元前5世纪的《历史》反映了斯基泰人阶级分化和政权存在的情况。据《历史》记载，在公元前7世纪至前5世纪，斯基泰人生活在由首领统治的部落中，部落首领称王，王的权力是世袭的，尽管还受到武士会议的限制。在斯基泰人中间有王族和奴隶之分，臣属于斯基泰王的部落要向王室部落缴纳贡赋，并为王及部落贵族提供服务。有学者认为，公元前7世纪至前5世纪的斯基泰社会处于早期的阶级社会[1]；另一些学者则认为，斯基泰人仅仅处于迈入国家的阶级关系的门槛边。[2] 毋庸置疑的是，斯基泰人在从哈萨克草原向黑海北岸西迁以前已经迈入阶级社会，存在着强大的王权。

斯基泰人的迁移促进了欧亚草原游牧民之间经济的交流与融合，使欧亚草原地带的游牧民和半游牧民的生活方式趋于一致，最终形成了统一的斯基泰-西伯利亚文化。尽管欧亚草原各地文化存在着差异，但游牧文化中武器、马、动物艺术三位一体的特征仍然十分明显。

公元前2世纪，在咸海至里海北岸草原[3]游牧的奄蔡人建立了自己的国家。《史记·大宛列传》称之为奄蔡国，《汉书·西域传》称之为阿兰聊国，希腊、罗马人称之为阿兰尼（Alani）、阿息国。

奄蔡国在公元前2世纪已经形成，统治者由西拉锡（Siraci）

1　A. I. Terenozhkin, *Kimmeriytsî*, Naukova dumka, 1976; A. M. Khazanov, *Sotsialnaya Istoriya Skifov*, Nauka, 1975.

2　M. I. Artamonov, *Sokrovishcha sakov*, Iskusstvo, 1973.

3　对于奄蔡的地理位置，史学界有不同的看法。有的认为在黑海东北，如丁谦的《西域传考证》；有的认为在里海北，魏源、徐继畬持此看法；有的认为在咸海周围，如苏北海先生；有的认为在咸海和里海北边草原地带，如日本学者松田寿男。

和阿奥西（Aorsi）两个氏族的成员担任，据斯特拉波的《地理志》记载，公元前2世纪，在里海和顿河之间的草原上存在着以西拉锡氏和阿奥西氏为首的两个政权。奄蔡国的军队以骑兵为主，斯特拉波在同一书中还记载说，西拉锡王阿比喀斯（Abeacus）能够调动两万骑兵，阿奥西王斯巴迪努斯（Spadinus）能够指挥20万人马。[1]对此，中国史书《史记》也有记载说："奄蔡……控弦者十余万。"依此观之，奄蔡比当时"控弦者数万"的乌孙国和"控弦者八九万"的康居国都强大。从古希腊罗马史书和亚美尼亚、格鲁吉亚的编年史中，我们可以知道奄蔡（阿兰）骑兵作战的武器是与萨尔马特人相似的。

到公元1世纪，奄蔡国的统治氏族不再是西拉锡氏和阿奥西氏，而是阿兰氏，因此，奄蔡国被史书记为阿兰国。罗马帝国后期的历史学家阿米亚努斯·玛尔塞利努斯（330—390）所著《晚期罗马帝国史》一书说，在1—3世纪期间，阿兰人是一支大势力，频繁威胁着罗马帝国在多瑙河沿岸和小亚细亚较为僻远的领地，还深入到高加索地区，在公元初的两个世纪中，奄蔡人屡次袭击了南高加索和邻近地区。72—74年间，奄蔡攻入安息王朝领地南高加索和亚美尼亚。大约136年，一支两万人的安息国步兵落入阿兰人的圈套，经过浴血奋战才得以脱离险境。正是此时，奄蔡东面的康居国强大起来，奄蔡沦为康居的附庸国。直到3世纪，奄蔡才摆脱康居，再度兴盛，从咸海到顿河、从乌拉尔山到高加索的大片草原是他们的游牧地。4世纪中叶（在350—374年之间），奄蔡国被匈人击败，其王被杀，奄蔡国灭亡。

亡国以后，一部分奄蔡人（阿兰人）迁到高加索，另一部分迁

---

1 〔古希腊〕斯特拉波：《地理学》（XI, 5.8）。

到欧洲。留在高加索的阿兰人以后臣属于突厥。在蒙古西征中，阿兰人受到沉重打击，残存者迁到高加索山区和南奥塞提亚，学界认为，今高加索地区的奥塞梯人是阿兰人的后裔。

公元前2世纪，康居人在哈萨克草原南部建国。康居人是游牧民族，游牧范围大致在哈萨克草原南部与锡尔河中下游一带，康居人最迟在公元前2世纪后期建立了自己的国家。康居国东界乌孙，西达奄蔡，南接大月氏，东南临大宛，约在今巴尔喀什湖和咸海之间，以塔拉斯河畔的卑阗城为都。

康居国南、北部分别是农业和游牧区，农业区中间的城镇分别被五小王统治。康居国是一个比较成熟的国家，据中国史书记载，康居国的中央政权实行双王制，最高统治者有"康居王"和"康居副王"，除此之外，统治集团中还设置了有等级之分的官职，即"康居太子"、"康居贵人"、"王子"和"翕侯"。其中，翕侯可能是部落贵族，地位尊贵，拥有实权，每遇大事，国王与翕侯商议，对此，《汉书·匈奴传》记载："康居王数为乌孙所困，与诸翕侯计。"

公元前2世纪后期，康居国的人口不多，军队只有八九万人。与当时东部的匈奴国相比，康居地小兵弱，只能算小国；与南面的大月氏政权相比，国力不敌，是月氏的臣属国。在公元前后之交，康居国开始强大起来，人口达到60万，强兵12万，并开始了向外扩张。康居国西边领土延伸到里海，"王冬治乐越匿地，夏所居蕃内"。据岑仲勉先生考证，"乐越匿"在锡尔河下游，"蕃内"在咸海、里海以北。[1] 两地相距数千里，康居人在此数千里之内游牧。

公元2世纪上半叶，康居国南面的贵霜帝国强盛起来，康居国沦为它的属国，康居国原有的属国和属地也陆续归附贵霜帝国。尽

---

1 岑仲勉：《汉书西域传地里校释》，中华书局，1981年，第246—249页。

管如此，康居国仍然是哈萨克草原的一大强国，这种状况持续到公元4世纪，康居国才不复存在。学界认为，康居国的灭亡与阿尔泰山南下的游牧民嚈哒人有关，据中国史书记载，嚈哒国国王之妻曾派康居国人康符真出使中国南部政权梁朝贡献，这一记载表明康居国已经臣属于嚈哒国。

继康居国之后在哈萨克草原上建立政权的是乌孙人。乌孙自称昆人（又译混夷），最早生活在今中国宁夏的固原地区。固原地处六盘山脉，多山谷草场，宜于放牧。公元前11世纪（商末周初），昆人强大，《孟子·梁惠王章》中"文王事混夷"的记载可以说明。然而，到公元前4世纪后期，昆人被日益强大的秦国打败，西迁河西走廊，与月氏为邻。公元前177/176年，月氏在被匈奴人打败之后西迁，进入昆人牧地，杀其王难兜靡，昆人的国家灭亡。昆人离开了河西走廊，他们携带难兜靡之子猎骄靡投奔匈奴，并改名乌孙。大约公元前133—前129年间，猎骄靡开始了复仇之战，率军西征大月氏。战败的大月氏人再次西迁[1]，乌孙占据伊犁河流域，在此建立了乌孙国。

乌孙国疆域东与匈奴相邻，抵达天山东部，西与大宛相邻，抵达今纳伦河流域，北接康居，抵伊塞克湖畔，南临中亚河中定居国家。与康居国一样，乌孙国也实行双王制，国王分大、小昆莫（又译昆弥、昆靡），王位的继承基本上实行长子继承制，但也有兄终

---

[1] 关于乌孙迫使大月氏西迁阿姆河的时间，也有两种说法。一说始于老上单于时期，即公元前174—前161年；一说始于军臣单于时期，即公元前161—前126年。据西方史料记载，大约公元前129年，帕提亚国王弗拉特二世（公元前139—前128年在位）西征塞琉古王朝的叙利亚王国，但因盘踞在粟特和巴克特里亚等地的阿色尼人和吐火罗人等塞克人从东北部大举入侵，而不得不转而同塞克人作战。因而可推知乌孙迫使大月氏人南下的时间可能是公元前130年，本书采用后一种说法。见余太山：《塞种史研究》，中国社会科学出版社，1992年，第58页。

弟及的情况。辅佐国王的官员有大禄、左右大将、侯（即翕侯）、大将都尉、大监、大吏、舍中大和骑君八级。大禄相当于丞相，负责国家的民事和军事。左右大将各一人，专司军事。侯负责地方或部落的军政事务。昆莫、大禄、左右大将和侯在乌孙国掌握实权。乌孙国保留着氏族公社残余的贵族议事会议，它在乌孙国内还发挥着重要的作用。据《汉书·西域传》记载，翁归靡本想让长子元贵靡继承王位，而乌孙贵人共从本约，立岑陬子泥靡代为昆靡，可见氏族制残余在乌孙国的影响。

公元1世纪晚期，乌孙国是一个拥兵10万的大国。4世纪末至5世纪初，乌孙人在西迁嚈哒人的挤压下，向南迁徙到帕米尔高原。5世纪，伊犁河、楚河流域的悦般、高车等国取代乌孙国，乌孙人逐渐融入其他民族之中，史书上不再有乌孙一名。

5世纪以后，活跃在哈萨克草原上的印欧种人再也未能建立自己的政权，他们先后处于来自东方的蒙古利亚人种建立的政权之下，逐渐与蒙古利亚人种各旗融合，他们的名字不再见于史册。

第二节　突厥人的汗国

公元5世纪，蒙古利亚人种中的铁勒人来到哈萨克草原。6世纪中叶，铁勒人中名为突厥的部落强大起来，建立了自己的政权，史称突厥汗国。突厥人在世界古代史上占有重要地位，他们是至今发现最早创制自己文字的游牧民族，此外，他们还将自己部落之名给予了与他们说同样语言的所有铁勒人。[1]

---

  1 铁勒在中国史书中有不同的称谓，秦汉时期称丁零，魏晋南北朝时期称敕勒，隋唐时期开始称铁勒。铁勒（丁零）原居地大约在贝加尔湖以西到叶尼塞河之间，南至色楞格河，北至于萨彦岭以北的米努辛斯克盆地。

突厥人原居叶尼塞河上游，在此以狩猎和采集为生；以后迁到阿尔泰山西南坡，开始了游牧生活；6世纪中叶，突厥部落壮大起来，建立了突厥汗国。强盛时期，突厥汗国的统治疆域东至大兴安岭，西抵西海（里海），北越贝加尔湖，南至兴都库什山以北，哈萨克草原的大部分囊括在内。然而，由于游牧经济的分散性，草原局势的不稳定，汗国内各部落联盟的瓦解和重组瞬息万变。6世纪80年代，突厥汗国以阿尔泰山为界分裂为东、西两部分。西突厥汗国统治中心在今哈萨克斯坦的楚河流域。

西突厥汗国内主要的部落有十个，7世纪上半叶，十个部落的划分逐渐明显，在碎叶（今托克玛克附近）以东地区的五个部落名为咄陆部，各部酋长的官号为啜。在楚河以西至里海北岸地区的五个部落称弩失毕，弩失毕部酋长的官号为俟斤。除十部外，西突厥汗国内还有葛逻禄、处月、处密等游牧部落。

西突厥汗国的政权基础是贵族统治，国内有官职28等，分别由氏族酋长、部落首领等贵族担任。在西突厥汗国统治之下，突厥人一直以游牧为业，兼营手工业和商业。西突厥汗国对中亚南方的昭武诸国实施监国制度，监察官名为吐屯，主要职责是监督各属部和属国赋税的缴纳。

西突厥统叶护在位期间（618—628），西突厥汗国经历了强盛时期。他的骑兵达数十万人，当时，突厥人北并铁勒，西拒波斯，南接罽宾，称霸西域。西突厥汗国的疆域东抵阿尔泰山，西至里海东岸，东南至于阗以南，西南以兴都库什山为界，北接咸海和里海以北草原。

统叶护统治后期，对部下作威作福，引起部众怨恨，葛逻禄部叛离。628年，统叶护被其伯父莫贺咄杀死。此后，汗国内乱迭起，贵族争立，形成分裂瓦解的局面。657年春，唐朝开始了大规模征伐西突厥的战争。659年,西突厥汗国在唐朝的打击下灭亡。西突厥汗国的诸部仍留在原地,唐朝在这些地方开道路,设驿站,划牧场,恢复畜牧业生产。

7世纪中叶,唐朝的中国人与倭马亚王朝的阿拉伯人来到中亚,给哈萨克草原带来了新的生产方式,开启了封建王朝的统治时代。13世纪蒙古西征之前,活跃在哈萨克草原的政权有:葛逻禄汗国、喀喇汗王朝、西辽。

葛逻禄一名的汉译转写有歌逻禄、哥逻禄、葛禄、割禄等。葛逻禄人最初在乌伦古河与额尔齐斯河上游之间游牧,据清代编纂的《钦定皇舆西域图志》记载,乌伦古河发源于中国境内的阿尔泰山东段,自东向西流,注入乌伦古海。在此游牧之时,葛逻禄人有谋落(薄落)、炽俟(职乙)和踏实力(达契)三个大部落,号称三姓葛逻禄。成书于10世纪末的《世界境域志》提到了葛逻禄人居地上的图斯库勒湖(Tauzkūk),说七个葛逻禄部落之食盐皆取之该湖。[1] 由此观之,在乌伦古河与额尔齐斯河流域游牧之时,葛逻禄人已经有七个部落。7世纪上半叶,一部分葛逻禄人东徙蒙古草原,其余的仍在原地放牧。

东徙葛逻禄人来到乌德鞬山(今鄂尔浑河上游杭爱山之北山),积极参与了蒙古草原的政治斗争。742年,他们与回鹘、拔悉蜜联合起兵推翻了统治中心在蒙古草原的后突厥汗国。744年,回鹘部又联络葛逻禄部攻杀了拔悉蜜部首领颉跌伊施可汗,事成之后,他们以乌德鞬山为统治中心建立了回鹘汗国。回鹘汗国建立以后,葛逻禄人与回鹘的关系发生了变化,以往的同盟走向了敌对。745年,

---

[1] V. Minorsky, translation and explained, *Ḥudūd al-'Ālam* (With the Preface by V. V. Barthold), E. J. W. Gibb Memorial, 1970, p. 54.

葛逻禄人在与回鹘人的斗争中失败，他们中的相当一部分人向西迁移。大约在756年，叶护（都督）顿毗伽率领的葛逻禄人来到哈萨克草原的七河流域，在此发展壮大。

8世纪后期，葛逻禄人与他们所占地区的部落组成了联盟，学界将此联盟称为葛逻禄汗国，联盟的政治中心在楚河流域，以碎叶城为都。葛逻禄人在七河流域的活动引起了西方阿拉伯人的注意，他们派远征队对付葛逻禄人，葛逻禄人卷入了与阿拉伯人的战争。9世纪初，葛逻禄叶护、吐蕃可汗、讹答剌等地统治者一道接受了阿拉伯帝国哈里发的统治，向哈里发纳贡，贡赋可能以送礼的形式实现。

9世纪中叶以前，葛逻禄人的首领称"叶护"。据《塔巴里编年史》和马苏第的《黄金草原》记载，在9世纪后期，葛逻禄首领开始使用"可汗"称号。马苏第称葛逻禄可汗为"汗中之汗"，不过，也正是在此时期，葛逻禄汗国这一名称却从史籍中消失了，代之出现的是喀喇汗王朝（10世纪初—1212）。由于喀喇汗王朝初期版图在原葛逻禄汗国的地方，而且葛逻禄三姓之一的炽俟是喀喇汗王朝军队的主力，于是，西方学者将喀喇汗王朝归属于葛逻禄人。德国学者普里察克认为，喀喇汗王朝源于葛逻禄统治氏族。巴托尔德在《蒙古入侵前的突厥斯坦》一书中引用阿拉伯史料，说葛逻禄人俗尚黑色，衣服和旗帜都是黑色，而喀喇汗王朝当时又被称为黑汗王朝，这也是学者们把喀喇汗王朝归属于葛逻禄人的原因之一。

喀喇汗王朝创建者毗伽阙·卡迪尔汗的活动在9世纪末期，他的政权建在楚河流域的八拉沙衮（即原碎叶城）。喀喇汗王朝最初的统治地局限于巴尔喀什湖以南的草原地带，9世纪末，逐渐向南扩展到锡尔河流域。10世纪初，喀喇汗王朝的统治疆域，除塔里木盆地南缘及伊犁河流域、七河流域外，还包括了费尔干纳盆地和河中地区。在上述地带游牧的葛逻禄、样磨、炽俟、处月、黠戛斯等部落都被纳入喀喇汗王朝的统治。他们对喀喇汗王朝政治、经济、语言、文化和风俗习惯等各个方面都产生了影响。

喀喇汗王朝在游牧地区采取了符合游牧民生产和生活特征的传统统治方式，保留了原有的部落制度，让部落酋长继续统治本部落，处理和裁决部落纠纷、犯罪等事务。喀喇汗王朝的统治只表现为部落酋长服从汗的命令，承担一定数目的赋税和必要的兵役，作为回报，喀喇汗王朝保护这些部落或部族的安全。

在毗伽阙·卡迪尔汗之孙萨图克·布格拉汗执政时期（915—955），王朝在八拉沙衮置北部总督，在讹迹邗城置西部总督。北部总督管辖范围包括咸海、巴尔喀什湖、七河流域、准噶尔盆地以北以西的草原地带；西部总督的管辖地界是费尔干纳、撒麻耳干、不花剌、巴达克山。总督由中央派遣。

军队是喀喇汗王朝政治统治中的重要组成部分。喀喇汗王朝具有一支组织比较完善、分工较细的军队，其中有军事检察官、战时保卫可汗的卫兵、守护城堡的哨兵等。喀喇汗王朝形式上是依法治国。喀喇汗王朝虽以伊斯兰教为国教，但并不完全按伊斯兰教法实施统治。法律由汗王制定，制定法律不仅是他的权利而且是他的职责。喀喇汗王朝时代的14件法律文书已被发现，它们反映了当时依法办案的情况。文书中有原告的自诉、被告及其证人的辩护词，以及法官的判决。判决书分正、副本，法官留正本，有法官签字的副本可能由原、被告双方保留。可见，当时喀喇汗王朝的法制已经发展到相当的水平。

喀喇汗王朝的统治特点是中亚伊克塔分封制与部落制的统一。伊克塔制度符合游牧部落制的观念，按部落制的规定，牧场是全氏族共有的财产，于是，国家也是整个氏族的财产，氏族成员都有分得一份的权利，氏族部落首领成为大大小小的封建主。喀喇汗王朝统治河中地区以后，将分封土地的制度在全国推行。

喀喇汗王朝将王朝领地分为若干封地，分封给王室成员或贵族，理论上，王室成员享有共同的经济权利。[1]据钱币铭文反映，喀喇汗王朝的分封制有如下特点：第一，汗王拥有分封土地的权力，受封地，特别是大封地，地界不稳定，也不能世袭；第二，受封者在政治上承认汗王的宗主地位，汗王在封地上没有其他权力；第三，受封者可以把封地再行分封[2]，形成了经济权益的多层次分享制度。

尽管如此，王朝发行的钱币却反映出喀喇汗王朝人有国家统一的观念，即承认王朝有一个大汗。

1132年，中国北部的一支契丹人西迁，来到了楚河和伊塞克湖一带，并在此建立了自己的国家——西辽。与此同时，喀喇汗王朝阿尔斯兰汗阿黑马去世，其子伊不拉欣继位，他的驻地在八拉沙衮。据《世界征服者史》记，伊不拉欣是一个平庸的人，他在八拉沙衮的统治遭受了来自伊犁河下游的葛逻禄人和分布于咸海西北的康里突厥人两方面的威胁，伊不拉欣求助西迁的契丹人，于是，西辽轻易地把喀喇汗王朝纳入了自己的统治，喀喇汗王朝灭亡，蒙古人登上了哈萨克草原的历史舞台。

第三节　蒙古人的帝国

蒙古利亚人种中含有蒙古人成分的通古斯人于12世纪中叶来

---

[1] 巴托尔德认为喀喇汗国家分为一系列封地（*Turkestan down to the Mongol Invasion*, p. 268），而较大的封地又分为许多较小的封地。参见 M. S. Asimov and C. E. Bosworth, eds., *History of Civilizations of Central Asia*, Vol. IV, UNESCO Publishing, 1998, pp. 122-123.

[2] Ibid., p. 138, n. 31.

到了哈萨克草原，西辽是契丹人在哈萨克草原建立的国家。契丹人的外貌特征：圆脸、短发、髡发，目前的研究认为，契丹人是一支蒙古人[1]，说蒙古语方言。契丹人原是一支逐水草迁移的游牧民族。历史上，他们曾闯过山海关，攻入河北永平，甚至抵达北京平原（696）。697年，唐朝宫廷曾召集当时漠北强盛的突厥人对付他们，给予他们沉重的打击。916年，契丹首领耶律阿保机统一契丹八部落称帝，建立了契丹国；947年，契丹国改国号为大辽。

12世纪初，通古斯族女真人强盛起来，建立了"大金"政权。1122年，大金兵攻陷辽国的中京（今内蒙古自治区宁城县），辽天祚帝逃亡夹山（今内蒙古自治区武川县），辽兴军节度使耶律大石率领铁骑二百人出走。1131年，耶律大石一行翻越天山，沿塔里木盆地北缘向西进发，灭亡喀喇汗王朝。1132年，契丹人在楚河和伊塞克湖一带建立了自己的国家，史称西辽。西辽在哈萨克草原立国近90年，左右中亚形势近百年（1132—1218）。强盛时期，西辽的疆域东起高昌回鹘国，西至咸海，北越巴尔喀什湖，南抵阿姆河。

西辽在哈萨克草原建国以后，采取了直接和间接相结合的统治形式。西辽在契丹人所在地实行直接统治，它们是锡尔河中、下游右岸，七河流域和伊塞克湖周边地区，其中，八拉沙衮是统治中心。耶律大石在八拉沙衮附近建营帐虎思斡耳朵，将西迁契丹人组织在虎思斡耳朵中。虎思斡耳朵既是汗的大营，又是西辽管辖契丹游牧民的机构。虎思斡耳朵所占面积很大，骑马绕行一周也得花上大半天。[2] 在直接统治区内，西辽实行中央集权。耶律大石一反喀喇汗王朝的分封制（即伊克塔制），不再把这些地区作为封地分封给

---

[1] 学界有两种看法，一种认为契丹人是蒙古族，一种认为（以俄国学者巴托尔德为代表）契丹人属于通古斯族，杂有蒙古族成分。在此暂采用前说。

[2] 《金史》，中华书局，1975年，第2637页。

皇族和功臣,而是采取中央集权制。伊本·阿西尔记载说:"拿到了采邑,就会助长残暴的行为。"[1]

在哈萨克草原上,耶律大石发展了辽国时期的部族制。西辽部族制借用了契丹部族组织的外壳,实际上内部已经发生了质的变化,它是行政区划、军事组织和部族结合的社会组织。部民不再以部落的形式组织,他们有固定的居住地,国家按地域将契丹民众划分为各级不同的行政区域,部民是国家行政区的编民。编民不再归部落酋长管辖,各级行政区由菊儿汗直接任命的官吏管辖。行政区域内的编民组织不仅是畜牧业、农业的生产单位,而且也是一种军事组织,战时中央政府派遣军官指挥。编民以户为单位向国家派遣的官员缴税,征税仿效契丹和汉族的什一税法及户调制。部族制废除了契丹贵族、酋长对部民的领有权,遭到契丹贵族的反对。耶律大石一生都在与那些企图保留自身特权的部落贵族进行斗争。

西辽的统治是凭借武力实现的,具有军事统治的性质。因此,西辽统治者对军队建设尤为重视。耶律大石目睹了辽朝将领拥兵自立的破坏作用,他一反宗族旧章,将兵权牢牢控制在最高汗手中。西辽军队由大汗直接控制,平时将军所领士兵不超过百人,伊本·阿西尔说:"(耶律大石)不委任异密为百骑以上的军官,使其不能叛乱。"[2] 如有战争,临时给将军派遣士兵,没有将军率"所部"执行任务的情况。这一措施在一定历史条件下为保证中央集权、巩固王朝统治发挥了作用。

在直鲁古统治期间(? —1213),1206年,花剌子模帝国脱离与西辽的臣属关系,为恢复宗主权,直鲁古与花剌子模帝国进行

---

[1] 〔阿拉伯〕伊本·阿西尔:《全史》,转引自刘戈译:《〈全史〉选译(下)》,《中亚研究》1988年第3期。

[2] 同上。

了三四年的战争（1207—1210），战争不仅未能使花剌子模帝国屈服，而且西喀喇汗王朝也于1210年不再承认西辽的宗主权。正当西辽的属国纷纷脱离西辽宗主权之际，蒙古人来到了哈萨克草原，1218年西辽被大蒙古国所灭。

13世纪初，蒙古人来到了哈萨克草原。蒙古人是蒙古利亚人种中说阿尔泰语系蒙古语族的一支，原居黑龙江上游支流额尔古纳河南岸的森林地带，7世纪西迁到蒙古草原，先后处于突厥、回鹘、黠戛斯人的统治之下。来到蒙古草原之后，蒙古人开始了游牧生活，经历几个世纪的发展，到12世纪，蒙古人已经遍布于中国长城以北、贝加尔湖以南、大兴安岭以西、阿尔泰山以东的广大地区。13世纪初，蒙古族孛儿只斤氏族酋长铁木真统一了蒙古各部，建立了大蒙古国。此后，大蒙古国开始西进，来到了钦察草原。

1220年5月，蒙古人西征中亚，统治中亚的花剌子模帝国国王摩诃末向西出逃，成吉思汗派将军速不台和哲别率3万蒙古军追击。接受任务之后，哲别、速不台率蒙古军一路穷追至巴格达城。饱受追逼之苦的摩诃末逃到里海一个小岛上，在此病逝。此后，哲别和速不台率领的蒙古军北上高加索和南俄罗斯草原。1221年，蒙古军在向导的带引下，越过高加索山，与阿兰、钦察、不里阿耳人（Bulgar，即保加尔人）等部民发生冲突。首当其冲面临蒙古军的阿兰人与在里海北岸草原放牧的钦察人联合抵抗蒙古军。蒙古军在寡不敌众的情况下，遣使到钦察人中进行离间活动。蒙古使者对钦察人说："你我系同族，而阿兰人为异类，我们双方应缔约媾和，不相侵害。你等所需金帛我可予之，然你等应弃彼（阿兰人）从我也。"[1]他们给钦察人送去了大量的财物，于是，钦察人退出了战斗。蒙古

---

[1] 韩儒林主编：《元朝史》（上），人民出版社，1986年，第154页。

军打败了阿兰人，袭击并大肆屠杀了毫无戒备的钦察人，夺回了他们所送财物。钦察人中的一部分逃往拜占庭帝国避难，而大多数人逃到罗斯国。

逃到罗斯的钦察汗忽滩把女儿嫁给了加利奇的罗斯王公密赤思腊，并怂恿女婿与其他罗斯王公联合，组建反蒙联军。密赤思腊与基铺、切尔尼戈夫、斯摩棱斯克、弗拉基米尔等地王公集结了8万军队，向第聂伯河进军。蒙古军派使者议和，联军杀来使，拒绝和谈。哲别与速不台佯作退兵，一连12天，罗斯与钦察联军紧追不舍，疲惫倦怠。联军兵力虽多，却不统一，各自为政。1223年5月31日，联军在迦勒迦河被蒙古军打败。[1] 经此失败，联军溃逃，有6个王公被杀，这就是历史上有名的"迦勒迦河战役"。1223年底，蒙古军经伏尔加河东归，途中，征服了咸海以北游牧的突厥康里人。在这次扫荡中，蒙古人了解到钦察草原和罗斯居民的很多情况，为后来的"长子西征"提供了宝贵的经验。

1225年，成吉思汗对征服地区实施分封。据《世界征服者史》记载，从海押立和花剌子模地区，伸延到撒哈辛及不里阿耳人的边境、向那个方向尽鞑靼马蹄所及之地，他赐予长子术赤。[2]《史集》又记载成吉思汗把也儿的石河（额尔齐斯河）和阿勒台（阿尔泰）山一带的一切地区和兀鲁思（Urus，领地）以及周围的冬、夏游牧地都赐给了术赤汗管理，并颁降了一道务必遵命奉行的诏敕，命令术赤汗将钦察草原诸地区以及那边的各国征服并入他的领地。他的禹儿惕在也儿的石河地区，那里为其京都所在地。[3] 根据以上文献

1　迦勒迦河位于今乌克兰日丹诺夫市北部，是一条近海的小河，在马里乌波尔附近流入亚速海。

2　〔伊朗〕志费尼：《世界征服者史》（上），何高济译，商务印书馆，2004年，第42页。

3　〔波斯〕拉施特主编：《史集》第2卷，余大钧等译，商务印书馆，1985年，第139—140页。

记载，术赤的封地在额尔齐斯河以西，咸海、里海以北的哈萨克草原，术赤的行宫（斡儿朵）建在额尔齐斯河畔。大约在1227年2月，术赤病逝，他的封地由次子拔都继承。

1235年，蒙古大汗窝阔台在哈剌和林召开部落大会，商讨征服罗斯等国事宜。会上决定西征，西征军由各系宗王的长子组建，因此，这次军事行动被称为"长子西征"。拔都被任命为西征军总帅，副帅是曾经远征过钦察草原的老将速不台，来自各兀鲁思的兵士共有15万。1236年秋，速不台攻下不里阿耳城，毁城之后，沿伏尔加河南下。当时，乌拉尔河（1775年前称雅伊克河）与伏尔加河之间的牧地分属于钦察两个部落。以忽鲁速蛮为首的部落在俄罗斯与哈萨克草原交界的奥布希高地西南放牧，在获悉蒙古人来攻的消息之后，忽鲁速蛮之子班都察率众前来归附。在伏尔加河下游右岸放牧的部落首领名叫八赤蛮，他们对蒙古军的入侵进行了顽强抵抗。抵抗失败之后，一部分钦察人向西逃到伏尔加河西岸的森林之中；追随八赤蛮的钦察人居无定所，最终，八赤蛮在里海的一个岛上被蒙古军抓住并腰斩。钦察草原被蒙古人占领，高加索山以北的契尔克斯人等部民归顺了蒙古人。1241年下半年，蒙古军在佩斯城附近休养兵马之时，获悉窝阔台大汗去世的消息，拔都率军东归，长子西征结束。

西征结束以后，伏尔加河和奥卡河流域、高加索、钦察草原这一广大地区纳入了拔都兀鲁思。拔都在伏尔加河下游东岸修建拔都萨莱城（遗址在伏尔加河入里海处，今阿斯特拉罕附近）。1243年，拔都把统治中心从额尔齐斯河流域迁到萨莱城，并在此建立起统治罗斯和钦察草原的钦察汗国（1243—1480）。因大汗斡耳朵的帐顶为金色，又被称为金帐汗国。钦察汗国统治领域东起额尔齐斯河，西至多瑙河，南尽高加索，北抵罗斯，是蒙古帝国中领土最大的汗国。钦察汗国的建立,有利于术赤系蒙古人与钦察草原诸民族的融合,有利于东亚蒙古草原与东欧南俄草原陆上交通的畅通,便利了东西方经济、文化的交流。

统治中心西移之后,拔都把哈萨克草原东部分给了长兄斡儿答和五弟昔班。斡儿答是术赤的长子,因能力不及拔都,未能继承术赤兀鲁思汗位,他在家族事务中的作用不大。1236年,斡儿答参加了拔都领导的长子西征。西征结束以后,1243年,他的家族获得了封地。以后,在斡儿答封地上形成的独立政权被称为察罕斡耳朵,意为白帐,史称白帐汗国(1243—1428)。

白帐汗国南部领地包括从卡拉套山附近的昔格纳黑城到锡尔河三角洲的锡尔河右岸地区,似乎还包括锡尔河三角洲左岸到阿姆河三角洲的这一狭长地带;在北方,白帐汗国控制着萨雷河流域和把萨雷河流域与图尔盖平原分开的兀鲁塔山地。[1] 斡儿答的汗帐最初建在其父术赤的牙帐旧址,即阿尔泰-额尔齐斯河畔[2];以后向西南移到昔格纳黑城。除了昔格纳黑和锡尔河下游的一些小的商业城市外,当时这片地区的大居民区不多,小居民区星罗棋布。斡儿答家族在自己的封地上生活了两百多年,自斡儿答起白帐汗传了十多代。[3]

拔都五弟昔班的封地在白帐汗国的西北部,他的政权被称为蓝帐汗国(1243—1468)。昔班诸部落夏季在北部乌拉尔河的支流——伊列克河和伊尔吉兹河(Irgiz)之间扎营;冬季,他们的营

---

[1] 〔法〕勒内·格鲁塞:《草原帝国》,蓝琪译,商务印书馆,1998年,第495页。
[2] 《哈萨克族简史》编写组:《哈萨克族简史(修订本)》,民族出版社,2008年,第124页。
[3] 白帐汗世系表:斡儿答(1225—1280)、萨尔塔克(?)、科齐(1280—1301)、伯颜(1301—1309)、萨昔不花(1309—1315)、艾尔曾(1315—1320)、穆巴拉克(1320/21—1344/45)、契木泰(1344/45—1360/61)、兀鲁思(1360—1375)、脱黑脱阿(1375—1376)、帖木儿灭里(1375—1376)、脱脱迷失(1376—1399)、科里贾克(?—1420)、巴拉克(1420—1428)。

帐南移到斡儿答封地边界上。

白帐汗国在名义上从属于钦察汗国,然而,因为远离伏尔加河的钦察汗国统治中心,白帐汗国的政治、军事大权完全由白帐汗国可汗掌握,钦察汗国无权过问。14世纪的波斯史家拉施特在《史集》一书中谈到,斡儿答在父亲生前和死后都极受尊重。14世纪后期,白帐汗脱脱迷失(1378—1399年在位)夺取了钦察汗位,白帐汗室的大多数成员向西迁移到东欧平原,白帐汗的领地逐渐被术赤第五子昔班家族占领。1428年,当昔班六世孙阿布海尔在哈萨克草原建立汗国之时,白帐汗王室臣属之。1456年,白帐汗国末代可汗巴拉克之子克烈(Qarāy/Gerāy)和札尼别(Jānī Beg)摆脱阿布海尔汗国的羁绊,投奔东察合台汗国,受到东察合台汗也先不花的欢迎,他们被安置在塔拉斯河和楚河流域游牧。于是,克烈汗和札尼别汗率领的部落在此建立了自己的游牧政权,史称哈萨克汗国。

第四节 哈萨克人的汗国

15世纪上半叶,钦察汗国被成吉思汗系宗王瓜分。在西起伏尔加河,东至额尔齐斯河,南起里海、咸海北岸,北至乌拉尔山的哈萨克草原上出现了三大政权,它们是阿布海尔汗国(1428—1468)、诺盖汗国(?—1569)和西伯利亚汗国(1460—1598),其中阿布海尔汗国对哈萨克族的形成起到了重要作用。

阿布海尔汗国是成吉思汗长子术赤第五子昔班后裔阿布海尔建立的政权,又被称为乌兹别克汗国。[1] 阿布海尔汗国创建者阿布海尔

---

[1] 此名源自钦察汗穆罕默德·乌兹别克(汉籍穆罕默德·月即别)。穆罕默德·乌兹别克在位期间(1312—1345),钦察汗国强盛,其民以乌兹别克人(或月即别人)自称。以后,阿布海尔建立的政权被史家称为乌兹别克汗国。

企图建立以他为中心的集权统治,但集权措施触动了蒙古王公和贵族的利益,引起他们的不满,部落首领们纷纷率部离开。1456年,白帐汗国汗室成员克烈和札尼别也率部出走,据写于1545年的《拉失德史》(*Tārīkh-i Rashīdī*)记载:"当时,阿布海尔汗在钦察草原上行使着全部权力。他与术赤系速檀札尼别汗和克烈汗作战,札尼别和克烈汗逃到蒙兀儿斯坦(Moghlistan)。"

蒙兀儿斯坦意为蒙古人的地区,地理范围西起塔拉斯河东岸,东至吐鲁番盆地,北起巴尔喀什湖和准噶尔盆地,南至锡尔河上游沿岸。当时,蒙兀儿斯坦是东察合台汗国领地,也是东察合台汗也先不花与其兄羽奴思争夺的地区。为了抵御羽奴思,也先不花汗接纳了克烈和札尼别诸部,把他们安置在楚河流域。出走的这些乌兹别克人自称"哈萨克人"(意为冒险者、叛逆者),他们在楚河流域建立的政权被称为哈萨克汗国(1465—1847)。[1]

哈萨克汗国历经了14位汗的统治。[2] 克烈和札尼别两位首领去世之后,克烈之子布鲁杜克汗(Burunduq Khan,1488—1509年在位)、札尼别之子哈斯木(Qāsim,1509—1523年在位)先后继

---

[1] 关于哈萨克汗国建立的时间有几种说法,米儿咱·马黑麻·海答儿的《中亚蒙兀儿史——拉失德史》(第一编,新疆人民出版社,1983年,第274页)把哈萨克速檀开始统治的年代定在1465年至1466年;Chahryar Adle, Irfan Habib, *History of Civilizations of Central Asia*, Vol. V, UNESCO Publishing, 2003, p. 91, 此书认为:"札尼别和克烈为实现哈萨克人居住区内的完全统一进行了一次成功的斗争。从记录这些事件的一份书面材料分析,哈萨克汗国的形成可以确定在1470年左右";还有一种观点认为,1523年哈萨克哈斯木汗完全统一了哈萨克各部。本书采用同时代著作的观点,即1465年左右之说。

[2] 哈萨克汗世系:克烈和札尼别(1456—1488)、布鲁杜克(1488—1509)、哈斯木(1509—1523)、谟麻什(几个月)、塔赫尔(?—1533)、不答什(1533—1534)、吐格呼木(1534—1538)、哈克·纳咱尔(1538—1580)、昔格海汗(1580—1582)、特夫克勒(1586—1598)、额什木(1598—1628)、杨吉尔汗(1630—1652)、头克汗(1680—1718)、博拉特(1718—1730)。

位。[1] 以后,哈萨克汗位基本上由札尼别家族继承。

哈萨克汗国是在哈斯木汗统治期间巩固起来的。与哈斯木同时代的巴布尔(Babur,1483—1530)称赞说,他拥有"如此井井有条的部落",他统治下的哈萨克汗国军队达30万。[2] 据米儿咱·马黑麻·海答儿(Mirza Muhammad Haidar,1499—1551)估计,哈斯木统治下的人民有100万之多。[3] 莫斯科大公瓦西里三世(1503—1533年在位)曾派使者到哈萨克汗国,表示承认他对哈萨克人的统治。

哈斯木是杰出的政治家,他把汗国治理得很好。他在位时期,汗国确立了一系列制度。他主持召开了著名的比伊(部落头目)会议,会上制定并通过了哈萨克汗国的第一部法典——《哈斯木汗国名鉴》[4],又名《哈斯木汗法典》。法典包括了解决牧畜、牧场、土地诉讼规定的财产法;关于杀人、抢掠人和牲畜,以及盗窃等刑事犯罪的刑事法;关于组建军队的兵役法;关于挑选使臣的使臣法;关于婚丧嫁娶等礼俗和节日庆典的民事法。[5] 可以说,哈斯木是哈萨克汗国的真正奠基者。

不过,游牧政权哈萨克汗国的中央政权是极其脆弱和不稳定的。1523年,哈斯木汗去世之后,汗国分裂。哈斯木之子谟麻什(Mamash,Muhammad Husayn)继位才几个月就被杀,哈斯木弟弟之子塔赫尔(Tāhir)继承了汗位。塔赫尔实施残暴统治,对外不分敌友,四处出击,北与诺盖部、南与塔什干领主、东与东察

---

1 按《哈萨克族简史(修订本)》一书(第140页),哈斯木汗继位年代为1511年。
2 〔印度〕巴布尔:《巴布尔回忆录》,王治来译,商务印书馆,1997年,第21页。
3 米儿咱·马黑麻·海答儿:《中亚蒙兀儿史——拉失德史》第一编,第274页;V. V. Barthold, *Four studies on the history of Central Asia*, Vol. I, Brill, 1956, p. 153。
4 申艳红:《哈萨克汗国时期的法律初探》,《西北史地》1998年第4期。
5 同上。

合台汗国发生战争。结果,他与诺盖人的战争失败,被迫退出汗国西北地区,向东南转移;与塔什干城主的战争也遭到了失败,锡尔河流域的一部分领地被塔什干领主占领;在与蒙兀儿汗的战争中,他与伊塞克湖地区的吉尔吉斯人联盟,把叶儿羌汗从七河地区和吉尔吉斯人的居地驱逐出去。然而,这一胜利挽救不了塔赫尔在国内的统治,他于1533年逃亡到吉尔吉斯人中。[1]

塔赫尔之弟不答什(Buydash)继承了汗位,他的统治只有一年左右(1533—1534),但就是在这么短的时间里,汗国也是在内乱和分裂中度过的。在哈萨克草原西部,实施统治的人是阿赫默德汗;在哈萨克草原东部的七河流域,实施统治的是托格木汗;而不答什汗统治的哈萨克人只有2万。[2]

在不答什汗之后继位的是塔赫尔的另一个弟弟吐格呼木(Tughum)。在他统治期间(1534—1538),来自东面的叶儿羌汗国对哈萨克人发起进攻,吐格呼木遭到严重打击,他本人连同37位哈萨克贵族被杀,传播很远的谣言说:"最近四年里,这些(哈萨克)人已无踪无影了。回历930年(1523)哈萨克人共有100万;回历944年(1537)世界上已没有这一大帮人的踪迹了。"[3]

重振哈萨克汗国的是哈斯木之子哈克·纳咱尔汗(Haqq Nazar Khan),他的长期统治(1538—1580)使哈萨克汗国重新强盛起来。在西方,诺盖汗国的贵族陆续前来投奔,哈克·纳咱尔汗趁机兼并了诺盖汗国的部分领地;在东方,哈克·纳咱尔对叶儿羌汗国发起攻击;在南方,哈克·纳咱尔于1579年攻占了塔

---

1 米儿咱·马黑麻·海答儿:《中亚蒙兀儿史——拉失德史》第二编,新疆人民出版社,1986年,第173页。
2 同上书,第一编,第274页。
3 同上书,第二编,第173页。

什干城，还勾结河中地区的分裂势力企图夺取撒麻耳干和不花剌城。哈克·纳咱尔的扩张战争暂时获得了极大的成功，然而不久，他与河中分裂势力的联盟破裂，并招来了杀身之祸。1580年，他的汗位由札尼别之孙昔格海汗（Shighay Khan，1580—1582年在位）继承。

继位第二年（1581），昔格海汗与昔班尼王朝统治者建立了友好关系，把儿子特夫克勒（Tevekkel）送到昔班尼王朝做人质。1582年，昔格海汗去世，特夫克勒回国继位。由于在哈萨克人中没有稳定的基础，直到1586年他才被正式推举为汗（1586—1598年在位）。

政权巩固之后，特夫克勒汗开始向外扩张：在北方，不断向东扩张的俄国人阻止了哈萨克人的发展；在东方，卫拉特联盟中的准噶尔部强大起来，不断威胁着哈萨克人；在南方，昔班尼王朝的阿布杜拉汗正在呼罗珊作战。于是，特夫克勒汗把扩张矛头指向南方。1586年，他与兄弟额什木率领哈萨克人南下，留守撒麻耳干的军队打退了哈萨克人的进攻，特夫克勒退回草原。

1598年，特夫克勒汗在塔什干病故，其弟额什木继承了汗位。额什木曾随兄进行了对不花剌汗国的战争，因在战争中表现英勇，以魁梧的额什木好汉闻名于世。额什木汗在位期间（1598—1628）对《哈斯木法典》进行了补充，形成了《额什木汗习惯法》，又称《古用法律》。补充的内容主要是：可汗有权制定适合自己汗国的法律，"比"应当有专门的办事机构，巴图尔（勇士）应师出有名并战无不胜，尊敬有学问的人等。[1]

随着封建关系的发展，封建主之间的斗争加剧，一些强大

---

[1] 《哈萨克族简史》编写组：《哈萨克族简史（修订本）》，第149页。

的速檀摆脱了哈萨克汗的统治,有的封建主甚至自己称汗,其中,最突出的是汗国创建者札尼别后裔土尔逊·穆罕默德(Tursūn Muhammad)。当额什木汗在突厥斯坦城实施统治之时,土尔逊·穆罕默德于1614年在塔什干称汗(1614—1627年在位)和征收当地赋税,并在此发行自己的钱币。[1] 1627年,额什木汗出兵讨伐和打败了土尔逊·穆罕默德,将汗国重新统一起来。

然而,汗国的统一是不稳定的。在额什木汗统治期间,汗国分裂为三个部落联盟,即大、中、小三个"玉兹"(zhuz,复数 zhuzler)[2]。三个玉兹的首领都是成吉思汗系宗王,他们自称"汗"。三个玉兹的形成过程现在还不清楚,有关他们起源的传说是互相矛盾的。[3] 据16世纪的史书,玉兹在较早的时期就已经存在,在17

---

[1] 《哈萨克族简史》编写组:《哈萨克族简史(修订本)》,第149页。

[2] 对"玉兹"有两种解释,一种认为玉兹一名来自阿拉伯语juzc,意思是"一部分"或"一个分支";另一种解释认为它源于突厥语yuz,意为100。有文献将三个玉兹分别称为大帐、中帐和小帐,在清代文献中,分别以右部、左部和西部称之。

[3] 关于哈萨克三个玉兹形成时间的问题,史学界有多种看法。德国学者加文·汉布里认为在哈斯木汗死后(关于哈斯木之死有两种说法,一说在1518年,一说在1523年),"统一的哈萨克国家瓦解……分成三个独立的汗国或'帐'"(Gavin Hambly, *Central Asia*, p. 143)。日本学者羽田明认为:"哈萨克17世纪分为大、中、小三部。"(〔日〕羽田明:《西域史》,转引自《中亚史丛刊》第5期,第106页)苏联学者魏勒尔认为:"18世纪早期,哈萨克形成三个所谓的帐"(Geoffrey Wheeler, *The Modern History of Soviet Central Asia*, Frederick A. Praeger, 1964, p. 31),在该书"16—17世纪中亚地图"上已标识小帐、中帐和大帐(p. 249)。我国学者张广达先生认为:"早在16世纪末叶,哈萨克人内部逐渐形成三大支,即大、中、小三玉兹。"(北京大学历史系《沙皇俄国侵略扩张史》编写组:《沙皇俄国侵略扩张史》[下册],人民出版社,1980年,第97页)王治来先生认为:"17世纪后期和18世纪前期,哈萨克人得到相当的发展,并开始分成为三个玉兹。"(王治来:《中亚近代史——十六—十九世纪》,兰州大学出版社,1989年,第109页)罗致平先生认为:"1589年,哈萨克人及其分布地区已区分为三个玉兹。"(《中国大百科全书·民族卷》"哈萨克族"条,中国大百科全书出版社,1986年,第150页)国家民委与中央民族学院民族研究所编写的《中国少数民族常识》说:"大约从16世纪末叶以后,哈萨克族……已经分为"三个玉兹(中国青年出版社,1985年,第236页)。综合以上各种说法,考虑到17世纪20年代土尔扈特人迁徙途中曾在恩巴河附近与哈萨克小玉兹作战等情况,笔者认为三个玉兹形成时间作16世纪末期比较合适。

世纪制作的地图手稿中，已经清楚地标出了哈萨克人的三个玉兹。

大玉兹在巴尔喀什湖以南的汗国东部，中玉兹在汗国中部，小玉兹在咸海北岸和里海北部低地的汗国西部。总的来说，17 世纪的哈萨克汗国是一个四分五裂的国家，三个玉兹在面临强大外敌之时能够统一对敌，但外界压力一旦解除，又重归分裂。

额什木汗去世以后，其子杨吉尔继位。他在位期间（1630—1652），西蒙古卫拉特人夺取了巴尔喀什湖以南的部分地区，在此游牧的一些哈萨克人承认了他们的宗主权。1635 年，哈萨克人与卫拉特人发生了第一次大规模冲突，卫拉特人四部之一的准噶尔部首领巴图尔洪台吉率军攻入了哈萨克人的牧地，哈萨克人战败，杨吉尔在战争中被俘。后来，杨吉尔逃回故地，继续领导哈萨克人与准噶尔人斗争，于 1652 年阵亡。哈萨克汗国统治集团在他去世后发生了争夺权力的斗争，有势力的速檀企图自立为汗，在二十多年中，汗国处于四分五裂之中。在此期间，准噶尔部首领噶尔丹于 1678 年统一西蒙古各部。[1]1680 年，杨吉尔之子头克汗（Tauke Khan）继位（1680—1718 年在位）。

头克汗继位之初，继续领导哈萨克人抗击准噶尔人的入侵。在头克汗继位的第二年，噶尔丹率准噶尔人向哈萨克人发起了进攻，一路攻城略地，一直打到锡尔河北岸。哈萨克头克汗以诈降诱使噶尔丹入城，待到半夜哈萨克援军来到之后，内外夹攻，"嘎尔旦（噶尔丹）部落皆溃走。是时积雪平坑堑，人马陷不可脱。城中尾击之，死者无数，唯嘎尔旦跃马持枪脱身去"。[2] 噶尔丹失败之后，

---

1 准噶尔汗世系表：哈喇忽剌（？—1634）、巴图尔（1634—1653）、僧格（1653—1671）、噶尔丹（1671—1697）、策妄阿拉布坦（1697—1727）、噶尔丹策零（1727—1745）、策旺多尔济那木扎尔（1745—1750）、喇嘛达尔扎（1750—1752）、达瓦齐（1752—1755）。

2 （清）梁份：《秦边纪略》，赵盛世等校注，青海人民出版社，1987 年，第 422 页。

重新聚集力量。1683年，准噶尔人再次入侵，并攻陷塔什干城，俘头克汗之子，押往西藏；1684年，赛拉姆城被准噶尔人攻陷，准噶尔人陆续占据七河流域及锡尔河中上游的一些地区。1688年，噶尔丹将注意力集中于东部的战争，减少了对哈萨克人的入侵，头克汗开始了哈萨克汗国的政治法律建设，加强了中央集权，在他的统治下，哈萨克汗国保持了统一局面。

噶尔丹在与清朝的战争中去世以后，1698年，策妄阿拉布坦登上准噶尔汗位。在他统治期间，连续发动对哈萨克汗国的进攻，来自准噶尔的危险开始变成威胁封建的哈萨克汗国独立生存的主要危险。[1] 在此危难时刻，头克汗于1711年召集三个玉兹的代表及各部落的首领在卡拉库木开了一次会。会后，哈萨克三玉兹组建了联军。在联军的共同行动下，哈萨克人取得了胜利。1713年，哈萨克人击败前来进攻的准噶尔军。取得以上胜利的哈萨克各部首领各自为政，抵抗准噶尔人的力量遭到削弱。1716年，准噶尔人聚集力量，从伊犁河流域出发向七河流域草原推进，继而兵锋直向西南方向的锡尔河北岸城市。1718年春，在巴尔喀什湖东北阿亚古斯河畔的哈萨克人与进入哈萨克草原的准噶尔人遭遇，哈萨克人迅速聚集三万人进行抵抗。战斗进行了三天，"前两天哈萨克军队打得很出色，但第三天被准噶尔军队击败。这次战争的失败是……哈萨克汗国内部不团结造成的。（小玉兹的）阿布勒海尔汗和哈伊甫素丹互相敌视，没有联合作战。他们一个汗率军上阵厮杀，另一个汗就撤军不打。这样，哈萨克人伤亡惨重，遭到彻底失败"。[2] 这次战争打

---

1 〔苏联〕伊·亚·兹拉特金：《准噶尔汗国史》，马曼丽译，商务印书馆，1980年，第309页。

2 《哈萨克共和国通史》（俄文版）第1卷，第249页，转引自厉声：《哈萨克斯坦及其与中国新疆的关系（15世纪—20世纪中期）》，黑龙江教育出版社，2004年，第60页。

开了准噶尔人进入锡尔河北岸城市的道路。

1718年，头克汗去世，他的儿子博拉特继位（1718—1730年在位），在他统治时期，各玉兹汗独据一方，不服从他的管辖。从此，札尼别汗家族中再也没有人能够维持哈萨克各玉兹的统一。

第五节　哈萨克人的三个玉兹

头克汗死后，各玉兹汗不服从大可汗统治，各自为政。正当哈萨克人分裂之时，准噶尔人的大举入侵开始了，哈萨克人遭遇了"阿克塔班·苏比里大灾难"（Aqtaban-shubirindi, Alqaqol-sulama, 1723—1728）。1723年，准噶尔汗策妄阿拉布坦在额尔齐斯河征集大量兵力，向塔拉斯河一带的哈萨克牧地进军。哈萨克人在全然不知的情况下遭到袭击，不得不放弃牛群、大篷车等财产西逃。许多人在过塔拉斯河、博罗尔德河、阿雷西河、奇尔奇克河和锡尔河时丧生。未能逃走的哈萨克人整村、整部落地被屠杀。[1] 俄国史家瓦里汉诺夫对大灾难时期的哈萨克人描述说："他们的领土受到四面八方的威胁，他们的牛群被赶走，整家整家地被准噶尔人、伏尔加河畔的卡尔梅克人、牙昔河畔的哥萨克人和巴什基尔人俘虏。"[2] 英国历史学家霍渥斯评价说，这是哈萨克人历史上经历的最危急时期，准噶尔人的势力已经控制了中亚，他们粉碎了哈萨克汗国并把哈萨克人赶出了故地，哈萨克汗国瓦解了。准噶尔人于1723年夺取了哈萨克汗国首府突厥斯坦城，还占领了塔什干城和赛拉姆城，迫使

---

[1] 有关大灾难时期的情况参见 Sir Henry Howorth, *History of Mongols, from the 9th to the 19th Centuries*, Part II, Longmans, Green and Co., pp. 642-643。

[2] Chahryar Adle, Irfan Habib, *History of Civilizations of Central Asia*, Vol. V, p. 97.

大玉兹和中玉兹的部分部落臣属于他们。[1]

　　严峻的局势迫使三个玉兹团结起来，小玉兹汗阿布勒海尔被推选为三玉兹联军统帅。1726年，联军在图尔盖草原东南进行了有组织的反抗。1729年，哈萨克人在以后被命名为安拉凯（即呻吟之地）的地方取得了反准噶尔人的重大胜利，准噶尔人败退到伊犁河以东地区。小玉兹和中玉兹的大部分领地被夺回，只有大玉兹的领地还处于准噶尔人的统治之下。

　　哈萨克三个玉兹的团结未能持久，尽管三个玉兹的汗为此做过努力。1730年，哈萨克汗国末代汗博拉特汗去世。是年，三个玉兹派出以玉兹汗为首的代表团在奥里塔阿召开会议，会议主题是确定哈萨克汗国大汗的人选。会上，最有竞争力的是小玉兹汗阿布勒海尔，他是哈萨克汗国创建者札尼别七世孙，具有合法性，加之，他在大灾难时期统率过三个玉兹的军队，具有一定资历和威望。然而，阿布勒海尔缺乏能力，加之生性狡猾、虚伪、利欲心强，性格暴躁而不得人心。汗国末代大汗博拉特之子阿布勒班毕特性情温和，赢得了与会速檀的支持。[2] 尽管如此，阿布勒班毕特也只是名誉上得到其他速檀的拥护，从三个玉兹以后的发展来看，阿布勒班毕特的权威仅局限于中玉兹的部分地区。哈萨克三个玉兹的汗无一人能够把哈萨克人重新统一起来，18世纪中叶以后，哈萨克汗国的历史是三个玉兹的独立发展史。

　　小玉兹哈萨克人的牧地与俄国领土毗邻，他们的历史更多地与俄国的扩张史联系在一起。在乌拉尔河与伏尔加河之间放牧的小玉兹哈萨克人与当地牧民哥萨克人、巴什基尔人，以及17世纪30年

1　Sir Henry Howorth, *History of Mongols, from the 9th to the 19th Centuries*, Part II, p. 642.

2　《哈萨克族简史》编写组：《哈萨克族简史（修订本）》，第157页。

代迁来的土尔扈特人（卡尔梅克人）为争夺牧场频繁地发生冲突。在这些冲突中，小玉兹汗阿布勒海尔于1731年宣誓臣属于俄国。1741年，准噶尔汗噶尔丹策零出兵攻打哈萨克中玉兹和小玉兹，阿布勒海尔向俄国求援，俄国没有给予实质性的帮助，只允许阿布勒海尔在危急时刻，带领家属和仆从进入奥伦堡要塞。[1]

1748年，小玉兹汗阿布勒海尔去世，其子努拉里继位（1748—1790年在位）。[2] 在批准努拉里汗继位的文件中，俄国在努拉里汗前面未加"小玉兹"限定，这一批文反映了俄国混淆概念，以期达到利用小玉兹汗控制全体哈萨克人的企图。然而，努拉里汗是一位无能的统治者，他不仅无力统一哈萨克，甚至未能将小玉兹统一在自己的政权之下，不满努拉里亲俄政策的哈萨克人另立速檀巴图尔为汗。努拉里汗继位不久，准噶尔洪台吉遣使前来，要求努拉里遵循父愿，把他的妹妹嫁给准噶尔洪台吉，并许诺以突厥斯坦城为聘礼。此事被俄国知道后，俄国认为准噶尔人和哈萨克人结成姻亲对俄国不利，于是，下令采取一切相应的办法阻止这个联姻。[3] 此事因阿布勒海尔之女于1751年去世而无任何结果。

1751年，准噶尔汗国爆发内讧，清王朝利用这一时机开始了平定准噶尔汗国的战争。1757年，清朝统一伊犁河流域，努拉里决定与清朝建立关系。1762年，努拉里向清朝派出使团。1763年初，乾隆皇帝接见了小玉兹使团成员。努拉里汗的行为被俄国知

---

[1] 〔俄〕A.D.列夫申：《吉尔吉斯-哈萨克各帐及各草原的述叙（摘译）》，新疆社会科学院民族研究所译，1975年新疆维吾尔自治区民族研究所油印稿本，第84页。

[2] 小玉兹汗系：阿布勒海尔（1730—1748）、努拉里（1748—1790）、艾拉里（1790—1794）、伊施姆（1794—1797）、艾楚瓦克（1797—1805）、丘列（1805—1814）、希哈孜（1814—1824）。

[3] 〔俄〕A.D.列夫申：《吉尔吉斯-哈萨克各帐及各草原的述叙（摘译）》，新疆维吾尔自治区民族研究所译，第107页。

道后,俄国开始加强对小玉兹的控制,对哈萨克民众的反俄斗争采取军事高压政策。1763年5月,奥伦堡当局接到命令,可向越界的小玉兹哈萨克人直接开火。与此同时,俄国鼓动卡尔梅克人和巴什基尔人对哈萨克人进行武装挑衅。小玉兹哈萨克人被俄国人赶回到小玉兹的中部地区。[1]1773至1785年间,双方在边界地区经常发生冲突,互相抢掠人畜。

努拉里汗去世(1790)后,俄国先后扶持他的兄弟艾拉里速檀(1790—1794年在位)和长子伊施姆速檀(1794—1797年在位)为汗。1797年11月,伊施姆汗在俄国的一个要塞中被哈萨克起义军击毙,努拉里汗的兄弟艾楚瓦克速檀继承汗位(1797—1805年在位)。正是在他统治期间,俄国人成立了一个由俄国人控制的六人参议会辅佐汗管理小玉兹事务。1805年,俄国免去艾楚瓦克的汗位,宣布艾楚瓦克之子丘列速檀继承汗位(1805—1814年在位)。1814年,俄国扶持丘列速檀之弟希哈孜登上汗位(1814—1824年在位)。1824年,俄国镇压了哈萨克人的反抗,同年,颁布了《奥伦堡哈萨克人条例》,小玉兹哈萨克人由俄国奥伦堡督军直接管理。

1730年,奥里塔阿会议以后,中玉兹分裂为东、西两部。据1731年访问哈萨克草原的俄国军官穆尔扎·捷夫克列的《遣使小帐日记》[2]记载,中玉兹有两个汗,即色莫柯依汗和库切克汗,两个速檀,即巴拉克和阿布勒班毕特。据1734年5月1日,沙俄军官、奥伦堡远征军长官伊万·基芮洛维奇·基芮洛夫向安娜女皇呈报的《关于在奥尔河河口筑城的报告》说,第二个是中帐,其汗为色莫

---

1 《哈萨克族简史》编写组:《哈萨克族简史(修订本)》,第161页。
2 《16—18世纪哈萨克与俄国的关系》,《文书与资料集》(俄文版),阿拉木图,1961年,第62页,转引自孟楠:《哈萨克三玉兹的历史考略》,《新疆大学学报》2003年第1期。

柯依，他们有 2 万人左右，他们反对臣服于俄国。[1]1736 年，色莫柯依汗去世，汗位由阿布勒班毕特继承（1736—1769 年在位）[2]，他与小玉兹汗阿布勒海尔不和，向东退避到突厥斯坦城[3]，西部中玉兹的统治中心东移。阿布勒班毕特年事已高，权力实际上掌握在他的助手阿布赉手中。以后，阿布赉领导了中玉兹哈萨克人抵抗准噶尔人的入侵战争，在战争中树立起自己的权威。

阿布赉是著名哈萨克汗杨吉尔的五世孙，原名阿布勒曼素尔。在 1723 年的大灾难中，其父被杀，他随家人逃出突厥斯坦城，流落到希瓦汗国。在流亡期间，他丰富了阅历，积累了社会经验。18 世纪 30 年代初，中玉兹汗阿布勒班毕特组建军队，阿布赉应征入伍，并在与准噶尔人的斗争中崭露头角。据说，在一次战斗中，准噶尔巴图尔夏尔什勇不可当，许多哈萨克勇士都被刺下了马，阿布赉请战。阿布赉驱马猛进，口中高喊"阿布赉！阿布赉！"一瞬间便砍下了夏尔什的头，失去首领的准噶尔军队四处散逃，阿布赉率哈萨克人紧追。此战俘获甚多，极大地鼓舞了哈萨克人的斗志。战后，阿布勒班毕特问阿布赉为什么呼喊"阿布赉"，他回答说这是他爷爷的名字。[4] 此后，人们便以阿布赉一名称呼他。

1741 年，阿布赉在抗击准噶尔人的战争中被俘，以哈萨克速檀为首的 90 人的代表团前往准噶尔汗国谈判，1743 年，阿布赉获释返回中玉兹，速檀和亲属纷纷聚集在他的周围，他的声望日增，到 50 年代，阿布赉已经独立地统治了中玉兹的大部分地区。阿布

1　孟楠：《哈萨克三玉兹的历史考略》，《新疆大学学报》2003 年第 1 期。
2　中玉兹西部汗系：色莫柯依（1718—1736）、阿布勒班毕特（1736—1769）、阿布赉（1771—1781）、瓦里（1781—1818）。
3　〔俄〕A. D. 列夫申：《吉尔吉斯-哈萨克各帐及各草原的述叙（摘译）》，新疆维吾尔自治区民族研究所译，第 84 页。
4　《哈萨克族简史》编写组：《哈萨克族简史（修订本）》，第 163 页。

赉对年迈的阿布勒班毕特汗十分尊敬,一直以速檀自称,不称汗。阿布赉对内实施温和的政策,任命自己的兄弟和儿子为氏族的比伊,逐渐将贵族会议判处封建主死刑的权力掌握在自己手中。对外,他调整了与准噶尔人的关系,娶了准噶尔汗噶尔丹策零的女儿,噶尔丹策零将塔什干城赐予阿布赉,以后,塔什干城为阿布赉家族所有。与此同时,阿布赉主动与俄国联系,双方达成协议,从1750年起,俄国的特罗伊茨克要塞成为双方的交易场所。巩固了西部中玉兹之后,阿布赉开始统一中玉兹东部。

奥里塔阿会议以后,中玉兹东部汗是速檀巴拉克。[1] 巴拉克是哈萨克汗国创建者札尼别的五世孙,他统领的中玉兹哈萨克人一直独立于色莫柯依汗。巴拉克的领地最初可能与小玉兹哈萨克人相邻,在色莫柯依汗臣属于俄国之时,巴拉克汗统治的哈萨克人拒绝臣属于俄国,他们不时地对俄国人发起袭击。1748年,巴拉克汗击毙小玉兹汗阿布勒海尔,由此引发了两个玉兹之间的冲突。为了避开小玉兹,巴拉克汗求助于准噶尔人,迁入锡尔河北岸准噶尔人控制下的伊卡奈、奥特拉尔、昔格纳黑三城之间的空隙地带,与大玉兹哈萨克人的牧地毗邻。在史书中,他被称为中玉兹东部汗。

1750年,巴拉克汗与他的两个儿子在出访一位和卓之时被毒死,巴拉克汗在中玉兹哈萨克人中具有很大影响,他的去世引起了中玉兹东部局势的动荡。争夺汗位的斗争此起彼伏,原巴拉克汗一派推举库恰克速檀为汗,然而,库恰克汗控制不了局势,他依靠准噶尔人维持统治。与此同时,小玉兹汗努拉里借助俄国势力企图替父报仇,东部中玉兹面临着严峻的形势。在此期间,阿布赉担负起统一中玉兹的任务,最终将中玉兹东部纳入自己的统治。

---

[1] 中玉兹东部汗系:巴拉克汗(1731—1750)、库恰克汗(1750—?)。

在清朝平定准噶尔汗国的当年（1757），阿布赉写信给清朝说："我等哈萨克有三部落，我系鄂尔图玉兹（即中玉兹）头目，奇齐玉兹、乌拉玉兹皆我族兄为长。"[1] 此后，阿布赉侵占了大玉兹西部领地，包括突厥斯坦城和塔什干城在内的西南牧地成为中玉兹汗阿布勒班毕特次子阿比里斯的领地。

1769 年，中玉兹汗阿布勒班毕特去世，1771 年，阿布赉称汗。以阿布勒班毕特汗之子博拉特和阿比里斯为首的一部分速檀和比伊不服，他们求助于俄国。1775 年，不属于阿布赉管辖的长老和素丹派代表到西伯利亚边防指挥官那里，请求接受其为俄国臣民。他们中间有曾要求俄国政府发给年俸的阿布勒班毕特汗的儿子阿布尔芬斯（即阿比里斯）。[2] 俄国当局认为，整个中玉兹已经宣誓臣服于俄国，不能再接受其中一些首领的个人臣服，因而对他们的要求予以拒绝，但俄国赐给他们礼品，以示安抚。

接着，俄国当局派遣官员劝说阿布赉向俄国政府呈文申请批准他的可汗头衔，阿布赉乘机要求俄国承认他为哈萨克三个玉兹的大汗。1778 年 2 月，阿布赉向俄国女皇递交了呈文："阿布勒海尔汗和阿布勒班毕特汗均已去世，他们是我们同族的祖先。当他们不在人世的时候，按照次序，汗的头衔就应该授予我。他们死后，整个吉尔吉斯-哈萨克各帐，即大玉兹、中玉兹和小玉兹的汗、速檀，以及塔什干的大小城镇、突厥斯坦地区，于 1771 年在突厥斯坦城我们穆斯林圣徒、和卓阿合买德的陵墓地，按照我们的习惯念颂祈祷时，一致同意我为整个哈萨克三个玉兹的汗，并真正把这个称号

1　（清）傅恒等：《平定准噶尔方略正编》卷 42，乾隆三十七年武英殿刻本，第 2 页。

2　厉声：《哈萨克斯坦及其与中国新疆的关系（15 世纪—20 世纪中期）》，第 171 页。

授给了我。"[1] 同年 10 月，俄国发出一份册封阿布赉为可汗的证书，并附有一件皮大衣、一把军刀和一顶软帽，俄国提出要阿布赉到奥伦堡领取的要求，并提出要他在奥伦堡、特洛伊斯克或西伯利亚边界地区宣誓就职。这些要求遭到了阿布赉的拒绝。后来，沙皇又提出让阿布赉在自己牙帐内当着俄国使臣的面宣誓，但仍被拒绝。[2]

1780 年 11 月，阿布赉汗在突厥斯坦城病故，长子瓦里苏勒坦[3]继位（1780—1818 年在位）。瓦里汗没有统一哈萨克人的威望，大玉兹哈萨克人开始侵占中玉兹南部的游牧地。瓦里汗最初依靠俄国势力维护自己的统治，在他的请求下，俄国当局于 1782 年在靠近中玉兹的彼得洛巴甫洛夫要塞对他的汗位进行了正式册封。瓦里汗在位的最后几年，中玉兹分裂的趋势加剧，一些首领公开与他对抗，以汗自称。在此形势下，1816 年，俄国政府扶持前巴拉克汗之子布克依为第二可汗，企图接替瓦里汗，然而，布克依与瓦里汗同年（1818）去世，中玉兹四分五裂。1822 年，俄国在中玉兹实施新的统治制度，汗被废除，中玉兹归属于俄国西伯利亚当局统治。

大玉兹人的牧地在哈萨克草原东部，在大灾难时期，他们的领地被准噶尔人占领。1729 年战争以后，大玉兹的一些牧民返回锡尔河以北草原。18 世纪 30 年代，大玉兹汗卓勒巴尔斯（1730？—1740 年在位）[4]的驻地在塔什干。这一时期，大玉兹哈萨克人实际上臣属于准噶尔汗国，他们向准噶尔人缴纳皮毛税，同时还要将部

---

1 〔日〕佐口透：《新疆民族史研究》，章莹译，新疆人民出版社，1993 年，第 316 页。

2 〔俄〕A. D. 列夫申：《吉尔吉斯-哈萨克各帐及各草原的述叙（摘译）》，新疆维吾尔自治区民族研究所译，第 151 页。

3 中国史书又称斡里苏勒坦。

4 大玉兹汗系：卓勒巴尔斯（1730？—1740）、库西雅克（准噶尔总督，1740—1749）、阿比里斯（？—1783）、杭和卓（1783—1808）。

族首领之子送到准噶尔汗国为人质，这种状况一直持续到40年代初。据奥伦堡总督派往塔什干的商队成员说，在卓勒巴尔斯统治时期，大玉兹实行的是双重统治。除了卓勒巴尔斯外，还有一个名叫梯乌勒的长老，他与卓勒巴尔斯共同执掌政权。1740年，塔什干市民起义，杀卓勒巴尔斯汗，梯乌勒比伊成了大玉兹统治者。然而，他掌权不久就被库西雅克比伊赶走，库西雅克可能是准噶尔汗噶尔丹策零任命的总督。在他的统治下，塔什干向准噶尔人缴纳贡赋，当时，在大玉兹实施统治的是头克汗派到大玉兹的管理者图列比。1749年，俄国奥伦堡当局在写给大玉兹的信件中，称图列比为哈萨克大帐贵族，尊敬的图列比。

以后，大玉兹一些领地被中玉兹侵占，大玉兹哈萨克人的牧地实际上只限于七河流域。准噶尔汗国被清朝平定以后，大玉兹并未获得统一。18世纪后半叶，大玉兹面临日益强大的浩罕汗国的入侵。在浩罕汗额尔德尼时期（1751—1769），塔什干城被浩罕军攻占，中玉兹汗阿布赉加入到争夺塔什干城的斗争中。1757年，阿布赉击败浩罕军，夺取塔什干城，将原中玉兹汗阿布勒班毕特之子阿比里斯留在塔什干统领大玉兹哈萨克人。阿比里斯在塔什干无所事事，实际统治者是他手下的三个巴图尔（勇士）："曰吐里拜，曰辉格尔德，曰萨萨克拜。而吐里拜实专国政。"[1]

1783年，阿比里斯汗去世，他的两个儿子博普、杭和卓争夺大玉兹统治权，最终，杭和卓被推举为汗。18世纪末，浩罕汗爱里木向北扩张，于1808年攻占塔什干城。爱里木宣布大玉兹及其所属哈萨克人为浩罕臣民。浩罕国派驻塔什干的统治者在此进行残酷

---

[1] 赵尔巽等撰：《清史稿》卷529列传316《属国四》，中华书局，1977年，第14720页。

统治，他们的横征暴敛很快激起了哈萨克人的起义。在起义遭到镇压以后，大玉兹哈萨克人向外迁徙。一部分人进入中国新疆，归属了清朝；有数千帐归属俄国，被安置在乌斯季卡缅诺哥尔斯克要塞附近；还有几千帐迁入中玉兹领地，接受了中玉兹汗的统治，这一部分大玉兹哈萨克人在 1819 年也归属于俄国；留在塔什干附近的哈萨克人继续接受浩罕汗国的统治。

俄国于 1822 年和 1824 年确立对哈萨克中、小玉兹的统治之后，继续南下。1854 年 5 月，俄国颁布了《谢米巴拉金斯克州管理条例》，开始对大玉兹领地实施直接统治。

第三章
民族的形成

哈萨克斯坦是一个多民族国家，哈萨克族是哈萨克斯坦的主体民族。公元6世纪以前，哈萨克草原的主要居民是欧罗巴人种中说印欧语系的居民（简称印欧种人）。6世纪至13世纪初，蒙古利亚人种中说突厥语者（简称突厥人）来到哈萨克草原，他们与先期到来的印欧种人融合，给印欧种人注入了突厥因素。13世纪以后，蒙古利亚人种中说蒙古语者（简称蒙古人）来到哈萨克草原，在此与印欧种人、具有突厥因素的印欧种人和突厥人融合。15世纪中叶，一支具有突厥因素的蒙古人在哈萨克草原建立了被称为哈萨克汗国的政权，在此政权的统治下，哈萨克族开始形成。[1]民族形成的过程是漫长的，到20世纪初期，现代意义上的哈萨克族才最终形成。

---

1 《哈萨克族简史（修订本）》第72页认为："哈萨克民族自公元前7世纪至公元6世纪经历了起源时期之后，便进入了形成时期。公元6世纪至12世纪，古代哈萨克部族先后经历了突厥汗国、突骑施汗国、葛逻禄汗国、基马克汗国、喀喇汗朝和西辽的统治时期。在这一时期，原来各自独立的，彼此交往不多的古代哈萨克部族由于受辖于一个统一的政权之内，各部族之间的政治、经济、文化交流比较密切，互相影响，互相接近，逐步形成了共同的经济生活、共同的文化、共同的民族心理素质，一种通用的相对统一的语言和文字也随之产生。这样，民族的共同性也就越来越多。"不难看出，此书作者将哈萨克族形成时期确定在6世纪至12世纪。笔者认为15世纪中叶，哈萨克族开始形成。

第一节　哈萨克族的族源构成

在哈萨克族人的成分中存在着欧罗巴人种成分和蒙古利亚人种成分,其中,蒙古利亚人种是哈萨克族的主要因素。尽管如此,欧罗巴人种成分也不可忽视。

最早生活在哈萨克草原的居民属于欧罗巴人种。考古研究表明,哈萨克草原的原始文化是欧罗巴人种中说印欧语系的一支,即印欧种人创造的。在距今 4 万至 5 万年前,晚期智人在自然地理和历史条件的长期影响下分化形成了可以明显区分的人种:欧罗巴、蒙古利亚和尼格罗人种。[1] 欧罗巴人种主要分布在欧洲及欧、亚、非三洲连接的地区,因此,地处欧亚两大洲结合部的哈萨克草原是欧罗巴人的居地,这一推断得到了旧石器时代人类学材料的证实。按人种的色素沉积程度,欧罗巴人种又可分为北欧人种(诺迪克人种)、地中海人种、阿尔卑斯人种三个类型。有关考古材料显示,哈萨克草原旧石器时代晚期的原始人类属于欧罗巴人种的东地中海类型。按语言分类学,欧罗巴人种可分为印欧、高加索、闪米特含米特、乌拉尔四个语系。在黑海北岸草原居住的欧罗巴人使用的是印欧语系的语言,因此,他们又被称为"印欧种人"。印欧种人在欧亚草原西部绵延不绝,相继得势。公元前 3500 年左右,这些印欧种人乘着马拉的实轮木车向外迁徙,来到了哈萨克草原,在此创造了铜石并用的阿凡纳羡沃文化;公元前 1600 年至前 1400 年,这些印欧种人已经遍布哈萨克草原,并在此创造了属于青铜时代的安德罗诺沃文化。[2]

---

[1] 另一种划分是:蒙古人种(黄种)、欧罗巴人种(白种)、尼格罗人种(黑种)和澳大利亚人种(棕色种)。

[2] 公元前 2 千纪后半叶,印欧种的雅利安人和大多数伊朗种人先后离开草原向南迁移,定居在伊朗高原和印度次大陆。

公元前 9 世纪至前 5 世纪，西方史书以不同称谓记录了活跃在欧亚草原上的印欧种人。他们是黑海北岸的辛梅里安人和斯基泰人，哈萨克草原的斯基泰人、萨尔马特人和马萨革泰人，七河流域的伊赛多涅斯人（又译为伊塞顿人），伊犁河流域至额尔齐斯河流域的阿里马斯普人。公元前 5 世纪，希腊历史学家希罗多德（前484—前 425）将他们统称为塞种。公元前 3 世纪，萨尔马特人和马萨革泰人的后裔在哈萨克草原上建立了塞种人的国家奄蔡、康居和乌孙。他们以后构成了哈萨克族人的部落。

6 世纪，在哈萨克草原占支配地位的欧罗巴人种让位于蒙古利亚人种。有学者认为，蒙古利亚人种在哈萨克草原的首次露面可能在公元前 1200 年前后。[1] 哈萨克草原的卡拉苏克文化不仅具有蒙古利亚人种的特征，而且卡拉苏克人成了米努辛斯克地区欧罗巴人种居民的支配者。[2] 作为欧亚草原桥梁的哈萨克草原自古以来就是原始人群迁徙的通道，种族之间融合的现象可能很早就已经发生，据苏联学者阿力克谢夫的研究，这种人种综合特征的组合大约在铜石时代便已开始。[3] 不过，蒙古利亚人种在哈萨克草原取得支配地位是 6 世纪以后的事，正是在 6 世纪，早期的印欧种人在突厥汗国统治之下加速了与突厥人的融合，开始了印欧种人蒙古利亚人种化进程，蒙古利亚人种化的"浪潮"是由突厥人西迁引起的。

最早从东方迁到哈萨克草原的蒙古利亚人种是铁勒部落。[4] 4 世

---

[1] 西方有学者认为突厥人来到黑海-里海草原是很早的事，是匈人向欧洲的迁移将新的种族成分带到了这一地区，这些突厥人后来成为此地区的主要种族语言体。他们提出：有少许证据表明，在匈人跨越伏尔加河之前，突厥牧民就出现在这一地区。参见 Denis Sinor, *The Cambridge History of Early Inner Asia*, p.256。

[2] Denis Sinor, *The Cambridge History of Early Inner Asia*, p.14。

[3] 韩康信：《丝绸之路古代居民种族人类学研究》，第 18 页。

[4] 学界对铁勒族属有较多争论，本书认为铁勒部落中的绝大多数仍属蒙古利亚人种。

纪末，铁勒高车部被蒙古草原上的柔然汗国征服，其首领阿伏至罗率所属十余万落（户）西迁，进入哈萨克草原。在此后的一百年间，铁勒部落已经分布在东起贝加尔湖、西至巴尔喀什湖之间的广阔地区。其中，名叫铁勒的部落在今哈萨克斯坦南部建立了大汗国，以后，突厥人声名鹊起，外界将所有铁勒部部民统称为突厥人。

从外貌的角度看，突厥人属蒙古利亚人种。据苏联学者金兹布尔格的考古研究，"外贝加尔湖（即贝加尔湖以东）地区的突厥人具有明显的蒙古人种特点，看不出有欧洲人种的混杂"[1]；他认为："突厥人无疑是有一个共同的起源，其起源地区应该位于北方蒙古人种分布的范围之内。"[2] 从语言的角度看，突厥语与蒙古利亚人种中的蒙古语和通古斯语有很多相同的词，因此，突厥人应该与蒙古人和通古斯人一样属蒙古利亚人种。[3] 从文献记载看，突厥人不属欧罗巴人种，据中国史书《北史》记载，东突厥可汗阿史那俟斤的外貌"面广尺余，其色赤甚，眼若琉璃"，这副长相被认为是"状貌奇异"之人，说明一般的突厥人并非是"其色赤甚，眼若琉璃"的欧罗巴人种。

突厥人来到哈萨克草原，开始了欧罗巴人种与蒙古利亚人种的大融合时期。[4] 突厥人建立汗国以后，统治了哈萨克草原上的各族部落，这些部落追随突厥人的扩张战争，其中，里海北岸地区的铁勒

1　韩康信：《丝绸之路古代居民种族人类学研究》，第18页。
2　谭婧泽、韩康信：《中国北方几个古代民族的体征类型和种族属性》，《现代人类学通讯》2007年第1期。
3　近年来，学界对此提出新看法，认为三种语言相似的原因不是由于他们种属的相同，而是由于语言人群靠近而相互借用的缘故。
4　应该说自铁勒西迁的5世纪中叶即开始了欧罗巴人种与蒙古人种的融合，但因对铁勒族属争论较多，在此以突厥人为开端可免除许多不必要的解释。

可萨部就参与了西突厥与萨珊波斯王朝的战争。然而,突厥贵族对立下了汗马功劳的铁勒部民实施奴役和压迫。突厥人的残暴统治激起了铁勒部落上上下下的反抗,在反抗斗争中,散居在咸海、里海北岸的铁勒部落分化重组,新的部落集团逐渐形成。

10世纪上半叶,在阿尔泰山以西至黑海北岸草原之间形成了以下大的部落联盟:额尔齐斯河中游沿岸的基马克、哈萨克草原的古思、里海至伏尔加河流域的佩切涅格、里海至黑海北岸的可萨。10世纪末,基马克部落联盟瓦解,其中的库曼部民和钦察部民组成了新的钦察-库曼联盟。蒙古人到来前夕,钦察-库曼联盟的突厥人主宰着哈萨克草原。大批突厥人不断涌入哈萨克草原,处于突厥人包围之中的印欧种人开始了蒙古利亚人种化的过程。在哈萨克族中起重要作用的乌孙人和阿兰人就是蒙古利亚人种化的印欧种人部落。

在印欧种人蒙古利亚人种化的同时,蒙古利亚人种中的突厥人也经历了欧罗巴人种化的过程,突厥人与当地印欧居民的杂居、通婚,吸收了欧洲人种的成分。其中,被史书记为突厥别种的突骑施原是西突厥汗国中的突厥部落,该部在哈萨克人中被称为"撒里乌孙",意为"黄乌孙"。有人认为他们是乌孙的后裔,实际上是突厥部落欧罗巴人种化的结果。苏联考古学家金兹布尔格发现:"南西伯利亚和南阿尔泰山区的突厥人是属于混杂的南西伯利亚蒙古人种类型,而东哈萨克斯坦、天山及南俄罗斯草原的突厥人则有程度不同的蒙古人种和欧洲人种的混杂。"[1]"金兹布尔格认为,8—10世纪阿尔泰居民的人种特征,在南部山区的和北部山前地带的不尽相同,即南部阿尔泰居民的头骨是以南西伯利亚蒙古人种成分占优

---

[1] 韩康信:《丝绸之路古代居民种族人类学研究》,第18页。

势,而北阿尔泰居民的头骨则更为混杂,其中可以明显地追踪到欧洲人种和蒙古人种的不同成分。"[1]

印欧种人蒙古利亚人种化和突厥人欧罗巴人种化的大融合在哈萨克草原进行了七百年之后,蒙古利亚人种中的蒙古人来到了哈萨克草原,他们加入了这一地区种族之间、民族之间的融合过程。

第二节 哈萨克族的主要部落

从体质人类学的角度观察,尽管现代哈萨克族与欧洲人的外貌特征有着明显的不同,但具有欧罗巴血统的乌孙、阿兰部落的融入,使以后形成的哈萨克族包含了一些古印欧种人的成分,这是无可置疑的。在哈萨克族中,具有印欧种人成分的部落主要有乌孙和阿兰。

乌孙又译为"兀孙"或"玉逊",他们在大玉兹哈萨克人中人数最多,地位最高,以致大玉兹人被称为玉逊哈萨克人。[2] 乌孙人的外貌特征,资料缺乏,《汉书·西域传》曾记载:"乌孙国……本塞种也,大月氏西破走塞王,塞王南越县度,大月氏居其地。后乌孙昆莫击破大月氏,大月氏徙西臣大夏。而乌孙昆莫居之,故乌孙民有塞种、大月氏种云。"中国唐朝人颜师古在给《汉书·西域传》作注时提道:"乌孙于西域诸戎其形最异,今之胡人青眼、赤须,状类弥猴者,本其种也。"[3] 由此观之,乌孙人应为浅色素之欧洲人种。以上文献记载得到了考古资料的证实,20 世纪 30 年代以

---

[1] 韩康信:《丝绸之路古代居民种族人类学研究》,第 18 页。
[2] 有学者认为,近现代哈萨克族中的乌孙部落,是辽朝的乌孙和元朝的"兀孙",参见吐娜:《哈萨克汗国大玉兹境内的蒙古部落研究》,晓克等主编:《朔方论丛》第一辑,内蒙古大学出版社,2011 年。
[3] 《汉书·西域传》,中华书局,1962 年,第 3901 页。

来，以伯恩施坦为代表的苏联考古学家提出乌孙很可能属于东伊朗族。50年代以后，更多的学者认为乌孙是塞克人的一支。

阿兰是与哈萨克族有着密切关系的印欧种人部落，有学者认为，阿兰人的阿里钦部是小玉兹哈萨克的主要部落。阿兰人在《史记·大宛列传》中被称为奄蔡；《中亚古国史》曾引用一位古典作家的话说："阿兰那人是高大洁白而美观的。"[1]

在哈萨克人中，具有突厥人因素的部落有钦察、康里、葛逻禄，以及克烈和乃蛮。[2] 钦察人原游牧于额尔齐斯河流域，9世纪至10世纪期间，脱离基马克部落联盟西迁到哈萨克草原。11世纪，钦察人与库曼人一起组成了钦察-库曼联盟，统治着包括哈萨克草原在内的欧亚草原西段，阿拉伯作家把钦察人居住的地方（咸海至伏尔加河流域平原）称为钦察草原。当蒙古人来到哈萨克草原之时，统治着这片草原的钦察-库曼联盟没有形成统一的政治系统，这种分散的统治有利于蒙古人的征服。蒙古人建立钦察汗国以后，伏尔加河以东的钦察人在斡儿答家族领地上放牧。

康里人又被称为东钦察人。学界对他们的来源各说不一，有人认为他们是铁勒高车部人的后裔，又有人说他们是佩切涅格人的一个氏族。波斯史家拉施特在《史集》中称他们与葛逻禄人一样，属突厥人的一支。据《世界境域志》记载，康里突厥人在11世纪时已经接受伊斯兰教，他们生活地区很广。康里和葛逻禄突厥人一直是哈萨克草原诸政权中的不安分因素，12世纪末在中亚崛起的花刺子模帝国收买他们为本国雇佣军，其国王摩诃末在位时，帝国有

---

[1] 麦高文：《中亚古国史》，章巽译，中华书局，2004年，第45页。此外，此书第45页还记载，从发掘的遗骨和希腊的器皿、画像来看，大多数都与西欧的诺的克人骸骨相同。

[2] 克烈和乃蛮是突厥部落还是蒙古部落仍有争论。

一支 7000 康里人组成的骑兵。蒙古人在哈萨克草原建立政权之时，康里人在斡儿答的封地上，归白帐汗统治。

葛逻禄人最初在乌伦古河与额尔齐斯河上游之间放牧，他们中有谋落、炽俟、踏实力三大部落。6世纪至7世纪，葛逻禄人处于西突厥汗国统治之下。766年，他们建立了自己的政权，统治中心在楚河流域。840年，漠北的回鹘部众大批西迁，其中有十五部奔葛逻禄。10世纪，在葛逻禄人牧地上建立了喀喇汗王朝，葛逻禄人在王朝中发挥重要作用。13世纪初，蒙古人来到哈萨克草原，他们称葛逻禄为哈剌鲁，当时哈剌鲁在巴尔喀什湖以南建立了两个小政权。1211年秋，蒙古军占据哈剌鲁人的牧地，哈剌鲁人接受了蒙古人的统治。有人认为，哈萨克族的阿尔根部是古代葛逻禄三部之一的谋落部后裔。

克烈是今哈萨克族中玉兹的一个大部落。在蒙古部兴起之前，克烈就是一个人口众多、势力强大的突厥部落。成吉思汗统一蒙古高原之时，克烈部首领王罕与之结盟攻打蔑儿乞（蔑儿乞惕）等部。势力强大之后，成吉思汗于1204年攻打克烈部，夺取了该部的大部分领地，克烈部落散逃。一部分人西迁到哈萨克斯坦草原，之后，在斡儿答家族领地游牧，成为白帐汗国的主要部落。

乃蛮是今哈萨克族中玉兹的一个大部落。乃蛮部是古代突厥部落，操突厥语族语言，史书又记为奈曼、奈蛮等名。11世纪，乃蛮居蒙古高原西部，牧地在阿尔泰山南坡，是蒙古高原西部势力最强大的游牧部落。成吉思汗征服克烈部之后，蔑儿乞、脱黑脱阿札兰部投奔乃蛮部首领太阳汗，结成了反成吉思汗联盟。联盟军在成吉思汗的袭击中瓦解。1206年，成吉思汗再次发起袭击，乃蛮部新首领不亦鲁黑汗被擒，领地被占，部众四散，大多数人逃到额尔齐斯河流域。以后，额尔齐斯河流域归属斡儿答家族，乃蛮部成为白帐汗国一大强部。

钦察汗国的别儿迪别汗去世以后,白帐汗脱脱迷失(1378—1399年在位)夺取钦察汗位,汗室成员迁往钦察汗国统治中心的伏尔加河流域,白帐汗国地盘被昔班家族占领。昔班家族后裔阿布海尔在此建立了阿布海尔汗国,末代白帐汗巴拉克之子克烈和札尼别接受了阿布海尔汗的统治。以后,因不满阿布海尔的专权,克烈和札尼别于1456年率克烈、乃蛮、蔑儿乞等部出走,在楚河流域建立了独立政权。因出走者自称哈萨克人,他们建立的政权被称为哈萨克汗国。

可以说,随克烈和札尼别出走的克烈、乃蛮和蔑儿乞部是最早的哈萨克族部落。克烈和札尼别的出走在阿布海尔汗国引起了连锁反应,蒙古人和突厥部落纷纷迁入哈萨克汗国境内。与此同时,札剌亦儿、杜格拉特等部也脱离东察合台汗国迁入到哈萨克,其中人数最多的是杜格拉特部。

蒙古部落是哈萨克人的主要族源。构成哈萨克族的蒙古部落主要有弘吉剌惕(又称曼格特)、札剌亦儿、蔑儿乞部和杜格拉特。

弘吉剌惕是成吉思汗分配给长子术赤的蒙古部落,该部在13世纪初随术赤西征来到哈萨克草原,13世纪中叶又以大蒙古国左翼军身份随拔都西征,此后留在钦察草原中部,乌拉尔山东西两侧也是他们的牧地。乌拉尔山以东是拔都之兄斡儿答家族的领地,东部的弘吉剌惕部民先后归属于斡儿答的白帐汗国和斡儿答后裔建立的哈萨克汗国,成为哈萨克族的主要部落。乌拉尔山以西的弘吉剌惕部归属于钦察汗国,15世纪,他们建立了自己的政权诺盖汗国。诺盖汗国于16世纪瓦解,此后,他们中的绝大多数接受了哈萨克汗国的统治,这些部落的加入壮大了哈萨克人的力量,使哈萨克汗国的人数达到20万人。[1]哈萨克汗国分裂以后，弘吉剌惕部归属于哈萨克中玉兹，以后又移居大玉兹人的牧区。18世纪中期，沙俄官员M.特服凯列夫在给沙皇政府的报告《哈萨克中、大玉兹部族构成》中说，弘吉剌惕部下又分为9个氏族。[2]

札剌亦儿为蒙古部落，最初在蒙古高原游牧。大蒙古国建立以后，札剌亦儿部臣属之，成为大蒙古国左翼军主力。在历次蒙古西征中，札剌亦儿部将领都率部参战。西征结束以后，他们留在哈萨克草原，大多数人在白帐汗国的领地上放牧，以后参与了哈萨克汗国的创建。哈萨克汗国瓦解以后，札剌亦儿成为大玉兹的主要部落。

蔑儿乞是13世纪活动在鄂尔浑河与色楞格河流域的蒙古部落，说蒙古语，元代人陶宗仪在其《南村辍耕录》一书中把他们归于蒙古七十二种。[3]蔑儿乞人与成吉思汗所在的大室韦部民世代为仇，双方发生过多次战争。在成吉思汗统一蒙古高原之时，蔑儿乞人西逃进入哈萨克草原。1217年，成吉思汗派兀良哈部的速不台追杀蔑儿乞人，蔑儿乞部首领忽都、赤剌温兄弟在巴尔喀什湖附近被杀，部民溃散。少数蔑儿乞人逃亡至伏尔加河中游的森林地带，大部分人散入哈萨克草原的蒙古或突厥部落中。

蒙古部落杜格拉特在蒙古语译音为朵豁剌惕，成吉思汗在西征结束时，把杜格拉特部分封给次子察合台，杜格拉特部的居地在察合台封地的东面。14世纪，察合台封地分裂，他们成为东察合台汗的依靠力量。1326年，察合台西部陷入混乱，东部趁机占据了楚河和塔拉斯河流域，大批朵豁剌惕部蒙古人由伊犁河流域和伊塞克湖

---

1 米儿咱·马黑麻·海答儿：《中亚蒙兀儿史——拉失德史》第一编，第274页。
2 同上。
3 关于蔑儿乞部的族属，有人认为属突厥部落。

周围迁居楚河和塔拉斯河流域。[1] 15世纪中叶，哈萨克人来到楚河流域，与朵豁剌惕部毗邻而居。哈萨克汗国瓦解之后，朵豁剌惕部归属于哈萨克大玉兹，到19世纪，他们仍是一支强大部落。

随蒙古人西征的突厥人也是哈萨克族的主要族源之一。蒙古西征结束以后，拔都把术赤家族领地的东部分给长兄斡儿答和其弟昔班。斡儿答家族的领地在东起阿尔泰山，西至咸海，南起锡尔河，北接西西伯利亚平原的哈萨克草原上。斡儿答家族在其领地内实现了自治，他们的政权被称为白帐汗国。15世纪中叶，哈萨克人在白帐汗国所在地区建立了政权。这一地区的大多数部落属于蒙古利亚人种中说突厥语的部落，在哈萨克族形成过程中，起重要作用的突厥部落有钦察、康里、葛逻禄，以及克烈和乃蛮。[2]

显然，哈萨克人主要由西征的蒙古部落，以及随之西征的或在其统治领域中的突厥部落组成。蒙古人与突厥人长期通婚的结果是蒙古人突厥化和突厥人蒙古化。在此过程中，双方部落都经历了分解和重组，纯粹的突厥（如葛逻禄）或纯粹的蒙古（如契丹）部族或部落消失了，14世纪出现了突厥化蒙古人部族——乌兹别克人，15世纪中叶出现了突厥-蒙古部族——哈萨克人。[3]

第三节　哈萨克族形成的决定因素

统一的哈萨克汗国存在了两百多年（1456—1731），它的建立对哈萨克族的形成起到了决定性的作用。哈萨克汗国的建立使东起

1　吐娜：《哈萨克汗国大玉兹境内的蒙古部落研究》，晓克等主编：《朔方论丛》第一辑。

2　克烈和乃蛮是突厥部落还是蒙古部落仍有争论。

3　有学者认为10世纪著作《世界境域志》中阿兰国内有一部名qasaq，此音虽与哈萨克的音相似，但10世纪蒙古人的活动范围仍在东方。

额尔齐斯河、西至里海东岸之间的广大地域统一在一个政权之下，国土的确立使哈萨克人以国家的方式获得了认同。在此政权之下的部落有了具体的效忠对象，部落之间有了患难与共的联系，部民之间有了同甘共苦的命运。哈萨克汗国的建立确立了哈萨克人的统治地位，加速了汗国内其他部落民融入哈萨克人的步伐。经过几百年的融合，哈萨克人以一个整体的形象面对周边其他民族（特别是乌兹别克族）和世界其他地方人民。于是，一个以哈萨克人自称的、与其他民族有区别的民族共同体——哈萨克族开始形成。

在哈萨克汗国境内部落融合的过程中，文化认同是凝聚部民的主要因素。美国学者曼纽尔·卡斯特在《认同的力量》一书中把文化认同提到民族形成的首要地位，他说："所谓认同是在文化特质或相关的整套文化特质的基础上建构某种意义的过程，其中文化特质占有优先的地位。"[1]

哈萨克汗国境内部落之间的融合首先是生产和生活方式的趋同。欧亚草原东西方之间的来往可以追溯到原始人群。考古资料证明，蒙古草原与哈萨克草原的交往从旧石器时代就已经开始。马驯化之后，哈萨克草原与蒙古草原的居民都开始从畜牧向游牧过渡。在此特定的地理环境中，欧亚草原的游牧者（无论是印欧种人或是蒙古利亚人种的各族）总结出一套以游牧-畜牧为主，兼营狩猎业、农业、手工业和商业的生存模式。相同的生产方式又使欧亚草原东西方牧民养成了共同的生活方式。为保持牧场植被的良性循环和保证游牧生产在较大地域内持续进行，他们把草原分为春夏秋冬四季草场，视季节变化而"逐水草而居"。于是，在东西牧民中形成了

---

[1]〔美〕曼纽尔·卡斯特:《认同的力量》，夏铸九、黄丽玲等译，社会科学文献出版社，2003年，第2—3页。

与游牧方式相适应的浓厚的游牧生活特点。食肉喝奶是他们的主要饮食方式,牲畜皮毛成为他们衣服的主料,"穹庐为室兮旃为墙"的易拆卸可携带的圆形毡房是他们的居室,骑马、坐牛车是他们出行的方式。总之,欧亚草原东西方的牧民在物质文化方面的趋同使他们杂居在一起时已无任何障碍。

文化融合首先从语言上反映出来。在确定民族属性时,语言的一致性是确定民族属性的因素之一,讲何种语言往往成为确定族属的依据,如1897年俄国在中亚进行的第一次人口普查是以母语为根据进行的。由于游牧经济的流动性,蒙古牧民与突厥牧民之间的语言交流应该没有大的障碍。在13世纪初期的蒙古西征之时,大蒙古国强征一些突厥部参与,其中就有在哈萨克草原放牧的康里突厥人:"塔里赤,康里人,其父也里里白,太祖时以武功授帐前总校,奉旨南征至洛阳。"[1] 参与蒙古人征讨的康里人最初分在由蒙古人组成的探马赤军中,受制于蒙古诸侯王。以后,随着康里、阿速、畏兀儿人的扩充,突厥人开始独当一面,据《元史》记载:"诸侯王阿只吉、火郎撒所领探马赤,属康礼氏者,令枢密院康礼卫遣人乘传,往置籍焉。"[2] 在拔都西征的队伍中,大多数成员是说突厥语的钦察人、康里人和保加尔人,《元史》记载:"艾貌拔都,康里氏。初从雪不台那演征钦察,攻河西城,收西关,破河南。"[3] 以上记载说明,在西征蒙古军中有许多突厥人。与这些突厥人生活在同一军营中,蒙古人应该通晓突厥语。通过两次西征的蒙古人在钦察草原上建立了统治,然而,移居钦察草原的蒙古人并不多,据拉施特记载,成吉思汗分配给长子术赤的只有"四名异密及四千军

---

[1]《元史·塔里赤传》,中华书局,1926年,第3275页。
[2]《元史·兵志》,第2528页。
[3]《元史·艾貌传》,第3039页。

队"[1]，以四千军队及其家属计，可能总共也只有两三万人。这些蒙古人未能使他们的统治地区蒙古化，相反，钦察草原的牧民同化了他们的统治者，表现之一是蒙古人改操了钦察突厥语。钦察突厥语是钦察汗国的官方语言，这一语言政策促进了突厥语的发展。以后，在从钦察汗国分裂形成的阿布海尔汗国和从阿布海尔汗国分裂形成的哈萨克汗国中，蒙古人突厥语化的过程仍在继续。在汗国建立的最初两百年（15世纪中叶到17世纪上半叶），独立的哈萨克口语正在形成之中，哈萨克语保留最多的是钦察语，哈萨克汗国的形成促进了语言的融合。

到19世纪下半叶哈萨克口语成为一种标准语言。哈萨克语属于阿勒泰语系突厥语族钦察语支（又名西突厥语支或克普恰克语支），主要有三种方言分支：南方哈萨克语、西方哈萨克语和东方哈萨克语。其中，东方哈萨克语是哈萨克语的标准语的基础。哈萨克语的词汇十分丰富，如今的哈萨克语保留了大量的古代突厥语词汇，以及汉语、阿拉伯语、波斯语和俄语的借用词。

从文字上看，突厥人与蒙古人的文字不仅不存在障碍，而且是一脉相承的。6世纪至8世纪，哈萨克草原上的突厥人使用以古代突厥字母为基础的突厥文，因其文字形类似于古代北欧人的鲁尼文，因此，突厥文被称为突厥鲁尼文或鲁尼克文。从发现的碑铭文来看，突厥文是一种结构完整、词汇丰富的成熟文字。8世纪在蒙古高原兴起的回鹘汗国也使用突厥鲁尼文。8世纪以后，突厥人开始使用以粟特文书写的回鹘文，哈萨克草原的突厥诸族视回鹘文为突厥文字，1077年完成的《突厥语大词典》在介绍回鹘文字母之时，称之为突厥人的文字。伊斯兰教传入哈萨克草原以后，回鹘文

1　〔波斯〕拉施特主编：《史集》第1卷第2分册，余大钧等译，商务印书馆，1983年，第376页。

逐步使用阿拉伯字母书写。历史上，有几个民族的文字是以回鹘文为基础创造的，其中包括了蒙古人的回鹘蒙古文。13世纪初，蒙古人没有自己的文字，蒙古语采用汉字或邻族的文字注音。成吉思汗统一蒙古高原之时，1204年俘获了乃蛮部掌印官回鹘人塔塔统阿，命令他教授太子、诸王，以畏兀字书写蒙古语，这种蒙古文被称为回鹘体蒙古文。从文字发展的历史来看，突厥人与蒙古人之间在书写上是没有障碍的。

13世纪以后，回鹘语分化为三支，其中回鹘-葛逻禄语支吸收了西突厥语的某些成分，发展成为回鹘语的东支。在14世纪至15世纪，这一语支被称为察合台语，成为哈萨克、乌兹别克、吉尔吉斯等民族共同的书面语，被称为察合台文。察合台文是一种用阿拉伯字母书写的拼音文字。

宗教信仰是民族聚合的重要因素，伊斯兰教信仰的趋同加速了蒙古人与突厥人的融合。6世纪来到哈萨克草原的突厥人信仰图腾崇拜，他们以狼为图腾。据《元朝秘史》记载："当初元朝人的人祖，是天生一个苍色的狼，与一个惨白色的鹿相配了。"[1]因此，苍狼白鹿可能是蒙古先民的图腾。突厥人和蒙古人融合形成的哈萨克人，也保留着对狼崇拜的痕迹，狼是凶猛、勇敢的象征。

萨满教是突厥人和蒙古人共同的原始信仰。萨满教是蒙古利亚人种各族原始宗教的一种晚期形式，因其巫师被称为萨满而得名。萨满教是自然、图腾和祖先崇拜的混合产物，该宗教以万物有灵和灵魂不灭的信念为基础，具有崇拜内容和祭祀仪式。萨满教表现了氏族部落宗教特点。

7世纪以后，哈萨克草原的突厥部落陆续接受了伊斯兰教。当

---

[1]《元朝秘史》，鲍思陶点校，齐鲁书社，2005年，第1页。

蒙古人来到哈萨克草原之时,伊斯兰教基本上已成为突厥诸族占支配地位的宗教。而13世纪的蒙古人仍然信仰萨满教。来到钦察草原的少数蒙古人与突厥人杂居,他们中的贵族最早接受了伊斯兰教。1295年,合赞登上了钦察汗位,为了争取穆斯林贵族的支持,他放弃了原有的宗教信仰,将伊斯兰教定为国教,并实行了一系列伊斯兰化的社会改革。汗国的宗教政策加速了蒙古人改宗伊斯兰教的步伐。

共同的伊斯兰教信仰成为促使诸族相互认同的潜在动力,宗教信仰的趋同不仅是哈萨克民族形成的重要因素,而且还为诸族之间的通婚提供了可能性。通婚的结果是哈萨克人的外表具有了多样性,他们既有蒙古利亚人种的特点又有欧罗巴人种的特点。从面貌上看,他们肤色为浅棕色、鹰钩鼻、高颧骨,头发颜色变化从棕色、红色到乌黑,眼睛呈现棕色、蓝色与绿色。

不难看出,现代意义上的哈萨克族是蒙古部落和当地的突厥部落、突厥化印欧种部落融合、同化的结果。在此过程中,哈萨克汗国的建立起到了重要作用,一个稳定共同体——哈萨克族——的形成是诸部落在固定的国土内,在"实在的"而非"想象"的政治框架下开始的。19世纪,沙俄在哈萨克三个玉兹中陆续确立了以地缘划分为特征的行政管理,淡化了哈萨克人三个玉兹的划分,打破了部落身份认同,对哈萨克各部的融合起到了促进作用。20世纪初,苏联在中亚实施的民族划界加速了哈萨克族自我认同的历程,完成了哈萨克族的形成过程。

第四节　步入世界民族之林

据《哈萨克苏维埃社会主义共和国历史》一书的最新版本,哈萨克民族在14、15世纪已经形成了。[1]《哈萨克共和国通史》一书表述得更加清楚：1480年哈萨克汗国的建立所形成的统一政体，促使了哈萨克民族形成过程的完成。[2]然而，另有看法把哈萨克族形成的时间推前，这些学者认为，"哈萨克"一名在远古时期就已经存在，因此，哈萨克族在两千年前已经开始形成。正如历史记载的那样，"哈萨克"一词不是15、16世纪才出现的，在中世纪的拜占庭、俄罗斯、蒙古、高加索文献中经常可以遇到qasag、qaog。然而，作为一个民族专名，它始于15世纪中叶是比较符合历史事实的。

关于"哈萨克"族名的来源有各种说法，总数不下十多种[3]，大致可以归纳为两种。苏联十月革命以前的学者把"哈萨克"视为一个普通名词，意为"自立的、自由生活的人"，指那些以游牧为业的人群或部落。俄国人拉夫罗夫指出，最早见于8世纪僧人叶俾弗尼著作中的"哈索格"即是"哈萨克"，根据他的看法，"哈索格"在卡巴尔达-巴尔卡尔语中意为"无家可归、处境不好的人"。[4]13世纪的阿拉伯人将"哈萨克"解释为自由人、游牧战士。19世纪的哈萨克族诗人阿拜·库南拜耶夫讲述了"哈萨克"一词的词源。他认为，8世纪阿拉伯人刚到达中亚时，把游牧民称之为"胡巴依"（意为住毡房的人）和"胡扎戛"（阿拉伯一个游牧民族的名称）。之后，一个阿拉伯可汗见到当地牧民赶着骆驼迁徙的情景，就把游牧民比作"哈孜"（意为白天鹅），此后，这些游牧民被称为"哈萨

---

[1] 哈萨克科学院历史考古与民族研究所：《哈萨克苏维埃社会主义共和国历史》第2卷，第225页，转引自丁笃本：《中亚通史》（现代卷），新疆人民出版社，2007年。

[2] 《哈萨克共和国通史》（俄文版）第1卷，第162页，转引自马大正、冯锡时编：《中亚五国史纲》，新疆人民出版社，2005年，第56页。

[3] 《哈萨克族简史》编写组：《哈萨克族简史（修订本）》，第13—15页。

[4] 《J. H. 拉夫罗夫文集》（俄文版），1955年，转引自何光岳：《北狄源流史》，江西教育出版社，2002年，第146页。

克"。[1] 俄国学者瓦里汉诺夫认为,"哈萨克"一词是以军事术语来使用的,意为大胆、勇敢。俄国学者拉德洛夫认为,"哈萨克"的含义是独立的、自由的、逍遥自在的。[2] 土耳其历史学家吐夏尼认为,"哈萨克"本来是用来称呼发动暴动失败后,被迫离开原地到人迹罕至的地方的参加者及其家属,或者躲藏在深山里等待时机,随时准备夺取政权的人。[3]

另一种观点认为"哈萨克"是由古代某一部落或几个部落的名称演变而来的。这种观点盛行于苏联时期。在苏联实施中亚民族划界以后,沙俄时期被人统治、使唤、压迫的哈萨克人在"拿回了自己的政权之后,尽管能力有限,却都不遗余力地要恢复民族的自尊,要回到过去,去找回、振兴昔日的光荣"。[4] 为了弘扬民族历史,不少学者把哈萨克人的历史向前推移,把"哈萨克"一名与古代曾在哈萨克草原生活的部落、部族联系起来,并从语言学、历史学、民族学的角度进行了比对。这一观点的代表人物贝尔尼什塔姆认为:"古代中亚居住着哈斯比和塞种人,哈萨克是哈斯比和塞种两个名称合并而成。"[5] 历史学家阿肯加诺夫和作家穆哈诺夫认为:"哈萨克一名是由哈斯和塞克两个词构成,哈斯意为真实的、真正的;塞克是古代居住在中亚的游牧民族。两者合起来意为真正的塞种。"[6] 还有学者认为:"哈萨克族名源自6世纪的西突厥可萨部部名,因此,哈萨克族是可萨人发展形成的。"[7]

---

1 《哈萨克族简史》编写组:《哈萨克族简史(修订本)》,第13—14页。
2 同上书,第14页。
3 同上。
4 〔美〕哈罗德·伊萨克:《族群:集体认同与政治变迁》,邓伯宸译,台北立绪文化事业有限公司,2004年,第184页。
5 《哈萨克族简史》编写组:《哈萨克族简史(修订本)》,第15页。
6 同上。
7 同上书,第9页。

"哈萨克"一词最初是适用于一切自由牧民的普通名词，还是专指一个或几个部落的专有名字，这一问题关系到现代民族哈萨克族形成的时间。从文献记载来看，13世纪至14世纪，"哈萨克"一词在突厥方言中是一个普通名词，指那些从自己的国家、部落或氏族分离出来的自由人。15世纪中叶，"哈萨克"一词作为普通名词在使用，从阿布海尔汗国中分离出来的人自称哈萨克。与哈萨克汗国同时期的历史著作《拉失德史》记载："阿布海尔死后，乌兹别克汗国中的大多数部落为了安全，请求克烈汗和札尼别汗予以保护，有许多脱离乌兹别克汗国的人流散各地，这些人被称为哈萨克。"无论是"自称"或是"他称"，此时期的"哈萨克"都是作为普通词意使用，并非专指某一部落。

16世纪初，"哈萨克"一词仍是一个可以广泛使用的普通名词，此时的"哈萨克"可以用来指任何民族中的自由人，16世纪作家穆罕默德·萨里赫（Muhammad Sālih）常常称乌兹别克人为哈萨克人。到了17世纪，"哈萨克"一词在两种场合下使用，在《突厥世系》一书中，"哈萨克"既用来称呼当时已经开始形成的哈萨克人，又用来称呼那些属于任何民族的各种"自由民"。17世纪以后，"哈萨克"一名开始从泛指松散群体"自由民"的普通名词转化为特指一个稳定共同体的专有名称。依据文献的记载，哈萨克族族名从普通名词演变为专用族名的情况更加符合哈萨克族历史发展的轨迹。

从乌兹别克人中分离出来的这些逃离者（自由的人），经过几百年的发展最终成为一个有别于乌兹别克族的独立族群。哈萨克人与乌兹别克人区别开来是一个渐进的过程。15世纪中叶离开乌兹别克人的哈萨克人在16世纪初期仍与乌兹别克人没有什么实质上的差别。苏联学者伊万诺夫的研究断定，15世纪，哈萨克人与乌兹别克人的民族成分没有特别大的区别，无论是哈萨克人还是乌兹别克人，其中的绝大部分都是讲突厥语的部落，两者的区别只是在组成两个民族的各个部落的比重上有所不同。然而，随着时间的推移，分处两个不同政权统治之下的、置身于不同的生活环境之中的哈萨克人与乌兹别克人的区别逐渐明显起来。

离开阿布海尔汗的统治之后，哈萨克人与乌兹别克人政治、经济和文化方面的联系中断，哈萨克人组建了自己的汗国。政治上分道扬镳是哈萨克人最终成为独立民族的关键一步。在民族形成过程中，文化特质具有优先的、决定性的作用，哈萨克族身份的认同首先应该归属于文化的范畴。然而，民族身份的认同不仅仅是文化意义上的，还包括政治意义上，现代理论认为，民族是"想象的政治共同体"。[1]

由于处在不同的政权范围下，以往乌兹别克人中共同的经济生活、共同的文化、共同的民族心理素质逐渐朝着不同的方向发展，阿布海尔汗国时代的民族共同性越来越少。哈萨克人与乌兹别克人分别在自己生活的区域内与不同的土著居民融合，使原来差别不太大的两大族的差异越来越明显。由于生活在不同区域，双方经济朝着不同的方向发展，留在哈萨克草原的哈萨克人继续过着与以往一样的畜牧游牧生活，而南下中亚河中地区的乌兹别克人逐渐开始了定居和耕作。随着经济发展方向的不同，哈萨克人和乌兹别克人之间以往共同的文化习俗也发生了变化。哈萨克人继续保持着旧的氏族宗法制度和更多地保存了伊斯兰教以前的原宗教观念的残余；而乌兹别克人随着定居生活方式和农业的发展，逐渐地吸收了城市文

---

[1]〔美〕本尼迪克特·安德森：《想象的共同体：民族主义的起源与散布》，吴叡人译，上海人民出版社，2005年，第6页。

化的传统以及与之联系的伊斯兰教思想。

不同的发展方向，使哈萨克人和乌兹别克人之间的差别越来越大，最终形成了有明显差异的两个民族。尽管如此，直到19世纪末，现代意义上的哈萨克族还未最终确定下来。1897年，俄国在中亚进行了第一次人口普查，在此次普查公布的八个主要族群中没有哈萨克族，突厥-鞑靼族人数在八个族类中居第二位；在突厥-鞑靼族人中列出的玉兹人，与阿拉伯人、阿富汗人、蒙古人（卡尔梅克人）、印度人等一起放入难以确定的族属内。20世纪初，哈萨克草原以外的世界还混淆了说突厥语的哈萨克人与吉尔吉斯人，哈萨克人被称为吉尔吉斯人，而吉尔吉斯人则被称为卡拉吉尔吉斯人（意为黑吉尔吉斯人）。尽管俄国学者列夫申对此专门著文阐述说他们是两个不同的民族，但两者混淆的状况一直存在到20世纪20年代。1920年，俄罗斯人把在哈萨克草原上建立的自治国家称之为"吉尔吉斯苏维埃社会主义自治共和国"（1920年8月—1925年4月）。1921年，斯大林在一个报告中也犯了同样的错误，他把吉尔吉斯人（指哈萨克人和吉尔吉斯人）、乌兹别克人、土尔克明尼亚人（土库曼人）、塔吉克人与不花剌人、希瓦人列为一类。[1]

不仅外界不能准确识别哈萨克族，就连哈萨克族的自我认同也是模糊的，他们在很多场合以突厥人或穆斯林自称。民族观念的淡薄和民族认同的模糊使民族自治或民族独立国家无法建立，十月革命以后建立的自治共和国主要是在地区原则上建立的。直到十月革命初期，哈萨克族与其他民族的融合还在进行。

1924年，苏联中央政府出于当时的政治考虑，在中亚地区进

---

[1]《俄国共产党的当前任务》，《斯大林全集》第5卷，人民出版社，1957年，第20页。

行了大规模的民族识别、民族划界以及成立民族国家的工作。民族划界和建立民族国家的工作改变了哈萨克族的历史走向,加速了民族认同的过程,现代民族哈萨克族最终形成。1925年4月,苏联中央政府将吉尔吉斯(哈)苏维埃社会主义自治共和国改名为哈萨克苏维埃社会主义自治共和国。

在经历了四百多年(16世纪—20世纪初)的融合之后,一个有统一语言(哈萨克语)和统一文字(哈萨克文),有共同文化传统、共同生产和生活方式的稳定共同体——哈萨克族——最终形成,哈萨克族步入了世界现代民族的行列。

第四章
哈萨克斯坦近现代史

18 世纪 30 年代，哈萨克人的中、小玉兹向沙俄政府表示臣属，俄国人开始插足哈萨克人的内部事务。1822 年以后，沙俄政府先后在哈萨克中、小玉兹开始了以地域原则划分的行政管理。随着沙俄统治的确立，哈萨克草原纳入了资本主义经济圈，哈萨克人步入近代史的行列。1917 年十月革命胜利以后，苏维埃政权在哈萨克草原建立起来。1918 至 1924 年间，苏俄政府在中亚建立了四个独立或自治的共和国，哈萨克人的居地分属于吉尔吉斯（哈）苏维埃社会主义自治共和国和突厥斯坦苏维埃社会主义自治共和国。1924 年，苏俄政府在中亚实施民族识别和民族国家的创建，1925 年 4 月 19 日，吉尔吉斯（哈）苏维埃社会主义自治共和国改名为哈萨克苏维埃社会主义自治共和国，1936 年 12 月 5 日定名为哈萨克苏维埃社会主义共和国（简称哈萨克共和国）。1937 年 3 月 24 日，哈萨克苏维埃社会主义共和国正式成立[1]，哈萨克人开始了现代民族国家的建设。

第一节　军管形式的殖民统治

在旧石器时代晚期，当各种文明之间技术水平的差异还没有充

---

[1] 据《英国大百科全书长编》第 10 卷第 407—411 页的《哈萨克苏维埃社会主义共和国》一文，哈萨克苏维埃社会主义共和国正式成立时间为 1937 年 3 月 24 日。

分显示出来之时,各文明自身已经承载着未来发展的不同潜力。马被驯化以后,游牧民族完善了马匹用于军事的种种方法,在两千多年的时间里,他们一直以自己的作战方法对付着定居的农耕社会。尽管游牧军事方法非常优秀,然而,这一技术革命已达到了不能再发展的终点,难以进一步发展。随着西方火器的发明,在大炮的隆隆声中,俄国开始了对哈萨克草原的蚕食和统治,在哈萨克人中传颂着一首民歌:"马车的辐辘不停顿地转,我们的人民沦陷了一半,我们的后面追来了敌人,俄国的大炮轰隆隆地响。"[1]

16世纪中叶,俄国用大炮轰垮了伏尔加河畔喀山汗国的城墙,16世纪下半叶,俄国征服了西伯利亚汗国。生活在东起额尔齐斯河,西至伏尔加河下游之间广阔草原上的哈萨克人,他们的牧地在西、北两面与俄国领土接壤。18世纪30年代,哈萨克汗国在准噶尔人的入侵下彻底瓦解,分裂为三个部落联盟。部落联盟统治者开始向外寻求依靠,哈萨克中、小玉兹向俄国表示臣属。19世纪初期,俄国在与拿破仑的战争中获胜之后,以一个强国的姿态出现,血气方刚的沙皇亚历山大一世决定改变对哈萨克中、小玉兹的统治形式,筹划以地区总督制取代原来的汗制。

1734年12月7日,俄国在南乌拉尔山南端组建了奥伦堡州(今属俄罗斯),1782年,沙俄政府在奥伦堡设立了主管哈萨克草原事务的机构——奥伦堡边境委员会。[2]1819年,俄国外交部成立

---

[1] 苏北海:《沙俄对哈萨克族小帐的侵略》,《新疆大学学报》1983年第1期。

[2] 奥伦堡于1734年建市,1737年12月30日,沙皇指示,奥伦堡市除市政徽标外,还有自己的特殊徽标,用于奥伦堡龙骑兵团的旗帜上,此举似乎可以认为标志着奥伦堡军区形成。1744年,奥伦堡建州。1781年,奥伦堡州和乌法州合并成立了乌法总督区,1797年,总督管辖区改成奥伦堡州,原乌法州辖地区归奥伦堡州管辖,1865年,乌法独立出来,建乌法州。历任奥伦堡州长:文职州长普佳京(1765—1768)、武官州长瓦西里·彼罗夫斯基(1833—1842)。历任总督:彼罗夫斯基(1851—1858)、卡捷宁(1858—1860)、别扎克(1860—1865)、克雷扎诺夫斯基(1865—?)。

了亚洲司，有关哈萨克草原的事务归亚洲司管辖。

亚洲司成立的第三年，1822年，俄国出台了《西西伯利亚吉尔吉斯（哈）人条例》（又名《斯佩兰斯基条例》），此条例以地区总督制取代了原来的汗制，条例首先在中玉兹哈萨克人中实施。同年，沙俄将中玉兹人的居地作为其鄂木斯克州的外围区，由西伯利亚总督管辖，区下设乡、村两级。大约有50万人口[1]的中玉兹人的领土被分成八个区（okrugs）和卡尔卡拉林斯克、科克切塔夫、阿亚古兹、阿克莫林斯克四个边区，沙俄政府在各区设立了区政府。区政府由俄国当局派两名官员和数名俄国任命的阿克苏丹（即长老苏丹）组成，他们都隶属于西伯利亚总督。1822年条例遭到了哈萨克人民的强烈抵制，以致不得不依靠军队强制推行。1838年，沙俄修订了1822年条例，颁布了《关于对西伯利亚吉尔吉斯人进行单独管理的条例》，以军事殖民的方式强化了对中玉兹哈萨克人的管理。条例规定，设立西伯利亚吉尔吉斯（哈萨克）边防管理总局，管理中玉兹及大玉兹的部分领地。边防管理总局设在俄国的鄂木斯克，由俄国边防军军官担任局长、主任及高级文官，中玉兹哈萨克人在高级文官中只占有一个陪审员的职位。俄国当局在每一行政区派驻人数100名至200名不等的俄国哥萨克军人，以维护统治秩序。[2]

1824年，俄国颁布了针对小玉兹哈萨克人的《奥伦堡哈萨克人条例》。条例规定：废除汗制，小玉兹被分成西、中、东三个大区，每一大区由一位大苏丹和四位助手（其中两位必须是俄国人）管理，并派有一支俄军驻守；大区之下设若干小区（波勒斯），由

---

[1]〔美〕迈可尔·刘金:《俄国在中亚》，陈尧光译，商务印书馆，1965年，第6页。
[2] 厉声:《哈萨克斯坦及其与中国新疆的关系（15世纪—20世纪中期）》，第179页。

哈萨克速檀（贵族）管辖；小区之下划分为由哈萨克长老管辖的村（阿乌尔），每村由50至70帐（户）组成。另有一万帐，约五万小玉兹哈萨克人被迁到伏尔加河下游一带居住。[1]

　　哈萨克草原设置的边区此后成了沙俄继续南下扩张的基地。随着外边区边界南扩，俄国的国界线也在不断向南移动。1846年，俄军在巴尔喀什湖东南的大玉兹牧地上建筑了科帕尔要塞（今塔尔迪库尔干附近），以及谢尔基奥波尔、列普辛斯克等行政中心。1848年1月，俄国颁布了针对哈萨克大玉兹人的《大玉兹吉尔吉斯人的管理及谢米列契边区的监督条例》，按照条例，为了维持当地秩序，在大玉兹领地上成立了警察部队，属西西伯利亚总督管辖。

　　1865年，俄国成立了草原委员会，委员会负责在哈萨克草原上以俄国方式组织政府的任务；1868年，俄国制定了《草原地区临时管理条例》；1882年，草原总督区组建；1891年3月25日，《阿克莫林斯克、谢米巴拉金斯克、七河、乌拉尔斯克和图尔盖州管理条例》（简称《草原各州管理条例》）颁布。根据条例，草原总督区按地域设置了阿克莫林斯克、谢米巴拉金斯克、乌拉尔斯克、图尔盖和七河五个州，首府设在俄国的鄂木斯克市，军人出身的科尔帕科夫斯基担任草原总督区的首届总督。草原总督区的组建打破了哈萨克人三个玉兹的划分，标志着哈萨克人将以地域原则组织起来，以及俄国在哈萨克草原直接统治的开始。

　　俄国在哈萨克草原实施的统治具有军事管制的性质。早在沙俄征服哈萨克草原的过程中，军事管制就已经开始。1865年，沙俄政府成立的突厥斯坦州与俄国其他州不同，它不隶属于内务部，而是隶属于陆军部。1867年，在草原委员会中成立了一个特别委员会，

---

[1] 《哈萨克族简史》编写组：《哈萨克族简史（修订本）》，第173—174页。

特别委员会明确指出：军、政权力都集中于军界权威人士，只有军界权威人士才对该地区负责。在草原总督区和突厥斯坦边区成立以后，历任两区总督的都是高级军官，大多数是将军，而且两区总督只对国防大臣负责。除总督外，各州长、县长等职务也全部由军官担任。各州组建的管理委员会是军事长官的执行机关，在军事长官的直接监督下工作。七河州和锡尔河州军事长官还负责处理边界事务。各县县长由各州军事长官推荐，从军官中任命，县长在所辖区域内不仅掌管一县军队和警察，而且还掌管着包括征收赋税在内的行政和民政事务。1891年通过的《草原各州管理条例》以法律的形式巩固了已经实行的军政合一的管理体制。

俄国在哈萨克草原的政治组织有一条原则：在不干涉居民事务的条件下管理其居民，首先是使殖民统治的花费最少、代价最小。[1]这一原则在1865年组建草原委员会时已经提出：不牵涉政治性的一切地区事务，与俄国臣民和俄国利益毫不相干的事件都交给传统的各级统治集团，各级统治集团继续按习惯法处理事务，沙俄政府不应当为在这些地区保障安宁和在当地人民及其统治者眼中维持自己的感召力而花钱。[2]

新管理体制的建立结束了沿袭三百多年的哈萨克汗王统治体制。随着统治形式的改变，哈萨克人的牧地变成了俄国的领土。在实现政治统治的同时，沙俄政府开始对哈萨克人民实施经济剥削。

1891年颁布的《草原各州管理条例》第119条重申，草原各州哈萨克人占有的土地及土地上的森林等附属物全部"归国家所有"。

---

1 Edward Allworth, ed., *Central Asia: 130 Years of Russian Dominance, A Historical Overview*, third Edition, Duke University Press, 1994, p. 159.

2 〔苏联〕哈尔芬：《中亚归并于俄国》，吴筑星、董兴森译，刘品大校，《中亚史丛刊》1988年第4期。

俄国当局通过对土地的登记，将居民手中的"剩余土地"收归国有，其中包括未开垦地和游牧民公用的牧场。

经济统治以赋税形式实现。在沙俄统治期间，哈萨克牧民按户（帐）缴纳赋税，无论贫富贵贱每户每年都要缴纳1.5个银卢布，在很多地方一年实际上要征收三至四次赋税。[1]除赋税外，哈萨克人还要向沙俄当局提供驼马、柴草等物资以维护俄国驻军的需求。此外，沙俄当局还要求哈萨克人无偿地为其军队服劳役，包括修路架桥、建筑要塞、运输货物、开垦田地、修筑水利设施。

沙俄统治之初（19世纪30年代）曾在哈萨克人中强制禁止农耕，使他们的畜牧业与哥萨克人的农业互补，促进哥萨克农民与哈萨克牧民之间的贸易往来，这一政策导致哈萨克人只能以高价买进俄国面包而以低价售出他们的牲畜。[2]沙俄政府认为哈萨克人应永世游牧，为他们提供牲畜、兽皮、油脂、兽毛及其他原料[3]；另一方面，哈萨克人又成为俄国的粮食和手工业品的消费者。沙俄统治时期，资本主义生产方式开始在哈萨克草原出现，集中在哈萨克东部、北部和中部的采矿和煤炭工业中。连接西伯利亚的土西铁路（中亚—西伯利亚铁路线）建成以后，哈萨克草原与沙俄的经济联系更加密切了。

俄国人在哈萨克草原实行有利于沙俄统治的宗教文化政策。在哈萨克人中，伊斯兰教信仰者占绝大多数。据1897年人口普查，伊斯兰教信徒在草原总督区各州人口所占的百分数分别是：七河州90.18%、图尔盖90.99%、谢米巴拉金斯克89.71%、乌拉尔斯克

1　厉声：《哈萨克斯坦及其与中国新疆的关系（15世纪—20世纪中期）》，第180页。

2　〔美〕迈可尔·刘金：《俄国在中亚》，陈尧光译，第7页。

3　〔俄〕M.A.捷连季耶夫：《征服中亚史》第1卷，武汉大学外文系译，商务印书馆，1980年，第111页。

74.15%、阿克莫林斯克64.43%。[1] 统治初期（1865—1886），俄国对伊斯兰教采取了谨慎的不干预政策。

19世纪末，沙皇政府开始在该地区限制伊斯兰教的发展。在阿克莫林斯克、七河、谢米巴拉金斯克诸州修建清真寺须经草原总督批准，而在乌拉尔斯克和图尔盖两州修建清真寺必须经内务部批准。1891年的《草原各州管理条例》第97条至99条规定：游牧和定居的非俄罗斯人允许拥有自己的、从本族中选出的毛拉，选举出来的毛拉，其任职及免职均由督军负责办理。实际上，哈萨克草原上的毛拉多数是从喀山鞑靼人中委派的，俄国指示这些毛拉："教导吉尔吉斯人（指哈萨克人），使吉尔吉斯人在思想上臣服于我们的王朝，以防止那些常在我国境内发生的混乱。应该给这些毛拉们提供差旅费，尤其是要专门为此事拨出一部分奖励费用。"[2] 20世纪初，在哈萨克草原，早先隶属于伊斯兰教法典职权内的一系列问题都受到了很大限制，属于毛拉管理的只剩下一些履行手续方面的事务性工作，即处理结婚、离婚以及登记出生和死亡的事宜。[3]

与此同时，沙俄当局推动哈萨克人改宗东正教。1882年，沙俄政府颁布法令，给予接受东正教的哈萨克人一些特权：享有与俄罗斯移民相同的政治地位，可获得"工人"、"农民"的称号，其私有财产受殖民当局的保护，免除六年的赋税。[4]

在沙俄的殖民统治下，哈萨克人的传统文化受到遏制，哈萨克草原开始了俄罗斯化的进程。除了在宗教方面推动东正教信仰外，

---

[1] 汪金国、洪丽萍：《从1897年全俄人口普查看俄罗斯帝国穆斯林的社会阶层状况》，《世界民族》2006年第1期。
[2] 孟楠：《沙俄征服中亚后对伊斯兰教的政策》，《西北史地》1998年第2期。
[3] 陈联璧等：《中亚民族与宗教问题》，中央民族大学出版社，2002年，第78页。
[4] 张来仪：《1917年前的哈萨克斯坦伊斯兰教》，《华南师范大学学报》2001年第5期。

在语言方面,俄国政府在哈萨克草原确立了俄语的优势地位,对哈萨克族语言采取限制,如禁止用非俄罗斯民族语言教学、演剧。在教育方面,沙俄鼓励哈萨克人学习俄语,并在哈萨克牧民中推行俄式普通教育,学校设置完全按照俄国教育模式进行。

沙俄的统治充满着血腥,然而,沙俄的统治将哈萨克人带入了近代化的行列。政治上,俄国人在哈萨克草原建立了以地域划分的行政管理;经济上,俄国人将哈萨克草原纳入资本主义经济圈;教育上,哈萨克草原逐渐脱离了依附宗教的中世纪教育,开始了近代学校教育;文化上,哈萨克人接受了近代文化。20世纪初,一批哈萨克人在彼得堡等地接受欧式教育,回到哈萨克草原后办学校、创报刊,传播民族主义思想,成为哈萨克民族知识分子的骨干和反沙俄统治的先锋。

第二节 不屈不挠的抗俄斗争

早在17世纪后期,哈萨克人就开始了反抗沙俄的斗争。俄国在征服西伯利亚汗国之后,占领了额尔齐斯河畔哈萨克人的牧地。1680年至1682年,哈萨克人进攻额尔齐斯河中游左岸亚梅什湖附近地区,袭击俄国人在托博尔斯克附近的塔尔汗要塞、乌捷斯克村和亚卢托罗村。对此,俄国方面派出了以费多尔斯基宾为首的使团前往突厥斯坦城与哈萨克头克汗谈判。但这个外交使团没有得到彼得所期望的结果。在汗主持下所召开的酋长联席会议上主张与俄国进行战争的人占了上风,俄国外交官被当作战俘而拘留,后来很艰难地去了不花剌,从那儿返回俄国。[1]

---

1 《哈萨克共和国史》(俄文版),第112页,转引自厉声:《哈萨克斯坦及其与中国新疆的关系(15世纪—20世纪中期)》,第71页。

19世纪，哈萨克人反抗沙俄的斗争主要由沙俄政府在哈萨克草原的移民所引起。18世纪中叶，俄国在哈萨克草原上建筑起军事要塞，由俄军驻守，在此基础上形成了规模不大的哥萨克移民村落。19世纪60年代，俄国国内进行农奴制改革，在改革中失去土地和牧场的俄国农牧民大批来到哈萨克草原。1881年，沙俄政府颁布《农村居民移居吉尔吉斯（哈萨克）草原的暂行规定》，按此规定，移民每人可以分到的份地面积平均为45俄亩，到1885年，移民每人可分份地面积减少到10俄亩。[1]

90年代，俄国开始有组织地对哈萨克草原移民，沙俄政府组织了三次大移民。第一次移民高潮发生在1890至1892年间，由于俄国发生饥荒，大批俄罗斯和乌克兰移民来到哈萨克草原。随着移民的增加，没有足够的土地供分配。1895年，俄国成立了一个委员会到哈萨克草原考察哈萨克牧民"不需要"的土地，为新移民建立"土地基金"。1896年底，俄国内务部成立了移民局（1905年5月6日移民局并入农业和土地规划总局），移民局的职责是在包括哈萨克草原在内的中亚地区寻找合适的移民地点，筹备迁移工作，帮助迁移的农民建设。[2] 俄国移民局成立以后，来到中亚的俄国农民绝大多数是政府组织迁移的。第二次移民高潮发生在俄国修建西伯利亚铁路时期（1896—1905），沙俄政府在铁路沿线有计划地大规模移民。第三次移民高潮发生在1906年以后，由于俄国中部农民运动高涨，为了缓和国内对土地需求的压力，沙俄政府鼓励俄罗斯人向中亚迁移，其中，大约半数的俄罗斯移民是在俄国首相兼内务大臣斯托雷平（Pyotr Stolypin，1906—1911年在任）的"处女地计

---

[1] 万雪玉：《1916年中亚各民族起义原因探讨》，《新疆大学学报》1997年第4期。
[2] Gavin Hambly, ed., *Central Asia*, Delacorte Press, 1969, p. 219.

划"之后来到哈萨克草原的。

随着移民的增加,沙俄政府开始大量购买或抢夺哈萨克草原的土地。应该指出,对"剩余土地"的鉴别工作是不郑重的,对"剩余土地"的接管工作也是在行政压力之下实现的。事实上,只要适宜于耕种的土地,小到阿乌尔(村)的冬季住所和清真寺,大到上千万俄亩的成片土地,都被俄国人买去、抢去或征用。在草原总督区,谢米巴拉金斯克州被没收的土地是14174376俄亩,阿克莫林斯克州8682786俄亩,图尔盖州科斯塔奈县3701986俄亩,图尔盖阿克纠宾斯克县2330234俄亩。[1] 到1917年前夕,被接管的哈萨克人农牧地大约在4000万至4500万公顷之间。[2]

以上反映的仅仅是占地的数量。从占地质量来看,沙俄政府征用的大多数是较好的土地。据沙俄官方资料,1903年至1908年间,在北哈萨克斯坦农业较发达的地区,破产的土著居民达到65%—70%。[3] 此外,从土地的收益来看,一般而言,俄国农场的年收入比同一地区的哈萨克农场的年收入多一倍。俄国移民主要分布在哈萨克草原和突厥斯坦边区。据1897年的人口普查,哈萨克草原的俄罗斯人有49.3万,占草原总督区总人口数的20%;到1911年,这一数字是155.4万,占草原总督区总人口数的40%。[4]

大批俄国移民的到来,客观上为哈萨克草原带来了近代的技术和文化,对此地区经济发展起到了促进作用。然而,随着俄国移

---

[1] 阿米诺夫:《中亚经济发展》(俄文版),塔什干,1959年,第129—130页,转引自万雪玉:《1916年中亚各民族起义原因探讨》,《新疆大学学报》1997年第4期。

[2] 〔美〕迈可尔·刘金:《俄国在中亚》,陈尧光译,第18页。

[3] 《苏联大百科全书》(俄文版),第30卷,1937年,第590—595页,转引自万雪玉:《1916年中亚各民族起义原因探讨》,《新疆大学学报》1997年第4期。

[4] Edward Allworth, ed., *Central Asia: 130 Years of Russian Dominance, A Historical Overview*, p. 103.

民的增加及俄国政府殖民政策的强化，俄国移民与哈萨克人之间的矛盾尖锐起来，抗俄武装起义前赴后继。自沙俄统治以后，在哈萨克草原上，暗杀俄国军政官员、抢劫俄罗斯移民的劫匪事件频繁发生。除了暗杀和抢劫外，武装起义是哈萨克人民反抗俄国统治的主要斗争形式。

1822年，俄国颁布《西西伯利亚吉尔吉斯（指哈萨克）人条例》之后三年，1825年，中玉兹贵族萨尔赞·喀齐莫夫和额贝都拉瓦里卡诺领导了反俄起义。沙俄从乌拉尔调来哥萨克军团残酷镇压了起义。1833年至1838年，伊萨泰·泰曼诺夫和马哈姆别特·乌捷米斯诺夫领导了中玉兹起义，起义很快发展成大规模的反殖民运动。起义军提出"人民自己支配自己的财产"、"自己管理自己"、"任何人无权加重我们的负担"等口号。1838年11月，起义军在俄军与哈萨克贵族的联合剿杀下最终失败。

1836年，哈萨克草原的西部和北部也爆发了大规模反俄起义。起义的领导者是哈萨克苏丹肯尼萨尔·卡西莫夫汗（Kenesari Kasymov）。肯尼萨尔号召缔造一个统一的哈萨克汗国，让哈萨克人恢复到1822年以前的状况。三个玉兹的哈萨克人积极投入到这次起义之中，肯尼萨尔还打算与中亚南部的三个汗国合作。1841年，肯尼萨尔一度复兴了哈萨克人的国家，不过起义最终失败。

1867年，乌拉尔斯克和图尔盖州爆发了反俄起义，这次起义采取以伊斯兰教为旗帜的反异教徒的"圣战"形式，起义遭到了沙俄政府的镇压。与此同时，里海东部的小玉兹哈萨克人也爆发了反俄起义，起义者袭击了俄国的移民村镇，俄国从巴库调集军队镇压起义。

包括哈萨克人在内的中亚人民抗俄起义此起彼伏，俄国殖民当局在统计起义之时，最初以"十"为单位统计，以后发展为以

"百"为单位进行统计。[1] 在这些起义中，1916 年大起义规模最大、影响最深远。1914 年，第一次世界大战爆发，俄罗斯帝国参战，沙皇尼古拉二世发表了战争宣言。作为沙俄殖民地的哈萨克草原也卷入了这场战争。战争期间，沙俄政府对哈萨克人的掠夺和劳役摊派使哈萨克草原上已经存在的民族和阶级矛盾尖锐化。

9 月，俄国在加尼西亚战役中获胜，有 22.5 万奥匈帝国战俘将被押送到哈萨克草原和突厥斯坦州。[2] 从前线和德占区来的大批战俘和难民加剧了食品和日用品的短缺，粮食、食品和饲料的价格飞涨，人民的生活水平降低。1917 年 1 月，哈萨克草原有些地方的面包价格比上年同月竟涨了 40 倍。[3]

为在战区从事防御设施与军事通讯建设等工作，1916 年 6 月 25 日，沙皇颁布《关于征调帝国异族男性前往作战后方从事防御设施与军事通讯建设以及与国防建设相关之一切其他必需工作之法令》。法令第一条规定：为在战区从事防御设施和军事通讯的建设……特在当前战时征调帝国如下地区 19 岁至 43 岁（含 43 岁）之异族男性，被列入应征的各州是阿克莫林斯克、谢米巴拉金斯克、七河、乌拉尔斯克、图尔盖和锡尔河、费尔干纳、撒麻耳干、外里海，预计在草原总督区征召 24.3 万人。[4]

在征税或征集物资的过程中，乡、村一级官吏采用各种手段变

---

[1] Edward Allworth, ed., *Central Asia: 130 Years of Russian Dominance, A Historical Overview*, p. 164.

[2] Gavin Hambly, ed., *Central Asia*, p. 225. 此处的突厥斯坦州，可能指突厥斯坦边区。1865 年成立的突厥斯坦州在 1867 年突厥斯坦边区成立之时取消，突厥斯坦边区下辖 5 州中无突厥斯坦州。

[3] 哈萨克科学院历史考古与民族研究所：《哈萨克苏维埃社会主义共和国历史》，阿拉木图，1957 年，第 570 页，转引自丁笃本：《中亚通史》（现代卷），新疆人民出版社，2004 年，第 25 页。

[4] Geoffrey Wheeler, *The Modern History of Soviet Central Asia*, p. 92.

本加厉地加大征税数额，中饱私囊，甚至达到公开抢劫的地步。在征调夫役的过程中，这种现象更加突出。首先，征调夫役的政策具有明显的等级差别，沙俄地方当局在解释沙皇令的细则中规定，各乡、各村及各阿乌尔管理机构的公职人员、骑手（武装护卫队）、神职人员、"荣誉公民"及其他有产阶层居民，免于征调。[1]其次，征调政策还有替代规定：任何一位土著都可以雇用他人来顶替自己去后方做工。这些规定无疑为殖民当局和"土著"行政机关徇私舞弊和暴力欺压民众打开了方便之门，征役任务落到了那些贫苦农牧民和城市贫民、手工业者身上。[2]1916年9月21日，鄂木斯克乡的应征哈萨克人向俄军部状告本乡乡长的舞弊行为，状文说："有钱有势的人用各种方式逃避应征：贿买官吏、改变出生年月、与老年牧人调换位置等，他们中的大部分被免除了服役。乡长和书记官把穷人，以及与自己作对的人编入应征名单中。结果，乡长的几个符合条件的兄弟被留在了家里，20多个超龄的人却应征入役。"[3]滥用职权、以权谋私的现象激化了阶级矛盾，广大贫苦农牧民和城市贫民以暗杀管理户籍的地方官吏、销毁户籍、逃进大草原等种种手段躲避夫役。

1916年起义集中在四个地区，草原总督区的图尔盖州是其中之一。图尔盖州起义的主要领导人是阿曼格尔德·伊曼诺夫、阿卡都·加法尔·詹姆波辛和喀西姆·奥斯潘，阿曼格尔德·伊曼诺夫

---

1 《1916年中亚和哈萨克斯坦起义（文献汇编）》，苏联科学院出版社，1960年，第77页，转引自汪金国：《1916年中亚起义直接起因辨析》，《新疆大学学报》2005年第4期。

2 刘庚岑、徐小云编著：《吉尔吉斯斯坦》，社会科学文献出版社，2005年，第52页。

3 《1916年中亚和哈萨克斯坦起义（文献汇编）》，第539—540页，转引自万雪玉：《1916年中亚各民族起义原因探讨》，《新疆大学学报》1997年第4期。

出生在维尔内（今阿拉木图）一个贫苦牧民家庭，在哈萨克人中享有很高的威望，他领导的起义声势浩大，由最初的5000人发展到50000人。[1]起义吸引了邻近的乌拉尔斯克、奥伦堡等工业中心的工人，他们也积极参加到起义队伍中。起义者攻击俄罗斯移民，与沙俄军队展开激战，他们提出了推翻沙皇专制、夺取政权的斗争目标。11月上旬，阿曼格尔德·伊曼诺夫率领起义军包围了图尔盖城，城内守军向沙俄政府紧急求援。11月中下旬，起义军在攻城中遭到严重损失，加之受到沙俄援军的进攻而失败。一部分起义队伍潜入大草原展开了游击战，他们的斗争一直坚持到1917年二月俄国资产阶级民主革命。

1916年大起义最终被沙俄政府镇压下去。起义虽然失败了，但起义使沙俄当局在哈萨克草原的统治遭到了沉重打击，动摇了沙俄在哈萨克草原的殖民统治。大起义的第二年（1917），在俄国统治了近四百年的沙皇专制统治结束了。1916年起义唤醒和锻炼了哈萨克人民，为哈萨克草原迈入新的历史时期做好了准备；在斗争中涌现出了大批组织者，为以后的资产阶级民主革命和社会主义革命锻炼了人才，积累了经验。

第三节　哈萨克共和国的兴衰

1916年大起义之后，哈萨克草原出现资产阶级性质的政党，目标是建立哈萨克自治国家。1917年3月，封建贵族、宗教上层和资产阶级民族知识分子在哈萨克草原组建了阿拉什党。1917年9月

---

[1] 哈萨克科学院历史考古与民族研究所：《哈萨克苏维埃社会主义共和国历史》（俄文版），阿拉木图，1957年，第136页，转引自丁笃本：《中亚通史》（现代卷），第35页。

5日至13日，阿拉什党在奥伦堡召开了代表大会，宣告哈萨克人民自治，选举产生了执行委员会，12月，阿拉什党在奥伦堡建立了阿拉什自治共和国（1917年12月—1918年1月），奥伦堡政府是一个得到了哥萨克军队支持的反苏维埃的政权。1918年初，阿拉什党领导人与列宁、斯大林等苏俄领导人谈判，提出自治要求。但是，没有得到答应。[1]

1917年十月革命爆发，以卡兹洛夫、让格尔金为代表的一批宣传鼓动员被派往哈萨克草原的乌拉尔斯克、奥伦堡、图尔盖等地宣传十月革命的消息和新生苏维埃政权的民族政策，这些宣传提高了哈萨克族牧民的觉悟，激发了他们的政治热情。1918年1月18日，奥伦堡的阿拉什党政权被击溃。1918年2月，第一次苏维埃代表大会在阿克莫林斯克召开，与会代表共224名，会议选举了由79人（其中24人来自哈萨克阿吾勒乡）组成的苏维埃执行委员会。1919年7月，列宁签署了在吉尔吉斯（哈萨克）地区建立革命委员会的命令。1920年3月，阿拉什党政府在各地的组织被摧毁，到1920年夏，苏维埃基层组织在哈萨克草原相继完成了选举工作。

1920年8月17日，俄罗斯苏维埃联邦社会主义共和国人民委员会审议并通过了哈萨克自治法令草案，以奥伦堡为都成立了吉尔吉斯（哈）苏维埃社会主义自治共和国（1920年8月—1925年4月，简称吉尔吉斯（哈）自治共和国）。1921年6月，吉尔吉斯（哈）自治共和国第一届党代会在奥伦堡召开，会上组建了俄共（布）中央委员会吉尔吉斯（哈）州委。1924年，苏联中央政府在中亚地区实施划界，吉尔吉斯（哈）自治共和国领土被确定下来。1925年4月19日，吉尔吉斯（哈）自治共和国变更名字为哈萨克苏维埃社

---

[1] 丁笃本：《中亚通史》（现代卷），第87—88页。

会主义自治共和国（简称哈萨克自治共和国），以哈萨克族命名的现代民族国家形成。哈萨克自治共和国都城从奥伦堡迁至克孜勒奥尔达。[1]

哈萨克自治共和国地处中亚北部，东南与中国相邻，西南与里海和土库曼苏维埃社会主义共和国相邻，南与吉尔吉斯苏维埃社会主义和乌兹别克苏维埃社会主义共和国接壤，北部和西北部与俄罗斯联邦相邻。1925年，哈萨克自治共和国行政区设立，全国划分为一个自治州（卡拉卡尔帕克自治州）和阿克纠宾斯克、阿克莫林斯克、乌拉尔斯克、谢米巴拉金斯克、科斯塔奈、七河、锡尔河七州。[2] 同年开始在阿拉木图建都，第二年迁都至阿拉木图（现为哈阿拉木图州首府）。

1936年12月5日，苏联宪法通过变更名字的决定，将哈萨克苏维埃社会主义自治共和国（简称哈萨克自治共和国）变为哈萨克苏维埃社会主义共和国（1937—1991，简称哈萨克共和国）。1937年3月24日，哈萨克共和国正式成立。1938年至1939年，哈萨克共和国行政区划增加到14个州，其中，古里耶夫、巴甫洛达尔、克孜勒奥尔达和江布尔都是新增设的。

赫鲁晓夫执政期间（1953年9月—1964年10月），哈萨克共和国在州之上设置了边疆区。1960年，切利诺格勒边疆区成立，管辖切利诺格勒（原阿克莫林斯克）[3]、科斯塔奈、巴甫洛达尔、北哈萨克（原彼得罗巴甫洛夫斯克）等州，行政中心设在切利诺格勒

1　克孜勒奥尔达于1820年始建，名为阿克-梅切特，哈萨克语意为白色清真寺，1925年改克孜勒奥尔达，此名在哈萨克语中意为"红军"。

2　关于1925年行政区划中的州，各书有不同记载，此处采用马大正、冯锡时编：《中亚五国史纲》，第161—162页。

3　1832—1961年称"阿克莫林斯克"，1961年开始称切利诺格勒，意为"处女地城"。独立以后，切利诺格勒恢复了原名"阿克莫拉"。

市（今哈首都阿斯塔纳）。以后又成立了西、南哈萨克两个边疆区：西哈萨克边疆区管辖阿克纠宾斯克、乌拉尔斯克和古里耶夫三个州，行政中心在阿克纠宾斯克城；南哈萨克边疆区管辖江布尔和克孜勒奥尔达等州，行政中心设在奇姆肯特市。于是，哈萨克共和国有一半以上的州被纳入边疆区体系，这一行政设置在赫鲁晓夫下台之后被取消。[1]

1937年，哈萨克共和国颁布宪法。宪法规定：共和国的最高权力机关是共和国最高苏维埃，哈萨克共和国最高行政机构是人民委员会。最高苏维埃有权解决哈萨克共和国管辖的一切问题，批准经济和社会发展计划，批准国家预算和决算，等等。1938年7月，哈萨克共和国最高苏维埃成立，在选举产生的300名代表中，哈萨克族人占有152名。[2]

随着哈萨克共和国的成立，1937年6月5—12日，哈萨克共和国共产党在阿拉木图举行第一次代表大会，会上宣告哈萨克共产党成立，中央委员会通过选举产生，米尔佐扬当选为中央委员会第一书记（1936年12月5日—1938年5月23日）。哈萨克共产党是哈萨克共和国的领导核心，哈萨克国家成为共产党领导的社会主义共和国。

哈萨克共和国宪法规定，共产党是苏维埃社会的领导力量和指导力量，是政治体制、国家机关和社会组织的核心，在此思想的指导下，哈萨克共和国形成了以党代政、高度集权的政治体制。

在中亚五个共和国中，哈萨克共和国是唯一与俄罗斯接壤的国家，因此，哈萨克共和国受苏共中央的影响最大，不仅政权机构深

---

[1] 丁笃本：《中亚通史》（现代卷），第290页。
[2] 厉声：《哈萨克斯坦及其与中国新疆的关系（15世纪—20世纪中期）》，第334页。

受苏共中央的左右，而且掌握核心权力的哈萨克共产党第一书记往往是俄罗斯人。

1924年以后，哈萨克自治共和国领导人在许多问题上与苏共中央发生分歧，特别是关于游牧民转为定居和消灭有产阶级等问题。1928年4月，哈萨克自治共和国的一部分领导人作为"资产阶级民族主义"分子被肃清。在苏联大清洗运动（1937—1939）中，共和国有18名高级党政负责人被处死，其中包括共和国党中央执行委员会主席卢姆别托夫、代理总理叶斯卡列夫和阿拉木图市党委书记达斯沃卡佐夫。在这场政治灾难中，许多哈萨克族知识分子被清洗出政府。努·纳扎尔巴耶夫总统曾感叹道：这是齐根砍掉了民族精华——土著民族的知识分子。[1]

20世纪40年代，哈萨克共产党领导下的哈萨克共和国有力地支持了苏联的卫国战争。在第二次世界大战期间，1941年6月25—26日，哈萨克共产党中央委员会召开全体会议，号召哈萨克共和国的人民行动起来保卫祖国。在此次会上，哈共中央组建了7个红军师，20多个步、骑兵师（队），数个炮团或空军团支援前线，被征参加作战部队的人数达1196164人（另有67万人被动员从事军用品生产），其中有一半阵亡，约60万人。[2] 哈萨克士兵英勇善战，在卫国战争中获得各种勋章和奖章的哈萨克人有9.66万，苏联全国获最高荣誉"苏联英雄"称号的军人有11618名，哈萨克共和国就有96名获此殊荣。[3] 战争初期，哈共中央调整经济，作为

---

[1]〔哈萨克〕努·阿·纳扎尔巴耶夫：《探索之路》，陈兵、王嘉琳译，新疆人民出版社，1995年，第28页。

[2] 阿贝尔霍仁：《欧亚大陆腹地国家——哈萨克斯坦历史专题》（俄文版），阿拉木图，1998年，第231页，转引自丁笃本：《中亚通史》（现代卷），第211页。

[3] 苏联科学院历史研究所编：《苏联民族-国家建设史》（下），徐桂芬等译，商务印书馆，1997年，第467—468页。

战争后方的哈萨克共和国接收和安置了大批疏散人口和难民，疏散到哈萨克共和国的人口达150万。[1]

第二次世界大战结束以后，苏联开展了一场批判"资产阶级民族主义历史观点"的运动，在中亚五个加盟共和国中，哈萨克共和国的运动最激烈。哈萨克共和国历史学家别克马汉诺夫因肯定19世纪前期哈萨克贵族肯尼萨尔领导的抗俄起义而受到批判，苏联领导人认为他歪曲了哈萨克人与伟大俄罗斯人之间的不可分离的友谊。[2] 在此次清洗中，受牵连的领导人还有：党中央宣传部部长、科学院院长、教育部部长、电影事业部部长、作家协会主席等。当时担任哈共中央第一书记的沙亚赫买托夫（1946年9月14日—1954年3月6日）也不得不自我批评说自己"犯了严重的政治错误"。[3]

赫鲁晓夫执政期间，哈共中央委员会第一书记更换频繁。1954年2月，赫鲁晓夫以反对大规模垦荒地为由，撤换了哈共中央的一些主要领导人。其中，哈共中央第一书记沙亚赫买托夫以"官僚主义、文牍主义的领导方法"[4]被降职为南哈萨克奇姆肯特州党委第一书记，白俄罗斯人波诺马连科取代他成为哈萨克共产党中央第一书记（1954年2月6日—1955年5月7日），苏联陆海军总政治部副主任、俄罗斯人勃列日涅夫为第二书记。以后，勃列日涅夫因主持垦荒有功而获得列宁勋章，并于1955年出任哈萨克共产党中央

---

[1] 赵常庆编著：《哈萨克斯坦》，第40页。

[2] 1950年12月26日苏联《真理报》发表论文《为马克思主义地阐明哈萨克斯坦的历史问题而斗争》，此文摘译在〔苏联〕邵英巴耶夫等：《为正确阐明苏联中亚细亚各民族底历史问题而斗争》，萧扬、罗焚辑译，人民出版社，1954年，第16—23页。

[3] 沙亚赫买托夫：《论哈萨克斯坦党组织在思想工作中所犯资产阶级民族主义错误及其纠正办法》，见〔苏联〕邵英巴耶夫等：《为正确阐明苏联中亚细亚各民族底历史问题而斗争》，萧扬、罗焚辑译，第54—77页。

[4] 〔美〕约翰·多恩伯格：《勃列日涅夫——克里姆林宫的明争暗斗》，静海译，生活·读书·新知三联书店，1975年，第166页。

第一书记（1955年5月8日—1956年3月7日）。1956年，勃列日涅夫调到莫斯科以后，哈共中央第一书记由原来的哈共中央第二书记、俄罗斯人雅库维列夫担任（1956年3月8日—1957年12月27日）。

赫鲁晓夫执政时期，雅库维列夫紧跟赫鲁晓夫。以后，雅库维列夫因农业歉收于1957年被解职，苏共中央主席团委员、俄罗斯人别利亚耶夫被任命为哈共中央第一书记（1957年12月26日—1961年1月19日）。

别利亚耶夫执政时期，1959年7月29日，哈萨克共和国卡拉干达市附近的铁米尔套钢铁联合企业爆发了有2万余人参加的大规模工潮。工人们因长年栖身在简易工棚里从事超强度劳动，食品匮乏，连供水也经常中断，所以他们聚众请愿，最后酿成一场骚乱。勃列日涅夫受命处理此事，为了平息事态，他惩治了一批失职干部，包括卡拉干达州党委、第一书记和哈萨克冶金联合企业经理在内的一批官员被撤职，有的还被开除党籍。[1]1961年初，别利亚耶夫哈共中央第一书记的职务被解除，接替他的是哈萨克族人库纳耶夫（1961年1月19日—1962年12月26日）。

库纳耶夫毕业于莫斯科有色金属和黄金学院，1942年出任哈萨克共和国部长会议副主席，1952年出任哈萨克科学院院长。在此期间，他结识了当时任哈萨克共产党中央第二书记的勃列日涅夫，从此两人成为密友。库纳耶夫第一次出任哈共中央第一书记期间，共和国粮食收成不理想，库纳耶夫不久就被解除职务，回到原来的部长会议主席职务上，哈萨克边疆区党委第一书记伊·尤苏波夫出任哈共中央第一书记（1962—1964）。

1964年10月，勃列日涅夫当选为苏共中央总书记，两个月以

1　丁笃本：《中亚通史》（现代卷），第281页。

后，库纳耶夫第二次当选为哈共中央第一书记（1964年12月7日—1986年12月16日）。1966年4月，库纳耶夫在苏共第二十三次代表大会上当选为苏共中央政治局候补委员，1971年4月，在苏共第二十四次代表大会上当选为苏共中央政治局委员。这是哈萨克共产党领导人第一次成为苏共中央政治局委员。

库纳耶夫执政时期，哈萨克共和国朝本地民族化方向迈出较大的步伐。库纳耶夫任人唯亲、排斥异己。努·纳扎尔巴耶夫描述了哈萨克共和国政治生活中的反常情况："第一领导人亲信们的小圈子实际主宰着所有的事情。我们身为中央书记，同时为共和国党中央常委会成员，却经常在事后才得知干部的任命、调动和其他一些主要问题的情况的。经常出入库纳耶夫家门的人能够决定任何一个人的命运：晋升、免职、奖励、分配住宅。"[1]哈萨克共和国部长会议主席别伊谢巴耶夫因与库纳耶夫作对，于1970年3月提前退休，别伊谢巴耶夫被清除以后，哈萨克共和国高层领导中几乎全是库纳耶夫的人。

戈尔巴乔夫在执政时期（1985—1991）进行了人事制度改革。戈尔巴乔夫希望把年轻干部提拔到重要岗位，改变以往某些人长期担任同一领导职务的状况。1986年2月，75岁的库纳耶夫在哈萨克共产党第十六次代表大会上再次当选为第一书记，戈尔巴乔夫对此十分不满，对库纳耶夫提出批评。同年12月，库纳耶夫向苏共中央递交了退休申请，12月15日，苏共中央免去了他的职务，由俄罗斯族的科尔宾出任哈萨克共产党中央第一书记（1986年12月3日—1989年6月22日）。科尔宾的任命在哈萨克共和国引起了

---

[1]〔哈萨克〕努·阿·纳扎尔巴耶夫：《探索之路》，陈兵、王嘉琳译，第113—114页。

混乱，首都阿拉木图发生了有组织的学生游行，随即酿成的骚乱造成 2 人死亡、近 200 人受伤，成为戈尔巴乔夫实行改革以来苏联的首次民族冲突。[1] 民族矛盾的激化是苏联解体的重要因素之一，苏联解体以后，哈萨克共和国走上了独立建国的道路。

第四节　追赶世界的经济进步

苏联时期，苏共推行"拉平"和"接近"民族地区经济发展的扶持政策。在此政策下，哈萨克共和国经济的发展赶上了苏联其他地区的步伐，甚至出现了超出全苏水平的发展。独立前夕，哈萨克共和国已经成为苏联重要的粮食和畜牧业基地、重要的能源基地、最大的有色金属基地、主要的铁矿石基地。

哈萨克共和国先后经历了土地改革、游牧向定居的转变、垦荒运动、工业化运动。在吉尔吉斯（哈）自治共和国建国之初，政府开始了国有土地的规划与分配工作。1926 年 5 月，自治共和国通过了在阿乌尔和大户中平等分配草场和耕地的决议，到 1927 年，有 125 万公顷的耕地和 136 万公顷的割草地分给了阿乌尔村民，其中，66.3% 的耕地和 61.6% 的割草地分给了贫苦农牧民，只有 8.6% 草场和 7.5% 的耕地分给了巴依和富农和其他富裕户。[2] 1928 年 8 月，哈萨克自治共和国通过了《没收巴依财产的法令》，有 700 户大牧主的 14.5 万头牲畜被没收，其中，有 84600 头牲畜分给了 2.4 万多户牧民，无牲畜和有五头以下牲畜的贫困牧民户获得了分配牲畜

1　公抒编著：《原苏联各共和国概况》，世界知识出版社，1992 年，第 122 页。
2　苏联科学院经济研究所编：《苏联社会主义经济史》第 3 卷，生活·读书·新知三联书店，1982 年，第 464 页。

总头数的95.4%。[1]

在土地改革过程中,政府积极鼓励游牧和半游牧民向定居转变。1920年至1928年间,自治共和国转向定居的游牧民有14万户。[2]1930年初,政府成立了定居委员会,委员会在34个地区展开了从牧业向农业转化的进程,到1934年底,哈萨克自治共和国改为定居生活方式的牧民有32.57万户。[3]

20世纪50年代,苏联开展了大规模的垦荒运动,哈萨克共和国成为全苏的重点垦荒区。1946年至1953年间,共和国开垦了将近370万公顷荒地,耕地面积从604万公顷增加到972万公顷。[4]1954年2月,苏共中央全会通过《继续发展国家的粮食生产和开荒的决议》。决议规定:在哈萨克共和国及附近的西西伯利亚、乌拉尔河、伏尔加河流域及北高加索等地进行大规模垦荒。为了完成这一任务,勃列日涅夫被派往哈萨克共和国领导开荒运动。1954年,全苏开垦荒地1900万公顷,哈萨克共和国开垦了800余万公顷。1957年至1960年间,共和国新垦地560万公顷,占全苏同期垦荒总面积(950万公顷)的59%。[5]截至1960年,哈萨克共和国垦荒总数2548.4万公顷,相当于该共和国1953年耕地面积的2.6倍。[6]

1964年8月,赫鲁晓夫到哈萨克共和国的垦荒区视察,他在回

---

[1] 塔赫什雷格尔:《1921—1928年哈萨克阿吾勒社会经济改造的特点》,转引自丁笃本:《中亚通史》(现代卷),第139页。

[2] 苏联科学院经济研究所编:《苏联社会主义经济史》第3卷,第493页。

[3] 苏联科学院经济研究所编:《苏联社会主义经济史》第4卷,生活·读书·新知三联书店,1982年,第459页。

[4] 张保国:《苏联对中亚及哈萨克斯坦的开发》,新疆人民出版社,1989年,第140页。

[5] 苏联科学院经济研究所编:《苏联社会主义经济史》第6卷,东方出版社,1986年,第485—486页。

[6] 陈联璧、刘庚岑:《略论苏联中亚地区经济和文化的发展》,《中亚研究资料》1984年第3期。

忆录中写道:"我在哈萨克的这次旅行中,饱受了一生中最大的乐趣。……我所到之处都是一望无际的麦田。麦浪滚滚,好像波涛在风中翻滚一样。到处都是善良、忠厚人们身上的汗水香气。农民在田里干活时发出欢笑声。他们感到快乐,因为他们知道在为国家劳动——也因为他们知道丰收意味着能得到高额收入。我看到出现了不少的新的村庄;房屋是简朴而舒适的;门前有小孩子在玩,并且种有花草。"[1]

垦荒运动之后,哈萨克共和国农牧业迅猛发展,成为苏联重要的农牧业基地。1979年,粮食收成达到了创纪录的3453.4万吨,哈萨克共和国成了苏联著名的粮仓。[2]哈萨克共和国的谷物产量约占苏联总产量的18%—20%[3],除了供本国消费外,大部分是按计划供应俄罗斯等加盟共和国,成为苏联第二大商品粮基地。

必须指出的是,哈萨克人在农牧业迅猛发展的道路上历尽了艰辛。在十月革命之后的内战期间,哈萨克自治共和国实施粮食征集制,以后又从粮食征集扩大到畜产品的征集。1921年夏,哈萨克草原遭遇特大旱灾,乌拉尔斯克、奥伦堡、阿克纠宾斯克、科斯塔奈等州几乎绝收,牲畜也因草原干枯、饲料断绝而大量死亡。有统计显示:到1921年9月,哈萨克斯坦约40%以上的耕地绝收,剩下的耕地产量也很低,旱灾造成的饥荒使成千上万的人死亡,社会动荡不安。[4]到1923年,自治共和国的经济形势才开始好转。

1925年起,哈萨克牧民开始组织农业合作社。1929年秋,大

---

1 〔苏联〕尼·谢·赫鲁晓夫:《最后的遗言——赫鲁晓夫回忆录续集》,上海国际问题研究所、上海市政协编译组译,东方出版社,1988年,第210页。

2 秦放鸣:《哈萨克斯坦独立后的粮食生产评析》,《东欧中亚研究》2001年第5期。

3 中国农业信息编辑部:《哈萨克斯坦农业发展的特点》,《中国农业信息》2006年第3期。

4 马大正、冯锡时主编:《中亚五国史纲》,第159页。

规模的集体农庄运动开始，农庄和农场开始建立起来。到1932年，哈萨克自治共和国基本完成了农业集体化，加入集体农庄或农场的牧户分别为35.1%和53.8%[1]；其中，经济作物区内74.7%农户加入了集体农庄，谷物种植区加入集体农庄的农户则达到了84.3%。[2]

在农业集体化和游牧定居化过程中，哈萨克共和国政府存在着过激行为。边疆区党委会第一书记戈洛谢金提出的口号是："做得过火胜过欠火"、"十月革命的铁扫帚将横扫哈萨克村庄"等。过激行为挫伤了农牧民的劳动积极性，集体化之后生产率没有提高，农业亩产量也减少了。在集体化运动之前，自治共和国小麦产量每公顷在285—315公斤之间，而在此后的1932年只有220公斤。[3] 1932年至1933年，哈萨克草原再次发生大饥荒，大批人逃离哈萨克自治共和国。在1926年的人口普查中，自治共和国人口近362.8万，而在1939年的人口普查中，共和国人口勉强接近200万，有150万哈萨克人迁走，其中大约有40万人未返回。[4] 在此期间，农庄的牲畜因无人照料而死亡。针对上述情况，1932年9月17日，联共（布）中央通过《关于哈萨克自治共和国的农业及畜牧业》的决议，纠正了自治共和国在农业集体化和游牧定居化中存在的错误。

哈萨克斯坦的现代工业基础是苏联时期奠定的。十月革命以前，工业在哈国民经济中所占比重很小，而且90%以上的工厂是手工作坊。1925年，苏联召开的联共（布）第十四次代表大会决定在全国范围内开展社会主义工业化运动。会议决定在哈萨克自治共和

1　马大正、冯锡时主编：《中亚五国史纲》，第165页。
2　《哈萨克斯坦共和国史》（俄文版）第4卷，阿拉木图，1977年，第438页，转引自马大正、冯锡时主编：《中亚五国史纲》，第165页。
3　〔美〕迈可尔·刘金：《俄国在中亚》，陈尧光译，第48页。
4　〔哈萨克〕努·阿·纳扎尔巴耶夫：《探索之路》，陈兵、王嘉琳译，第6页。

国优先发展重工业。此后，煤炭工业、钢铁工业、有色金属工业、重型机器制造业在哈萨克自治共和国建立起来。

哈工业化从起步开始就得到了苏联中央政府人力和资金方面的大力支持。首先是人力资源的投入。大批干部、技术工人、工程技术人员从苏联西部地区派到共和国，如有色金属企业卡尔萨克炼铜厂的工程技术人员和技术工人是1926年从列宁格勒、莫斯科、喀山等地来的，卡拉干达煤矿的专家和熟练技工中有400人是1931年从顿巴斯派来的。[1] 与此同时，大批哈萨克族人被送到莫斯科等地接受科技培训，1928年至1929年，许多哈萨克族学生在莫斯科、列宁格勒、喀山、鄂木斯克、萨拉托夫等地学习。

其次是资金的投入。联盟中央在财政十分紧张的情况下，在第一个五年计划期间（1928—1932）对哈萨克自治共和国投资7680万卢布，而同期苏联对中亚其他四个共和国工业投资总和才4710万卢布，大约只是哈萨克共和国的60%[2]；1932年，在自治共和国的工业产值中，公有制成分（国营和合作社企业）已经占到98.9%。[3] 在此期间，哈萨克自治共和国新建或重建37个企业，其中包括额尔齐斯炼铜和炼铅厂，卡拉干达、连格尔、别尔乔吉尔、恰克帕克煤矿。1833年发现的卡拉干达煤矿一直以土法开采，工业化期间，卡拉干达煤矿建成了22个大型机械化矿井，在采煤业机械化水平和煤产量增长速度上居全苏第一位。[4] 随着煤炭的开采，电力工业也得到了发展，在埃基巴斯图兹、卡拉干达、阿克苏、阿拉木图等地建设了火力发电站。

1　苏联科学院经济研究所编：《苏联社会主义经济史》第3卷，第312页。
2　同上书，第320页表2。
3　同上书，第333页。
4　厉声：《哈萨克斯坦及其与中国新疆的关系（15世纪—20世纪中期）》，第330页。

第二个五年计划期间(1933—1937),哈获得的投资比第一个五年计划增加的百分数为152.1%,高于全苏投资平均增幅的120.1%。[1] 在大量资金的扶持下,到1941年卫国战争爆发之前,哈萨克共和国的基础工业已初具规模。

第二次世界大战爆发以后,苏联西部许多大工厂迁到哈萨克共和国,在迁入中亚的308个西部企业中,哈萨克共和国接收了150个。[2] 其中,阿拉木图就安置了卢甘斯克造船厂、卡拉加洛夫机械厂、哈尔克夫大修厂等大企业,奇姆肯特和卡拉干达两地也接收了不少新迁企业和人员。铁米尔套冶金厂于1944年投产,它是哈萨克共和国最重要的大型钢铁厂。这些企业的迁入增强了哈萨克共和国的工业实力,使哈萨克共和国成为苏联最重要的军火和工业生产基地。

在第四、五、六、七个"五年计划"期间,哈萨克共和国的工业得到突飞猛进的发展。"四五计划"期间(1946—1950),苏联政府计划对哈基本建设投资88亿卢布。[3] 新建项目有塔基巴斯图兹煤矿、恰拉克套(今卡拉套)碳酸盐矿、大型磷肥厂(江布尔),铺建了阿克莫林斯克经巴甫洛达尔至巴尔瑙尔及莫因特至楚城(全长438千米)的两条铁路干线;扩建项目有卡拉干达煤矿(70年代初成为苏联第三大煤炭生产基地)、杰兹尔兹甘铜矿、古里耶夫石油加工厂、阿克莫林斯克的农机厂。与1945年相比,哈萨克1950年的工业产值增长了69%。[4]

"五五计划"期间(1951—1955),哈萨克共和国有200个重工

---

[1]《苏联共产党代表大会、代表会议和中央全会决议汇编》第四分册,人民出版社,1957年,第374页。

[2] 苏联科学院经济研究所编:《苏联社会主义经济史》第5卷,第439页。

[3]《苏联国民经济建设计划文件汇编》(第三、四、五个五年计划),人民出版社,1957年,第160页。

[4] 苏联科学院经济研究所编:《苏联社会主义经济史》第6卷,第239页表2。

业企业投产,其中包括了冶金、采矿、煤炭、化工、机器制造等多种行业。"六五计划"期间(1956—1960),哈萨克共和国开始创建重工业综合企业,1957年,共和国组成了9个经济行政区。"七五计划"期间(1961—1965),哈萨克共和国完成了对工业企业的技术改造,一些大型企业和建设工地相继成立了"促进技术进步委员会",负责监督生产自动化和机械化的实施。钛、镁、钒土、合成橡胶、聚乙烯、磷酸铵、起重机、电动机等行业开始采用新技术生产。

从70年代中期起,共和国在工业企业中按专业组建区域综合体。在煤炭、电力基地方面,形成了卡拉干达-铁米尔套、帕夫洛夫-埃基巴斯图兹两个区域性综合体。在金属加工部门方面,在阿拉木图、谢米巴拉金斯克、乌拉尔斯克、彼得罗巴甫洛夫斯克、切利诺格勒、科克切塔夫等地组建了区域综合体。其中,帕夫洛夫-埃基巴斯图兹、卡拉套-江布尔、曼吉斯套三个区域综合体具有全苏意义。

在哈萨克共和国的工业中,特别要提到的是石油工业。沙俄时期,哈萨克草原上已经开始了油气资源的开发,1899年第一口油井诞生,1913年哈萨克草原的石油产量只有11.8万吨。[1] 苏联时期,探测油田的工作取得突破性进展。30年代发现了恩巴河油田,60年代,在乌津、热特拜、新乌津等地发现了大油田,70年代初至80年代,先后发现了田吉兹(Tengiz)和卡拉恰加纳克(Kalachakra)大油田。70年代以后,石油、天然气部门形成了古里耶夫-英捷尔斯基、曼吉斯套两个区域性综合体。到苏联解体的1991年,哈萨克共和国的石油产量为2659万吨,天然气产量为

---

[1] 仲庆文:《哈萨克斯坦石油天然气工业:历史、现状、前景》,《东欧中亚研究》2000年第5期。

7.88亿立方米。[1]

80年代后期，高度集中的计划经济显现出种种弊端，哈萨克共和国经济进入停滞时期。粮食产量步入低谷，年均总产量一直在1900万—2400万吨之间徘徊；畜牧业也出现停滞趋势，截至1988年，共和国牲畜存栏总数近5000万头。[2] 此外，哈萨克共和国经济存在着结构不合理的问题，轻工业的发展赶不上重工业的速度。在"十一五计划"期间（1981—1985），哈萨克共和国的国民收入和劳动生产率的增长速度下滑，在苏联居最低位；"十二五计划"（1986—1990）的初期，共和国就面临1/7的工业企业、1/2的国营农场和集体农庄亏损的严峻经济形势。[3] 从一定意义上讲，经济下滑是苏联解体的直接因素。

第五节　苏联时期的成就与不足

哈萨克斯坦国家独立的基础是在苏联时期奠定的。赫鲁晓夫扩大加盟共和国自主权的政策和勃列日涅夫的干部当地化政策使哈萨克族获益，特别是在80年代库纳耶夫执政时期，大批哈萨克族人被提拔到各级领导岗位，使哈萨克共和国朝本地民族化方向迈出较大的步伐。

1920年8月26日，全俄中央执行委员会和人民委员会发布的《关于成立吉尔吉斯（哈）苏维埃社会主义自治共和国》的法令赋予了哈萨克族自主权。1924年，苏联中央政府在中亚地区实行的民

---

[1] 仲庆文：《哈萨克斯坦石油天然气工业：历史、现状、前景》，《东欧中亚研究》2000年第5期。
[2] 马大正、冯锡时主编：《中亚五国史纲》，第178页。
[3] 王嘉琳：《哈萨克共和国的民族问题及其表现》，《中亚研究》1989年第3期。

族划界和组建民族国家的决议促进了哈萨克族的民族认同和国家认同。学界对苏联在中亚进行的民族划界和组建民族国家的政策有不同的评价。有人把民族划界看作是旨在分化、确保苏联的控制的"布尔什维克的诡计"。[1] 巴托尔德认为,按民族特征进行的划分在一定程度上加速了民族融合的过程。

诚然,民族划界和民族国家的组建,使哈萨克共和国产生了主体民族和少数民族之间的差别,使民族之间有了主次之分,对主体民族而言,一些民族变成了少数民族,他们感到本民族的地位和权利遭到了损害,为独立以后的哈萨克斯坦民族关系埋下了隐患。尽管如此,民族划界及民族国家的组建对哈萨克人有着积极意义。

首先,民族划界和民族国家的组建加速了哈萨克族的融合。16世纪,哈萨克族已经开始了民族的形成过程,然而,这一过程十分缓慢,直到20世纪初,哈萨克族自我认同的意识还未形成,民族认同还停留在超民族的种族观念上。民族划界及民族国家组建之后,哈萨克族迅速地从自在民族发展到自觉民族。

其次,民族国家的组建消除了政治分裂。哈萨克汗国自建立以来几经分合,即使在最强盛时期也只是一个较为松散的部落联盟政权,分裂成三个玉兹之后主体民族从未统一过。因此,民族国家的组建遏制了哈萨克族政治分裂的现象。哈萨克斯坦总统努·纳扎尔巴耶夫在《前进中的哈萨克斯坦》一书中评价说:"我们也不能抹杀哈萨克民族1917年以来的历史。别的不说,就在这一时期,我们这个在上个世纪被强行分为三个部分、失去了民族和领土的统一完整的国家成为了一个共和国,恢复了过去的疆域,正式划分了边

---

[1] Robert A. Lewis, ed., *Geographic Perspectives on Soviet Central Asia*, Routledge, 1992, p. 284; Mohammed Ayoob, ed., *The Politics of Islamic Reassertion*, St. Martin's Press, 1981, pp. 259-260.

界，这一切正是在联盟政府最初执政的年代里实现的，这已经成为我们独立的自主的国家完全合法的唯一基础，我们怎么可以忽视这一点呢？"[1]

再次，民族国家的组建遏制了超民族性质的泛突厥和泛伊斯兰意识在哈萨克共和国的蔓延，使哈萨克共和国向政教分离的现代国家迈进，打破了民族和宗教极端分子建立"大突厥"国家的幻想，对世界和平做出了贡献。1936年12月5日，哈萨克自治共和国升格为加盟共和国，成为苏联的一员，为1991年哈萨克共和国的独立提供了可能性。

苏联时期，联盟中央政府为开发哈萨克共和国经济做出了坚持不懈的努力，取得了举世公认的巨大成就。与1922年相比，1981年全苏联工农业产值分别增长了514倍和5.2倍，哈萨克共和国的增长数分别是904倍和12.8倍。[2]20世纪80年代末，哈萨克共和国为苏联提供1/4的羊毛，1/12的肉，1/5的粮食，成为苏联重要的农牧业基地。[3]在工业化时期，哈萨克共和国的卡拉干达、里杰尔、巴尔喀什、阿亚古兹、阿拉尔斯克等一批新城市拔地而起；哈萨克共和国的铅、钚、铜、黄磷、磷肥产量居全苏之首，成为具有全苏联意义的重要产业。到80年代，共和国的经济实力已仅次于俄罗斯和乌克兰，在全苏15个加盟共和国中高居第三位。[4]到1990年苏联解体前夕，按经济规模（国内生产总值）排列，哈萨克共和

---

1 〔哈萨克〕努·纳扎尔巴耶夫：《前进中的哈萨克斯坦》，哈依霞译，民族出版社，2000年，第15页。
2 胡延新：《苏联开发中亚边疆少数民族地区的经验、教训和启示》，《东欧中亚研究》2000年第6期。
3 赵常庆编著：《哈萨克斯坦》，第97页。
4 穆立立：《哈萨克斯坦当前的民族进程和民族关系》，《东欧中亚研究》1993年第4期。

国占世界第 53 位（574.72 亿美元）。[1] 可以说，独立国家哈萨克斯坦的经济实力是在苏维埃联盟时期奠定起来的。

苏联时期，哈萨克共和国经济完成了历史性的发展，城市化发展迅速。1922 年，哈萨克自治共和国城市人口只占 8.9%，到 1982 年已经占到了 54%。[2] 哈萨克共和国社会也发生了巨大的变化。

哈萨克共和国时期，国民教育取得了很大成就。十月革命以前，哈萨克人中 90% 是文盲。[3] 苏维埃政权普及义务教育的第一个法令是扫盲，1920 年 7 月，苏维埃政府建立了全苏扫盲非常委员会，与此同时，自治共和国成立了识字学校、扫盲班、组、站等机构，发行了扫盲初级读本。第二年，自治共和国动员 16 岁至 50 岁有足够文化知识的人参加扫盲工作，担任各级扫盲班的教师。1930 年，政府为此拨付 169 万卢布的专款，1939 年，哈萨克共和国的文盲只占成人总数的 16.4%。[4] 在 1979 年人口调查之时，文盲仅为共和国总人口的 0.1%。[5]

十月革命以前，哈萨克斯坦境内没有高等学校。1928 年 10 月 1 日，国立哈萨克大学成立，以后陆续成立了阿拉木图畜牧兽医学院（1929）、阿拉木图农学院（1930）、阿拉木图医学院（1931）。为满足师资的需要，国立哈萨克大学在 1930 年改为哈萨克师范学院。50 年代，共和国高等院校达 26 所，1960 年至 1965 年，哈萨

---

[1] 赵常庆编著：《哈萨克斯坦》，第 78—79 页。

[2] 张宏莉：《当代哈萨克斯坦民族关系研究》，世界知识出版社，2007 年，第 32—33 页。

[3] 穆立立：《哈萨克斯坦当前的民族进程和民族关系》，《东欧中亚研究》1993 年第 4 期。

[4] 厉声：《哈萨克斯坦及其与中国新疆的关系（15 世纪—20 世纪中期）》，第 336 页。

[5] 穆立立：《哈萨克斯坦当前的民族进程和民族关系》，《东欧中亚研究》1993 年第 4 期。

克共和国又新成立了12所高等院校。[1] 到1982年，99.7%的国营农场长、96%的集体农庄主席都是大中专院校毕业的。[2]

第二次世界大战以后，哈萨克共和国的科研工作得到迅速发展。1946年，哈萨克共和国科学院在苏联科学院哈萨克分院的基础上成立，到1950年底，共和国科学院已有50个科研机构。在"四五计划"期间，苏联在哈萨克共和国的谢米巴拉金斯克州建成了苏联第一个核武器试验场"米什瓦克"，1949年8月29日，苏联在此成功爆炸了第一颗原子弹，1953年8月12日，在此进行了第一次氢弹试验。1955年，苏联在哈萨克共和国建造拜克努尔航天站，并建立了技术发射和测试的场所。1957年，共和国建立了核物理所，设置了原子反应堆和回旋加速器，同年，苏联在哈萨克共和国成功地发射了人类历史上第一颗人造地球卫星。1961年，苏联在哈萨克共和国成功地完成了第一位宇航员（加加林）的宇宙飞行。

哈萨克共和国城市基础设施也逐渐建设起来。电信事业发展迅速，1960年全国只有9万台电话机，1990年达到229.4万台，其中，164.2万台为住宅电话，约占71.6%，城市中接近户户通电话。[3] 截至1980年，哈萨克共和国的图书馆有3933座，藏书487万册，比1913年分别增长了28倍和40倍以上。如果把各系统和各部门的图书馆都算在内，哈萨克共和国有近两万座图书馆。[4]

苏联时期，苏共和联盟中央坚持苏联各民族在经济上共同繁荣、在文化教育等社会方面相互接近的目标。为实现这一目标所制定和贯彻的一系列政策和坚持不懈的努力，拉近了哈萨克共和国与

---

[1] 哈尔肯：《哈萨克加盟共和国的高等教育》，《伊犁师范学院学报》1994年第1期。
[2] 陈联璧、刘庚岑：《略论苏联中亚地区经济和文化的发展》，《中亚研究资料》1984年第3期。
[3] 赵常庆编著：《哈萨克斯坦》，第131页。
[4] 沛冰：《苏联中亚的图书馆事业》，《中亚研究资料》1984年第3期。

世界社会经济发展的距离，1990年苏联解体前夕，按人类发展指数排列，哈萨克共和国占第54位，属于发达国家集团。[1]

苏联时期，哈萨克共和国社会经济实力加强、社会进步，这些成就为哈萨克斯坦的独立奠定了基础，这是苏联时期哈萨克人历史发展的主要方面。不过，苏联指令性计划管理和垂直的部门领导也给哈萨克共和国经济造成了许多负面影响。

首先，苏联的经济规划造成了哈萨克共和国不合理的经济结构。为了在全苏建立完整的、以"分工协作"为基础的国民经济体系，联盟中央注意哈萨克共和国的原料工业和个别重工业的发展，忽视了轻工业的发展。50年代初，共和国只有65个较大的轻工业企业，其中，不少是沙俄时期建立起来的；到1979年，轻工业产值在工业总产值中仅占18%，人民所需的生活用品80%以上要靠其他共和国供给。[2] 盛产棉花和羊毛的哈萨克草原，棉纺织品产量仅占全苏联的1%，毛纺织业产量仅占全苏联的1.4%，皮革产量也只占全苏的1.7%。[3] 直到苏联解体，作为独立主权国家应该具备的、合理的国民经济体系和工业体系未能在哈萨克共和国形成。

其次，苏联经济是"数量赶超型"经济，速度第一是苏联经济发展的战略方针，而经济的持续增长靠的是高投入、高消耗。在此战略方针的指导下，联盟中央在开发哈萨克共和国丰富的能源和矿产资源之时，考虑更多的是产量而不是合理利用，资源开发的浪费十分惊人。在矿产开采中，大量贵重金属丢弃在矿渣中，有资料披

---

1 赵常庆编著：《哈萨克斯坦》，第79页。
2 穆立立：《哈萨克斯坦当前的民族进程和民族关系》，《东欧中亚研究》1993年第4期。
3 阿贝尔霍仁：《欧亚大陆腹地国家——哈萨克斯坦历史专题》（俄文版），阿拉木图，1998年，第240页，转引自丁笃本：《中亚通史》（现代卷），第268页。

露，有色金属的资源浪费在50%以上。[1]与苏联平均水平相比，哈萨克共和国每一卢布工业产值所需的投资要高出40%—50%。农业也是如此，1981—1985年间，哈萨克共和国有53%的国营农场和集体农庄处于亏损状态。[2]努·纳扎尔巴耶夫在1986年的报告中指出："在最近10年里，农村的基本投资超过320亿卢布，生产基金增加了80%，肥料供应增加了1.4倍，农业产量仅增加了23%。劳动生产率未见增长。"[3]

掠夺性开发不仅浪费了资源，还破坏了生态环境。30年代游牧民的定居化和50年代的大垦荒运动导致了咸海干枯。咸海曾是世界第四大内陆湖，由于在两河流域盲目扩大农田（30年共开垦灌溉农田200万公顷），耗水量猛增，致使咸海因得不到水源补充而日益干枯。到90年代初，咸海已有大约40%的海底裸露。[4]

社会方面，苏联时期的俄罗斯化使哈萨克族文化受到冲击，首先表现在哈萨克语的衰落。

苏联的解体是哈萨克人不愿看到的事情，哈萨克共和国一直没有脱离联盟的要求。在1991年3月对联盟生存与否的公投中，哈萨克共和国要求保留联盟的呼声很高，哈投票赞成保留联盟者为94%，远远高于当时参加投票的9个加盟共和国的76.4%和俄联邦71.34%、乌克兰70%的水平。[5]

1　张保国：《苏联对中亚及哈萨克斯坦的开发》，第185页。
2　丁笃本：《中亚通史》（现代卷），第353页。
3　〔哈萨克〕努·阿·纳扎尔巴耶夫：《探索之路》，陈兵、王嘉琳译，第141页。
4　胡延新、阎英华：《苏联当年如何开发中亚地区》，《当代世界》2000年第5期。
5　周象光：《苏全民公决结果表明苏联人民希望国家统一，百分之七十六的投票人赞成保存联盟》，《人民日报》1991-03-22。

第五章
国土的确立

哈萨克斯坦地处北纬40°56′—55°26′，东经45°27′—87°18′之间，国土面积272.49万平方千米，位居世界第9位，是世界上最大的内陆国家。哈萨克人最早的生活地带宽广，哈萨克汗国强盛时期的领土西起伏尔加河东岸，东至阿尔泰山，北抵西西伯利亚平原，南达天山山脉。这一疆域几经变迁，在苏联时期最终确立下来。20世纪初，在苏联政府实施的民族识别和民族划界中，哈萨克人聚居地成为民族划界和民族国家形成的主要依据。

第一节 国土形成的关键因素

今天哈萨克斯坦疆域的确定是在哈萨克汗国时期，可以说哈萨克汗国在哈萨克斯坦国土的形成中起到了重要作用。

克烈和札尼别汗率领的部落从阿布海尔汗国出走之后，来到东察合台汗国领地楚河流域，东察合台汗将楚河流域的库齐巴什（Kuzi Bashi）地区划归他们游牧。据海答儿写于1545年的《拉失德史》记载，当时，阿布海尔汗在钦察草原上行使着全部权力。他与术赤系速檀札尼别汗和克烈汗作战，札尼别和克烈汗逃到蒙兀儿斯坦。蒙兀儿斯坦的也先不花汗接纳了他们，把蒙兀儿斯坦西部边界上、楚河附近的库齐巴什转让给他们，他们在此安居乐业。[1] 这些出走的乌兹别克人自称"哈萨克人"，他们在此建立的政权史称哈萨克汗国（1470—1847）。[2] 此后，哈萨克人占据的草原名为"哈萨克草原"，史书将他们的居地称为"哈萨克斯坦"。

建国之后，哈萨克汗国的领土不断扩大。在南方，1468年，阿布海尔被东察合台汗羽奴思打败，阿布海尔汗国瓦解。哈萨克人迅速向外扩张，占据了包括今哈萨克草原中部地区在内的原阿布海尔汗国领土。于是，哈萨克汗国的统治中心西移到锡尔河北岸的昔格纳黑城，并以此为基地开始向南方发展。1470年，克烈汗攻下突厥斯坦城，札尼别之子夺取了苏扎克和扫兰（Sauran）城。随着军事的胜利，哈萨克汗国南部领地扩展到塔什干、安集延边界。以后，河中地区统治者多次发起攻击，企图夺回锡尔河北岸城市，然而，哈萨克汗国最终保住了对这些城市的领导权。

在北方，哈斯木汗统治期间，咸海和里海北岸的乌兹别克人南下，哈萨克人占领了乌拉尔河以东的里海北岸草原。在16世纪和17世纪的两百年中，哈萨克人生活在东起额尔齐斯河，西至里海的广阔草原上。其东北端伸入兀鲁套山区和巴尔喀什湖地区，抵达卡尔卡拉林斯克山支脉，其西北部抵达乌拉尔河流域。

哈斯木汗去世（1523）后，许多部落迁出哈萨克汗国，哈萨克汗国领土萎缩。据说在塔赫尔统治之初，汗国有一百万人口，后来，只剩下了四十五万。[3] 汗国西北部领土被诺盖汗国占领。诺盖

---

[1] 米儿咱·马黑麻·海答儿：《中亚蒙兀儿史——拉失德史》第一编，第273—274页。

[2] 关于哈萨克汗国建立的时间有几种说法。米儿咱·马黑麻·海答儿《中亚蒙兀儿史——拉失德史》（第一编，第274页）把哈萨克速檀开始统治的年代定在1465年至1466年。

[3] 《哈萨克族简史》编写组：《哈萨克族简史（修订本）》，第146页。

汗国是14世纪末钦察汗国分裂形成的，据俄国学者巴托尔德研究："在15世纪，特别是在16世纪，除鞑靼人之外，人们还提到了诺盖民族，它不仅形成民族单位，而且形成政治单位和有自己的君主。"[1]在阿布海尔汗国瓦解之时，诺盖人占据了乌拉尔河与伊希姆河之间的牧地，诺盖汗国的统治中心在萨莱楚克城，即位于耶亦克河（乌拉尔河）河口的小萨莱城。据1558年访问中亚的英国商人安东尼·詹金森记载，诺盖部在伏尔加河以东，里海沿岸一直到土库曼人的地区放牧。在哈萨克汗塔赫尔统治时期，诺盖人打败塔赫尔，迫使哈萨克人离开里海和咸海北岸草原向东南地区退缩。在塔赫尔与塔什干城主之战失败以后，哈萨克人丢掉了锡尔河北岸的一部分领地。

哈萨克汗国领地再度扩张是在哈斯木之子哈克·纳咱尔汗统治时期。哈克·纳咱尔在位期间利用诺盖汗国的内部纷争，把他们中的上层人物（即埃米尔）争取到哈萨克人一边，于是兼并了诺盖汗国的部分领地。1568年，诺盖汗国瓦解[2]，哈萨克人夺回了咸海北岸和直抵乌拉尔河的里海北岸地区，其中，包括诺盖人的政治和文化中心小萨莱城。小萨莱城至今仍在哈萨克斯坦境内。

在东方，哈克·纳咱尔不仅收复了原哈萨克汗国西北方的领地，而且还对在喀什噶尔实施统治的叶儿羌汗国发起攻击，1558年或1559年，当时在不花剌的英国人安东尼·詹金森听说，吉尔吉斯人（指哈萨克人）正在攻打喀什噶尔。不过，哈萨克人未能在此

---

1 〔苏联〕威廉·巴托尔德：《中亚突厥史十二讲》，罗致平译，中国社会科学出版社，1984年，第182页。

2 诺盖汗国瓦解后，一部分诺盖人随乌兹别克人南下河中地区，一部分被哈萨克人兼并，有相当的一部分人居于伏尔加河流域。17世纪初，居伏尔加河流域的诺盖人在卫拉特蒙古土尔扈特部的西迁浪潮中被迫西徙，来到伏尔加河与顿河流域之间，在两河之间分布着若干诺盖人小政权，一个多世纪以后，他们被俄国人征服。

建立统治。但哈克·纳咱尔在南方的战争取得了胜利，他勾结河中地区的分裂势力发动对撒麻耳干和不花剌城的攻击，并于1579年重新占领了塔什干城。

1582年，札尼别汗后裔特夫克勒继位。1598年，特夫克勒趁昔班尼王朝阿布杜拉汗去世，发起对河中地区的进攻，夺取了不花剌汗国的部分地区。然而，在特夫克勒病故之后，除了塔什干和突厥斯坦两城仍留在哈萨克人手中，其余地区很快被乌兹别克人收复。

17世纪初，哈萨克汗国分裂为大、中、小三个"玉兹"。大玉兹（大帐）游牧于巴尔喀什湖以南，从伊犁河到锡尔河之间的广阔地区；中玉兹诸部在额尔齐斯河以东、锡尔河以北区域，冬季牧场在锡尔河中下游北岸，夏季牧场在托博尔河、伊希姆河、努拉河、萨雷河流域；小玉兹（小帐）游牧于里海以东和以北的哈萨克草原西部，以及乌拉尔河与伏尔加河之间。

1730年，三个玉兹派出以玉兹汗为首的代表团在奥里塔阿召开会议，然而，在三玉兹的大汗中无一人能够把哈萨克人重新统一起来，从此，哈萨克三个玉兹分别走向了不同的发展道路。小玉兹投靠俄国，得以在伏尔加河至里海北岸的草原放牧；中、大玉兹分别在俄国和中国清王朝的保护下，得以在咸海以北至额尔齐斯河流域放牧。

1824年，小玉兹哈萨克人的领地归属沙俄政府的直接管辖范围。根据当年颁布的《奥伦堡哈萨克人条例》，小玉兹领地被分成西、中、东三个大区。另有五万小玉兹哈萨克人迁至乌拉尔河和伏尔加河下游一带居住。哈萨克人在西面的牧地抵达伏尔加河下游。可以说，伏尔加河成为哈萨克与俄国的边界线。

中玉兹的领地是俄国最早实施直接统治的地区。1780年11月，中玉兹汗阿布赉病故，其长子瓦里苏勒坦借助俄国力量维护自己的统治，俄国开始插手中玉兹事务。1822年，俄国在中玉兹废除汗制，将中玉兹分成八个区和卡尔卡拉林斯克、科克切塔夫、阿亚古兹、阿克莫林斯克四个边区。科克切塔夫成为哈萨克人的东北部边界，与沙俄的鄂木斯克州接壤。

大玉兹的领地是俄国最后实施直接统治的地区。19世纪30年代，哈萨克大玉兹的游牧地发生了一些变化。据俄国方面的报道（1825），俄罗斯帝国东部至塔尔巴哈台雪山与大玉兹相分界，南与浩罕、塔什干、不花剌的领地相接壤。此时，大玉兹的牧地只限于七河流域。1757年，清平定准噶尔叛乱，准噶尔人同盟瓦解，大玉兹的游牧地向东推移，一部分并入中华帝国，一部分分布在巴尔喀什湖和楚河流域，保持了一段时间的独立，他们由自己的首领和比伊（法官）治理。[1] 19世纪后期，大玉兹面临南部邻国浩罕汗国的入侵。双方争夺的焦点是塔什干。几经易手之后，1808年，浩罕汗国攻占塔什干城，一部分大玉兹哈萨克人成为浩罕臣民，另一部分人向外迁徙，其中一些迁入中国新疆，另有数千帐迁入俄国乌斯季卡缅诺哥尔斯克要塞，还有几千帐迁入中玉兹领地并接受了中玉兹汗的统治。1854年5月，俄国颁布《谢米巴拉金斯克州管理条例》，开始对大玉兹领地实施直接统治。

第二节 国土确立的决定因素

哈萨克斯坦领土的确定有两个重要的决定因素，一个是沙俄统治时期建立的要塞线，另一个是十月革命以后，苏俄时期在哈萨克

---

1 〔俄〕M.A.捷连季耶夫：《征服中亚史》第1卷，武汉大学外文系译，第106页。

草原上建立的苏维埃政权。

沙俄在建立行政区划的同时，把哈萨克三个玉兹上建立的军事要塞连起来，形成一条条要塞线，这些要塞线限制了哈萨克人的放牧范围。16世纪后期，随着俄国向东扩张，俄国开始建筑军事要塞。沙俄政府建设的第一个要塞是在征服西伯利亚汗国时期于1587年建立的托博尔斯克。18世纪30年代以后，小玉兹和中玉兹哈萨克人先后臣属于俄国，俄国陆续在伏尔加河沿岸、乌拉尔河沿岸建筑要塞。早期的这些要塞沿河而建，互相孤立。18世纪中叶，俄国将孤立的要塞连接起来，形成能够阻止游牧民通行的要塞线。

阻挡哈萨克人向西放牧的要塞线是乌拉尔河线。1734年，俄国将乌拉尔河沿岸的要塞连起来，形成了乌拉尔河要塞线。乌拉尔河线始于里海北岸的古里耶夫，逆乌拉尔河而上，终于乌拉尔斯克，全线约长747千米。乌拉尔河线限制了哈萨克人向西的活动，乌拉尔河至伏尔加河之间的地区不再是哈萨克人的牧地。

1735年，俄国人在今奥尔斯克地址上建筑了奥伦堡要塞（1743年，奥伦堡要塞迁到今奥伦堡所在地），1811年以后，俄国在哈萨克草原沿伊列克河[1]的小玉兹领地上修筑一系列要塞。接着，沙俄把伊列克河上的要塞西与奥伦堡要塞、东与托博尔河沿河要塞连起来，形成了绵延1174千米[2]的被称为奥伦堡防线的要塞线。奥伦堡线限制了哈萨克人在西北方的活动范围。

限制哈萨克人北部活动范围的是伊施姆河线（又名苦水防线），它将奥伦堡线与额尔齐斯线[3]连接起来。1771年，俄国政府沿伊施

---

[1] 伊列克河发源于穆戈德扎尔斯基山，由东向西流，在奥伦堡以西75千米处注入乌拉尔河，河流全长623千米。

[2] 〔俄〕M. A. 捷连季耶夫：《征服中亚史》第1卷，武汉大学外文系译，第92页。原文为1100俄里，1俄里≈1.0668千米。

[3] 又名西伯利亚线，起于鄂木斯克，逆额尔齐斯河而上，全线共有8座要塞。

姆河线在靠草原一边筑起高四英尺的木栅栏,从1836年起,又沿这条防线筑了一道连绵不断的土墙,顺墙还挖了一条壕沟,以防袭击和草原火灾。[1]

1846年,俄国从额尔齐斯河畔的谢米巴拉金斯克要塞向南延伸到有5000名驻军的维尔内要塞,这条要塞线被称为新西伯利亚要塞线,全长700多千米。这条要塞线的建筑规定了哈萨克人在东方的活动范围。

以上几条防线像一个"n"字形拱将哈萨克人罩住,规定了哈萨克人向西、向北、向东的活动范围。俄国利用以上要塞继续南下,把从19世纪上半叶起开始逆锡尔河而上陆续建立的一系列新要塞连接起来,形成了长427千米以上的锡尔河线。

锡尔河线北与乌拉尔线和奥伦堡线连接成为西线,额尔齐斯河线与新西伯利亚线连接组成了东线。沙俄军队沿东西两线继续南下,1864年9月,攻占了奇姆肯特城。俄国以奇姆肯特城为终点,将东西两线合围,连接突厥斯坦城—奇姆肯特—奥利阿塔的这条横向合围线被称为新浩罕线。该线封住了哈萨克的南部。被围在这几条要塞线内的哈萨克人领地有270万平方千米,如今哈萨克斯坦的国土大致确定下来。

1868年,俄国制定了《草原地区临时管理条例》,哈萨克草原正式成为俄国的行政单位。1891年,沙俄政府通过了《阿克莫林斯克、谢米巴拉金斯克、七河、乌拉尔斯克和图尔盖州管理条例》。根据此条例,草原总督区取代了原来的奥伦堡和西西伯利亚总督府,草原总督区在鄂木斯克市设首府,下辖阿克莫林斯克、七河、谢米巴拉金斯克、图尔盖和乌拉尔斯克五个州,科尔帕科夫斯基担

---

1 〔俄〕M.A.捷连季耶夫:《征服中亚史》第1卷,武汉大学外文系译,第93页。

任首届草原总督区总督。

阿克莫林斯克州在今哈萨克斯坦中部，始建于1854年5月19日。谢米巴拉金斯克州建于1854年，在今哈萨克斯坦东北部，首府谢米巴拉金斯克。乌拉尔斯克州在今哈萨克斯坦西部，位于里海和咸海之间，面积323700平方千米，今有小部分土地属俄罗斯所辖，首府乌拉尔斯克城是于1613年建的要塞。图尔盖州在今哈萨克斯坦中西部，建于1868年10月21日，首府在科斯塔奈。

五个州中变化最大的是可能建于1856年至1867年间的七河州。七河州位于巴尔喀什湖东南，在楚河流域中游以东地区。这片地区原来是中国的领土。19世纪50年代初，俄军渡过伊犁河，占领了几乎整个外伊犁地区，1854年，俄军在当时属于中国领土的维尔内地区建筑了维尔内要塞（即阿拉木图）。对此，清政府理藩院向彼得堡枢密院提出质问。然而，由于清政府正处在鸦片战争之后的内外交困时期，无力西顾，此事不了了之。此后，在沙俄武力的威逼下，清政府于1860年11月和1864年10月分别签订了《中俄北京条约》和《中俄勘分西北界约记》两个不平等条约，将巴尔喀什湖以东以南和斋桑湖南北共44万平方千米土地割让给沙俄，这些领土成为沙俄七河州的领土。

1882年，七河州归草原总督区管辖。中亚在1898年爆发反俄大起义，七河州划归突厥斯坦总督区以削弱哈萨克草原的力量，西部的乌拉尔斯克和图尔盖两州也同时被划出，归属于沙俄内政大臣统治，草原总督区只剩下了谢米巴拉金斯克和阿克莫林斯克两个州。哈萨克人的领土随着一些州的划出而缩小，这种划分一直保持到1917年革命时期。

沙俄政府垮台后，1919年至1920年，布尔什维克党的红军击败了哈萨克草原的俄罗斯共和国的白军，在哈萨克草原建立了苏维埃政府。1920年8月26日，俄罗斯联邦苏维埃社会主义共和国全俄中央执行委员会和人民委员会通过了《关于成立吉尔吉斯（哈）苏维埃社会主义自治共和国》的法令。吉尔吉斯（哈）自治共和国领土包括了1898年划归俄国的图尔盖州和乌拉尔斯克州，以及沙俄时期在土库曼斯坦建立的外里海州的一部分，即克拉斯诺沃茨克县下辖的一些乡，如阿达耶夫斯克乡，以及阿斯特拉罕州下辖的锡涅莫尔斯克乡、布克耶夫斯克草原及原沙俄政府管辖的哈萨克人聚集地。随着这些州县的划入，吉尔吉斯（哈）自治共和国面积大约有200万平方千米。

根据苏联成立条约（1922年）和以后正式颁布的三部苏联宪法（1924年、1936年、1977年），苏联时期形成的哈萨克共和国是"主权国家"，然而，与其他加盟共和国一样，哈萨克共和国不仅在政治、经济、外交、军事、文化教育方面必须与联盟中央保持一致，而且它的领土也由苏联中央政府决定。

苏维埃政权初期，哈萨克人主要集中于谢米巴拉金斯克、阿克莫林斯克、图尔盖、乌拉尔斯克、曼格什拉克、阿斯特拉罕、布克耶夫斯克-奥尔达等地区。当时，乌拉尔和西伯利亚的某些领导人极力反对将谢米巴拉金斯克、阿克莫林斯克、乌拉尔地区划归哈萨克共和国，理由是吉尔吉斯人和俄罗斯人在这些地区仍占有大多数。1921年，民族学家们就此问题展开了调查、识别和统计，统计结果表明，在这些地区的哈萨克族人占总人口的55%，俄罗斯族人占45%，于是，仍然做出了将上述地区划归哈萨克人的决定。同年9月22日，全俄中央执行委员会通过新的法令，奥伦堡市作为吉尔吉斯（哈）自治共和国首都划入该国。哈萨克人的领地又扩展到乌拉尔河以西地区。1921年，苏俄政府批准了吉尔吉斯（哈）自治共和国的要求，将阿克莫林斯克和谢米巴拉金斯克两州划归该国。

1924年6月12日，俄罗斯共产党中央委员会（布）政治局通过了被称为"六月决议"的《关于中亚地区民族共和国划界》的决议。决议决定，在原突厥斯坦苏维埃社会主义自治共和国的卡拉卡尔帕克人居地组建卡拉卡尔帕克自治州，自治州归属于吉尔吉斯（哈）自治共和国。同年10月14日，苏联中央执行委员会第二次会议通过了中亚各民族划界的决议。会议决定把突厥斯坦苏维埃社会主义自治共和国七河州和锡尔河州近70万平方千米划归吉尔吉斯（哈）自治共和国，使自治共和国土地连成一片，吉尔吉斯（哈）自治共和国的领土面积由原来的200万平方千米增加到了270万平方千米。[1]

1925年1月26日，联共（布）中央委员会批准以阿克梅切季市作为吉尔吉斯（哈）自治共和国首都的决定。同年4月，哈萨克苏维埃第五次代表大会在首都阿克梅切季市召开，会上把吉尔吉斯（哈）自治共和国改名为哈萨克苏维埃社会主义自治共和国（1925年4月—1936年6月，简称哈萨克自治共和国），首都阿克梅切季市改名为克孜勒奥尔达（今哈萨克斯坦南部克孜勒奥尔达州的首府）。苏联中央执行委员会决定，把原属于吉尔吉斯自治共和国的奥伦堡重新划归俄罗斯联邦，并于1934年以奥伦堡为首府建州。奥伦堡州位于南乌拉尔山的东、西坡，面积为12.4万平方千米。奥伦堡州是俄罗斯重要的谷物产区，乌拉尔河流经全境，奥伦堡州境内天然气、石油、岩盐及油页岩丰富。

1930年，苏联政府又将历史上与哈萨克人有着千丝万缕联系的卡拉卡尔帕克人居地从哈萨克自治共和国领土中划归俄罗斯苏维埃社会主义联邦共和国。卡拉卡尔帕克人使用突厥语钦察方言，接

---

[1] 马大正、冯锡时主编：《中亚五国史纲》，第161页。

近哈萨克语。16世纪至18世纪中叶,卡拉卡尔帕克人在锡尔河中下游地区游牧,归属于哈萨克汗国。18世纪下半叶,大多数卡拉卡尔帕克人从锡尔河流域迁移到了锡尔河西部支流热纳河流域,到19世纪初,卡拉卡尔帕克人游牧于阿姆河三角洲地区。19世纪下半叶,卡拉卡尔帕克人居住的阿姆河右岸并入沙俄版图,1878年,沙俄政府在此成立了阿姆河区,归俄国突厥斯坦边区管辖。十月革命以后,1923年2月16日,在卡拉卡尔帕克人居地成立了自治州,隶属于吉尔吉斯(哈)自治共和国,成为1928年哈萨克自治共和国的一个自治州。1930年7月20日,卡拉卡尔帕克自治州从哈萨克自治共和国划出,1932年3月20日,卡拉卡尔帕克自治州升格为自治共和国,共和国面积为16.6万平方千米。[1]

根据1936年修订的苏联宪法,哈萨克自治共和国转变为一个加盟共和国,即哈萨克苏维埃社会主义共和国(简称哈萨克共和国)。20世纪50年代,苏联中央政府在哈萨克草原实施垦荒运动。垦荒之后,苏联领导人有意将哈萨克斯坦的部分领土划给乌兹别克、土库曼苏维埃社会主义共和国和俄罗斯联邦。对乌兹别克苏维埃社会主义共和国的土地划转已实施,而对土库曼苏维埃社会主义共和国和俄罗斯联邦的土地划转则因遭到反对和抵制而被迫作罢。[2]到60年代,为了增加棉花种植,苏联中央政府把哈萨克共和国南部适宜棉花种植的1.05万平方千米的领土划给乌兹别克苏维埃社会主义共和国,1963年1月,根据联盟中央政府的安排,哈萨克共和国再次让出4.09万平方千米的土地,乌兹别克苏维埃社会主义共和国得到了4.07万平方千米,土库曼苏维埃社会主义共和国和塔

---

1 另有面积为16.49万平方千米一说。
2 侯艾君:《中亚垦荒运动及其后果新论》,《俄罗斯研究》2015年第6期。

吉克苏维埃社会主义共和国各得100平方千米。[1]

哈萨克斯坦现有疆域是沙俄和苏联时期确立下来的，东部疆域是沙俄时期侵占中国的一部分领土，北部的一部分疆域是苏联时期从俄罗斯划入的。

[1]《新华月报》1961年第12期，转引自丁笃本：《中亚通史》（现代卷），第289页。

中编

艰辛的建国之路

在苏联各加盟共和国要求独立的呼声中,《哈萨克共和国国家主权宣言》于 1990 年 10 月 25 日通过,宣布哈萨克共和国为主权国家。1991 年 12 月 10 日,哈萨克苏维埃社会主义共和国(简称哈萨克共和国)改名为哈萨克斯坦共和国(简称哈萨克斯坦)。同年 12 月 16 日,哈萨克斯坦宣布独立,12 月 25 日,苏联宣布解体,哈萨克斯坦成为合法的主权国家。1992 年 3 月 2 日,在联合国大会第 46 次会议上,哈萨克斯坦成为联合国成员国,从此,哈萨克斯坦走上了艰辛的独立建国之路。1991 年至 2003 年间是哈萨克斯坦独立国家的创建时期,在此时期,哈萨克斯坦经历了总统与议会的斗争、冲突不断的党派竞争、急剧恶化的经济、日趋尖锐的民族矛盾和短时期内难以克服的社会问题。

第六章
走向独立

在十月革命以后的 70 多年中（1917—1991），哈萨克共和国紧跟苏联中央政府，在政治和社会经济方面取得了巨大进步，为哈萨克共和国的独立建国打下了基础。在苏联经历经济、政治危机之时，哈萨克共和国通过了主权宣言。"8·19事件"以后，哈萨克共和国发布了独立宣言，走上了独立建国的道路。

第一节　无可挽回的解体

1926 年，约瑟夫·斯大林（1879—1953）掌握了苏联最高权力。在他的领导下，苏联形成了权力高度集中的政治和经济体制。权力高度集中使苏联实现了工业化，走完了资本主义国家需要上百年才能完成的工业化进程。然而，20 世纪 50 年代以后，权力高度集中的弊端开始暴露出来。从 60 年代中叶起，苏联国民生产总值的年平均增长率开始下滑。1965 年至 1970 年的下降率大约为 5.3%，1971 年至 1975 年大约为 3.7%，1976 年至 1980 年大约为 2.8%。[1]

为了使不断下滑的经济走出困境，苏联领导人一直在尝试着改革。在赫鲁晓夫掌权期间（1953—1964），绝大多数直属联盟中央

---

[1]〔美〕格罗斯曼：《苏联经济状况和苏联、东欧的经济改革》，《苏联东欧问题》1981 年增刊第 1 期。

的部门和主管机关被撤，扩大了加盟共和国的经济管理权限。但是，由于担心深化经济改革会危及社会主义制度，苏联领导集团在70年代中期以后又陆续收回了企业的自主权，重新回到指令性计划经济的体制上。体制的弊端制约了经济的发展，苏联经济继续呈下降趋势，1981年至1985年国民总收入年平均增长率为3.6%。[1] 经济的连续滑坡和衰退表明，高度集权的经济体制和官僚管理已经失去了活力。哈萨克斯坦首任总统纳扎尔巴耶夫指出，战后苏联和战败国几乎在同等条件下起步，结果却落在后面，这说明苏联实行的制度在国际舞台上，在竞争发展中暴露了自己的弱点，遭到了失败。[2]

1985年3月11日，戈尔巴乔夫当选为苏共中央总书记（1985—1991）。受命于危机之时的戈尔巴乔夫开始大刀阔斧地改革。1987年6月，苏共中央全会确定从企业改革着手，走自上而下的改革道路。随后，《国营企业法》在最高苏维埃会议上通过，企业转入了经济核算、自负盈亏、自筹资金和工人自治。

为了改革的顺利进行，戈尔巴乔夫改变以往某些人长期担任同一领导职务的人事制度。各加盟共和国党中央、最高苏维埃、部长会议的主要领导人中有19人被撤换，1986年12月16日，哈萨克共产党中央第一书记库纳耶夫被解职，于1987年6月26日被开除出中央委员会。[3]

然而，新干部政策对经济改革并未产生明显的推动作用，改革的步伐仍然缓慢。戈尔巴乔夫认为，要解决苏联经济改革进展缓慢的关键在于引进政治竞争。1988年12月，苏联的宪法修正案出台。

1　冯绍雷、相蓝欣主编：《俄罗斯经济转型》，上海人民出版社，2005年，第51页表2.1。

2　〔哈萨克〕努·阿·纳扎尔巴耶夫：《探索之路》，陈兵、王嘉琳译，第102页。

3　黄宏、纪玉祥主编：《原苏联七年"改革"纪实》，红旗出版社，1992年，第32、54页。

宪法修正案修改了1977年宪法第6条中关于苏共领导地位的条文[1]，新条文规定："苏联共产党、其他政党以及工会、共青团、其他社会团体和群众运动通过自己先入人民代表苏维埃的代表并以其他形式参加制订苏维埃国家的政策，管理国家和社会事务。"[2]多党制原则以宪法的形式确立起来。1990年，在第三次人民代表大会上通过了苏联总统职位法。此次会议之后，哈萨克共和国也宣布实行总统制。

在政治体制改革的激烈变化中，经济改革和经济建设根本无法正常进行，从1988年下半年起，苏联经济形势恶化，到1990年，经济发展出现了二战以后的第一次负增长，国民产值、国民收入和社会劳动生产率分别下降2%、4%和3%。与此同时，财政赤字急剧上升，1990年达581亿卢布，由于缺乏弥补财政赤字的经济机制，政府求助于印发钞票，1990年货币发行量比上一年增加了50%。[3]货币发行量的严重失控，引起了通货膨胀。通货膨胀导致了人民生活水平的下降，1991年12月27日的《苏维埃俄罗斯报》说："我们在戈尔巴乔夫时代度过了将近七年的时间，给我们留下的印象首先是这个被称为苏联的世界大国分崩离析，第二是无节制的通货膨胀，第三是80%的人进入贫困线，百万贫困者流落街头。"[4]经济的恶化加剧了社会矛盾和民族冲突，统一的苏联面临解体。

社会矛盾和民族冲突加速了苏联的解体。十月革命后，苏俄建

---

[1] 苏联1977年宪法第6条："苏联共产党是苏联社会的领导力量，是苏联政治制度以及国家和社会组织的核心。"《苏维埃社会主义共和国联盟宪法（根本法）》，《中外宪法选编》，人民出版社，1982年，第239、241页。

[2] 黄宏、纪玉祥主编：《原苏联七年"改革"纪实》，第276页。

[3] 同上书，第439页。

[4] 转引自李磊：《论戈尔巴乔夫的经济改革对苏联民族问题的影响》，《聊城师范学院学报》2000年第3期。

立了工农政府——人民委员会，人民委员会下设了民族事务人民委员部，斯大林出任部长。民族事务人民委员部向各民族地区派驻代表或代表团，联系与协调中央与民族地区的工作；民族地区向民族事务人民委员部派驻代表，参与部务扩大会议，以协调地区与中央之间的关系和维护本地区的利益。1924年，苏联第一部宪法出台，根据宪法，民族事务人民委员部被撤销，而在苏联最高苏维埃中成立了民族院。民族院的成员由各加盟共和国、自治共和国、自治州和民族区以不记名投票方式选出的代表组成，任期为四年。当时的哈萨克自治共和国和以后的哈萨克加盟共和国都有代表参与了民族院的决策和管理。1989年，戈尔巴乔夫改苏维埃制度为苏联人民代表大会制，同年在苏联共产党中央设立了民族事务部。

作为联盟最高领导者的戈尔巴乔夫在改革中没有认识到苏维埃联邦内存在的民族矛盾和冲突，致使民族分裂主义思潮泛起。1990年3月11日，立陶宛退出苏联宣布独立。此后，各加盟共和国纷纷发表了主权宣言。在此形势下，戈尔巴乔夫于1991年3月提出了起草《主权国家联盟条约》（又称《新联盟条约》）的工作。1991年4月23日，哈萨克共和国参加了由戈尔巴乔夫和俄罗斯、乌克兰、白俄罗斯、阿塞拜疆共和国领导人共同发表的《关于稳定国内局势和克服危机的刻不容缓的联合声明》，哈萨克共和国希望苏联以松散的联邦形式保留下来。7月24日，哈萨克共和国领导人参加了各加盟共和国代表团会议，完成了《新联盟条约》的起草工作，苏联于8月14日公布《新联盟条约》。

《新联盟条约》将"苏维埃社会主义共和国联盟"改名为"苏维埃主权共和国联盟"，苏联成为主权的联邦制民主国家，不再是社会主义国家。苏联中央政府决定于1991年8月20日正式签订《新联盟条约》。然而，就在《新联盟条约》签署前夕，8月19日凌晨，苏联副总统根纳季·伊万诺维奇·亚纳耶夫趁戈尔巴乔夫总统在克里米亚休假之机发动政变，宣布成立国家紧急状态委员会。"8·19事件"遭到了俄罗斯联邦第一任总统鲍里斯·尼古拉耶维奇·叶利钦的反对。叶利钦发表讲话说，国家紧急状态委员会是违反宪法的组织，必须对委员会的领导者追究刑事责任。经过几天的对峙，8月21日，国家紧急状态委员会放弃了行动，当晚8点，戈尔巴乔夫发表声明，宣布他已经完全控制了局势，近日内重新行使他的总统职权。

"8·19事件"是苏联历史上的一次重大事件。如果说此前立陶宛的独立造成了苏联的局部分裂，那么，"8·19事件"引发了苏联的全面解体。"8·19事件"五天之后，戈尔巴乔夫辞去苏共中央总书记职务，宣布各共和国共产党和地方党组织的命运由它们自己决定。在此后短短的几个月中，包括哈萨克共和国在内的各加盟共和国纷纷宣布独立，苏联不可避免地解体了。

第二节　形势逼人的独立

在戈尔巴乔夫的经济改革中，哈萨克共和国经济未能出现好转的趋势。20世纪80年代后期，高度集中的计划经济的种种弊端表现出来，哈萨克共和国经济进入停滞时期。在"十一五计划"期间（1981—1985），哈萨克共和国的国民收入和劳动生产率的增长速度下滑，在苏联居最低位；"十二五计划"（1986—1990）开始之际，共和国就面临1/7的工业企业、1/2的国营农场和集体农庄亏损的严峻经济形势。[1]

---

[1] 王嘉琳：《哈萨克共和国的民族问题及其表现》，《中亚研究》1989年第3期。

在戈尔巴乔夫的政治改革中，哈萨克共和国紧跟联盟中央。1986年12月15日，戈尔巴乔夫以推动改革为名，强行解除了从1959年以来一直担任哈萨克共产党中央第一书记的库纳耶夫的职务。第二天（12月16日），哈萨克共产党中央举行18分钟会议，任命俄罗斯族的科尔宾为哈萨克共产党中央第一书记。非哈萨克族人担任第一书记的任命引起了哈萨克人的强烈不满，当天，首都阿拉木图市发生了群众的示威游行。

在游行队伍中，人们打出并喊出了"俄罗斯人滚回去！"等标语、口号。[1] 事态的发展从示威游行变成了骚乱，造成2人死亡，近200人受伤。此次阿拉木图事件是戈尔巴乔夫实施改革以来苏联境内发生的首次民族冲突。[2] 三天之后事态被平息。

从表面上看，阿拉木图事件是哈萨克人反对苏共中央撤换本族领导者引起的，实质上反映了哈萨克人对苏共推行民族政策的不满和抗议。最初，苏共中央将这一事件定性为"哈萨克民族主义事件"，不久就取消了这一决议，在随后举行的哈萨克共产党第十七次代表大会上强调了阿拉木图事件不是民族对抗的表现。1987年1月，哈萨克共产党从中央到地方基层的村（阿乌尔）都成立了民族关系委员会或小组，以协调和处理当地不同民族之间的关系。

1989年6月，努尔苏丹·阿比舍维奇·纳扎尔巴耶夫当选为哈共中央第一书记。努·纳扎尔巴耶夫是土生土长的哈萨克人，1940年7月出生于农牧民之家，就学于卡拉干达冶金联合企业高等技术学校。他1960年开始工作，先后在卡拉干达冶金联合企业当过铸铁工、高炉炉工、调度员和工长，从基层岗位一步一步地走上了国家领导层。在1984年至1989年，努·纳扎尔巴耶夫担任哈萨克共

---

1 吴家多：《中亚地区的俄罗斯人问题》，《世界民族》1998年第1期。
2 公抒编著：《原苏联各共和国概况》，第122页。

和国部长会议主席。在阿拉木图事件中,努·纳扎尔巴耶夫站在人民一边,参加了群众的示威游行。

1990年,苏共中央做出了政治多元化和修改宪法中关于苏共地位的决议。1990年2月,哈萨克共产党召开第十九次中央全会讨论哈共地位问题;3月,哈萨克共和国党中央全会做出改变哈共领导地位的决定,哈萨克共产党改组成社会党;4月,哈共第二十一次中央全会对哈萨克共和国1978年宪法第6、7、9条做了修改,删掉了哈共垄断地位的条文。1990年4月,哈萨克共和国最高苏维埃通过了《哈萨克苏维埃社会主义共和国设立总统职务及修改、补充共和国宪法(根本法)》的决议,哈萨克共和国最高苏维埃会议选举努·纳扎尔巴耶夫为共和国总统。11月,哈萨克共和国决定实行总统组阁制,部长会议改为内阁。

1990年10月25日,《哈萨克共和国国家主权宣言》获得通过,宣布哈萨克共和国为主权国家,在本共和国内拥有至高无上的、独立的和全部的权力。共和国拥有下列主权:自行解决本共和国国家生活中的任何问题,独立自主地制定和实施内外政策;共和国宪法和其他法律在本共和国内具有最高权威,对有悖于共和国主权的苏联法律可不予执行;保留自由退出联盟的权力;共和国的领土、领空、财富、矿藏和其他自然资源属本共和国绝对所有;有权独立自主地建立国家银行,确定本共和国的财政、信贷、税收和价格政策,以及建立国家军队、国家安全机关和内务机关,禁止在共和国进行核武器试验等。[1]

尽管如此,在"8·19事件"以前,哈萨克共和国人民仍希望保留苏联。在1991年3月17日的公决中,哈萨克共和国中89%

---

[1] 胡振华主编:《中亚五国志》,中央民族大学出版社,2006年,第22页。

有投票权的人参加了投票,其中赞成保留者占94%。[1]

然而,"8·19事件"使苏联的解体向无法挽回的方向发展。事发当天,总统努·纳扎尔巴耶夫发表了《告哈萨克斯坦人民书》,公开拒绝在哈萨克共和国实施紧急状态。在政变的第二天,努·纳扎尔巴耶夫再次发表声明,提出了克服危机的三条建议:一是让戈尔巴乔夫出面证明自己没有能力执行自己所担负的职责;二是立即在苏联最高苏维埃会议上审议苏联的政治形势,在10天之内召开苏联特别人民代表大会,以确定全民选举总统的具体日期;三是尽快签署已获得八个共和国会议赞同的《新联盟条约》。[2] 三点建议表明了努·纳扎尔巴耶夫反对"8·19事件"的立场,同时也表明了他希望继续保持联盟的愿望。8月21日,哈萨克共和国协商会议和哈共中央政治局发表联合声明,肯定了努·纳扎尔巴耶夫总统对"8·19事件"的立场。

事与愿违,苏联的解体已不可挽回。8月24日,戈尔巴乔夫宣布苏共中央书记处、政治局和中央委员会自动解散,宣布各共和国共产党和地方党组织的命运由它们自己决定。当天,努·纳扎尔巴耶夫宣布退出苏共中央政治局和苏共中央委员会,提出了哈萨克共产党退出苏共和建立独立政党的建议。8月28日,哈共中央举行全会,声明支持努·纳扎尔巴耶夫总统的关于哈共退出苏共的建议,同意在即将召开的哈共非常代表大会上审议建立新党的问题,并宣布了解除哈共中央委员会的职能和停止其活动的决定。[3]

9月7日,哈共召开非常代表大会。会上,努·纳扎尔巴耶夫

---

1 〔苏联〕贾纳·洛加绍娃:《中亚民族政治情势》,赵龙庚译,《世界民族》1992年第3期。
2 马大正、冯锡时主编:《中亚五国史纲》,第260页。
3 同上书,第261页。

总统宣布："我们今天有必要通过一项重大决议，它不仅要改变我们党的名称，还要改变我们党活动的性质、形式和方法。"[1] 哈萨克共产党正式脱离苏共并自行解散，大会决定把哈萨克共产党改名为哈萨克社会党，同时通过了社会党的纲领性声明和党章，选出了新党的政治执委会。不同意将哈萨克共产党改名为哈萨克社会党的一部分党员以后成立了新哈萨克斯坦共产党。

"8·19事件"以后，哈萨克共和国开始了独立主权建设的一系列工作。8月21日，努·纳扎尔巴耶夫总统发布命令：为了确保哈萨克共和国国家主权，国家的经济和环境的安全，克服自然灾害和其他非常局势造成的各种灾祸，维护共和国法制，决定设立总统属下的共和国安全会议。[2] 8月25日，努·纳扎尔巴耶夫总统宣布苏联在哈萨克共和国领土上的财产为共和国所有。8月31日，努·纳扎尔巴耶夫总统又发布诸如《关于联盟所辖企业、组织移交哈萨克共和国政府管理的命令》和《关于建立哈萨克共和国黄金和金刚石基金的命令》等若干命令，旨在加强哈萨克共和国经济自主权。11月12日，努·纳扎尔巴耶夫总统发布了在哈萨克征兵的有关事项的命令，决定把共和国兵役委员会升格为共和国一级机构，责成该机构于12月1日前制定出《哈萨克共和国兵役委员会条例》。

1991年12月1日，哈萨克共和国进行了总统竞选，努·纳扎尔巴耶夫以98.76%的得票率当选总统。12月10日，哈萨克决定改国名为哈萨克斯坦共和国（简称哈萨克斯坦）。《哈萨克斯坦独立法》于12月16日在哈萨克斯坦最高苏维埃会议上通过，哈萨克斯坦宣告独立，哈萨克人踏上了创建独立国家的征程。

---

1 马大正、冯锡时主编：《中亚五国史纲》，第261页。
2 同上书，第261—262页。

第七章
独立国家的创建

哈萨克斯坦的政治转型始于苏联解体时期，哈萨克共和国在戈尔巴乔夫的政治改革中放弃了共产党对国家事务的领导权。独立以后，哈萨克斯坦于1993年颁布第一部宪法，宪法规定：哈萨克斯坦是民主、世俗、法制的国家；哈萨克斯坦政权以宪法为基础，采取立法、司法、行政三权既分立又相互作用、相互制约的原则。经过十多年的艰苦摸索和不断调整，哈萨克斯坦在政治上形成了"大总统、小议会、小政府"格局的威权主义政体。

第一节 弘扬民族文化的国家标志

1991年12月16日，哈萨克斯坦宣布独立；1992年6月4日，具有哈萨克族文化特征的哈萨克斯坦国旗、国徽和国歌开始启用。

哈萨克斯坦国旗旗面采用代表天空、象征和平与宁静的浅蓝色，旗形为长宽比2∶1的长方形，旗面中间是一轮象征光明的、放射出32道光芒的金色太阳，太阳下面是一只象征勇敢的展翅飞翔的雄鹰，一条具有哈萨克族传统图案的金色竖条与旗杆并列。

哈萨克斯坦国徽呈圆形，圆面中间是哈萨克人的毛毡帐篷圆顶图案，两侧为骏马；上端是一颗五角星，下端饰带上用哈萨克文写着"哈萨克斯坦"。[1]

---

[1] 王乐、张丹华:《哈萨克斯坦国家认同构建路径研究》，《理论月刊》2014年第10期。

哈萨克斯坦在1992年至2005年间以《哈萨克斯坦共和国国歌》为国歌[1]，2006年，国歌改为《我的哈萨克斯坦》，歌词大意是："天空上金太阳，田野上金谷物，英勇的传说，它是我的土地。在远古时代，我们已放光芒，我们哈萨克人自豪又强壮。我的国家，我的国家，作为你的花我将生长，我们的歌声将飘扬！我的祖国——哈萨克斯坦！我有一块无限宽的国土以及一条未来的道路。我有人民独立自主团结如一家。我们快乐乐土犹如挚友一般，我们快乐民众正迎接新时代到来。我的国家，我的国家，作为你的花我将生长，我们的歌声将飘扬！我的祖国——哈萨克斯坦！"[2]

哈萨克斯坦于1993年1月28日颁布了独立后的第一部宪法，宪法分5个部分，共131条（不包括13条过渡条款）。宪法的颁布确立了国家政权的制度化基础，宪法不仅规定了哈萨克斯坦的国体与政体，而且作为政权、社会和个人之间社会契约，还是哈萨克斯坦法律体系及立法的核心和基础。

1995年8月30日，哈萨克斯坦通过第二部宪法《哈萨克斯坦共和国宪法》，宪法分9个部分，共98条。1995年宪法规定：哈萨克斯坦是民主的、非宗教的和统一的国家；哈萨克斯坦为总统制共和国，国家政权以宪法和法律为基础，根据立法、行政、司法三权分立、相互制衡的原则实施。1995年宪法分别在1998年和2007年进行过修改。2007年宪法修正案确定了哈萨克斯坦政体由总统制向总统-议会制过渡。

---

[1] 1992年国歌歌词大意是："我们人民多英勇，儿女多光荣，为走自由的路，一切都愿牺牲。挣开命运锁链，跳出地狱火坑，摆脱了侵略者，我们重获新生。展翅高飞吧，自由雄鹰，为召唤团结发出呼声！英雄的力量来自人民，人民的力量来自团结一心。"

[2] 王乐、张丹华：《哈萨克斯坦国家认同构建路径研究》，《理论月刊》2014年第10期。

1993年11月12日，哈萨克斯坦总统发出"关于发行哈萨克斯坦共和国国家货币"的命令，11月15日，哈萨克斯坦政府宣布退出卢布区，第一版哈萨克斯坦本国货币发行，哈萨克斯坦货币名"坚戈"。1 坚戈正面是哲学家法拉比的肖像，背面是法拉比的演算图以及教堂设计图；3 坚戈正面是诗人顺巴·阿罗努里（1815—1898）肖像，背面是阿拉套山；5 坚戈正面为作曲家库尔曼加齐肖像，背面为库尔曼加齐墓地；10 坚戈正面为哈萨克斯坦人种志学者乔坎·瓦里汗诺夫肖像，背面为奥肯咸特普斯山；20 坚戈正面为诗人阿拜·库南巴耶夫肖像，背面为猎鹰与策马人；50 坚戈正面为民族英雄阿布勒海尔肖像，背面为曼吉斯套州岩画；100 坚戈正面为民族英雄阿布汗肖像，背面为宗教领袖和卓阿赫默德雅萨维之墓地；200 坚戈至 5000 坚戈正面都是哲学家法拉比肖像，背面为宗教领袖和卓阿赫默德雅萨维之墓地。货币正面选用的肖像都是哈萨克草原的精英。

哈萨克斯坦是中亚北部国家，东面与中国相邻，南面接壤的国家从东向西有吉尔吉斯斯坦、乌兹别克斯坦、土库曼斯坦，西濒里海，北面与俄罗斯毗邻。全国国土面积272.49万平方千米。[1] 独立初期，哈萨克斯坦领土划分为19个州和两个直辖市。1997年，杰兹卡兹甘州、科克切塔夫州、谢米巴拉金斯克州、塔尔迪库尔干州、图尔盖州五个州被裁。现有的行政区划为阿克莫拉州、阿克托别州（原名阿克纠宾斯克州）、阿拉木图州、阿特劳州、南哈萨克斯坦州、东哈萨克斯坦州、江布尔州、西哈萨克斯坦州、卡拉干达州、克兹勒奥尔达州、科斯塔奈州、曼吉斯套州、巴甫洛达尔州、北哈萨克斯坦州14个州；两个直辖市是阿斯塔纳和阿拉木

---

1 《哈萨克斯坦：世界上面积最大的内陆国》，光明网 2023-05-15。

图。在州以下,哈萨克斯坦划分为区、市、镇、村。截至 2005 年 1 月 1 日,哈萨克斯坦共有 168 个区、86 个城市、168 个镇、2322 个村。[1]

哈萨克斯坦独立之初,以阿拉木图市为首都。1993 年宪法规定,国家首都的地位将由法律确定。1994 年 7 月 6 日,哈萨克斯坦最高苏维埃通过了迁都的决议,决定从 1997 年 12 月 10 日起迁都阿克莫拉;1998 年 5 月 6 日,阿克莫拉改名为阿斯塔纳,阿斯塔纳在哈萨克语中意为"首都",在 2007 年宪法中确定下来,阿斯塔纳是哈萨克斯坦的首都。阿斯塔纳地处南北地区的交界,伊希姆河自东向西穿城而过,城周有大片森林和草原,环境优美。

哈萨克斯坦是多民族国家,截至 2017 年,哈萨克族超过全国人口 60%,俄罗斯族超过全国人口 20%,其他人口较多的民族还有乌克兰族、乌兹别克族、日耳曼族和鞑靼族等。[2]

独立初期,哈萨克斯坦以法律的形式确定了哈萨克语为国语,并把能不能说流利的哈萨克语作为选拔国家干部的条件。语言成为哈萨克斯坦处理民族关系中的棘手问题,独立二十多年后,仍有一半哈萨克人不会说哈萨克语,教育和科技部门基本以俄语为主。

到 1993 年,哈萨克斯坦在法律上完成了独立进程。然而,在实践中,哈萨克斯坦将面临改革苏联时期遗留下来的集权主义的政治机制、畸形的经济结构,以及树立独立国家价值观和传统文化复兴等问题,因此,独立进程的实际完成比法律的确立需要更长的时间。

---

[1] 《哈萨克斯坦共和国行政区划(2005 年 1 月 1 日)》,蒲开夫译,《中亚信息》2005 年第 10 期。
[2] 《新闻背景:哈萨克斯坦共和国》,新华网 2017-06-07。

第二节　理论上的民主政体

独立之前，哈萨克共和国追随联盟中央开始了政治转型。1993年宪法从政治文化层面对苏维埃时期的政治制度进行彻底的否定。1995年宪法总则第1条第1款规定：哈萨克斯坦共和国是民主的、世俗的、法制的和社会的国家。这一定位给哈萨克人民以政治希望，"世俗的"明确了独立的哈萨克斯坦不走伊斯兰政教合一的道路，"法制的"表明了独立的哈萨克斯坦不是封建时代的人治国家而是一个有法可依的、政治透明的国家。此外，两部宪法都强调了哈萨克斯坦的单一性，缘于国内在独立初期的宗教倾向，以及北方俄罗斯族建立联邦制的诉求。1995年宪法总则第2条第1款规定：哈萨克斯坦共和国是单一制国家。1995年宪法第91条第2款明确写出：宪法规定的国家单一制、领土完整和共和国政体不可改变。

独立之前，哈萨克共和国的政治体制已经发生了变化。哈萨克共和国追随戈尔巴乔夫的政治改革，于1990年4月开始实施总统制，纳扎尔巴耶夫当选为总统。总统制不仅仅是将国家领导人改个名称，总统制的前提条件是立法、行政和司法三项国家权力互相独立、相互制衡，也就是说，总统的权力是在三权分立制衡体制下实施的，不能一手遮天。

独立以后，国家放弃了苏维埃制度，政治改革的另一方面是由苏维埃制度向议会制度转变。在总统制下，哈萨克斯坦开始了宪政民主制的建设。1993年宪法规定：哈萨克斯坦政权以宪法为基础，采取立法、司法、行政三权既分立又相互作用、相互制约的原则。1995年宪法总则第3条第4款也明确规定：哈萨克斯坦共和国的国家权力是统一的，并在宪法和法律的基础上，根据宪法规定的立法、行政和司法三权分立、相互制衡的原则实施。1993年以后的历次（1995、1998、2007）宪法修改和补充都未改变国家权力区分为立法、行政、司法三个部分：议会是国家最高立法机构，政府是国家最高行政机关，司法权属于法院和检察院。

1993年宪法规定：国家实行仍称为最高苏维埃的一院制议会，议员是职业化的。一院制议会的设立体现了"一切权力归苏维埃"的苏联时期社会主义制度的历史延续性。1994年3月7日，一院制议会进行了首次多党制选举，选出议员176人，其中人民统一联盟57席，社会党19席，人民大会党14席，工会联盟11席，共产党10席，"拉特"运动4席，农民联盟4席。[1] 然而，此次选举因存在着舞弊行为而被宪法法院裁定为违反宪法，并于1995年3月被解散。新一届议会选举是1995年新宪法出台之后的事。

1995年宪法在第49条第1、2款中明确了议会的立法权：哈萨克斯坦共和国议会是行使立法职能的最高代表机关。1995年宪法确立了两院制议会，第50条规定：议会由参议院（上议院，简称上院）和马日利斯（下议院）组成，它们为常设机构；同时对议员的选举方式做了规定：上院由每个州、共和国直辖市和首都各出两名代表组成。这些代表须在相应州、共和国直辖市和首都全体代表机构代表联席会议上选举产生，总统任命7名上院议员，其任期与议会相同。下议院（简称下院）由67名代表组成，根据哈萨克斯坦共和国行政区划和选民人数大体相等的原则成立选区，每个选区选举一人，议会议员不得同时担任两个议院的议员。

1995年宪法第51条对议员的资格做了规定：下院议员的选举根据普遍、平等和直接选举权的原则通过匿名投票进行，凡年满25岁的哈萨克斯坦共和国公民可以当选下院议员；上院议员的选举根

---

[1] 吴宏伟：《哈萨克斯坦的多党政治体制》，《东欧中亚研究》2000年第4期。

据间接选举权的原则通过匿名投票进行，凡具有 5 年以上国籍，年满 30 岁，具有高等文化程度，工龄不少于 5 年，在有关州、共和国直辖市或首都常住不少于 3 年的哈萨克斯坦共和国公民均可当选上院议员。上院的半数议员每两年改选一次。

1995 年宪法第 53 条对议员的职责做了规定，上院议员的职权主要是：根据总统建议，有权选举和解除最高法院院长、最高法院院务会议主席、最高法院法官之职；批准总统对总检察长和国家安全委员会主席的任命；有权剥夺总检察长、最高法院院长、最高法院法官的权力；根据立法提前中止地方代表机关的权力等。下院议员的职权是：有权批准和审议法律草案；根据总统建议，选举和解除中央选举委员会主席、副主席、秘书和委员的职务；宣布例行的总统选举，决定非例行的总统选举；等等。

1995 年 12 月 5 日至 9 日，哈萨克斯坦根据新宪法进行了两院制议会的选举。上院由每个州、直辖市和首都各地选出两名议员和总统直接任命 7 人组成，当时 19 个州、2 个直辖市（包括首都）共选出 42 人，加上总统任命的 7 人，上院议员有 49 人。下院由 69 名议员组成，议员按选区选举产生，选区按行政区和人口大体相等的原则划分，每个选区选举议员 1 人。[1] 该届议会的上、下院议长分别是巴伊格尔基耶夫·乌米尔别克（1996 年 1 月—1999 年 12 月）和奥斯帕诺夫·马拉特·图尔迪别科维奇（1996 年 1 月—1999 年 12 月）。新议会于 1996 年 1 月 30 日开始工作。

---

[1] 赵常庆：《哈萨克斯坦共和国政治制度》，转引自赵乃斌主编：《东欧中亚国家政治制度》第 3 册第 6 章，中国社会科学院东欧中亚研究所，1997 年。49 个上院议席之说还有待考察，据杨志刚《哈萨克斯坦独立十年：成就与问题》（《新疆大学学报》2003 年第 1 期），独立之初，哈萨克斯坦有 17 个州，以后合并为 14 个州。又根据 1998 年宪法修改增加下院席位之后的议员席位才 116 席判断，原上院席位数应该少于 49 席。

1998年，哈萨克斯坦议会联合委员会主席茹马巴耶夫提出对1995年宪法的一些内容进行修改，努·纳扎尔巴耶夫总统于1998年9月30日发表国情咨文，提议对宪法进行必要的修改。1995年宪法第91条第1款对修改宪法的程序有如下规定：《哈萨克斯坦共和国宪法》可由共和国总统动议、议会或政府建议并由总统决定举行的共和国全民公决进行修改和补充；如果总统决定将宪法的修改和补充方案交给议会审议，则无须提交共和国全民公决。在此情况下，议会可按宪法规定的程序通过决议。1995年对1993年宪法的修改是通过全民公投实现的，1998年对1995年宪法的修改是通过总统提交议会的方式实现的。

1998年修改后的宪法稍微扩大了议会的权力。1995年宪法规定，一届议员任期是4年，而修改后的宪法规定，上院议员任期改为6年，下院议员任期改为5年。1995年宪法第48条规定：哈萨克斯坦共和国总统不能实行总统职能之时，由议会上院议长暂时代行，若上院议长也不能行使之时，由总理代行；而1998年修改后的法律规定，在上述情况下，总统权力按上院议长、下院议长、总理的顺序转移。

根据新修改的宪法，哈萨克斯坦于1999年10月举行了第二届两院制议会的选举。选出上院议员39名和下院议员77名。上院由各州、首都和直辖市按照各2名代表的原则选举产生议员32人，另由总统直接任命7名；下院从67个选区中每区各选1名产生，另有10名由政党产生（得票率超过7%的政党）。在本次选举中，祖国党、共产党、农民党和公民党获得了超过7%的选票，得以进入议会。本届议会的上、下院议长分别是阿卜迪卡里莫夫·奥拉尔拜（1999年12月—2004年3月）和图亚克拜·扎尔马汗·艾特拜乌勒（1999年12月—2004年11月）。

哈萨克斯坦的最高行政权由总统及其属下的内阁（政府）行使。在苏联实行总统制之时，哈萨克共和国于1990年4月也实行了总统选举，努·纳扎尔巴耶夫当选总统。在哈萨克共和国走向独立期间，1991年12月1日，努·纳扎尔巴耶夫以98.76%的选票当选为哈萨克历史上第一位全民直选总统，根据1993年宪法，总统任期五年。在还未到达五年之时，1995年4月，总统努·纳扎尔巴耶夫通过全民公决，将其任期延至2000年。

1995年宪法第40条确立了总统的地位和职能：总统是国家的领导人、国家的最高公职人员，确定国家的内政外交方向。1995年宪法第41条第1、2款规定了总统选举方式和候选人的资格：哈萨克斯坦共和国总统根据宪法法律并按普遍、平等和直接选举权的原则以匿名投票方式从共和国成年公民中选举产生，任期5年；凡在共和国出生的公民，不小于35岁和不大于65岁、能熟练掌握国语且在哈萨克斯坦居住15年以上者，皆可当选共和国总统。第42条第5款规定：同一个人担任总统不能连续超过两届。1998年的宪法修正案明确了哈萨克斯坦总统的行政权力。修正案规定：哈萨克斯坦为总统制共和国，总统既是国家元首，又是政府首脑。

1998年的宪法修正案出台后，本应在2000年任期满之后的总统大选提前到了1999年1月10日，在此次总统大选中，努·纳扎尔巴耶夫以79.78%的选票再次当选。1998年修正案还将总统任期从5年延长至7年，因此，下一轮的总统选举将在2005年以后进行。

苏联时期，国家最高行政机关是部长会议；独立以后，部长会议改为内阁，总理是内阁的首领。1995年宪法第67条对总理的任命和职责做了规定，政府总理由总统提名，经议会批准，其职责：1.组织和领导政府活动，对政府工作负个人责任；2.在被任命之后的一个月内，向议会提交关于政府施政纲领的报告，如果被驳回，则在此后的两个月内重新提出施政纲领报告；3. 签署政府决议；4. 向总统报告政府活动的主要方面和所有的最重要决定；5. 履行其他的与政府活动的组织和领导有关的职能。

哈萨克斯坦独立以后的第一届内阁总理是哈萨克斯坦政治家、经济学副博士谢尔盖·捷列先科（1991年10月—1994年10月），1994年5月因不信任案，以谢·捷列先科为总理的政府因无所作为被迫集体辞职。10月，总统对内阁进行了改组。第二届政府总理是阿克然·马格扎诺维奇·卡热格尔金（1994年10月—1997年10月）。阿·卡热格尔金于1997年9月底"抱病出国"，并于10月10日提出辞职。随后，检察机关于1998年秋开始对他进行立案调查，指控他犯有受贿、逃税、滥用职权、非法收藏和转让武器等罪行。为逃避当局的调查，阿·卡热格尔金一直流亡国外。1997年10月，哈萨克族努尔兰·乌捷鲍维奇·巴尔金巴耶夫出任总理（1997年10月—1999年10月）。两年之后，卡西姆若马尔特·克梅列维奇·托卡耶夫出任总理（1999年10月—2002年1月）。卡·托卡耶夫曾在中国语言学院进修汉语一年，以后在苏联驻中国大使馆工作，1985至1991年在中国度过，是中国问题专家。2002年1月28日，卡·托卡耶夫提出辞呈，当天，总统任命政治学博士哈萨克族伊迈加利·努尔加利耶维奇·塔斯马加姆别托夫为总理（2002年1月—2003年6月）。2002年8月，总统努·纳扎尔巴耶夫对政府进行了改组，合并及重新划分了政府部门，2003年6月11日，伊·塔斯马加姆别托夫辞职。总统任命达尼亚尔·肯热塔耶维奇·艾哈迈托夫为总理（2003年6月—2007年1月）。在国内经济滑坡和人民生活未得到根本改善的情况下，总统通过更换总理以达到稳定政局的目的，从独立后的第一届政府到2007年，哈萨克斯坦共组建了6届政府，此后，频繁更换政府的现象不再出现。

根据宪法，哈萨克斯坦的司法权属于法院和检察院。哈萨克斯坦的法院系统分三级：最高法院、州（直辖市）法院、区（市）法院。宪法规定，不得建立特别法院和非常法院。最高法院由院长和常设法官组成，成员由最高司法委员会推荐、总统提名、上院选举产生；州和相当于州级法院的院长及法官由最高司法委员会推荐、总统任命。

总检察院为哈萨克斯坦司法的最高检察机关。总检察长经上院同意以后由总统任免，任期五年；副检察长的任免由总检察长提名，由总统任免；地方检察官由上级检察机关任免。检察院机关自上而下自成体系，下级检察官服从上级检察官。总检察院代表国家监督法律、总统令和其他法令的执行，有权调查任何破坏法制的行为，对不符合宪法和法律的法规和其他法令提出反对意见。

从独立国家的创建过程不难看出，独立初期的哈萨克斯坦已经在理论上确立了三权分立的宪政民主制度。需要指出的是，这一过程是自上而下完成的，缺乏实践的检验，具有相当大的不稳定性。在宪政民主制度的实践过程中，其有效性受到了质疑，这也是哈萨克斯坦宪法和其他法律多次进行修改的原因。

第三节　实践中的威权政治

独立后的哈萨克斯坦，从理论上建立的政治体制在实践中出现了问题，主要是行政机构（总统）与立法机构产生了冲突，这些冲突危及国家稳定和经济转型。

独立初期，苏维埃政治制度仍在哈萨克斯坦发挥作用。1993年宪法赋予议会（最高苏维埃）的权力较大，苏联时期的权力、程序在议会中基本保留了下来。这一切得到宪法的肯定：最高苏维埃是哈萨克斯坦最高的唯一合法代表。处于国家权力中心的最高苏维埃制约了行政机关的能力，国家总统的作用受到限制。于是，总统与议会产生了尖锐的矛盾。

1993年10月，政府与议会的斗争在俄罗斯爆发，随之，哈总统与议会的斗争也尖锐化。在第一回合中，总统获胜，议会解散，原来由议会行使的部分权力转归总统，新一届议会于1994年提前选举，选出176人。其中，支持总统派和反对派基本上势均力敌，最高苏维埃与总统之间仍然处于对立状况，在最高苏维埃主席的人选上双方进行了较量，最终，总统顾问阿·克基尔巴耶夫当选。

1994年，纳扎尔巴耶夫总统认为议会不能有效适应改革需要，如双方在土地私有化等问题上产生了冲突。当年5月，议会对以总统为首的政府提出不信任案，要求总统修正改革方针，并规定了3至4个月的修正期限。10月，总统不得不解散内阁，12月，总统向议会提请审议土地私有制等问题，议会认为所提请的问题与哈萨克人的根本利益相冲突，拒绝审议，并于1995年初又没有批准政府的预算方案。

就在总统与议会僵持之际，有人揭发议会在选举中有舞弊，哈萨克斯坦宪法于1995年3月6日裁定1994年议会选举违宪，议会被迫解散。在最高苏维埃解散的1995年3月至1996年初的近一年的时间内，哈萨克斯坦无议会存在，其工作由总统代行。在此期间，纳扎尔巴耶夫总统颁布了134个具有法律效力的总统令，批准了60个国际条约；同时，审查了原最高苏维埃所通过的400项法规，结果有186项法律文件被取消。[1] 这种状态一直持续到新一届议

---

[1] 马大正、冯锡时主编：《中亚五国史纲》，第278页。

会的产生。

在此期间，总统实施了一系列加强权力的措施。首先，总统很好地利用了支持他的由学者和文艺团体代表构成的社团——人民大会（全称哈萨克斯坦各族人民大会）。其中，延长总统任期的倡议就是在1994年3月24日在阿拉木图召开的第一次人民大会上提出来的；纳扎尔巴耶夫有关1995年宪法的基本原则也是在1995年6月30日召开的人民大会的报告中提出来的。

其次，总统利用举行全民公决的权力延长了任期。1993年宪法规定，总统拥有否决权和启动宪法变更的权力，总统可以通过总统令或举行全民公决废除法律。利用宪法赋予的权力，努·纳扎尔巴耶夫在其第一任期快要到来之际，于1995年4月29日就是否延长总统任期举行了独立以来的第一次全民公决，结果将总统任期延长到2000年。

再次，总统利用1995年新宪法彻底改造了议会，两院制议会在哈萨克斯坦确立起来。新宪法将议会的权力局限于单纯的立法工作。从一院制议会改为两院制，这一更改对总统十分有利，一是分散了一院制议会的权力，使其有了一个对立面，两院议会的相互制约有效防止了议会专权。根据1995年宪法，总统在议会中的作用扩大了，可以任命7名上议员；不再设置副总统，使总统在行政机构上的作用扩大了；新宪法在总统和议会的任期上做了调整，两院议员缩减为4年，比总统少一年。

1995年宪法标志着哈萨克斯坦开始步入总统集权制。1995年宪法使总统分享了立法权。新宪法第44条规定：总统有决定例行和非例行的议会选举的权力，有召集非例行的议会两院联席会议的权力。第53条第4款规定：在总统提议并经各院议员总数三分之二以上多数票数通过时，可授予总统不超过一年期限的立法权。第

61 条第 1 款规定：总统有权决定审议法律草案的优先顺序，并有权宣布对法律草案进行紧急审议。如果议会未按此要求办理，则总统有权颁布具有法律效力的法令，直到议会按宪法规定的程序通过新的法律。

1995 年宪法使司法权也受到总统的牵制。按第 44 条第 5 款的规定：经议会上院批准，总统有决定任免总检察长和国家安全委员会主席的权力；总统有任命宪法委员会主席和两名委员的权力。新宪法让总统对最高司法机关的控制得以加强。

经历了以上政治斗争，哈总统对民主有了清醒和深入的认识。纳扎尔巴耶夫认为：要有扎根于社会的法制文化，要有对话和妥协的传统习惯；如果这些因素缺少或者发展程度不充分，那么民主的社会根基就不牢固。他认为拿哈萨克斯坦的政治制度与譬如英国相比是不合适的[1]，"血泊和混乱中的民主，就是白给我们也不要。我们的民主的基础乃是政治、社会和民族间关系的稳定"[2]。

鉴于哈萨克斯坦的具体情况，政府开始参与国内传播有关哈萨克斯坦发展道路具有特殊性的观念。1995 年，纳扎尔巴耶夫提出了"哈萨克斯坦道路"的理念，主要内容是：一个非党派控制的中央政府，以及一个可以置身于社会、政党、议会和权力的所有机构之上，协调和引导他们的活动的总统。[3]1996 年，纳扎尔巴耶夫出版了《站在 21 世纪门槛上——总统手记》一书，他在书中写道："发展战略应当由自身的力量来确定，而且要考虑到民族-国家特征、政治历史、文化、后苏联模式、民族传统的特点和许多其他因

---

1 〔哈萨克〕努·纳扎尔巴耶夫：《时代·命运·个人》，陈兵、王沛译，人民文学出版社，2003 年，第 101—102 页。

2 〔哈萨克〕努·纳扎尔巴耶夫：《站在 21 世纪门槛上——总统手记》，陈兵、王嘉琳译，时事出版社，1997 年，第 125 页。

3 同上书，第 108 页。

素。"[1]他指出，历史发展的多样性、政治文化的形成、民族的多样性决定了民主实现的形式绝非单一性，决定了民主受众的政治表达形式的非单一性。于是，哈萨克斯坦的政治转型从最初的三权分立的议会民主制向总统集权制过渡，开始了被努·纳扎尔巴耶夫命名为"温和独裁"的过渡时期。

1995年12月5日至9日，哈萨克斯坦根据新宪法进行了两院制议会的选举。在此次议会选举中反对派的力量被打压，政局走向稳定，总统集权制得以确立和发展。1998年9月30日，纳扎尔巴耶夫总统向议会上、下两院提出关于修改宪法以促进选举体制改革的议案。但在联席会议上议会没有讨论这一议案，而是提出要提高议员任期年限，并且赋予议会在一定条件下提前结束总统任期及提前进行总统大选的权力。[2]不难看出，总统与议会之间的危机再次出现。为尽快消除危机，总统与议会两院进行紧急磋商，并最终达成了妥协，出台了各方都接受的修宪协议。

同年10月7日，议会对1995年宪法进行了修改，在19处修改中，涉及总统的有两处：一是总统任期从5年延长至7年；二是取消了总统任职年龄的上限。这些修改都是为努·纳扎尔巴耶夫继续总统任期规定的。此外，针对议会的主要有：一是议会上、下院的议员任期分别从4年、5年延至5年、7年；二是内阁诸部长的任命必须经议会批准。

根据1998年宪法修正案，哈萨克斯坦于1999年1月10日提前举行了有史以来第一次差额总统选举。在四名候选人中，努·纳

1　〔哈萨克〕努·纳扎尔巴耶夫：《站在21世纪门槛上——总统手记》，陈兵、王嘉琳译，第89页。
2　李宁：《哈萨克斯坦政治体制的确立与发展》，《大庆师范学院学报》2013年第1期。

扎尔巴耶夫以79.78%的选票再次当选，任期到2006年。在随后举行的议会选举中，拥护纳扎尔巴耶夫总统的政党又获得多数席位，这就意味着纳扎尔巴耶夫可以通过控制议会进一步加强总统权力。对以上选举，反对派认为是哈当局篡改选举及民意测验的结果，他们要求纳扎尔巴耶夫总统与反对派进行对话，并重新举行大选。除了政治要求外，反对派还寻求国外支持，1999年底，哈反对派政党联名致函欧安组织峰会，希望欧安组织支持他们重新选举的要求。

从哈萨克斯坦的宪政来看，哈萨克斯坦总统的权力在不断扩大，议会的权力呈现出逐步萎缩的状态。这与当初的民主化设计是不相符合的。按西方的标准，哈萨克斯坦在从苏维埃社会主义政治模式转向西方民主政治模式的过程中，所谓的民主化程度是很低的。1993年的《自由之家》年刊对各国的政治权利和公民自由设计的七分制中，哈萨克斯坦所谓的民主程度处于低的档次。[1] 一些人甚至认为：中亚没有一个国家发展民主制度。[2]

西方就充分民主制提出过五项标准：有效的参与；投票的平等；充分的知情；对议程的最终控制；成年人的公民资格。[3] 哈萨克斯坦宪法对有效的参与、投票的平等和成年人的公民资格三项标准都有规定，且贯彻于实践中。然而，在民主政治的形式下，随着总统权力的扩大，哈萨克斯坦已经从三权分立的议会民主向总统集权发展，实行的是一种"大总统、弱议会、小政府"的威权政体。威权政体又名威权政治或威权主义，是20世纪后期兴起的一个政治

---

[1]〔日〕猪口孝等编著：《变动中的民主》，林猛等译，吉林人民出版社，1999年，第238页表12-4。

[2]〔美〕玛莎·布瑞克·奥卡特：《中亚的第二次机会》，李维建译，时事出版社，2007年，第54页。

[3]〔美〕罗伯特·达尔：《论民主》，李柏光、林猛译，冯克利校，商务印书馆，1999年，第43页。

概念，其内涵是：在民主的外壳下，以威权手段取得政权和治理国家的一种形式，是一种处于民主政体和极权政体之间的一种非民主、非极权的政体形式。从拉美、东亚等地区转型的历史经验来看，这一威权政体的特征是：强国路线作为政治动员的基础；一种政治力量或一个政党独大，但辅之以多党的存在；有管理的但有一定言论空间的媒体；政府对司法及强力部门的协调和控制；不同程度上以超越阶层与集团利益的全民取向作为社会基础。[1]

按照以上特征，哈萨克斯坦在保留选举制、议会制、多党制等民主的一般属性下，实施的是典型的威权政治。西方政治家认为，威权政治是民主进程的严重倒退。纳扎尔巴耶夫在他的著作中说："目前，我们不能按照西方标准把哈萨克斯坦评定为民主的抑或权威主义的国家。这种或那种评定，都没有充分的社会的、政治的、制度的和其他的根据。但是任何人都不能对我们改革的民主方向提出异议。"[2]

威权政体是社会经济基础还不强大的国家走向发达国家的一种政治过渡形态，它通过强制性的政治整合维持秩序和稳定，以达到发展经济、促进社会进步的目的。历史证明，曾经实施过威权政体的国家（韩国、新加坡、马来西亚）都经历了经济的快速增长。哈萨克斯坦实施的总统集权制在巩固国家独立、稳定国内局势方面也起到了促进作用。哈萨克斯坦威权政体的合法性很大程度是来源于努·纳扎尔巴耶夫的威望和能力，在他的领导下，哈萨克斯坦成长为一个独立自主、社会政治稳定、经济发展的主权国家。

然而，威权政体的实施也存在一些负面影响，其一，它加大

---

[1] 冯绍雷：《总统大选后的俄罗斯态势》，《俄罗斯研究》2012年第2期。
[2] 〔哈萨克〕努·纳扎尔巴耶夫：《站在21世纪门槛上——总统手记》，陈兵、王嘉琳译，第113页。

了个人作用，国家的发展依赖强势领导人的个人智慧和影响力；其二，国家权力集中于以总统为首集团，以部族、家长为核心的权力人士掌控着中央权力，由此衍生出官僚腐败、政治经济利益分配不均等问题。

根据当时情况，威权体制只是过渡时期的政治体制，哈萨克斯坦最终要走向真正的民主制度。在2004年的国情咨文中，纳扎尔巴耶夫总统阐述哈萨克斯坦发展政治民主的问题。其中，他谈到了完善选举制度，选举过程应该更加透明、公开；谈到了完善执法机关和司法机关的活动，承诺将分阶段地实行陪审员的制度；还谈到了国家将制定新的媒体法，新媒体法应该考虑到保证言论自由的实现以及保护记者免受媒体持有人的压力，并且要更加明确各级官员对不得干预新闻自由报道活动的责任。

第四节　形式上的多党制

政党政治是现代国家政治生活中重要的表现形式，政党制度是哈萨克斯坦独立国家创建过程中的重要组成部分。

苏联时期，哈萨克共和国实行共产党执政；独立前夕，哈萨克共和国追随戈尔巴乔夫的政治改革，于80年代末和90年代初开始实行政治多元化；在独立国家的创建过程中，哈萨克斯坦继续推行多党制。

1991年9月7日，哈萨克共和国共产党召开紧急代表会议，会上决定正式脱离苏联共产党并自行解散。哈共解散以后，哈萨克斯坦亟须一个强大的政党以保持政权的稳定。哈萨克斯坦1993年宪法规定：哈萨克斯坦共和国承认意识形态和政治的多元化。然而，1993年宪法对政党没有定义，也没有就政党的地位、作用及其活动方式做出具体规定。尽管如此，在独立之后的三年里，有许多政党、运动和社会政治组织虽未在司法部登记但实际上已经在活动。

1995年宪法对政党的建立和活动做了如下规定（第5条）：禁止建立旨在以暴力改变宪法制度、破坏共和国的完整、威胁国家安全以及挑起社会、种族、民族、宗教、阶层和氏族仇恨的社会组织及其活动。1996年1月1日，在哈萨克斯坦取得合法登记的政党有人民统一党（又称人民统一联盟）、民主党、人民大会党、人民合作党、社会党、哈萨克斯坦共产党等。

人民统一党的主要目标是全力协助在哈萨克斯坦建立民主社会，建立社会市场经济，确立现实主权，保持族际和谐和社会政治稳定。民主党主张社会市场经济、民主法制国家和公民社会。人民大会党是第一个获准登记的政党，其目标是建立民主、人道的社会，以实现人的最高价值，通过议会的道路达到掌握政权的目的，到1993年底，人民大会党已在哈萨克斯坦各州建立了自己的分支机构。人民合作党的主要目标是建立公民社会、实现公民的权利和自由、加强法制。社会党认为世界各种人道主义思想的各种观点都是现代社会主义理论的源泉，社会主义运动不局限在少数国家，而将成为全球趋势。从1995年底开始，该党因政见不一而分裂，从1997年起基本上停止了活动。哈萨克斯坦共产党成立于1991年9月7日，原哈萨克共产党解散后，一部分不赞同"社会党"主张的共产党员重建了哈萨克斯坦共产党（简称新哈共），他们自称是1903年成立的布尔什维克党的合法继承者。新哈共的党纲宣称，哈萨克斯坦共产党是劳动人民的党，工人阶级是党的基础，以马列主义为基础，奉行国际主义原则，最终目的是实现共产主义。由于党的纲领被当局认为存在着与宪法不符的内容而长期未能在司法部登记，被视为非法政党；直到1994年2月28日，该党才获准登记，成为合法政党。

在以上政党中，人民统一党、民主党、人民合作党、人民大会党是拥戴政府的，新哈共是反对派。上述政党参加了1994年的一院制议会（最高苏维埃）的选举，其中，人民统一党、人民大会党、新哈共得以进入议会。1995年的两院制议会选举时，政党的功能遭到弱化，选举按选区进行，每个选区选举议员1人。尽管如此，1995年拥有议员席位最多的政党是人民统一党，有6名党员为上议员，11名党员为下议员；在议会中拥有的席位仅次于人民统一党的是民主党，有5位党员为上议员，7名党员为下议员；新哈共在下院拥有两个席位。

1999年是哈萨克斯坦的议会选举之年，哈萨克斯坦政党的活动十分积极。1999年1月19日在人民统一党和民主党基础上成立了祖国党。祖国党于1999年2月12日通过登记，祖国党主要成员是国家公务员、商人、企业家、学者。其纲领是加强国家社会职能，经济主张是促进国家对经济的宏观调控，对外关系的主张是发展和巩固与俄罗斯、中亚其他国家、中国等国家的睦邻友好关系。

除祖国党外，1998年至1999年间还成立了公民党、共和人民党和农民党。公民党成立于1998年11月，12月获准登记。该党的主要目标是促进生产提高，反对腐败。该党在各州、直辖市均设有分部，在1999年议会中成为第二大议员团。共和人民党于1998年12月17日成立，党的纲领是：建立市场经济和民主国家；政治主张是进行选举体系的改革；经济主张是提倡恢复国民经济，采取有效的金融和税收政策；社会主张是建立民众中未得到保护阶层的社会保障制度。农民党成立于1999年1月6日，以农业劳动者为主。其主要目标是保护农民利益，在自治的基础上实现纲领性目标和任务，该党支持总统的农业改革政策。

在1999年议会选举时,祖国党、新哈共、人民合作党、公民党、共和人民党、农民党参加了议会选举。祖国党、新哈共、农民党和公民党的得票超过了宪法规定的7%,使其得以进入议会。祖国党获得30.89%的选票,新哈共获得17.75%的选票,农民党获得12.63%的选票,公民党获得11.23%的选票。[1]它们在议会下院占有的席位分别是:祖国党40席、公民党20席、农民党10席、新哈共3席。[2]

1999年议会选举之后,哈萨克斯坦又出现了一批新的政党,其中主要有"农村"社会民主党(阿乌尔)、爱国者党、"光明道路"民主党。其中,"农村"社会民主党支持总统的政治和经济方针:在政治领域,保持国家稳定;在经济领域,实行合理的市场关系;在社会领域,实现社会公正。爱国者党主要目标:一是建立民主法制国家,二是建立市场经济,三是增强人们的爱国主义情感。"光明道路"民主党是在"哈萨克斯坦民主选择"社会运动的几位主要成员的倡议下成立的,自称是温和的民主派政党。该党主张进一步深化民主改革,建立非中央集权政权,可以说是政府的反对党。在经济方面,该党主张实行经济多元化,改善投资环境,振兴农村经济。

2002年7月15日,总统签署新的《政党法》。新《政党法》规定:只有党员人数超过5万且在各州有700名党员以上的政党,方可获准登记。到2002年9月1日,获得登记的政党有19个。

努·纳扎尔巴耶夫总统有意将祖国党培养成政权党。2002年11月9日,祖国党召开第四次非常代表大会,决定吸纳人民合作

---

[1] 赵常庆编著:《哈萨克斯坦》,第76页。
[2] 吴宏伟:《哈萨克斯坦的多党政治体制》,《东欧中亚研究》2000年第4期。

党加入祖国党。2003年1月10日,祖国党通过了重新登记。在总统的扶持下,祖国党不断壮大,在全国各州、县、市建立了自己的分支机构。2004年,在威权总统的支持下,祖国党在议会中不仅在数量上占据了优势,并且还把持着重要位置,其中,下院议长、副议长以及7名下设委员会主席中的4名是祖国党成员。总统掌控了议会下院,保障了总统对立法机关的权力。

经过十多年的努力,一个能够实现哈萨克斯坦共同利益和共同政治目的,特别是能够保持政权稳定的政党基本形成。首任总统努·纳扎尔巴耶夫认为,国家今后几年改革的成功与失败将在很大程度上取决于祖国党的政治意愿和工作成果。[1]在宪政民主初步确立的形势下,哈萨克斯坦政党政治呈现政权党独大的格局。

随着祖国党的壮大和哈萨克斯坦发展模式的确立,其他政党的发展空间有限。政府采取了压制政党发展的措施,干扰和阻止反对派政党的活动,致使反对派政党在法律允许范围内的活动余地很小,它们只是形式上实施政治代表和政治参与的工具。在独立以后的二十多年中,哈萨克斯坦的反对派政党既不成系统,也没有统一的纲领,更没有形成强有力的领导核心。此外,哈萨克斯坦政党的形成大多数是自上而下的,主要依靠政党领袖的威望或者主要成员的行政资源以扩大影响。政党的活动大多偏向于选举这样的短期行为,对于诸如政权体制、国家管理、独立司法程序等重大问题,没有提出明确稳定的政治目标。

哈萨克斯坦政党制度是"哈萨克斯坦道路"的重要组成部分,它的变化受到"哈萨克斯坦道路"的制约。尽管如此,坚持政党政

---

[1] 吴宏伟:《中亚国家政党体制的形成与发展》,《俄罗斯中亚东欧研究》2006年第4期。

治是哈萨克斯坦现代化民主政治进程中的重要进步，议会的多党制仍然是哈萨克斯坦今后政治体制改革的主要方向之一。在2005年发表的国情咨文中，总统纳扎尔巴耶夫承诺：今后要采取措施，提高政党的作用；扩展党团组织的权限，从国家预算中向各政党拨款；要增加政党名单，使更多的政党在下院拥有席位。

在1995年提出的"哈萨克斯坦道路"的观念中，包含着多党竞争的政党体制并不必然有助于哈萨克斯坦社会经济的发展，并有可能会破坏国内社会政治稳定，不利于国家发展的思想。[1]作为政治制度基本内容之一的政党制度在经历了十多年的变迁后，基本形成了多党制原则下的一党独大模式。

第五节 从无到有的军队建设

军队建设对独立后的哈萨克斯坦来说意义重大。苏联政权时期，哈萨克共和国没有自己的军队。1936年苏联宪法第60条第6款规定，加盟共和国最高苏维埃有权决定本加盟共和国军队的编制，然而，哈萨克共和国从未建立起自己的军队。在1977年的苏联宪法中，加盟共和国有编制本共和国军队权利的条款被删除。苏联时期，驻哈萨克共和国的军队是苏联第40集团军，它直属苏联中央，归中亚军区管辖；军队士兵一半是俄罗斯人，哈萨克人一般被派往其他共和国服兵役。苏军在哈萨克共和国的作战部队及其战略武器配置有4个作战师、340架作战飞机、104枚洲际弹道导弹。[2]

---

[1] 韩隽：《哈萨克斯坦政党体制变迁的影响因素分析》，《新疆社会科学》2010年第2期。

[2] 陈熙玮：《独联体军队问题如何解决？》，《东欧中亚研究》1992年第2期。

独立前夕，在1990年10月25日发表的主权宣言中，哈萨克共和国已经表示共和国要建立本国军队的意愿，并决定从1991年秋开始，共和国内务部队将由本国征集的兵员补充；决定停止向哈萨克共和国以外的军队和内务部队派遣新兵。1991年11月12日，努·纳扎尔巴耶夫总统把共和国兵役委员会升格为共和国一级机构，责成该机构于12月1日前制定出哈萨克共和国兵役委员会条例。

独立之初，哈萨克斯坦根据国内外形势确立了"维护自身安全与中亚地区和平，防止战争"的防御性战略。在此思想基础上，哈萨克斯坦开始组建自己的军队。1992年，努·纳扎尔巴耶夫总统三次颁布命令，收编境内原苏联部队。哈萨克斯坦开始了从无到有的军队建设历程。

1992年1月10日，哈萨克斯坦安全委员会决定建立2000人的国家卫队，并要求在其他共和国服役的哈萨克族军人不要宣誓效忠当地政府。同一天，总统努·纳扎尔巴耶夫签署命令，以部署在哈萨克斯坦领土上的原苏联内务部队为基础组建本国内务部队，并于当年1月1日起由哈萨克斯坦承担其全部费用。[1]

1992年5月7日，哈萨克斯坦将哈萨克共和国时期的国防委员会改组建立了国防部；总统签署了军队成立的总统令，以后，每年5月7日被命名为祖国保卫者日。[2] 至此，哈萨克斯坦建立了本国的军队。1992年12月23日，哈萨克斯坦最高苏维埃通过了《哈萨克斯坦国防和武装力量法》。

1993年宪法规定，总统是武装力量和其他军事组织的最高统

---

[1] 陈熙玮：《独联体军队问题如何解决？》，《东欧中亚研究》1992年第2期。
[2] 另说是5月8日。

帅；国防部负责国防建设、制定军队发展规划；其下设立作为最高军事执行机构的参谋长委员会，负责军队的训练、动员和作战指挥。

正规军和准军事部队组成哈萨克斯坦武装力量，正规军有陆、空两个军种。哈萨克斯坦首先开始了陆军和空军的建设，到1994年，两个兵种的总兵力为4万人，陆军有2.5万人，空军有1.5万人[1]，并且在塔尔迪库尔干、巴尔喀什、谢米巴拉金斯克等地建有空军基地。哈萨克斯坦准军事部队3.45万人，其中边防军1.2万人（包括海岸警卫队3000人），内务部队2万人，总统卫队2000人，政府卫队500人。[2]

海军的建设一直到2003年才开始。哈萨克斯坦远离大海，因此，海军的任务主要是保卫里海。哈萨克斯坦国土西临里海，有1730千米长的海岸线。里海地区发现的石油储量导致了濒临里海各国的争夺，因此，建立海军保卫海疆是十分必要的。

独立初期，由俄罗斯、哈萨克斯坦和土库曼斯坦联合组建的里海分舰队执行防御任务，基地设在俄罗斯的阿斯特拉罕。1993年，哈萨克斯坦政府在接收苏联大约30艘舰艇的条件下，打算组建海军。三年后，海军正式成立，在阿克套设立司令部；然而海军首次出海，遭遇暴风雨，几乎全军覆没。于是，哈萨克斯坦政府在一段时期内放弃了组建海军的计划，海上武装力量划入哈萨克斯坦边防部队。海上巡逻和保护油田的任务仅由10余艘小型巡逻艇执行。

2003年2月17日，哈萨克斯坦国防部部长穆赫塔尔·阿尔滕巴耶夫表示，在今后五六年的时间内哈萨克斯坦要组建起自己的海军，以保障对里海的监督。[3]2004年初，哈萨克斯坦正式建立海军

1　梁桂华：《见不到大海的哈萨克斯坦海军》，《当代海军》2005年第10期。
2　石源华、祁怀高主编：《中国周边国家概览》，世界知识出版社，2017年，第299页。
3　《哈萨克斯坦将组建海军》，聂书岭译，《中亚信息》2003年第3期。

司令部，打算用7到10年打造一支较为完善的小型海军力量，在里海地区保护本国的利益。

现代化的武器装备是衡量国防实力的重要标志之一，哈萨克斯坦要建设高质量的军队必须拥有先进的武器装备。独立初期，哈萨克斯坦继续沿用苏联时期留下来的武器装备，如空军和防空军的主要装备是米格-23、米格-25等老式战机。独立以来，哈通过采购、研制和现代化改装等手段加快了武器的更新换代，1993年至2001年间，哈萨克斯坦分批从俄罗斯引进苏-25、苏-27、米格-29等先进战机，引进C-300防空导弹及多种新型雷达等装备。[1]

除了武器装备，军人素质是决定军队战斗力的重要因素。创军时期，哈萨克斯坦的军事培训系统基本形成。国防大学及其下属院校，以及近二十所地方院校，都负责为军队培养各方面的人才。在军队建设中，培养一支高素质的军官队伍是决定军队现代化的关键。为了培训军官，特别是提高本民族军官的综合素质，哈萨克斯坦制定了《2005年前军事科学及军官培养计划》，从训练体制、资金投入等方面对人才培养制定了详细规划。

2007年，哈萨克斯坦出台了新的《军事学说》。新《军事学说》计划分三个阶段实现：第一阶段（2007—2008）完善地区性军事集团独立作战能力、加强基础设施建设、更新战备值勤部队的军事及特种装备、加强军官国外培训；第二阶段（2009—2010）分阶段配发现代化装备；第三阶段（2010年以后）继续新式装备供给、加强与国有军工企业的合作。[2]

---

[1] 军事科学院《世界军事年鉴》编辑部编：《世界军事年鉴2002》，解放军出版社，2002年，第617页。
[2] 世界知识出版社编：《世界知识年鉴2010—2011》，世界知识出版社，2011年，第92—93页。

为了建设一支数量少、装备精、战斗力强的军队,哈萨克斯坦调整和优化了军队结构。建军之初,哈萨克斯坦基本上承袭了以往苏军规模大、层次多的模式。近年来,哈萨克斯坦精简机构,对国防部和总参谋部的组织机构进行了大精简;调整战区,按防御方向在陆军中成立了东、南、西、北4大军区,军区的组建工作于2002年8月完成。[1]

为了提高军队官兵的素质,哈萨克斯坦改革了兵役制度,走军队职业化道路。建军初期,哈萨克斯坦以义务兵役制为主,从1996年起试行合同兵役制,开始了义务兵役和合同兵役相结合的制度。军队职业化是军队建设的方向之一,国家将逐步提高合同兵役制士兵的比例,但从长远来看,哈萨克斯坦不会完全放弃义务兵役制,义务兵将保持在士兵总数的10%—30%以内。2002年初,合同兵役制军人的比例在空防军中已达到了70%。[2] 军人的服役期限:受过高等教育的现役军人为一年,未受过高等教育者为两年,海军为两年半。[3]

为了提高战斗力,哈萨克斯坦军队定期举行有针对性的演练,高规格军演几乎每年举行;为了提高防空能力,防空演习多次操练。另外,军方还召开多国军事学术会议。这些措施促进了哈萨克斯坦军队现代化的建设。

总的来看,哈萨克斯坦的军事力量属于防御类型,到2012年,哈军队有大约7万人,武器装备有2210辆装甲输送车、980辆坦克、278架直升机和歼击机。[4]

---

[1] 军事科学院《世界军事年鉴》编辑部编:《世界军事年鉴2002》,第617页。
[2] 王凯:《哈萨克斯坦的军事战略和军事力量》,《国际资料信息》2004年第5期。
[3] 亚兵:《2002年中亚国家兵役制改革进展情况》,《中亚信息》2003年第1期。
[4] 《俄媒:中国积极向中亚推销武器,与美俄争利益》,环球网2013-01-04。

第八章
市场经济的确立

独立前夕,哈萨克共和国已经开始对苏联时期的计划经济进行改造;独立初期,哈萨克斯坦经济改革的主要任务是建立以私有财产、公平竞争和开放原则为基础的市场经济,其中所有制改造是经济改革的核心。哈萨克斯坦拟定在三个阶段内完成经济改革任务:第一阶段实现国有资产非国有化和私有化,以调动劳动者的积极性;第二阶段改变和优化国民经济结构,建立各类要素市场;第三阶段加快发展外向型经济,逐步与国际接轨,跻身于工业化国家行列。[1]经过十多年的经济改革,到2003年,哈萨克斯坦基本上完成了第一阶段的任务,形成了私人、私营、国有、外资、合作等多种经济所有制;而第二阶段的任务没有实现,产业结构不合理的现象非但没有得到改善,而且还在扩大;第三阶段发展外向型经济的任务在引进外资方面取得了成就。

第一节 多种形式的所有制改造

独立初期的十多年中(1991—2003),哈萨克斯坦经济经历了克服经济危机、确立新经济体制的时期(1991—1995)、跌止始增的波动时期(1996—1999)和稳定增长时期(2000—2004)。

---

[1] 王海燕:《中亚五国的经济改革与成效》,《俄罗斯中亚东欧市场》2004年第7期。

国内生产总值（GDP）反映了哈萨克斯坦以上三个时期的经济状况。在1991年至1995年的五年中，GDP呈现程度不等的负增长。1996年，哈萨克斯坦经济出现复苏势头，GDP出现正增长，1997年，经济继续朝着好的方面发展。在此经济形势下，1997年哈萨克斯坦出台了《哈萨克斯坦——2030经济发展战略》，拟定了经济、社会、民生等领域的长期改革方向。然而，受俄罗斯金融动荡的影响，1998年，哈萨克斯坦的GDP再次出现负增长。到1999年，哈国内生产总值仅相当于1991年的70.4%。[1] 2000年，哈萨克斯坦经济出现根本性改观，经济步入了稳定增长时期，连续4年（2001—2004）出现年均9%以上的快速增长。[2]

固定资产的投资也反映了哈萨克斯坦的经济状况。2001年的固定资产投资只相当于1991年的36%[3]；在固定资产投入减少的情况下，城镇基础设施缺乏维护，城镇功能遭到破坏，出现了城镇化综合水平下降的态势。[4] 城镇化率由1992年的39.8%，下降至1996年的15.4%，年均下降率达6.1%。[5] 到2000年经济下滑的局面发生了根本扭转，相较独立前的水平，经济规模有了大的发展，成为中亚地区最大经济体。这些成就是哈萨克斯坦坚持经济改革的结果。

独立之后，哈萨克斯坦围绕私有化的主线，对苏联时期高度集中的计划经济体制进行了全面改革。1992年10月，总统努·纳扎尔巴耶夫发表了《主权国家哈萨克斯坦的建设与发展战略》，确定

---

[1] 赵常庆：《中亚五国新论》，昆仑出版社，2014年，第71页。
[2] 2001、2002、2003、2004年的增长率分别是：13.5%、9.8%、9.3%、9.6%。
[3] 王海燕：《中亚五国经济发展的趋势分析》，《新疆社科论坛》2005年第4期。
[4] 城镇化水平的综合测度指标包括人口城镇化、经济城镇化、土地城镇化和社会城镇化四个指标。
[5] 叶尔肯·吾扎提等：《1992—2001年哈萨克斯坦城镇化过程及其影响因素》，《地理科学进展》2014年第2期。

了开放的社会与经济和名副其实的市场经济的经济转型目标。在此总目标下,拟定了以下几个方面的任务:一是确立市场经济,建立多种形式的所有制;二是利用经济杠杆对产业结构进行调整;三是吸引和有效地利用外国投资。哈萨克斯坦选择德国渐进的市场经济模式作为本国经济转型的榜样,国家计划用 15 年至 20 年时间渐进地建立较完备的市场经济体制。尽管主张渐进式转轨,但国家的各项措施是激进的。

首先是渐进的价格体制改革。1992 年 1 月 6 日,哈萨克斯坦仿效俄罗斯的"休克疗法",开始对绝大多数商品放开价格。除了面包、牛奶、食糖、植物油等人民生活的基本食品和电能、热能、汽油等能源的价格仍由国家控制之外,80%—90% 的零售商品价格由市场调节。[1]1994 年至 1995 年,粮食和能源价格逐渐转入由市场进行调节,至此,国内几乎所有商品的价格都全部放开,基本上实现了价格完全由市场调节。价格自由化导致了物价飞涨,商品的匮乏和货币的贬值导致了通货膨胀。1994、1995、1996 年三年的通胀率分别是 1980.0%、180.0%、29.4%。[2] 政府采取紧缩银根等措施稳定本国经济,使 2000 年和 2001 年的通胀率降为 13.2% 和 8.4%。[3]

随着物价的开放,哈萨克斯坦开始了货币改革。独立初期,哈萨克斯坦仍然使用苏联时期的货币卢布。"休克疗法"下的哈萨克斯坦仍保留在卢布区内。1993 年,俄罗斯在通货膨胀率不断飙升的形势下发行了新卢布,哈萨克斯坦因受其冲击,于当年 11 月 12 日宣布退出卢布区,并发行了本国货币坚戈,开始构建自己的金融体

---

[1] 郑国富、张养志:《哈萨克斯坦经济体制转轨的模式与绩效》,《俄罗斯中亚东欧市场》2006 年第 4 期。

[2] 杨进:《贫困与国家转型:基于中亚五国的实证研究》,第 20 页表 1-7。

[3] 常庆:《哈萨克斯坦的经济现状与未来几年发展趋势》,《俄罗斯中亚东欧市场》2003 年第 1 期。

系。最初，哈政府陆续颁布一系列法令，以保障兑换和充分流通，1993年，坚戈与美元的比值是4.7坚戈兑换1美元。1999年，哈制定了放开货币的政策，实现了坚戈和外币的自由兑换。自由兑换导致了坚戈的不断下跌，到2003年1月份时，坚戈与美元的比值是155.75坚戈兑换1美元。

为了使本国经济尽快融入世界经济，哈萨克斯坦打破国家垄断对外贸易的旧体制，先后取消了国家对外贸进出口经营权的诸多限制，实行外贸自由化，允许多种所有制成分和地方政府从事外贸活动。国家鼓励出口，除武器、弹药等产品需要取得许可证外，其余产品均可自由出口。与此同时，哈萨克斯坦开始全面改革不适合商品经济发展的所有制。

所有制改造在独立前夕已经开始，1990年出台了《1991—1992年哈萨克共和国国有资产非国有化和私有化纲要》（简称《1991—1992纲要》），同年2月22日又通过了《租赁法》。1991年1月8日，通过了《所有制法》，《所有制法》第23条确认了"公民所有制"和"外国所有制"的合法性，规定国家保证各种所有制财产和资金在法律面前平等，并且平等地保护它们，这一精神以后写入了哈萨克斯坦1993年宪法。

在以上立法中，《1991—1992纲要》对"非国有化"和"私有化"的含义做出解释：非国有化就是对国营企业进行改造，将经营管理职能及有关的权限直接交给经营者；私有化指公民和法人从国家手中购买国有资产项目和国营股份公司的股票，其中明确了产权转移。有关法规界定了所有制改造的对象是所有生产部门和非生产部门的固定资产。对于涉及国家安全和国防利益、社会发展利益、环境保护利益、居民健康利益、文化遗产利益以及其他必须由国家实行垄断的行业和部门，诸如国防设施、邮电、航空、铁路、医院、学校等,将酌情实行或者根本不实行私有化。

《1991—1992纲要》拟定哈萨克共和国所有制改造分两步走,确定采取"小私有化"和"大私有化"的步骤。"小私有化"指面积在100平方米以下的饮食业,以及面积在160平方米以下的非食品商店和百人以下的小工厂;"大私有化"指国营大中型企业,其中涉及工业、建筑业、运输业等部门。《1991—1992纲要》拟定了私有化的形式:在城市,小企业通过拍卖和招标方式实现,大企业通过股份的形式实现。在农村,国营农场的资产可以通过租赁、购买、股份制和无偿转让的方式转为集体财产,从而实现非国有化和私有化。土地归国家所有,不实行私有化。公有牲畜可以出售或无偿转让(在边远地区和放牧地区)给劳动集体。《1991—1992纲要》拟定了到1992年底,不低于50%—60%的商店要实现非国有化和私有化,非国营商业成分的营业额应占到总营业额的40%—50%。服务行业的非国有化成分应占到50%。[1]

1993年3月5日,国家出台了《哈萨克斯坦共和国1993—1995年国家非国有化和私有化纲要》,哈萨克斯坦开始了第二步所有制改造,与第一步相比,所有制改造有三个明显的特征:一是"小私有化"规模扩大,规定小企业的规模由100人扩大为200人。二是将"大私有化"细化为"群众性私有化"和"专列项目私有化"。"群众性私有化"是中型企业私有化的改造方式,将拥有200—5000人的企业规定为中型企业,公民以购买股票的形式实现中型企业的私有化;"专列项目私有化"指对5000人以上的大企业和一些专门化企业的私有化。三是非国有化中的私有化方向明显。

---

[1] 常庆:《哈萨克斯坦所有制改造工作的方针政策与实践》,《东欧中亚研究》1996年第2期。

在《1991—1992纲要》中常常提到"其他所有制形式"、"多种所有制",而在1993—1995年的纲要中,常常表述为"形成私有者阶层"、"形成以私营阶层经营为主和有外资参加的组织经营结构"。经过最初几年的实践之后发现,租赁和集体所有制形式的改革效果不太理想,1993年,政府取消了《租赁法》,不再提倡租赁和集体所有这两种形式。[1]

到1995年底,在城市,小企业的私有化已经基本完成,大中型企业的私有化在逐步展开。1999年,哈萨克斯坦私有制企业数已经占全部企业总数的80%以上,私有部门的产值占国内生产总值的比重超过50%。[2]

在农村,截至1995年9月1日,哈萨克斯坦80%的国营农场实现了非国有化和私有化,非国有农业实体耕作的土地占全国耕地的比例从1992年的12%上升到1995年的68.8%。[3]1995年的哈萨克斯坦宪法(第6条第3款)规定:土地、矿藏、水资源、植物界和动物界以及其他自然资源均系国家财产。在法律规定的原则、程序和范围内,土地也可以私有。到1996年夏天,农牧业体制改革基本完成,一些超大型的农场先后改为1300多个股份合作制或股份公司制的经济单位、500多个独资经营的私人企业和2000多个家庭农场,民有民营的市场主体正在逐步成长。[4]不过,1998年3月,哈萨克斯坦农业部长承认,农业私有化都是形式上的,没有形成真

---

  1 常庆:《哈萨克斯坦所有制改造工作的方针政策与实践》,《东欧中亚研究》1996年第2期。
  2 陈江生:《中亚的转轨:哈萨克斯坦的经济变革与发展》,《中共石家庄市委党校学报》2007年第1期。
  3 陈玉荣:《独联体国家经济体制改革的喜与忧》,《国际问题研究》1997年第4期。
  4 中国农业信息编辑部:《哈萨克斯坦农业发展的特点》,《中国农业信息》2006年第3期。

正的所有者，真正所有者仍是原企业的领导人。因此，通过土地私有化以明确土地的真正所有者是政府在农村所有制改造的方向。

金融行业的所有制改造自1995年开始。哈萨克斯坦银行分为两级：第一级为国家中央银行，负责实施国家财政信贷政策、制币和发放；第二级为各类商业银行，承担信贷发放等一般银行业务。在所有制改造的进程中，国内出现了私人银行、合资银行、跨国银行。从1998年起，陆续完成私有化改造的银行有：图兰－阿列姆银行（Turan-Alem Bank）（1998年完成）、哈萨克斯坦人民储蓄银行，后者成立于1992年，1995年改组为政府占100%股份的股份公司。1998年，哈萨克斯坦有93家商业银行。[1]到2001年，哈萨克斯坦共有银行44家，其中包括1家跨国银行、2家国有银行、16家合资银行，以及13家外国银行所设的代表处。[2]

所有制改造是在公开和公共监督的条件下进行的，有关法令规定，非国有化和私有化计划要向广大群众公布，有关竞争或拍卖的条件和期限事先应让居民知晓。此外，有关法律还规定在国有资产非国有化和私有化过程中，本国公民与外国公民相比，本国公民优先；私有化劳动集体与其他购买者相比，劳动集体优先。[3]

在经历了非国有化和私有化的所有制改造后，哈萨克斯坦市场经济的微观主体基本构建起来。哈萨克斯坦在中亚国家中，率先实现向自由竞争的市场经济体制转型。截至2004年底，在产值结构中，私有经济已经占到国内生产总值的80%以上。[4]所有制改造基

---

[1] 赵常庆：《中亚五国新论》，第67页。
[2] 赵常庆编著：《哈萨克斯坦》，第139页。
[3] 常庆：《哈萨克斯坦所有制改造工作的方针政策与实践》，《东欧中亚研究》1996年第2期。
[4] 郑国富、张养志：《哈萨克斯坦经济体制转轨的模式与绩效》，《俄罗斯中亚东欧市场》2006年第4期。个案私有化，即有选择地个别地进行国有企业的股份制改造。

本完成。

所有制改造任务的完成，促进了哈萨克斯坦从计划经济向市场经济的转型。2002年，根据汇率调节机制、工资额的确定、对外国资本的开放程度、国有经济的比例、国家对生产的控制和资源分配等方面的指标，哈萨克斯坦取得了市场经济国家地位。[1]2002年3月，美国商务部认可哈萨克斯坦为市场经济国家。之后，包括欧盟在内的120个国家承认了哈萨克斯坦的市场经济地位。可以说，市场经济体系在2002年已初步建立。[2]

第二节 举步维艰的经济结构调整

在独立之后的十多年中，哈萨克斯坦顺利完成了所有制改造，"市场经济体系"基本上建立起来。在1992年确立的经济发展战略中，调整经济结构是哈萨克斯坦经济改革第二阶段的重要任务。然而，调整经济结构的任务在独立后的十多年中（1991—2003）一直处于举步维艰的状态，未能改变原有的产业结构。

地广人稀的哈萨克斯坦是世界上人均占有农牧业用地较多的国家之一，具有发展第一产业的优良地理条件，因此，哈萨克斯坦在经济结构调整中继续发挥农牧业的优势。农牧业资源优势集中在北部和南部。20世纪50年代，苏联在哈萨克草原上进行了前所未有的垦荒运动，使哈萨克斯坦北部的科斯塔奈、北哈萨克斯坦和巴甫洛达尔，以及南部的江布尔、阿拉木图、克孜勒奥尔达、南哈萨

---

1 〔哈萨克〕卡里亚莫娃·В.Ф.：《哈萨克斯坦的投资环境政策》，《大陆桥视野》2006年第12期。

2 陈其钢：《独立15年哈萨克斯坦经济回顾与展望》，《新疆社会科学》2008年第2期。

克斯坦成为农牧业发达区。垦荒使农业和畜牧业迎来了快速发展时期，哈萨克共和国成为苏联的重要产粮区，成为仅次于乌克兰的第二粮仓。[1]

哈萨克斯坦独立初期，由于资金投入不足，哈萨克斯坦的耕地面积大量减少，农业用地总面积从1991年的19550万公顷缩减到1997年的13730万公顷，同期，耕地面积从3530万公顷缩减到2570万公顷。[2]由于资金缺乏，苏联时期的农业机械在独立初期继续使用，这些设备中的很多配件已经采购不到了，机器一旦出问题就基本报废。这种状况在2001年开始扭转，2002年粮食收成达到了1620万吨，当年向37个国家出口粮食420.9万吨，成为世界第六大粮食出口国。[3]

哈萨克草原的自然条件有利于畜牧业的发展，畜牧业在整个农业中占有很大的比重。古代哈萨克人以畜牧业为生，牲畜是他们财富的象征，主要饲养牛、羊、马、骆驼等牲畜，养猪、鹿、鸡、蜂也是哈萨克草原的传统产业。19世纪末，哈萨克人饲养的埃基里巴耶夫绵羊以生长快、成熟早著称，卡拉库尔绵羊是哈萨克人培育的举世闻名的优良品种。苏联政府采取了允许家庭圈养等刺激畜牧业发展的措施，到20世纪80年代末，哈萨克共和国成为苏联的重要农牧业基地，拥有460万公顷刈草场和15720万公顷的天然牧场，占全苏牧场总面积的53%。[4]

哈萨克斯坦独立以后，资金缺乏等因素导致了其畜牧业的衰

---

[1] 侯艾君：《中亚垦荒运动及其后果新论》，《俄罗斯研究》2015年第6期。
[2] 王海燕：《中亚五国经济发展的趋势分析》，《新疆社科论坛》2005年第4期。
[3] 《哈萨克斯坦2002年粮食生产及出口情况》，杨建梅译，《中亚信息》，2003年第2期。
[4] 蒲开夫等：《独立后哈萨克斯坦的农业状况》，《俄罗斯中亚东欧市场》2009年第11期。

落,大部分刈草场和天然牧场被废弃;畜牧存栏数出现了大幅度下降,特别是作为畜牧业基础的牛(含奶牛)和绵羊的数量急速下降。1999年牛的存栏量仅为1990年的41%,羊的存栏量下降幅度达27.1%,猪的存栏量下降幅度为30.53%,马、骆驼以及禽类下降幅度分别为59.6%、67.2%和30.05%。[1]畜牧业下滑的势头在2000年以后扭转回升,不过,直到2002年,畜牧业仍未恢复到独立以前的水平。[2]因此,哈萨克斯坦在第一产业结构的调整主要是注意发展畜牧业。

苏联统治时期,在工业化政策的推动下,哈萨克斯坦工业得到了快速发展的机会;特别是在20世纪50—60年代,苏联重点发展哈萨克斯坦的加工业及重工业,其中增长幅度明显的是冶炼黑色金属、机器制造、化工工业等领域。独立之后,由于哈萨克斯坦与俄罗斯、乌克兰等国家之间的原料供应渠道断裂,加之国内生产成本高、产品技术含量低且在国外市场上没有竞争性,很多企业陷入了困境,最后退出了加工领域,因此,哈萨克斯坦的工业只以能源开发和矿产开采为主。在独立后的十多年间,哈萨克斯坦在工业领域不仅未能进行合理的调整,而且随着制造业和加工业的萎缩,结构不合理的现象还在扩大。

哈萨克斯坦的工业集中在西部和中部,西部主要以石油工业为主,中部和东部以矿产开采为主。1899年,在哈境内的卡拉丘古尔开发了第一口油井。苏联时期,大力发展石油工业,1975年原油产量是2390万吨,1991年的产量为2659万吨[3],哈萨克共和国石油

---

[1] 郭辉:《哈萨克斯坦农业产业结构与区域竞争力差异及中国的合作建议》,《农业展望》2019年第10期。

[2] 蒲开夫等:《独立后哈萨克斯坦畜牧业的发展》,《草食家畜》2009年第3期。

[3] 仲庆文:《哈萨克斯坦石油和天然气工业:历史、现状、前景》,《东欧中亚市场研究》2000年第5期。

工业在苏联居第二位。独立以后，由于资金缺乏，石油产量在1998年的开采量才达到2593万吨[1]，未达到1991年的水平。

哈萨克斯坦中部丘陵地带的矿藏储量丰富，已探明的矿藏有90多种。其中煤的储量有1400亿至1600亿吨，大多数煤田分布在卡拉干达；铁矿石储量70亿吨，大多分布在科斯塔奈和卡拉干达州，80%集中在科斯塔奈州；锰矿石储量排世界第三位，主要分布在卡拉干达和东哈萨克斯坦州；铬铁矿储量世界第三，主要分布在阿克纠宾斯克州；铜矿储量约有1400万吨，集中在巴尔哈什地区，1931年至1934年间，哈萨克共和国的铜开采量和冶炼量在苏联居第二位[2]；铅锌矿储量分别占世界16%和18.9%，主要分布在哈萨克斯坦东部地区。[3]苏联时期，从苏联西部迁到哈萨克共和国的大型企业（包括重型机械制造厂、中小型机械制造厂、纺织工厂、制鞋厂等，都携带成套设备和原料等）有142家，在二战时期，哈萨克共和国总计重建了西部迁移工厂300多家。独立前夕（1981—1986），哈萨克共和国境内建起400多家企业，机械制造和冶金是主要工业部门，其中，阿拉木图生产的重型机械销往50多个国家。[4]

独立初期，哈萨克斯坦的制造业和加工业呈现萎缩状况。哈萨克斯坦与俄罗斯等国的经济联系削弱或中断，一些工厂被迫停产、半停产或完全关闭。矿产开采仍使用苏联时期的装备，造成了采矿业的发展无法带动制造业，整个制造业的技术水平的滞后，加工业

---

1 仲庆文：《哈萨克斯坦石油和天然气工业：历史、现状、前景》，《东欧中亚市场研究》2000年第5期。

2 〔哈萨克〕伊万·沙拉法诺夫：《哈萨克斯坦如何应对"荷兰病"》，任群罗译，《俄罗斯研究》2015年第2期。

3 赵常庆编著：《哈萨克斯坦》，第13页。

4 侯艾君：《中亚垦荒运动及其后果新论》，《俄罗斯研究》2015年第6期。

发展的步伐十分缓慢。尽管政府支持,但加工能力远远落后于开采能力,如2002年加工石油产品的能力与2001年相比,汽油(包括航空煤油)的产量只增产了6.9%,柴油只增产了2.5%,煤油增产了1.3倍。[1]

工业产量下滑的现象在2000年开始扭转,2000年和2001年的工业总产值出现了两位数的增长(15.5%和13.5%)。[2]即使如此,到2004年,哈萨克斯坦的工业生产才恢复到1991年前的水平。[3]

第三节　借助外资的石油开发

苏联时期,在高度集中的计划经济体制下,苏联利用哈萨克共和国内丰富的自然资源大力发展与原材料开采、初加工相关的重工业(钢铁工业、有色金属工业、石油天然气工业等)。50年代初,哈萨克共和国只有65个较大的轻工企业,其中不少是十月革命以前建设的;1979年,轻工业产值在工业总产值中仅占18%,国内居民所需生活用品的80%以上要靠其他共和国供给。[4]独立以后,苏联解体造成经济链条断裂,摆在哈萨克斯坦面前的是资金、技术、人才、市场等多方面的困难,在此形势下,哈萨克斯坦确立了能源立国的战略,因此,不合理的经济结构不仅没有得到改善,而且还有进一步扩大的趋势。

---

[1] 常庆:《对哈萨克斯坦石油工业新情况的思考》,《国际石油经济》2003年第4期。

[2] 王海燕:《中亚五国经济发展的趋势分析》,《新疆社科论坛》2005年第4期。

[3] 〔哈萨克〕卡里亚莫娃·В. Ф.:《哈萨克斯坦的投资环境政策》,《大陆桥视野》2006年第12期。

[4] 穆立立:《哈萨克斯坦当前的民族进程和民族关系》,《东欧中亚研究》1993年第4期。

哈萨克斯坦境内富含石油。自1899年发现第一个油田以后，30年代发现了恩巴油田，60年代以后在靠近里海地区的乌津、热特拜、新乌津等地发现了大油田，70年代在阿特劳州发现了世界著名的田吉兹大油田。这些油田的发现使哈萨克共和国成了苏联的石油基地。

独立以后，哈萨克斯坦继续发展石油天然气资源的开发。然而，由于缺乏资金、技术、人才，油气的开采没有大的进展。1997年10月，努·纳扎尔巴耶夫总统在展望该国至2030年发展远景的国情咨文中，肯定了石油天然气工业优先发展的方针，指出能源是国家获取外汇的主要来源之一，是经济发展、政治稳定和国家安全的重要保证。在此指导思想下，石油天然气资源的开发在2000年以后有了长足的进展。2000年，在哈萨克斯坦里海北部发现了卡沙干油田，该油田是自1968年发现的普鲁特赫本油田之后发现的巨型油田之一，现有石油地质储量380亿桶。随后探明的新油田有：2004年的科罗列夫斯科、阿克沙布拉克、南阿里别克、肯雷克油田，2005年的卡拉曼德巴斯、卡拉库杜克，2006年的托尔肯和齐纳列夫斯科，2007—2008年的阿里别克莫拉、肯雷克和田吉兹，2009年的克孜尔基亚、S.努尔扎诺夫和阿雷斯库姆。到2012年1月1日，哈萨克斯坦已探明石油储量为49亿吨，共有241处油田；天然气储量为1.6万亿立方米，共220处天然气田；凝析油气储量为3.648亿吨，共61处凝析油气田。哈萨克斯坦油气储量占全球总储量的2.7%，名列全球第九位。[1] 以上油田的发现使哈萨克斯坦跻身于石油大国之列。

---

[1]《2000至2011年哈萨克斯坦油气领域发展简述》，中华人民共和国商务部 2012-11-01。

独立初期，哈萨克斯坦经历了严重的经济危机，在资金和技术上都不具备完全独立开采条件的情况下，哈政府通过了允许广泛吸引外资进入本国油气部门的决议，决定向外国公司开放油气资源。到了90年代中期，哈西部的田吉兹、卡沙干、卡拉恰加纳克三大油田全部与外国公司签署了产品分成协议。[1] 截至2003年，哈萨克斯坦共吸引外资130多亿美元，其中47%的外资投入矿产资源领域。[2]

政府的主要工作是鼓励和支持油气领域的国际合作项目，借助跨国公司[3]发展本国石油工业。于是，雪佛龙、阿莫科、壳牌等石油巨头争相投资哈萨克斯坦的油气勘探和开采领域。目前，哈萨克斯坦大部分油气开采由在哈的合资企业进行，其中北里海运营公司（NCOC）拥有44%的储量，田吉兹雪佛龙石油公司拥有25%的储量，拥有3%储量的公司有曼吉斯套油气公司、中石油阿克纠宾油气公司、乌津油气公司、卡拉恰加纳克联合公司。[4]

北里海运营公司的前身是哈萨克斯坦里海大陆架石油公司（Kazakhstan Caspian Shelf）。1998年9月，哈萨克斯坦里海大陆架石油公司与以意大利埃尼公司为首的8家公司成立哈萨克斯坦海外国际合作公司（OKIOC）[5]。2001年，意大利埃尼公司中标成为该公司的作业方，随后，公司更名为阿吉普哈萨克斯坦北里海运营公司。目前，北里海运营公司由哈萨克斯坦国家石油天然气公司、意

1　孙永祥：《哈萨克斯坦油气工业发展新动向》，《亚非纵横》2010年第4期。

2　〔哈萨克〕鲍拉特·迈林：《哈萨克斯坦经济中的外国投资》，大陆译，《中亚信息》2003年第2期。

3　经济全球化进程涌现出一批跨国公司，它们控制着世界上50%的工业，60%的国际贸易，80%以上的新技术、新工艺和专有技术的专利和专营权，以及90%以上的外国直接投资份额。

4　《2000至2011年哈萨克斯坦油气领域发展简述》，中华人民共和国商务部2012-11-01。

5　Offshore Kazakhstan International Operating Company 的缩写。

大利埃尼集团、美国埃克森美孚公司、英荷壳牌公司、法国道达尔公司、日本国际石油开发株式会社等大型跨国企业组成。2002年，该公司开始了世界上最大的能源项目，即卡沙干油田的开发。

雪佛龙率先进入哈萨克斯坦的石油开采领域。1993年4月6日，美国雪佛龙公司与哈萨克斯坦国家石油天然气公司签订了建立合资企业的协议，成立了田吉兹雪佛龙石油有限责任公司，合同期为40年（2033年到期）。

卡拉恰加纳克油气田位于哈萨克斯坦北部与俄罗斯相邻的边界上，该油气田可开采的石油及凝析油储量估计多于24亿桶，还有16万亿立方英尺的天然气。卡拉恰加纳克联合公司的主要合作者是世界第七大石油集团公司之一的意大利埃尼集团和英国天然气集团。1998年，该公司投资35亿美元，拟用6年时间开发该油气田，油气田可开采40多年。2004年8月，该油气田开采的石油和凝析油平均日产量为21万桶，占哈石油和凝析油总产量的16%。[1]

1995年，曼吉斯套石油天然气公司成立，两年后，它由印度尼西亚中亚石油有限公司参股，截至2007年，中亚石油有限公司持有曼吉斯套油气公司99%的股份。[2] 该公司在哈萨克斯坦拥有36处油气田，其中15处正在开采，可采储量1.94亿吨，剩余储量为8.12亿吨。

位于哈萨克斯坦北部阿克纠宾斯克州的阿克纠宾油气股份公司成立于1981年，是哈萨克斯坦第五大石油公司，主要拥有"扎那若尔"和"肯基亚克"两大油田。1997年，中国石油天然气集团公

---

[1] 傅吉江、郭美莲：《哈萨克斯坦石化工业现状及需求分析》，《俄罗斯中亚东欧市场》2005年第4期。
[2] 《哈国家石油天然气公司收购曼吉斯套油气公司的股份》，王智辉译，《中亚信息》2008年第1期。

司以 3.2 亿美元的价格购买了该公司 60.34% 的股份[1]，成立了合资企业"中石油阿克纠宾油气公司"。2002 年，该公司开采石油 430 多万吨，总产量在哈石油企业中位居前六强。

在 1999 年至 2003 年期间，哈萨克斯坦的原油产量逐年递增 14%，到 2003 年，日产量大约达到了 100 万桶，每天净出口量达到 86.5 万桶。[2] 哈萨克斯坦成为世界原油市场上的重要出口国家。

哈萨克斯坦政府在独立初期就把石油出口问题提到了战略高度，并以管线、油轮、铁路多种方式实现出口多元化。其中，管线运输是原油出口的主要途径，主要管线是阿特劳—萨马拉输油管道和里海财团管线。

阿特劳—萨马拉管道经哈萨克斯坦北部边境在俄罗斯萨马拉城与俄罗斯国家石油管道运输公司的管网连接。萨马拉城在 20 世纪 30 年代成为苏联石油开采和加工中心，独立以后，哈萨克斯坦西部开采的原油几乎全部由阿特劳—萨马拉管道外运。2002 年 6 月，哈俄签署了一份为期 15 年的运输协议，协议规定哈通过俄罗斯管网出口的原油是 34 万桶/日。

里海财团管线（CPC 管道）是苏联解体后建成的第一条从里海向西方市场输送石油的管道。CPC 管道全长 1580 千米，由雪佛龙、埃克森美孚、鲁克石油、阿曼国家石油公司和哈萨克斯坦国家石油公司等多家石油公司组成的里海财团修建，于 2001 年 11 月 27 日正式投入使用。该管道起于田吉兹，经阿特劳—阿斯特拉罕—格罗兹内，至俄罗斯黑海港口新罗西斯克，因此又称田吉兹—新罗西斯克管道。该管道第一期工程最大运油量为 2800 万吨，其中运送

---

1 《阿克纠宾公司大事记》，中国石油新闻中心 2023-12-05。
2 傅吉江、郭美莲：《哈萨克斯坦石化工业现状及需求分析》，《俄罗斯中亚东欧市场》2005 年第 4 期。

哈萨克斯坦的石油2020万吨。[1]目前,田吉兹油田每天大约有27.1万桶原油通过它输送到新罗西斯克,然后由此输送到世界各地。[2]

仅次于管道运输的是通过油轮运输。油轮外运的主要港口是阿克套,它位于里海东岸,是哈萨克斯坦唯一的国际港口。原油通过陆路运输抵达阿克套之后,在阿克套用油轮分别运到里海西岸港口马哈奇卡拉,通过马哈奇卡拉的输油管道输送到新罗西斯克;或者从阿克套港南运到阿塞拜疆里海边上的巴库港,然后经铁路运到黑海的巴图米港口,还可经阿克套港海运南下至伊朗的奈卡港。

1997至1999年,中哈双方开始研究建设西起阿特劳东至中国新疆独山子(即阿拉山口)的管道,即中哈石油管道。西起哈萨克斯坦阿特劳,途经肯尼亚克、库姆克尔和阿塔苏,东至阿拉山口—独山子输油管道首站,被誉为"丝绸之路第一管道"。中哈管道全长3088千米,分三期完成。一期工程从哈萨克斯坦的阿特劳到肯尼亚克,管道长448千米;二期工程从哈萨克斯坦的阿塔苏到中国新疆的独山子(即阿拉山口),全长1300千米;三期工程对接肯尼亚克到阿塔苏的管道,全长1340千米。中哈管道于2006年5月25日全线开通。

中哈原油管道的投产运行极大带动了哈萨克斯坦经济的快速发展。从2008年起,连续六年,中哈原油管道出口原油贸易额占哈萨克斯坦对中国出口贸易总额50%以上,累计输油达一亿吨。该项目公司也是当地重点纳税企业之一,截至2016年共向哈萨克斯坦交纳各项税费合计超过3.5亿美元,同时还为当地创造多个长期就

---

[1] 〔哈萨克〕T-库利巴耶夫:《哈萨克斯坦石油出口路线的发展问题》,《东欧中亚市场研究》1999年第11期。

[2] 傅吉江、郭美莲:《哈萨克斯坦石化工业现状及需求分析》,《俄罗斯中亚东欧市场》2005年第4期。

业岗位。[1]

哈萨克斯坦有大约80%的原油沿输油管道干线出口。2005年沿里海财团管线的管道出口48%（2450万吨），沿阿特劳—萨马拉管道出口29.4%（1500万吨），经阿克套港出口13.1%（670万吨），沿肯基亚克—阿塔苏—阿拉山口输往中国3.5%（180万吨）。[2]

哈萨克斯坦天然气储量也很丰富，大部分位于西部，其中25%的储量位于卡拉恰加纳克油气田，已探明该油气田的天然气储量有16万亿—20万亿立方英尺。[3] 阿曼格尔德是又一个重要的天然气田，储量大约为1.8万亿立方英尺。

尽管天然气储量丰富，但由于开采和生产跟不上，天然气不能满足国内需求，直到2003年，哈萨克斯坦仍是一个天然气净进口国。哈萨克斯坦生产天然气4900亿立方英尺，消耗5600亿立方英尺，净进口700亿立方英尺。[4]

政府对此做了一些工作。1999年8月，哈萨克斯坦以法律的形式规定了油田矿业权人必须制订包括天然气利用计划在内的天然气开发计划。天然气产量因此有所增长，到2000年达到了苏联时期的产量。2001年8月，哈能源和矿产资源部批准了一项为期15年的天然气工业长期发展计划。在该计划中，拟将国内天然气产量增加10倍。[5]

哈萨克斯坦国内对石油的需求完全满足，其原油主要是出口，石油成了国家税费和外汇收入的主要来源。随着世界石油市场价格

---

[1] 张晓敏：《我国首条跨国中哈原油管道累计输油一亿吨》，《博尔塔拉报》2017-03-29。

[2] 刘燕平：《哈萨克斯坦油气现状》，《国土资源情报》2007年第4期。

[3] 傅吉江、郭美莲：《哈萨克斯坦石化工业现状及需求分析》，《俄罗斯中亚东欧市场》2005年第4期。

[4] 同上。

[5] 同上。

的高涨，石油收入在哈萨克斯坦国家财政中所占比例上升。2003年，哈萨克斯坦的石油产量达到了5200万吨[1]，石油收入占国家财政收入的55%[2]。哈萨克斯坦基本上实现了能源兴国战略。

第四节　融入世界的外向型经济

独立以前，哈萨克共和国是苏联的一个加盟共和国，没有独立的外交权力。这种状况在苏联解体前夕有所改变。1988年，在苏联中央的默许下，哈萨克共和国成立了隶属于本共和国的进出口贸易公司。独立前，哈共和国与二十多个国家有贸易往来。[3]

独立以后，发展外向型经济是哈萨克斯坦三项经济发展战略之中的一项，外向型经济指与国际市场紧密联系的经济体系。由于哈萨克斯坦经济结构调整滞后，外向型经济的构建受到影响，与国际市场紧密联系的经济体系还未建立起来。独立初期，哈萨克斯坦对外开放的主要内容是对外贸易和吸引外资。

独立以后，哈萨克斯坦打破国家垄断对外贸易的旧体制，允许多种所有制成分和地方政府从事外贸活动。尽管如此，独立后的几年中（1992—1997），哈萨克斯坦对外贸易仍然呈下滑趋势。1992年，现汇贸易额仅为5亿多美元，全国外贸周转额为19.6亿美元，绝大部分为易货贸易。[4]1995年，国家对外贸的一些法律法规进行了修正和补充，是年，外贸突破百亿美元大关，至1997年外贸呈

---

[1]　王海燕：《中亚五国经济发展的趋势分析》，《新疆社科论坛》2005年第4期。
[2]　傅吉江、郭美莲：《哈萨克斯坦石化工业现状及需求分析》，《俄罗斯中亚东欧市场》2005年第4期。
[3]　赵常庆编著：《哈萨克斯坦》，第142页。
[4]　常庆：《哈萨克斯坦石油天然气工业现状和发展规划》，《国际石油经济》1994年第2期。

现增长势头。独立初期,哈萨克斯坦外贸的主要对象是独联体国家,随着经济的发展,从1997年起,对外贸易的范围不断扩大,贸易伙伴遍及五大洲150多个国家和地区。[1]

然而,由于经济结构调整的滞后,哈萨克斯坦出口的商品仍以矿产品或原料为主。1995年以后,原油输出在国内生产总值占的比重逐年增加。1995年原油产量2064万吨,出口量978万吨,出口量是产量的47.4%;2003年,这一组数字分别是5128万吨、4400万吨、85.8%。[2]

引进外资是新独立的哈萨克斯坦发展外向型经济的重要内容。1992年,哈政府在国家发展战略中把引进和有效地利用外资与发展哈萨克斯坦作为政府的主要目标之一。哈希望能够从西方和包括中国在内的周边国家吸引更多的外资,带动本国经济的恢复和发展。[3]1994年以后,国家陆续颁布了《哈萨克斯坦外国投资法》和《国家支持直接投资法》,有力地促进了外国投资。

吸引外资的手段之一是让投资者参与哈的私有化。哈将部分股份化的原国有大中企业出租或转让给外国公司管理,并作为他们以后购买企业股权的优先条件。从1994年起,政府计划转让和出售180家大型企业,到1996年政府已与外资签订了45份合同,结果吸收了近10亿美元的外资。[4]

1997年,政府在至2030年的战略构想中把吸引外国投资确立

---

[1] 沈晋:《哈萨克斯坦1994—1999的对外经济活动》,《东欧中亚市场研究》2000年第2期。

[2] 傅吉江、郭美莲:《哈萨克斯坦石化工业现状及需求分析》,《俄罗斯中亚东欧市场》2005年第4期。

[3] 郑羽主编:《独联体十年——现状、问题、前景》,世界知识出版社,2002年,第62页。

[4] 赵惠、杨恕:《中亚国家利用外资情况简析》,《东欧中亚市场研究》2001年第2期。

为国家的一项长期任务，并把引进外资与建立良好的投资环境作为1998年至2000年国家最优先发展的方面。[1] 政府对外资企业实施优惠的税收政策。新的税法调低了产品增值税和社会税税率，将增值税的税率从20%降至16%，社会税的税率从26%降至21%。[2]

除了法律和政策保障外，哈总统和政府就吸引外资展开了一些社会活动。1997年，哈投资大会首次在阿拉木图召开。当年9月，哈总统主持了外国投资者理事会首次会议，该理事会的主要宗旨是吸引外资，为外资企业与哈政府高层提供一个沟通的重要平台。与此同时，政府召开各种研讨会以促进外国投资。1997年9月，以"向哈萨克斯坦投资"为主题的国际研讨会在伦敦成功举办；1999年，第三届"阿拉木图投资大会"在阿拉木图召开，有160个公司出席会议。哈政府成立了一些投资机构。1998年成立了外国投资者理事会，理事会主席由总统亲自担任。该理事会的主要宗旨是促进引进外资，为外资企业与哈政府高层提供一个沟通的重要平台。

以上措施产生了积极效果。截至2002年1月1日，在哈的投资者来自107个国家。哈吸引外资的数额在独联体国家中仅次于俄罗斯，2002年，俄罗斯吸引外资占独联体引资总额的44%，哈萨克斯坦占28%。[3] 1991—2004年哈萨克斯坦经济领域引进的直接投资超过了300亿美元。[4] 在此期间，在哈萨克斯坦投资最多的国家依次为美国、英国、意大利、瑞士、荷兰、韩国、中国、加拿大和俄

---

1 赵常庆编著：《哈萨克斯坦》，第145页。
2 郭学良：《哈萨克斯坦吸引外资促发展》，《光明日报》2003-01-21。
3 〔哈萨克〕鲍拉特·迈林：《哈萨克斯坦经济中的外国投资》，大陆译，《中亚信息》2003年第2期。
4 《哈萨克斯坦14年来引进300亿美元直接投资》，聂书岭译，《中亚信息》2005年第4期。

罗斯，这些国家的投资占哈引进外国直接投资的80%。[1]

外资的注入促进了哈经济稳步发展，1996年外资企业上缴利税占税收总额的9.5%，2001年这一比重已上升至36%。[2] 对于处于转型阶段的哈萨克斯坦来说，吸引外资，一方面促进了国内经济增长，另一方面推动了体制转轨。总的来看，哈萨克斯坦取得了很大成就，1993年到2008年9月30日引进外资达817.7亿美元[3]，这一数字在中亚国家中是最高的。

在引进外国投资的同时，哈萨克斯坦还鼓励合资企业，以引进外国的先进技术。1993年7月15日，政府曾颁布609号法令，规定合资企业注册资本的最低限额，外国投资方不得低于5万美元，哈方不得低于2万坚戈，1994年6月17日，政府取消了以上限令。1994年的《外国投资法》第14条规定：外国投资企业组建的形式可以是经营性合伙企业、股份公司和不违背哈萨克斯坦法律的其他形式。[4] 第22条对合资企业给予优惠政策：凡外国投资者控股高于30%的企业，在获利后五年内免税，其后五年按税率的50%征收所有税。[5]

合资企业的数量逐年增长。独立前夕的1990年，哈萨克共和国与外国开办的合资企业仅为15家。[6] 独立后逐年增加，截至2002年1月1日，哈萨克斯坦共有合资和外国独资企业3995家，其中

1　《跨国公司对哈萨克斯坦经济的影响》，谷维译，《中亚信息》2005年第7期。
2　郭学良：《哈萨克斯坦吸引外资促发展》，《光明日报》2003-01-21。
3　《2008年哈萨克斯坦宏观经济发展状况》，中华人民共和国商务部2009-02-15。
4　王林彬、王晓峰：《哈萨克斯坦投资法律制度研究》，兰州大学出版社，2012年，第64页。
5　陈玉荣：《独联体国家经济体制改革的喜与忧》，《国际问题研究》1997年第4期。
6　陈江生：《中亚的转轨：哈萨克斯坦的经济变革与发展》，《中共石家庄市委党校学报》2007年第1期。

合资企业1607家，外国独资企业2298家。[1]

合资企业对恢复哈萨克斯坦工业起到了促进作用。以国家经济支柱的石油工业为例，在独立之初的头几年，原油产量有所下降，由于哈美合资的田吉兹雪佛龙公司的成立，石油工业较快恢复，石油部门是哈少数恢复到苏联解体时水平的工业部门之一。[2] 由于外资的注入，石油开采业在2000—2002年底以年均500万吨的速度递增，截至2003年1月，哈石油工业的产值已占整个国民经济总量的近30%。[3]

---

[1] 沈晋：《哈萨克斯坦合资企业与外国独资企业现状》，《俄罗斯中亚东欧市场》2003年第6期。

[2] 仲庆文：《哈萨克斯坦石油天然气工业：历史、现状、前景》，《东欧中亚研究》2000年第5期。

[3] 郭学良：《哈萨克斯坦吸引外资促发展》，《光明日报》2003-01-21。

第九章
意识形态与宗教、文化

苏联时期，哈萨克共和国的最高意识形态是马克思列宁主义思想；独立后，哈萨克斯坦开始了旨在培植国民对新独立国家认同和树立新价值观的国家意识形态的重构。最初，哈萨克斯坦以伊斯兰文化和思想团结民众，增强穆斯林对国家的认同。1997年以后，哈萨克斯坦确立了以爱国主义为核心的意识；同时，确立了信仰自由原则，以及多元文化原则。

第一节 以爱国主义为核心的意识形态

苏联时期，哈萨克共和国与联盟中央保持一致，以马克思列宁主义思想作为国家最高意识形态，提倡共产主义理想和国际主义、集体主义精神。哈萨克共和国人民对于这70年间形成的意识形态和价值观有着不同程度的认同。独立以后，哈萨克斯坦开始重构独立国家的意识形态。在此过程中，国家最初以伊斯兰教为价值标准，试图通过伊斯兰教思想团结民众，增强社会凝聚力，以达到穆斯林对国家的认同。纳扎尔巴耶夫总统曾提出："哈萨克人民曾经由于强行破坏传统而面临自己的同一性被侵蚀的威胁，民族内部文化的差距拉大，首先是掌握哈萨克语的程度不同，在这种情况下，伊斯兰教作为民族特性的表现形式之一，开始有了自己的特殊意义。"[1] 总统于独立初期访问了沙特阿拉伯，赴麦加朝觐，并到麦地那拜谒穆罕默德陵墓。在此形势下，哈萨克族的传统宗教伊斯兰教得到全面复兴。

伊斯兰教在哈萨克斯坦的复苏是在苏联解体前夕开始的。在戈尔巴乔夫"公开性"和"多元化"新思维的促进下，从1987年起，哈萨克共和国境内兴起了建筑清真寺的热潮，到苏联解体前的1991年，境内开放的清真寺有150座。[2]1990年1月，哈萨克共和国召开了第一届穆斯林代表大会，拉特别克·乌雷·内桑巴耶夫被选为哈萨克共和国的大穆夫提，此后，他为伊斯兰复兴做了大量工作，尤其是在阿拉木图创办了学制两年的高级伊斯兰学院和在一些清真寺设立了初级教职人员培训课程，这些工作解决了哈独立以后宗教人员严重缺乏的问题。在他任大穆夫提期间的1990年，哈萨克语《古兰经》出版。[3]

独立初期，伊斯兰教在哈萨克斯坦全面复兴，其表现之一是信仰人数的激增。独立之后不到十年，即1999年，哈萨克斯坦有大约1100万名穆斯林，占全国总人口的65%。[4] 表现之二是清真寺数目扶摇直上，截至1999年1月1日，有清真寺5000多座，其中正式登记注册的有大约1000座。[5] 表现之三是宗教团体的发展迅速。

---

[1]〔哈萨克〕努·纳扎尔巴耶夫：《站在21世纪门槛上——总统手记》，陈兵、王嘉琳译，第124页。

[2] 沈翼鹏：《中亚五国的宗教问题及其对政局的影响》，《东欧中亚研究》1994年第3期。

[3] 常玢：《苏联解体前后的中亚国家伊斯兰教状况》，《东欧中亚研究》2001年第5期。

[4] 陈联璧等：《中亚民族与宗教问题》，中央民族大学出版社，2002年，第255页。

[5] 包胜利：《主体民族主义与国族"创建"之间的悖论——论哈萨克斯坦族际政治的困境》，《世界民族》2006年第4期。

在1995年至2000年间,伊斯兰教团体增长了10倍,有600多个。[1]表现之四是哈萨克斯坦穆斯林与国外穆斯林的联系频繁,此前70多年里,哈萨克共和国到麦加朝觐者只有30余人,而独立以后的4年中,去麦加朝觐者就达1000多人。1996年,哈萨克斯坦派往埃及著名的爱资哈尔大学的学生就达80名,派往土耳其和巴基斯坦学习者分别是100名和20名。[2]

在宗教异常复兴之时,伊斯兰极端势力也随之活跃起来,并将宗教价值置于一切价值准则之上,主张依照宗教制定国家政策、法律、社会准则。不难看出,这种倾向不但与世俗国家的发展不相协调,而且发展下去将危及国家的稳定。伊斯兰极端势力在新兴的哈萨克斯坦成立了"阿拉什"和"伊扎布特"两个组织。其中"伊扎布特"受到伊斯兰激进主义的影响,企图在哈萨克斯坦建立由青年知识分子组成的伊斯兰政党。宗教极端派组织在伊斯兰复兴的形势下势力不断扩大,表现出强烈的社会政治生活倾向和参政意识,主张建立以伊斯兰教为国教、以伊斯兰教法为国家基本法的所谓伊斯兰共和国。

哈萨克斯坦独立以后以伊斯兰教为凝聚国民的意识形态。纳扎尔巴耶夫总统认为:宗教现已成为社会生活精神的组成部分,是实现人类一些共同理想并作为其人道主义教义的基础。哈萨克斯坦的一些文人学者公开鼓吹:没有比古兰经、圣经更好的意识形态。纳扎尔巴耶夫总统于1993年出访埃及,当时,埃及方面为哈萨克斯坦提供1000万美元用于建设阿拉木图伊斯兰宗教中心。[3]尽管如此,

---

1 赵常庆编著:《哈萨克斯坦》,第219页。
2 常玢:《苏联解体前后的中亚国家伊斯兰教状况》,《东欧中亚研究》2001年第5期。
3 同上。

哈萨克斯坦领导者对伊斯兰极端主义者持警觉态度。从历史上来看，古代突厥蒙古人信仰中还有拜火教（祆教）、摩尼教、佛教和基督教，这些宗教与伊斯兰教一起构成了当今哈宗教多样性和社会文化。这种多样性的现实，客观上不允许某一种宗教在国家占据绝对主导地位。

为了遏制极端派的倾向，哈萨克斯坦以法律的形式严格限制极端派组织的活动。独立初期，国家制定的两部宪法（1993年宪法和1995年宪法）强调了哈萨克斯坦国家的世俗性，明确规定：国家实行政教分离，禁止以宗教为基础建立政党。随着威权政治的形成，哈坚持了国家政治生活的非宗教性方向，独立初期出现的伊斯兰教狂热得到了有效的遏制。

与此同时，哈领导集团开始重新寻求凝聚国民的新意识形态。在伊斯兰复兴的过程中，随着宗教意识的增强，哈萨克族的民族意识也开始觉醒。独立初期，哈举办了一些弘扬哈萨克族民族英雄和文化名人的纪念活动。1993年10月，哈萨克斯坦隆重纪念哈萨克族诗人、思想家阿拜·库南巴耶夫诞辰150周年。1994年，哈萨克斯坦举行了历史文化名人纪念活动。为了纪念15—17世纪哈萨克人英勇抵抗准噶尔入侵的光辉历史，在阿拉木图至比什凯克公路35千米处修建了一座纪念碑，2001年8月27日，哈总统纳扎尔巴耶夫亲自为纪念碑揭幕。爱国主义成为铸造新意识形态的核心内容。

爱国主义的铸造首先是弘扬哈萨克族的文化和历史。英国学者安东尼·D.史密斯认为："说一个族裔缺乏一种真实的文化和族裔历史，也就是否定了人们希望承认这一民族的要求。"[1]尽管哈在

---

1 〔英〕安东尼·D.史密斯：《全球化时代的民族与民族主义》，龚维斌、良警宇译，中央编译出版社，2002年，第75页。

宪法中确定了在法律面前人人平等的基本原则，但从独立初期的法律、法规和政策来看，哈在语言、文化等诸多方面极力宣扬操突厥语哈萨克族的传统文化。宪法规定以哈萨克语为国语，并把能说哈萨克语作为选拔国家干部、进入重要岗位的条件。

其次，弘扬民族历史也是爱国主义教育的重要组成部分。要使哈萨克斯坦人民爱国，首要任务是肯定祖国的历史。然而，无论是沙俄殖民时期的统治者还是苏联时期的国家领导人，尽管对哈萨克民族的历史没有采取完全否定的态度，但其重视的程度远远不够，甚至有意无意地采取了贬低和歪曲的态度。[1]因此独立后的领导集团在恢复历史公正的名义下，掀起了重新审视历史、修正历史、书写历史的热潮。政府发动广大知识分子、大众媒体挖掘和调动历史、宗教、传统风俗、神话等文化资源。据统计，仅在1992年，以"国家大事"举行的纪念活动就有61次，每次纪念活动无一例外地与哈萨克民族的历史和历史人物有联系。除了集会纪念外，历史事件或历史人物还成为一些城区、街道、机关、学校、商店、基金会、群众团体重新命名的重要资源，1992年，记录在册的重新命名活动就有13起之多。[2]以上恢复历史记忆的活动，促进了哈萨克族的自豪感，增强了哈萨克人对国家的认同感。

然而，对主体民族过分强调的做法带来了危及国家存亡的社会问题。随着主体民族意识的增强，苏联时期受到压制的泛突厥主义思潮重新抬头。泛突厥主义产生于20世纪初，其宗旨是主张全世界的突厥民族联合起来，成立一个统一的突厥国家联盟。早在独

---

[1] 包胜利：《主体民族主义与国族"创建"之间的悖论——论哈萨克斯坦族际政治的困境》，《世界民族》2006年第4期。

[2] 〔哈萨克〕A. 内桑巴耶夫主编：《哈萨克斯坦共和国——十年大事记》，转引自包胜利：《主体民族主义与国族"创建"之间的悖论——论哈萨克斯坦族际政治的困境》，《世界民族》2006年第4期。

立以前，哈萨克族的民族主义者大肆宣传建立以突厥人为中心的国家。1991年，泛突厥主义者在阿拉木图召开由原苏联突厥语共和国和俄罗斯自治州代表团参加的突厥人大会。泛突厥主义者还成立了"苏联突厥文化中心"，其总部设在阿拉木图，从精神和文化上振兴苏联突厥人是该中心的主要任务。此外，哈还兴起了"热尔扎克桑运动"和"阿拉什"联合会两个泛突厥主义组织。"热尔扎克桑运动"宣传泛突厥主义，鼓吹建立"大突厥斯坦"；"阿拉什"联合会宣传泛突厥主义与泛伊斯兰主义相结合，他们的口号是："泛突厥主义是我们的躯体，伊斯兰教是我们的灵魂。"不难看出，泛突厥主义思潮对独立国家政权所带来的破坏性。

泛突厥主义思潮的发展将瓦解新兴的哈萨克斯坦政权。对此思潮，总统努·纳扎尔巴耶夫给予了回击："哈萨克人具有突厥的根，但必须保持国家独立。哈萨克斯坦认为突厥文化有悠久的历史，但不一定以建立一个统一的国家为目标。"[1] 纳扎尔巴耶夫总统在其著作中认为：土耳其总统在与中亚各国的交往中毫不掩饰地向往着建立从贝加尔到地中海和多瑙河的强大突厥国家联合体"理想"，但是这不能被新独立的哈萨克斯坦所接受。因为，这意味着放弃刚刚获得的独立。[2] 1993年，在哈政府的打击下，"阿拉什"组织解散。

过分强调主体民族的做法不仅引发了泛突厥主义的社会问题，而且还违背了哈宪法中关于建设公民社会、族际和睦社会的精神。在一个拥有一百多个民族的国家里，过分强调主体民族显然不利于非哈萨克族人对国家的认同和效忠。以纳扎尔巴耶夫为首的国家领导人为了防止因主体民族主义"膨胀"而导致的国家分裂，提出了

---

[1] 赵常庆编著：《哈萨克斯坦》，第290页。
[2] 〔哈萨克〕努·纳扎尔巴耶夫：《站在21世纪门槛上——总统手记》，陈兵、王嘉琳译，第151页。

"多民族公民共同体"这一概念,哈领导集团迅速把民族认同提高到国家认同的高度,希望通过强化统一的国家和国民概念,即哈萨克斯坦和哈萨克斯坦人的概念,从而得以在多民族国家中实现整合国家的同一性。此后,哈萨克斯坦开始在全国展开了塑造哈萨克斯坦人自我认知的过程,开始强调"全体哈萨克斯坦公民"这一意识。

1995年宪法强调了公民和睦与民族和谐,禁止按民族特征建立政党和进行活动。在宪法中,"人、人的生命、人的权利和自由"为最高价值。纳扎尔巴耶夫总统认为:"塑造新的哈萨克斯坦公民已经成为关系我们国家基础的,迫切需要解决的政治问题之一。我们正在向政治统一、公民团结的方向努力。而且哈萨克斯坦民族不是以什么新的民族联合体的,而必须以多民族公民联合体的形式出现。"[1]哈萨克斯坦是一个多民族的国家,"不允许任何人在任何时候进行民族清洗。我们多民族的国家是一个极其文明的、政治的、经济的整体。一个简单的任务摆在我们面前:我们每一个人都必须感悟到公民的共同性"。[2]

塑造多民族公民联合体成为弘扬爱国主义的主要任务。总统纳扎尔巴耶夫认为:"团结和统一是我们免遭溃散命运的保障。哈萨克斯坦的爱国主义应当将民族团结和统一放在首位。"在1997年国情咨文中,总统说:"我们应该在全体哈萨克斯坦公民中培养爱国主义感情和对自己国家的热爱。"[3]总统在第七次人民大会上说:"我

---

1 〔哈萨克〕努·纳扎尔巴耶夫:《前进中的哈萨克斯坦》,哈依霞译,第100页。
2 陈世明、沙依然:《试论哈萨克斯坦当前的民族关系》,《新疆大学学报》2006年第5期。
3 〔哈萨克〕努·纳扎尔巴耶夫:《哈萨克斯坦——2030年》(俄文版),哈萨克斯坦总理办公厅出版局,1998年,第28页,转引自赵常庆主编:《十年巨变——中亚和外高加索卷》,东方出版社,2010年,第45页。

们已经建立了哈萨克斯坦共和国,现在我们的任务是创建哈萨克斯坦人。"

2000年,总统努·纳扎尔巴耶夫陆续提出"前进中的哈萨克斯坦"和"新哈萨克斯坦"的概念,鼓励人民对新国家重新认识和认同。在2007年国情咨文中,总统努·纳扎尔巴耶夫更加具体地表明:"保证居住在我国、作为哈萨克斯坦人民的各民族间的宽容、各宗教各文化间的和谐,这意味着通过'新哈萨克斯坦'概念将构建多民族、多宗教的国家公民团结作为发展的最重要的政治基础,核心是培育爱国主义。"[1]

在经历了一段时间的探索之后,哈萨克斯坦领导者已经认识到,不只是哈萨克族对国家认同和效忠,而是哈全体公民(即哈萨克斯坦人)对国家的认同,这样的爱国主义才是凝聚"哈萨克斯坦人"的最高意识。在2007年国情咨文中,总统努·纳扎尔巴耶夫说:"可以完全负责任地宣布,哈萨克斯坦成功地跨越了过渡阶段,正自信地进入自身发展的崭新阶段……所有这一切为新的爱国主义奠定了基石。"经过十多年的努力,哈萨克斯坦已经建立起哈萨克斯坦国家认同感和全民族的爱国之情。总统纳扎尔巴耶夫认为:"这是我们哈萨克斯坦的'专利',我们为此感到自豪并将珍视这一成果。"

第二节　以伊斯兰教为主的多元宗教

哈萨克斯坦是一个多宗教信仰的国家。巴黎东方语言文化学院学者卡特琳·普约尔在她的《哈萨克斯坦》一书中指出,哈萨

---

[1] 德全英:《新哈萨克斯坦及其发展理论——评纳扎尔巴耶夫总统国情咨文》,《俄罗斯中亚东欧研究》2007年第4期。

斯坦具有明显的"双重性",它是东方亚洲和西方欧洲、哈萨克人和俄罗斯人、新教与东正教、伊斯兰教与萨满教的混合体。[1]历史上,哈萨克草原是多种宗教流行和融合的地区,其中祆教、萨满教、佛教、摩尼教、基督教都在此流行和传播。在苏联无神论意识形态下,哈萨克共和国国民的宗教信仰呈减弱的趋势。勃列日涅夫时期(1956—1982)宗教信仰开始复苏,戈尔巴乔夫时期(1985—1991)宗教势力走向复兴。

为顺应宗教复兴的趋势,哈于1992年1月出台了《关于宗教信仰自由以及宗教团体》的法律。2000年,宗教社团联系委员会成立,它是哈萨克斯坦政府下设的咨议协商机构,旨在促进政府与宗教社团之间的联系和协作,为管理宗教提供建议。尽管哈政府没有对任何宗教给予特殊地位,但是占人口绝大多数人信仰的伊斯兰教的发展超过了其他宗教。有资料显示,信仰伊斯兰教的人数约占全国人口总数的55%、东正教占16%、天主教占11%、不信教者占18%。[2]伊斯兰教信仰主要分布在以南哈萨克斯坦州和克孜勒奥尔达州为主的南部地区,东正教信仰主要分布在俄罗斯人聚居的北部地区。

伊斯兰教于7世纪中叶传入哈萨克草原,最早的传播者是阿拉伯商人。伊斯兰教随商人的足迹开始在哈萨克草原上传播。尽管传播时间比较早,然而,哈萨克草原伊斯兰化的时间较晚,15世纪后期,伊斯兰教逐渐成为哈萨克人的主要信仰。宗教生活在哈农村较为活跃,在城市居民中宗教情绪比较淡薄。

从教派情况来看,哈萨克斯坦的大多数穆斯林属于逊尼派中的

---

[1] 李中海:《国外中亚研究及主要观点综述》,《俄罗斯东欧中亚研究》2014年第2期。

[2] 转引自赵常庆编著:《哈萨克斯坦》,第219页。

哈乃斐教法学派，以印古什人和车臣人为主的穆斯林属于逊尼派中的沙斐仪教法学派，逊尼派中的苏菲神秘主义派别在哈萨克斯坦也有一定的影响，该派主要属于纳格什班迪和卡迪里教团。此外，哈萨克斯坦还有什叶派信徒，他们主要是阿塞拜疆人，在阿拉木图有一座什叶派清真寺。

苏联时期提倡的无神论使伊斯兰教受到很大冲击，许多清真寺被关闭，大部分哈萨克族人放弃了自己的宗教信仰。20世纪60年代初期，在哈萨克共和国正式登记注册的清真寺只有25座，在这25座清真寺举行宗教仪式的穆斯林大约为4万人，还有66个未登记的伊斯兰宗教团体以及521名"云游毛拉"（他们在家里举行宗教仪式）。[1]20世纪后期，全球掀起了伊斯兰复兴的高潮，哈萨克草原呈现出伊斯兰复兴的征兆。1990年，哈萨克共和国新建一所经学院，发行出版了伊斯兰报纸，《古兰经》第一次被译成哈萨克文出版。[2]独立前夕，哈萨克共和国伊斯兰教事务由设在乌兹别克都城塔什干的中亚和哈萨克斯坦宗教管理委员会管理，1990年1月12日，哈萨克宗教界脱离中亚和哈萨克斯坦宗教管理委员会的领导，成立了本国的穆斯林宗教事务管理局，拉特别克·乌雷·内桑巴耶夫被任命为首任大穆夫提。[3]

苏联解体以后，在哈萨克斯坦，伊斯兰复兴是从教育开始的，阿拉木图市建立了伊斯兰学院和培养伊玛目的马尔科伊斯兰启蒙学校，到1997年底，从这两所学校毕业的学生已经超过300人，他

---

[1] 包胜利：《主体民族主义与国族"创建"之间的悖论——论哈萨克斯坦族际政治的困境》，《世界民族》2006年第4期。

[2] 常玢：《苏联解体前后的中亚国家伊斯兰教状况》，《东欧中亚研究》2001年第5期。

[3] 赵常庆编著：《哈萨克斯坦》，第219页。

们成为各地从事伊斯兰教活动的骨干人物。[1]1997年，哈萨克斯坦加入世界伊斯兰会议组织，成为该组织的正式会员国。哈萨克斯坦总统及其他政府高级官员时常前往清真寺视察并发表讲话，各级地方官员也定期与清真寺宗教人士会晤。在哈萨克斯坦，1995—2000年间伊斯兰教团体数量增长10倍，达到600多个。[2]伊斯兰教信仰得到了政府的支持。

除伊斯兰教外，哈萨克斯坦的东正教也有不少信教者，人数仅次于伊斯兰教，成为该国的第二大宗教。19世纪下半叶，随着沙俄向中亚的扩张，迁居哈萨克草原的哥萨克人和俄罗斯人随之带来了东正教。1866年，在哈萨克草原南部的突厥斯坦城和奇姆肯特城出现了东正教教堂。1871年，在突厥斯坦城建立了主教管辖区。19世纪末，哈萨克人中出现了东正教信仰者。

在哈萨克人中传播东正教的是一些受过专门训练的教士。其中，曾在喀山神学院接受过训练的叶里谢耶夫教士对东正教的传播起到了极大作用。叶里谢耶夫精通鞑靼语、哈萨克语和阿拉伯语，能够自如地将古兰经译成突厥语，也能用哈萨克语讲解福音书。1892年，叶里谢耶夫来到哈萨克草原，奔走于哈萨克居民和鞑靼人之中，说服他们皈依东正教。[3]他的传教使不少哈萨克族人皈依了东正教。此后，大批俄国中部农民迁入哈萨克草原，东正教在此形成了一定规模。由于哈萨克草原的穆斯林大部分都没有受到宗教狂热主义的影响，因此，穆斯林与东正教信徒之间没有发生尖锐的对抗。

在苏联宣传无神论时期，东正教也受到了打击。据历史资料统

---

[1] 吴宏伟：《中亚地区宗教的复兴与发展》，《东欧中亚研究》2000年第1期。
[2] 赵常庆编著：《哈萨克斯坦》，第219页。
[3] 萧净宇：《俄罗斯东正教在中亚五国》，《俄罗斯研究》2009年第6期。

计：许多19世纪建立的东正教教堂遭到破坏或烧毁，而仅存的教堂也被改用作学校、仓库或其他用途，大批东正教神职人员还俗。以当时哈萨克共和国的江布尔为例，东正教教堂的圣像、书籍、财产，甚至教堂本身被没收，而每当教民在教堂内唱圣歌时，警察就会包围教堂，不仅逮捕、审讯教民，还剥夺圣像、圣衣，撕毁圣书。二战以后，在1958—1964年间，全苏被关闭的四千多所东正教教堂中的70%重新开放，在乌拉尔斯克、阿拉木图等许多苏联中亚城市，也都出现了类似的情况。[1]

20世纪80年代中期以后，随着宗教多元化的提出，东正教开始复兴。独立初期，哈萨克斯坦有3个东正教主教区，它们分别是阿斯塔纳-阿拉木图主教区、奇姆肯特-阿克莫林主教区和乌拉尔-古利耶夫主教区。到2003年1月，东正教教会在哈萨克斯坦共有222个教区和8所修道院。[2] 独立以后，东正教组织也得到发展。1989年，东正教组织有62个（同期伊斯兰教组织只有46个）；2003年，东正教组织增加到241个（同期伊斯兰教组织有1652个）。[3]

在哈萨克斯坦，东正教教会除了办一些传播东正教知识的学校外，还开展慈善事业，向孤儿院、养老院、军医院提供捐助，如在阿拉木图举办慈善周，专门为圣诞节、复活节举办庆祝活动。在哈萨克斯坦北部的俄罗斯人聚居区，东正教的影响比伊斯兰教还要大。[4]

独立以后，基督教在哈萨克斯坦也出现复兴趋势。基督教的东方教派聂斯托里派在公元5世纪至6世纪传入哈萨克草原。在哈萨克族形成的15至16世纪，传教士、商人、学者和欧洲使节陆续

---

[1] 萧净宇：《俄罗斯东正教在中亚五国》，《俄罗斯研究》2009年第6期。
[2] 陆迪雅：《哈萨克斯坦东正教与伊斯兰教的历史与现状》，《宁夏师范学院学报》2016年第1期。
[3] 张宏莉：《哈萨克斯坦的宗教现状》，《新疆社会科学》2006年第5期。
[4] 吴宏伟：《中亚地区宗教的复兴与发展》，《东欧中亚研究》2000年第1期。

到来，基督教有一定的发展，然而与伊斯兰教相比，基督教的规模小，没有形成广泛的影响力。19世纪上半叶，沙俄在哈萨克草原确立统治之后，大批西方移民来到哈萨克草原，基督教各派的影响也逐渐扩大。第二次世界大战期间，波罗的海沿岸地区的大批居民被强制迁入，他们成为哈萨克草原信奉基督教的主要居民。哈萨克斯坦的基督教组织也迅速发展，1989年各派组织共有499个[1]，到2003年，基督教各派组织达到1190个[2]。

天主教在哈萨克斯坦也有较大的势力。据统计，2003年哈萨克斯坦共有天主教徒15万人左右。[3] 天主教徒主要是波兰人、意大利人、日耳曼人、美国人、朝鲜人和瑞典人。1991年，梵蒂冈在卡拉干达设立哈萨克斯坦和中亚圣徒管理处。1999年，哈萨克斯坦圣徒管理处又分为卡拉干达主教管辖区和阿斯塔纳、阿特劳和阿拉木图三个圣徒管理处，卡拉干达成为哈萨克草原天主教的中心。1994年，哈萨克斯坦与罗马教廷建立了外交关系，马利安·奥莱斯大主教成为哈、乌、塔、吉中亚四国的罗马教廷大使，于是，阿拉木图形成了基督教文化中心。美国联合卫理公会在阿拉木图设立圣经学院，提供资金支持，希望为哈萨克斯坦培训本国牧师，以解决外籍牧师常被驱逐而导致的牧师缺失问题。2001年9月罗马教皇巴维尔二世访问了哈萨克斯坦。随着宗教政策的宽松，教徒的民族成分不断扩大，俄罗斯人、乌克兰人也参加天主教，他们与波兰人、日耳曼人在一起祷告。

在说斯拉夫语的居民中，还有基督新教和犹太教教徒。沙俄征

---

1 杨恕、王静：《基督教在中亚的现状研究》，《俄罗斯中亚东欧研究》2011年第3期。

2 古丽阿扎提·吐尔逊：《中亚恐怖主义犯罪研究》，中国人民公安大学出版社，2009年，第213页。

3 张宏莉：《哈萨克斯坦的宗教现状》，《新疆社会科学》2006年第5期。

服哈萨克草原以后，驻哈部队中的日耳曼人信仰新教（路德教），他们的到来将新教传入哈萨克草原。19世纪80年代以后，来到哈萨克草原的农民和手工业者中有包括新教在内的基督教各种教派，如门诺派、洗礼派、福音会基督-洗礼派等16个教派。

在哈萨克斯坦，还有佛教信徒，信仰者主要是布里亚特人、蒙古人和卡尔梅克人。按1999年的人口统计，哈萨克斯坦有布里亚特人553人、蒙古人602人、卡尔梅克人731人。[1]因此，在哈萨克斯坦佛教信仰的人数不多。1999年，佛教徒在阿拉木图注册了1个佛教团体，开放了1个寺庙，佛教信仰在哈萨克斯坦的影响非常有限。

2005年，"颜色革命"席卷中亚国家，此后，由于非传统宗教团体[2]无视传统文化和宗教，造成宗教关系紧张，哈政府加强了对宗教的管理。2011年，纳扎尔巴耶夫在哈议会两院联席会议上说，加强宗教活动立法的主旨并不是要限制信仰自由，而是要捍卫国家免受宗教极端主义的侵扰。他指出，目前一些宗教组织在哈萨克斯坦为所欲为，一些国外宗教人士想来就来，大肆活动。他们到底从事什么样的活动，谁都不知道，也没有机构对他们进行登记和监管。纳扎尔巴耶夫强调哈萨克斯坦是法治国家，称"我们必须在自己的国家里整顿宗教秩序"。[3]

第三节　以哈萨克族文化为主的多元文化

哈萨克草原自古以来就是游牧民生活栖息之地，哈萨克人在这

---

[1] 张宏莉：《哈萨克斯坦的宗教现状》，《新疆社会科学》2006年第5期。
[2] 哈萨克斯坦界定伊斯兰教、东正教、罗马天主教和犹太教为传统宗教，而非传统宗教中包括基督教新教。
[3] 《哈萨克斯坦将针对宗教活动加强立法》，新华网2011-09-02。

片草原上先后吸纳了突厥游牧文化、伊斯兰文化和斯拉夫文化，因此，哈萨克族文化实际上是一种融合了多种文明的综合性文化。苏联时期，俄罗斯文化在哈萨克共和国得到大力提倡。独立以后，哈萨克斯坦为了去俄罗斯化，高举"复兴哈萨克族文化"的旗帜，开始弘扬哈萨克语言、艺术和历史，利用文化资源使国家哈萨克化。

独立前夕，哈萨克共和国在文化领域已经出现了哈萨克化的倾向，这一倾向首先从语言方面反映出来。苏联时期，中央政府在哈萨克共和国强制推行俄语，哈萨克语的使用呈现出萎缩倾向，约有33%的哈萨克人不会讲自己的母语，或讲得很差。[1] 这一倾向在共和国独立前夕开始纠正。1989年颁布的《语言法》规定国语为哈萨克语。哈总统认为："在国内率先大规模地恢复和发展国语是历史赋予哈萨克民族文化的神圣使命。"[2]

独立以后，哈萨克斯坦利用法律和行政手段全面推行哈萨克语。1993年和1995年宪法（第7条）规定哈萨克语是哈萨克斯坦共和国的国语。这一规定在1997年的《语言法》中再次被重申。政府对此制定了积极政策，采取措施推动哈萨克语：通过电视、广播和报刊等新闻媒介大力推广；将一些城市、农村、街道的名称改为哈萨克语；国家组织编写和出版的书籍要出哈萨克语版，1992年新增五种哈萨克语版报纸；1992、1993和1995年先后编辑出版了《哈俄与俄哈词典》、《简明俄哈词典》和《哈俄词典与俄哈词汇索引词典》；推广哈萨克语教学，创立了哈萨克语学校，关闭了一些地方的俄语学校；在高等院校中成立哈萨克语教研室，为各系各专业的学生开设必修的哈萨克语课；学校经常开展哈萨克语竞赛活动。

---

[1] 吴宏伟：《哈萨克斯坦共和国的哈萨克语文研究》，《世界民族》1999年第1期。

[2] 〔哈萨克〕努·纳扎尔巴耶夫：《前进中的哈萨克斯坦》，哈依霞译，第102页。

然而，哈政府在独立初期的努力似乎没有奏效。直到1996年，人们在实际交往中（包括公务和日常生活）仍大量使用俄语。哈学者认为，如果放任自流，哈萨克语将丧失任何前景。1996年11月6日，政府出台了《哈萨克斯坦共和国语言政策构想》，构想要求在一切正式场合都要使用"国语"，并要求国家以行政手段予以推广。1998年8月14日，政府又出台了《关于在国家机构中扩大使用国语范围的决定》。纳扎尔巴耶夫总统再三强调说："近年来哈萨克语并未达到国语高度，要以应有的态度对待国语，尊重它，特别是公职人员。"[1]哈萨克斯坦人民开始以尊重和尊严之心学习官方语言哈萨克语，经过二十多年的努力，推广哈萨克语的工作已经取得成效，据官方资料，2015年在730万15岁以上的哈萨克族人中，能讲哈萨克语的占98.3%，能熟练阅读哈萨克文的占95.4%，能熟练书写哈萨克语的占93.2%。[2]

随着哈萨克语言的推广，语言的载体文字的改革也提了出来。独立以后，哈政府就哈萨克语应该采用哪种文字书写进行了长期讨论。历史上，哈萨克语曾经长期使用阿拉伯字母书写，苏联时期，哈萨克语最初使用拉丁字母书写（1928—1930），以后（1938—1940）改用西里尔字母（Cyrillical phabet）书写。

独立前夕（1991年1月24日），有关专家提议把西里尔字母改为拉丁字母，他们认为，哈萨克语改用拉丁字母进行拼写是"时代的要求"。于是，哈政府开始研究这一问题，然而，直到2012年12月14日，总统纳扎尔巴耶夫在新的国情咨文中才做出"到2025

---

[1] 王智娟：《哈萨克斯坦：语言问题政治化的新发展》，《东欧中亚研究》2002年第3期。

[2] 赵明鸣：《中亚五国语言及其使用情况》，《中国社会科学报》2017-02-17。

年哈萨克文字将改用拉丁字母拼写"的决定。

在弘扬民族文化方面还应该提到哈萨克斯坦的绘画。独立以后,哈绘画在题材和艺术语言表达等方面发生了变化,维护国家独立和弘扬民族团结成为艺术创作的主流。将传统唯美主义与现实主义有机结合起来的代表人物是著名画家木拉帅夫·卡米力(1942—　),他的油画作品曾在苏联时期(1978)获得法兰西艺术研究院最高奖。独立以后,卡米力开始探索民族题材的油画,创作了具有现实主义的作品,如《阿斯塔纳的节日》、《母亲的温柔》、《总统纳扎尔巴耶夫》等画作。除了创作外,卡米力还为哈培养了一批以历史题材为内容进行创作的青年艺术家,他们着力表现哈萨克斯坦人民独立后的新生活和哈萨克族的英雄人物,成为现实主义绘画的代表。

在弘扬民族文化的同时,哈萨克族开始重塑本民族的历史。总统纳扎尔巴耶夫号召学习和书写本族历史:"不要说埋怨人家不了解我们的历史,恐怕我们自己都不一定了解我们自己的历史。那么,我们自己不去研究,不去写,不去做宣传,谁又会来做这件事呢?……希望你们大胆地去写,去发表。可以把写得很好的文章或著作,翻译成外文发表,英文的翻译尤其应该引起重视。"[1] 在此鼓励下,哈学者们以主体民族为中心重写了国家历史,《我的祖国哈萨克斯坦》、《哈萨克文化百科全书》(三卷本)、《哈萨克人》(九卷本辞典)、《哈萨克历史与长篇小说、中篇小说及文献》等纷纷出版。

在哈萨克族文化得以加强的同时,俄罗斯文化的影响依然存在,甚至西方文化也加入其中。加强主体民族文化的措施激起了国内非哈萨克族人的不满情绪,引起了民族之间的矛盾。哈萨克斯坦当局对独立初期构建主流文化的问题进行了反思,对文化政策进行

---

[1] 〔哈萨克〕努·纳扎尔巴耶夫:《前进中的哈萨克斯坦》,哈依霞译,第219页。

了调整。1995年颁布的宪法反映了创建多民族和谐、多元文化共存的思想。

21世纪初，在经过十多年对哈萨克族文化的弘扬之后，哈公民对独立国家的认同问题已经基本解决了。统一文化的内涵是以哈萨克族文化为核心，吸纳俄罗斯文化和西方文化的精华，将各种文化相互补充而形成的多元文化。

哈政府在实施文化多元化的过程中，允许各民族文化自治，保护各民族语言、文化的自由发展，强调多语言政策。在2007年的国情咨文里，纳扎尔巴耶夫总统指出：哈萨克语是国语，俄语是族际交流语言，英语是顺利进入全球经济一体化的语言。此后，哈政府为民族语言文化的发展创造条件，于是，促进民族团结的群众组织——民族文化中心——如雨后春笋般在哈萨克斯坦建立起来。截至2003年，国内已经建立了一百多个民族文化中心。政府提供一幢新大楼，作为各个民族文化中心组织的统一活动场所，政府还建立了民族文化基金会，为各民族文化中心开展活动提供资助。这些民族文化中心在促进族际和谐方面收到较好的效果。[1] 多元文化政策的实施，防止了国家的"突厥化"、"俄罗斯化"和"西方化"。

目前，哈萨克斯坦存在着以哈萨克族等讲突厥语居民为载体的突厥文化和伊斯兰文化，以俄罗斯族等斯拉夫人为载体的俄罗斯文化和以当代年轻人为主体的西方文化。可以说，哈萨克斯坦在文化上具有明显的多元化特征。

---

[1] 陈联璧等：《中亚民族与宗教问题》，第195页。

第十章
民族问题与民族政策

哈萨克斯坦是一个多民族国家，哈萨克族是哈萨克斯坦的主体民族，俄罗斯族在该国人口中位居第二。独立以后，随着哈萨克族主体民族地位的提升，以俄罗斯族为主的斯拉夫人与哈萨克族之间的矛盾激化，如何解决国内俄罗斯人的问题成为哈萨克斯坦民族政策的核心内容。此外，由于权力之争，部族主义在哈萨克人中重新抬头，哈政府的民族政策是保证哈萨克族内部团结和国家统一。在独立国家创建时期，维护国家统一和领土完整成为新兴哈萨克斯坦处理民族关系的最高目标。

第一节 哈俄两族的冲突

在今哈萨克斯坦居住着一百多个民族，主体民族为哈萨克族，第二大民族是俄罗斯族。在沙俄和苏联时期，以俄罗斯族为主的大批斯拉夫人来到哈萨克草原，在哈萨克共和国的俄罗斯人口逐年增加，1926年有123万人、1939年有213万人、1959年有397万人、1979年达到599万人（占哈总人口的40.8%）[1]，成为该共和国人口最多的民族。哈萨克共和国独立前夕，一些俄罗斯人陆续迁走，使哈萨克共和国的哈萨克族与俄罗斯族的比例接近。据苏联1989年

---

[1] 李琪：《哈萨克斯坦共和国百年历史人口透视》，《西域研究》1997年第4期。

人口普查，在共和国的哈萨克族有 653.5 万人（占比 39.7%），俄罗斯族 622.8 万人（占比 37.8%）。不难看出，正确处理哈萨克族与俄罗斯族之间的关系是哈萨克斯坦处理民族问题的关键。

苏维埃政权初期，在批判大俄罗斯沙文主义的基础上，苏俄政府开始推行民族平等的政策。苏俄于 1917 年发表的《告俄国和东方全体穆斯林劳动人民书》宣称："今后，你们的信仰和习惯，你们的民族机关和文化机关都被宣布为自由的和不可侵犯的。自由地、无阻碍地来安排自己的民族生活吧！你们有权利这样作。"[1] 然而，在斯大林执政期间（1924—1953），苏联政府偏离了"民族平等"的原则，在民族关系上表现出大俄罗斯沙文主义的倾向。

在戈尔巴乔夫执政时期，以俄罗斯族为主的斯拉夫人与哈萨克族的矛盾已经表现出来。1986 年，苏联中央政府改用俄罗斯人担任共和国最高职务哈共第一书记，由此引起哈萨克族人的强烈不满，最终酿成"阿拉木图事件"。苏联解体前夕，为了纠正大俄罗斯沙文主义的思想和改变长期形成的"主体民族不主"的现象，哈萨克共和国于 1989 年颁布了《语言法》，该法规定哈萨克语为国语，俄语被定位为族际交际语言。[2] 独立前夕，在哈的斯拉夫人与哈萨克族之间的矛盾已经表现出来。除反对俄罗斯人的"阿拉木图事件"外，1989 年 6 月中旬，在哈萨克共和国的古里耶夫州新乌津市，哈萨克人与高加索人发生冲突，造成 3 人死亡，多人受伤。

独立以后，1993 年宪法规定了对不懂哈萨克语者在任职上的

---

[1] 中国社会科学院苏联东欧研究所：《苏联民族问题文献选编》，社会科学文献出版社，1987 年，第 6 页。
[2] 田成鹏：《独立后哈萨克斯坦语言政策的演变》，《文学教育》（中）2015 年第 3 期。

限制，如总统候选人必须熟练掌握哈萨克语。哈萨克族人认为，如果作为主体民族的哈萨克族在国家事务中不能"做主"，那么，哈萨克斯坦就会"国将不国"，这种思想不仅从哈萨克斯坦国旗、国徽、国歌以及本国货币的设计方面表现出来，还从哈萨克斯坦领导者发表的具有民族主义思想的言论中可以了解到。

在1992年召开的世界哈萨克人代表大会上，总统纳扎尔巴耶夫说："假如在我们的国家中实现了所有人，不管其民族属性如何机会平等和在法律面前人人平等，那么，当地民族——哈萨克人的利益在某些场合下有特殊的保留也是适宜的。"[1] 在此次会议上，纳扎尔巴耶夫总统号召境外的哈萨克族人回到祖国怀抱，他发言的题目是《我们敞开热情的怀抱欢迎同胞们》，在谈到复兴哈萨克族之时，他说："在这个世界上，我们只有一个祖国，这就是独立自主的哈萨克斯坦。"[2] "这涉及民族文化和语言的复兴，恢复与散居在国外的哈萨克人的精神和其他方面的联系，为被迫迁离哈萨克斯坦的人重返祖国创造必要的前提等。"[3] 此后，哈掀起了鼓励境外哈萨克族人"回归历史祖国"的运动。

在民族主义思想的指导下，国家以宪法规定了哈萨克人的地位。宪法规定：总统候选人必须熟练掌握国语——哈萨克语。这一规定实际上排除了其他民族人士竞选总统的可能性，语言文字问题变成了政治问题。在干部政策上，哈萨克人担任军政要职。在国家议会、总统办公厅、国家司法和安全机关、海关、银行、国家税

---

[1]〔哈萨克〕努·纳扎尔巴耶夫：《独立五年》，哈萨克斯坦出版社，1996年，第98页，转引自郝文明主编：《中国周边国家民族状况与政策》，民族出版社，2000年，第127页。

[2]〔哈萨克〕努·纳扎尔巴耶夫：《前进中的哈萨克斯坦》，哈依霞译，第17页。

[3]〔哈萨克〕努·纳扎尔巴耶夫：《独立五年》，第98页，转引自郝文明主编：《中国周边国家民族状况与政策》，第127页。

务机关以及科研、文化教育部门中，重要岗位负责人的 80%—90%由占全国人口一半的哈萨克族人担任。其他民族，尤其是人数众多的俄罗斯族难以担任国家机关的重要领导职务。[1]1994 年 3 月的资料表明，7 名副总理中有 6 名是哈萨克人，总统办公厅 7 名司长中有 6 名是哈萨克人。在俄罗斯人占明显多数的北部州，州政府领导人的情况也大致如此。[2]

主体民族化的立法和具有民族主义倾向的干部政策挫伤了在哈萨克斯坦境内的非主体民族，特别是自 1938 年之后大部分时间占哈总人口数第二位的俄罗斯人。[3]以俄罗斯族为主的斯拉夫移民主要是二战期间随军工企业转移到哈萨克共和国的技术人员和 50 年代初期响应国家号召奔赴哈萨克草原进行大规模垦荒运动的俄罗斯族后代，他们为哈萨克共和国的建设做出了贡献，成为享有政治、社会、经济特权的"老大哥"。苏联解体之前的大部分时间里，哈萨克族与俄罗斯族基本保持了和睦相处的状况。独立以后，"老大哥"在一夜之间丧失了原有的优越地位，成了"二等公民"。这一变化导致了俄罗斯族与哈萨克族的尖锐对立。

面对突如其来的变化，以俄罗斯族为主的一些斯拉夫移民选择了离开哈萨克斯坦。据哈萨克斯坦媒体报道，1992 年离开哈萨克斯坦的俄罗斯人有 17.5 万，1993 年 17 万，1994 年达到 25 万。[4]1999 年人口普查中，哈总人口为 1495.31 万，其中，俄罗斯族人口较 1989 年减少 158.24 万，减少率达 26.1%。[5]在迁出哈的俄罗斯人中，大

---

1 陈联璧等：《中亚民族与宗教问题》，第 173 页。
2 季志业：《中亚民族问题及其趋势》，《现代国际关系》1995 年第 10 期。
3 1897 年人口普查显示，哈俄两族人数分别是总人口数的 81.8% 和 11%。
4 刘庚岑：《中亚国家的民族状况与民族政策》，《东欧中亚研究》1995 年第 6 期。
5 刘妍婕：《哈萨克斯坦独立后民族政策建构探析——从"哈萨克人"到"哈萨克斯坦人"的转变》，《理论观察》2017 年第 2 期。

多数是技术人员、教师、医生和拥有较高技能的熟练工人,有关数据显示,哈在1994年就有41329名受过高等教育的人迁居别国。[1]这些人曾经是哈萨克共和国科学和生产力量的基础,他们的离去给新兴独立国家的经济和科学文化事业造成了消极影响。此外,俄罗斯人的出走严重损害了新兴独立国家正在构建的社会凝聚力,对社会稳定构成一定的威胁。

继续留在哈的俄罗斯族与哈萨克族之间的矛盾发展成武装冲突。独立前夕,以俄罗斯族为主的斯拉夫移民与哈萨克族之间的矛盾开始激化。1989年6月16日至17日,在古里耶夫州的新乌津市,哈萨克族与高加索移民发生冲突,一群用棍棒、铁条和石块武装起来的哈萨克族青年企图冲进内务分局,有5000至7000人在市党委和市政府大楼前举行集会和游行,要求把高加索人赶出境。在此次事件中,发生了砸商店、烧汽车的暴行。18日,苏联当局以武力镇压了动乱,事后,市委第一书记库米斯卡利耶夫被解职。[2]苏联解体以后,这一矛盾尖锐起来。1993年,哈萨克斯坦北部巴甫洛达尔市的俄罗斯人与哈萨克人发生了流血冲突。

在哈的俄罗斯人逐渐形成了有离心倾向的社群,一些俄罗斯人建立政治组织,以维护本族利益。1992年4月,俄罗斯族成立了当时在哈俄罗斯人中最大的组织"俄罗斯人村社",1993年底,该组织被政府取缔。接着,全国性的斯拉夫人组织"拉特"成立,该组织发起了有数万人参加的签名活动,要求政府保护俄罗斯族人的合法权益。1993年,哈北部地区的巴甫洛达尔市俄罗斯人与哈萨克人发生冲突,"拉特"组织向正在土库曼斯坦首都阿什哈巴德召开的

---

[1] 马曼丽:《论民族关系的实质与当代民族关系的核心问题》,《烟台大学学报》2005年第4期。

[2] 黄宏、纪玉祥主编:《原苏联七年"改革"纪实》,第160页。

独联体国家首脑会议呼吁，要求与会国签订关于双重国籍的国际性条约。与此同时，哥萨克人建立了"哥萨克运动"。独立后，国外哈萨克人移居哈萨克斯坦北部的哥萨克人地区，当地的哥萨克人将此视为政府的挑衅行为。哥萨克人以复兴民族文化为借口，成立了准军事组织，并提出武装合法化的要求，这一组织于 1992 年 6 月被当局禁止活动。[1] 与此同时，在俄罗斯人相对集中的哈萨克斯坦的北、东、中部的 7 州、1 市（阿拉木图）的俄罗斯人不仅要求自治，还提出了建立联邦制的要求，甚至计划以全民公决的形式脱离哈萨克斯坦。

哈萨克斯坦总统努·纳扎尔巴耶夫于 1992 年初开始了行政机构的重组，建立了直接向总统负责的行政管理制度（州长制），奠定了单一制的国家结构，阻止了在族群或区域中建立联邦制的分裂倾向。此后，纳扎尔巴耶夫在不同场合强调了国家的单一制原则。哈萨克斯坦虽然是以"民族自决"立国，然而在独立之后，哈萨克斯坦领导人坚决反对民族自决。1992 年 10 月，努·纳扎尔巴耶夫在第 47 届联合国大会上说："今天常常遇到把少数民族的权利与民族自决权直到建立独立国家的权利混为一谈，如果坚持这一立场，世界上就会出现数千个小国家。"[2] 他认为国际社会应看到少数民族的权利和明确这些权利的标准，否则将会在民族自决权的掩盖下怀疑任何多民族国家的完整性和统一，分裂主义将永无止境。[3] 他指出，那种认为每个民族就是一个民族文化共同体，因而就可以拥有自己国家的观点是神话、谬论，"一个民族、一个国家"的原则

---

[1] 季志业：《中亚民族问题及其趋势》，《现代国际关系》1995 年第 10 期。
[2] 谷景英：《试析纳扎尔巴耶夫总统的民族和谐思想》，《新疆大学学报》2013 年第 1 期。
[3] 陈联璧：《中亚五国民族关系问题》，《东欧中亚研究》2001 年第 3 期。

在历史上不曾实现过。地球上有3000个民族,可只有170个国家。"因此,我深信哈萨克斯坦的多民族特点是巨大的优势。民族友谊,不仅是我们的主要财富,而且是我们的信念、希望。"[1]1993年,哈萨克斯坦以宪法的形式否定了联邦制。[2]1995年4月22日,总统重申了宪法中的规定:"哈萨克斯坦是不可分割的、领土完整的国家。在此基础之上,决定我们的国家不实行联邦制,并且在不久前颁布的举行全民公决的命令中重申哈萨克斯坦的地位、国界、行政区域划分等问题不列入全民公决的范围。"[3]

然而,俄罗斯族与哈萨克族之间的冲突未因宪法的规定而得到解决。1994年,在哈北部和首都阿拉木图市发生了反政府示威活动,示威者反对"哈萨克化",要求哈政府确认俄语与哈萨克语的平等地位。同年,在俄罗斯人人数超过哈萨克人人数的阿克莫拉州、卡拉干达州、北哈萨克斯坦州、科斯塔奈州和巴甫洛达尔州[4],俄罗斯人爆发了要求民族自治权利的活动,他们主张在北部地区成立俄罗斯族人的民族自治实体,或者在哈萨克斯坦实行联邦,另一些人则主张将哈萨克斯坦北部的若干州划归俄罗斯。

面对如此严峻的形势,在历次讲话中一再强调哈萨克族地位的努·纳扎尔巴耶夫总统意识到:"如哈俄两族之间一旦发生战争,哈萨克斯坦将变得一无所有。"[5]正确对待在哈的俄罗斯人成为哈政

1　潘志平主编:《民族自决还是民族分裂——民族和当代民族分立主义》,新疆人民出版社,1999年,第317页。

2　1993年宪法规定:哈萨克斯坦是自决的哈萨克民族的国家组织形式,也就是单一民族国家。

3　〔哈萨克〕努·纳扎尔巴耶夫:《前进中的哈萨克斯坦》,哈依霞译,第29页。

4　北哈萨克斯坦州的俄罗斯人占全州人口总数的48.74%,科斯塔奈州的这一数字是42.7%。

5　陈明山:《中亚政局相对稳定的原因及潜在问题》,《国际资料信息》2000年第3期。

府急需处理的民族问题。

第二节 多元统一的民族政策

1995年,哈萨克斯坦在独立初期一再强调的主体民族地位的政策发生了变化,族际和谐成为哈萨克斯坦国家制定政策的出发点。哈政府开始采取多项措施处理以俄罗斯族为主的非哈萨克族人,并且将推进民族和谐视为巩固国家独立的主要任务之一。

独立之初,哈萨克斯坦并未建立专门处理民族关系的机构。1993年,政府在内阁下设立了国家语言委员会,该机构局限于解决语言方面的问题;随着民族矛盾的尖锐化,1995年,政府将国家语言委员会改为国家民族政策委员会(简称民委会),将语言问题提升到民族政策的高度。民委会负责研究国内外民族政策的经验、教训,制定和实施民族政策。民委会对哈萨克斯坦的民族和谐发挥了一定的积极作用,使民族问题有所缓和。以后,民委会的一部分工作被人民大会取代,1997年,民委会降格为次一级机构,先后归属于文化部、信息和社会和谐部领导。[1]

人民大会(即哈萨克斯坦各族人民大会)是哈萨克斯坦于1995年成立的另一个促进民族和谐的组织,它由来自全国各族代表构成。在成立大会上,总统发言说:"召开第一届哈萨克斯坦各民族大会是为了分析已走过的道路和正在发生的社会政治进程,拟定实施民族政策的最佳途径。为此,必须与代表共和国全体公民利益的你们进行广泛的对话与协商。"[2] 他表示,作为国家总统,保证社会稳定与民族和睦是自

---

[1] 另一种说法是:1997年民委会撤销,其任务由国家信息和社会和谐部承担。参见常庆:《中亚国家如何解决民族问题》,《中国民族》2005年第3期。

[2] 〔哈萨克〕努·纳扎尔巴耶夫:《独立五年》,第252、276页,转引自郝文明主编:《中国周边国家民族状况与政策》,第125页。

己的主要任务,"国家领导人将坚定地执行民族和谐的政策,坚决地执行法制原则,不允许挑起民族仇视,不允许以任何借口使民族仇视的事件发生"。[1] 人民大会在成立之初仅是一个咨询机构,2007年,在宪法修正案的框架下,人民大会在议会下院中拥有了9个席位,人民大会的议员代表了哈萨克斯坦境内多个民族的利益。

除了构建人民大会这一组织外,1995年的宪法修正案也做了有利于民族和谐的修订。20世纪90年代,美苏两极对立结束,民族主义浪潮在世界范围内掀起。此次浪潮以谋求民族自决为口号,提出了建立民族政权、民族国家的主张。在此浪潮下,多民族国家的苏联、南斯拉夫和捷克斯洛伐克相继分裂,独立的哈萨克斯坦国家正是在民族主义浪潮中诞生的。在此形势下,1993年宪法中提出"自决的哈萨克民族国家"的条文,在1995年的哈萨克斯坦宪法修正案放弃了这种提法。努·纳扎尔巴耶夫发表谈话说,民族自决权的提出是以反霸权为政治目标的,它只限于国际社会层面,而不是国家内部,并提出要求民族独立的民族自决权理论在哈萨克斯坦不适用。如果坚持每个民族都有建立自己独立国家的理论,实际上是破坏国家统一的民族极端主义和民族分裂主义。此后,政府在各种场合强化了公民权,淡化了民族观念。1995年宪法再次重申了"国家保护每个公民的权利和自由,不论其民族、种族、宗教信仰、社会地位和财产状况"。

1995年宪法修正案虽然也重申了国家的单一制性质,否定了在哈萨克斯坦实施联邦制的可能性。但是,宪法修正案考虑和照顾了非主体民族权益,重新确立了俄语在哈萨克斯坦的地位。

---

[1]〔哈萨克〕努·纳扎尔巴耶夫:《独立五年》,第94页,转引自郝文明主编:《中国周边国家民族状况与政策》,第127页。

民族语言文字的地位是关系到民族感情、民族自尊心、民族平等感的敏感问题。苏联时期，俄罗斯人在哈萨克共和国受到尊重，讲俄语成为时尚，大约有 20% 哈萨克人把俄语视为自己的母语，哈萨克斯坦有 60% 的人讲俄语。[1] 独立以后，尽管哈萨克斯坦在宪法中明确规定国家要保护各族语言发展的权利，然而，《语言法》和政府强制推行哈萨克语的措施显然与宪法相悖。在哈萨克斯坦语言政策的背景下，以俄罗斯人为主的说俄语的民族在就业、子女上学、晋升等诸多方面得不到保障，因此，对俄罗斯人、日耳曼人来说，语言问题是外迁的首要原因。在外迁因素的调查中，语言问题在俄罗斯和日耳曼人中分别占 51.6% 和 85.3%。[2]1994年 12 月，哈总统纳扎尔巴耶夫向议会提出了将俄语确立为国语的议案，但是遭到议会的拒绝。1995 年 4 月下旬，在哈就是否将总统的任期延长至 2000 年举行全民公决之前，斯拉夫人组织"拉特"要求总统解决俄语的国语地位问题，否则他们会号召人民拒绝参加全民公决，或者在公决中投反对票。[3]1995 年 8 月通过的宪法修正案最终确立了俄语的地位，它将 1993 年宪法中"哈萨克语言是哈萨克斯坦共和国的国语，俄语是族际交流语言"修改为"在国家组织和地方自治机构中，俄语和哈萨克语一样，平等地正式使用"。1997 年的《语言法》规定：俄语与哈萨克语一样是国家机关和地方自治机关的官方语言。此修改有利于缓和哈俄两族之间的矛盾，使西方移民外迁浪潮得到遏制。1997 年外迁移民有299455 人，到 2000 年，这一数字减少到 156800。[4]2000 年以后，

---

1 季志业：《中亚民族问题及其趋势》，《现代国际关系》1995 年第 10 期。
2 张宏莉：《当代哈萨克斯坦民族关系研究》，第 60 页。
3 季志业：《中亚民族问题及其趋势》，《现代国际关系》1995 年第 10 期。
4 哈萨克斯坦共和国统计署：《哈萨克斯坦：1991—2002》（俄文版），阿拉木图，2002 年，第 65 页，转引自达尔汉·毛肯：《跨境移民的文化调适——以哈巴河县哈萨克族的调查为例》，西北民族大学硕士论文，2018 年，第 12 页表 1。

还出现了移民回迁的现象。

除了语言地位外，政治权力的分配也是民族关系中最重要、最敏感的问题之一。1995年以后，哈萨克斯坦在一定程度上改变了独立初期主体民族化的干部任用政策，到1999年，在担任领导职务的人数中，俄罗斯族人已经占据35.8%，主体民族哈萨克人占48.19%。[1] 不过，国家权力仍然主要集中在哈萨克人手中，在1998—2001年的131个国会议员中，有100个哈萨克人，占76.3%，27个俄罗斯人，占20.6%，日耳曼人、白俄罗斯人、鞑靼人和维吾尔人各1人。[2] 尽管如此，政府在制定政策时，还是考虑了非主体民族的情绪，并且保护了俄罗斯族的利益，如国家减缓了土地私有化的进程，以防因土地私有化而激化与拥有较多土地的俄罗斯族人的矛盾。

俄罗斯人对双重国籍的诉求也得到很好解决。苏联解体以后，在中亚五个加盟共和国的俄罗斯人提出了既要拥有俄罗斯联邦的国籍，也要获得所在国国籍的要求，这一要求得到了俄罗斯政府的公开支持，俄罗斯联邦1993年宪法：俄罗斯联邦公民根据俄罗斯联邦法律和俄罗斯联邦签订的国际条约可以拥有外国国籍（双重国籍）。1993年，土库曼斯坦、吉尔吉斯斯坦、塔吉克斯坦先后承认了本国境内的俄罗斯人可以拥有双重国籍[3]，而俄罗斯人数较多的哈萨克斯坦却对双重国籍的诉求予以拒绝。[4] 哈政府认为，如果一半

1　张宏莉：《当代哈萨克斯坦民族关系研究》，第48页。

2　张宏莉：《哈萨克斯坦国家权力分享和分配中的民族关系》，《新疆社会科学》2007年第5期。

3　土库曼斯坦、吉尔吉斯斯坦和塔吉克斯坦于1993年12月同意本国的俄罗斯人拥有双重国籍。

4　根据苏联公布的人口统计资料，截止到1989年，在哈的俄罗斯人有623万，生活在乌兹别克苏维埃社会主义共和国、吉尔吉斯苏维埃社会主义共和国、塔吉克苏维埃社会主义共和国和土库曼苏维埃社会主义共和国的俄罗斯人分别是166万、92万、40万和33万。

以上的居民同时又是他国公民[1]，不但国体难保，而且为外来干涉打开方便之门。哈俄两国政府对双重国籍问题进行过多次谈判，双方最终找到了一种既不实行双重国籍，又不给居住在哈萨克斯坦的俄罗斯人和居住在俄罗斯的哈萨克人返回故里增添麻烦的办法。[2]哈俄签署了《关于哈常住俄罗斯的公民和俄常住哈的公民的法律地位条约》和《哈俄关于申请到对方常住手续的协议》，协议规定：居住在俄境内的哈萨克人和居住在哈境内的俄罗斯人可自由向对方国家迁徙，并可顺利得到对方的国籍。协议不仅简化了双方公民获得对方国籍的程序，而且也没有居住时间等条件的限制。[3]俄罗斯人的双重国籍问题在此基础上得以解决。

1996年，总统的著作《独立五年》在哈出版，他在书中强调：在法制基础上坚定地和自始至终地贯彻民族和睦政策，坚决地执行法制原则，不允许挑起民族仇视，也不允许以任何借口使民族仇视的事件发生。[4]1997年，俄罗斯族与哈萨克族之间的冲突逐渐缓和。

1995年以后，政府陆续建立了一些民族文化团体和民族文化中心，到1996年，这类组织已经有100多个。1997年2月，总统努·纳扎尔巴耶夫就民族团结问题与国内50多个政党、社会团体和民族文化中心的领导人会晤，与他们签署了旨在维护民族和睦的《全民公约》。1997年被定为哈萨克斯坦民族和谐年。[5]此举增强了

1　根据1989年苏联的人口普查数据，在哈萨克共和国，哈萨克族占总人口数的39.7%；俄罗斯人占总人口数的37.8%，还不算在哈的其他欧洲移民。见〔苏联〕Л.Л.雷巴科夫斯基编：《苏联人口七十年》，郭丽群译，商务印书馆，1994年，第33页。

2　常庆：《中亚国家如何解决民族问题》，《中国民族》2005年第3期。

3　潘志平主编：《中亚的民族关系：历史、现状与前景》，新疆人民出版社，2003年，第84—85页。

4　〔哈萨克〕努·纳扎尔巴耶夫：《独立五年》，第94页，转引自郝文明主编：《中国周边国家民族状况与政策》，第126—127页。

5　赵常庆主编：《中亚五国概论》，经济日报出版社，1999年，第156页。

国民珍惜各族团结的意识。

在处理哈俄关系的过程中,哈萨克斯坦确立并完善了本国的民族政策,民族政策的基本内容是:以哈萨克族为主,团结国内各族人民,建设多民族的公民共同体。不难看出,哈在制定民族政策时从国情出发,有的放矢,让其富有可操作性。总统曾说:"将民族政策概括一下,我想强调的是,哈萨克斯坦民族政策今天和以后将建立在明确和公正的原则之上,其中最主要的是:寻求妥协、把社会稳定作为公正解决民族问题的基础、法律至上、巩固国家独立和积极的一体化政策。"[1]

此外,哈俄之间友好的外交关系也起到了缓和俄罗斯族与哈萨克族紧张关系的作用。哈萨克斯坦积极与俄罗斯靠近,在政治、经济和文化方面与之签订了许多条约,这一外交政策保证了哈境内俄罗斯人的安定。

由于实施了民族和睦政策,加强了哈俄友好关系,哈俄两族之间的矛盾向着趋缓的方向发展。哈萨克斯坦在缓和境内俄罗斯族和哈萨克族之间关系方面基本上已经取得成功。独立初期,一半多的俄罗斯族认同自己既是哈萨克斯坦公民,又是俄罗斯国民;而如今,大多数人只认同自己是哈萨克公民。[2]

总的来看,民族政策的实施在一定程度上取得了成效,俄罗斯人与当地主体民族之间的矛盾有所缓和,较好地维护了哈萨克斯坦的稳定、和谐,使有着一百多个民族的国家在二十多年间没有发生过重大的民族冲突。不过,总统纳扎尔巴耶夫也清醒地认识到建立和巩固民族和谐关系的长期性和艰巨性,他说,哈萨克斯坦"是在

---

1 〔哈萨克〕努·纳扎尔巴耶夫:《独立五年》,第275页,转引自郝文明主编:《中国周边国家民族状况与政策》,第128页。

2 侯艾君:《帝国遗民:中亚俄罗斯族的命运》,《南风窗》2008年第19期。

多民族、多宗教的复杂国内背景下争取到国家独立的。所以，我们从独立的第一天起，就将各民族人民之间平等、和睦、友好的兄弟情谊和民族的统一作为国家政策的核心"。[1]

第三节 哈萨克族内部的利益冲突

哈在独立初期采取了"主体民族化"等政策，"部族主义"观念在唤醒哈萨克人历史记忆的同时开始抬头，加剧了哈萨克大、中、小三个玉兹的冲突。因此，哈萨克大、中、小三个玉兹之间的冲突也成了哈急需解决的民族问题。

哈萨克族于16世纪分化形成三个部落（玉兹），史书对哈萨克三个玉兹的记载始于17世纪初。在不断迁徙的游牧生活中，各玉兹的哈萨克人逐渐各自凝聚在一起，哈萨克人的游牧经济加强和巩固了各部落之间的独立性。经历了几百年的玉兹管理，在哈萨克人中形成了以部落划分的思维模式。按17世纪的俄文文献和汉文文献的记载，三大玉兹的牧地大致是：小玉兹在今哈萨克斯坦的西部和西北部，中玉兹在哈的中部、北部和东北部，大玉兹在哈的南部和东南部。于是，三个玉兹的划分又具有地区意义，三个玉兹的矛盾相应地也具有地区矛盾的性质。

历史上，小玉兹在哈萨克汗国的政治地位较高。1731年小玉兹人归顺俄国之后，中玉兹人成为哈萨克族历史文化的主流。在沙俄时期，官僚阶层大多数人出自中、小玉兹。苏联初期，政治经济精英大多数出自中玉兹。斯大林时代，这些精英几乎在肃反运动中被消灭了，中玉兹在哈萨克共和国的政治影响趋弱。

---

[1]〔哈萨克〕努·纳扎尔巴耶夫：《前进中的哈萨克斯坦》，哈依霞译，第52页。

尽管有如上的区分,但三个玉兹的观念在沙俄统治时期已经呈现出淡化趋势。19世纪20年代以后,沙俄政府陆续以地域原则对哈萨克草原进行了行政划分,三个玉兹的游牧组织,即血缘与地域结合的社会组织逐渐向国家政权控制下的地域组织转化。苏联时期,哈萨克的部族观念在"俄罗斯化"的政策下遭到弱化。1924年的民族识别和国界的划分进一步淡化了玉兹的观念,提高了全体哈萨克人的凝聚力,部族认同让位于哈萨克人的民族认同。

然而,在苏联后期,玉兹的观念在哈萨克人中重新加强。勃列日涅夫时代,哈萨克共产党中央第一书记由出自大玉兹的库纳耶夫担任,在长达22年的任期(1964年12月7日—1986年12月16日)内,他区别对待各部族:任用大玉兹人,关键的领导岗位都由大玉兹人出任;与此同时,排挤中玉兹的政治精英,将来自北部、中部的传统政治势力清除出共和国的权力中心;对小玉兹实施拉拢政策。于是,以大玉兹为基础、小玉兹为盟友、中玉兹为对手的部族体系在哈萨克共和国的政权结构中形成,官员的选拔,不仅要看个人履历,而且还要看出身。玉兹意识在哈萨克人中被唤醒,部落主义得以强化。三个玉兹之间的矛盾集中于政治权力的分配和经济发展水平的差异。

尽管如此,苏联中央领导层在干部选拔、利益分配等方面仍然会考虑哈萨克人三个玉兹划分的现实,总的来说采取了平衡的立场。据统计,苏联时期,哈萨克民族大、中、小玉兹在共和国最高权力机构中的代表比例是1∶1∶1。[1] 权力的具体分配方案是:哈萨克共产党中央第一书记一般由大玉兹代表担任,内阁部长会议主席由中玉兹人担任,最高苏维埃主席团主席由小玉兹代表出任,从而

---

[1] 胡尚哲:《"玉兹习气"浅析》,《世界民族》2006年第2期。

维持了哈萨克各部落之间传统的力量平衡。[1]

苏联解体前夕，1985年，戈尔巴乔夫当选为苏共中央总书记，为了顺利进行经济改革，苏共中央开始实行干部年轻化政策。1986年12月16日，哈共中央第一书记库纳耶夫被解职。1989年6月，大玉兹人努·纳扎尔巴耶夫当选为哈共中央第一书记，此后，出现了大批任用大玉兹人的现象。1990年，在哈萨克上层人士中，来自大玉兹和中玉兹农村的比例分别为17.3%和17.5%（不相上下），而大玉兹和中玉兹在哈萨克居民人数中的比例分别为24.63%和41.24%。[2] 数据表明，上层人士在大玉兹中的比例占优势。

独立后，哈萨克斯坦的部族观念越来越多地被民众接受。担任哈第一任总统的纳扎尔巴耶夫试图平衡三个玉兹的力量。对于中玉兹的式微，总统最初执行扶持中玉兹势力的政策。1994年7月6日，哈萨克斯坦最高苏维埃通过了迁都决议（从大玉兹领地迁到中玉兹阿斯塔纳市），让中玉兹重新成为国家政治的中心。从1995年起，努·纳扎尔巴耶夫所器重的一些中玉兹干部相继走上了高层政治岗位，在政治舞台取得地位的中玉兹开始壮大。独立初期，大、中、小玉兹在国家最高权力机构中的代表比例从苏联时期的1∶1∶1变成了2∶2∶1。[3]

国家扶持中玉兹的政策措施引起了大玉兹人的不满，首都从大玉兹人居地迁到中玉兹领地的决定加剧了不满倾向。1929—1997年，大玉兹境内的阿拉木图城一直保持着哈萨克共和国和哈萨克斯坦首都的地位，1997年首都迁往阿斯塔纳后，阿拉木图市降到了地

---

[1] 包毅：《简析中亚国家政治转型中的部族政治文化因素》，《俄罗斯中亚东欧研究》2009年第5期。

[2] 〔哈萨克〕A. Г. 加里耶夫：《当代哈萨克斯坦社会经济与政治生活中的区域和民族人口因素》，胡红萍译，《新疆师范大学学报》2011年第2期。

[3] 胡尚哲：《"玉兹习气"浅析》，《世界民族》2006年第2期。

区州级的地位。

对扶持中玉兹的政策最为不满的是小玉兹，权力机构代表的比例与小玉兹的经济地位不相符合。哈萨克斯坦独立初期实施石油兴国战略，哈境内的大型油田，以及一些中小油田都分布在小玉兹境内，苏联时期建立起来的主要工业设施也大多分布在小玉兹地区。以草原和丘陵为主的中玉兹所在地区较为贫瘠，其经济实力不能与小玉兹相比。中玉兹在独立以后的发展是仰仗政府当局的行政干预，迁都的决定也导致了小玉兹的不满。迁都决定初衷是打破三个玉兹的隔阂，加强部族的整合。为了实现迁都，政府采取了一系列优惠政策吸引政府机关和企业北迁，一是在新都为行政人员免费提供住房，二是实行高额补助，三是提供升迁机会。[1]这些政策，特别是资源重新分配和财政转移政策，触动了小玉兹哈萨克人的利益，激化了中、小玉兹的矛盾，"扎纳瑙津事件"（详见第十二章第三节）的发生正是部族矛盾的反映。在此形势下，哈政府不得不回到维持三玉兹力量平衡的谨慎政策上来。

为了平息大玉兹人的不满，国家权力体系开始朝着以大玉兹为核心的方向发展。美国中亚问题专家 M.奥尔柯特说："在最近的几年中，总统成功地阻止了来自中玉兹 A.卡热格尔金（前总理）对政治生活的积极参与……如果是卡热格尔金取得胜利，那些如今被来自南部和西部地区的人占据的重要位置早就落入来自中玉兹和北部哈萨克斯坦的代表之手了。"[2]到2000年，大、中、小玉兹在国家最高权力机构中的代表比例从2∶2∶1变成了3∶1∶1。如果把州长以上的重要职位都计算在内，大、中、小玉兹代表的比例就变成了23∶13∶6。而大、中、小玉兹人口在哈萨克斯坦总人口中的比

---

1 胡尚哲：《"玉兹习气"浅析》，《世界民族》2006年第2期。
2 同上。

例分别是35%、40%和25%。[1] 人口最多的中玉兹在权力机构中并不占优势。1996年以后，哈政府改变了财政政策倾斜对象，开始加大了对大玉兹所在的南部地区的财政支持。

除了以部落属性为标准构建权力体系和选拔、任用干部外，部落属性还影响着哈萨克斯坦的经济，在政治权力的庇护下，有影响的家族利用制度转型提供的机会谋取利益。在上层哈萨克人中，属于中玉兹的家族取得了对地下矿藏的控制，属于小玉兹的家族控制了石油，属于大玉兹的家族控制了传媒，并通过在权力体系中的优势地位争取经济利益。

部落属性影响着身份认同。在下层哈萨克族人中，特别是在农村阿乌尔生活的农民，大多数人迫于生活压力不得不依靠部族关系，涌入城市的大批移民为了获得认同也强调自己的部落身份，为在新居地的生存创造条件。于是，部族意识在哈萨克族中进一步强化。在哈萨克人的意识中，一个人如果没有众多的血缘亲属予以支撑，他在社会上就不可能有现实的影响力。1994—1996年，在杰兹卡兹甘州和克孜勒奥尔金州进行的一次调查显示，80%的私营老板了解自己的员工属于哪个部落，54.8%的被访者知道自己的老板的氏族属性。[2] 哈萨克族还以美化和标榜本玉兹在哈萨克族史上的作用来提高本族的社会地位。于是，部族观念在一定时间内还将对哈萨克斯坦的政治和经济进程起到作用。[3]

部族观念在民族国家没有形成之前，曾起到过凝聚人心和组织

1　胡尚哲：《"玉兹习气"浅析》，《世界民族》2006年第2期。
2　同上。
3　美国学者沙茨仔细检查了那些担任重要职务的人和他们的游牧部落成员资格后发现，游牧部落继续在重要职位的分配上保持着决定性的作用。而哈萨克斯坦学者叶塞诺佐、阿梅尔库洛夫和乌姆别塔利耶娃的研究结论则与之相反，他们认为：第一代身份的地位增加了部落在哈萨克斯坦政治中的分量，总体而言，他们的重要性正在下降，在纳扎尔巴耶夫时代已经变得完全不重要了。

社会之作用，保持了社会和谐和有序运转；然而，在独立民族国家创建以后，部族认同的强化将削弱民族认同和国家认同。历史上，三个玉兹以分裂的形式生活在哈萨克草原上，三方只有在外敌入侵之时才能结成短暂的结盟。独立以后，哈萨克斯坦领导者强调确立一种代表全体哈萨克斯坦人民的价值观，以团结各民族和促进政治的长期稳定，而部族观念和宗族意识的强化阻碍了哈萨克人的国家认同。

哈萨克大、中、小三玉兹的居地相对集中，因此，部族观念所导致的权力分配不均有可能引发地区独立主义，最终危及哈萨克斯坦的统一和稳定。小玉兹在哈萨克斯坦政权分配中获益甚少，而所在地区油气资源丰富，与俄罗斯的经济联系密切，这些因素导致了小玉兹分立主义倾向严重。2011年，在小玉兹领地上爆发的"扎纳瑙津事件"，刺激了部族主义的复活，被相关利益集团利用成为社会动员的资源。为了防止地方主义和分裂主义的发展，哈政府在边境地区调整了工业布局，新增了加工企业，加强小玉兹与中部、南部地区的经济联系，化解了小玉兹部分地区的分离倾向。

为了削弱部落、部族观念，强化整体哈萨克人的公民意识，总统于2014年建议将"哈萨克斯坦"更名为"哈萨克耶烈"（意为哈萨克人的国家）。尽管哈萨克族三个玉兹之间的冲突尚未达到能够影响社会稳定的程度，但部族意识和宗法观念还将长期影响着哈政府的民族政策。妥善解决民族关系是创建和巩固独立国家的重要保证，而民族矛盾的化解和民族关系的和谐是长期的任务。纳扎尔巴耶夫总统认为："不可能一劳永逸地解决民族问题。甚至世界上最成功的民主国家都不能做到这一点。……我们的战略应该是实施防止矛盾转化为流血冲突的政策。"[1]

---

1 〔哈萨克〕努·纳扎尔巴耶夫：《站在21世纪门槛上——总统手记》，陆兵、王嘉琳译，第21页。

第十一章
社会问题

独立以后,哈萨克斯坦在政治、经济转型中,打破了哈萨克共和国时期的分配制度,导致了原有社会结构的瓦解。财富分配不均导致了贫富差距拉大,两极分化日趋明显,占人口绝大多数的工人、农民和知识分子迅速流向社会下层。在转型时期的利益分化中,贫困、失业、腐败、毒品等问题相继出现,成为哈萨克斯坦面临的新的社会问题。

第一节 两极分化与新贵族

独立以后,在经济转型的过程中,哈萨克斯坦由于财富分配不均导致了贫富差距的拉大,两极分化日趋明显。两极分化和贫困人口的增多是哈萨克斯坦面临的一个新的社会问题。

沙俄时期,哈萨克人的主要成分是农牧民、工人、知识分子,以及少数地主、富农和资本家。苏联时期,哈萨克共和国在20世纪30年代消灭了地主、富农和资本家,以后个体劳动者也通过"合作化"的途径逐渐消失了,哈萨克共和国只剩下了两个阶级、一个阶层,即工人、农民阶级和知识分子阶层。1979年,在哈萨克共和国,工人和知识分子占总人口数的93.5%,农民和手工业者占6.5%。[1] 苏

---

[1] 常庆:《哈萨克斯坦的社会变化与社会问题》,《俄罗斯中亚东欧研究》2003年第2期。

联时期，联盟中央对社会财富的分配带有平均主义倾向，社会成员之间只有社会劳动分工的不同、劳动收入上的微小差别，不存在拥有资本、支配生产资料的阶级和阶层，社会利益的分配仅仅是由社会制度决定的国家（官方）政策行为。[1]在此时期，两极分化并没有成为哈萨克共和国的社会问题。

独立以后，哈萨克斯坦在计划经济向社会市场经济的转轨过程中，原有的收入与分配体系被打破，贫富差距加大，占人口绝大多数的农牧业者、工人和知识分子迅速滑向社会底层，而少数人迅速暴富，于是，两极分化的问题凸显。两极分化的现实首先从基尼系数[2]表现出来。在苏联解体前夕的1989年，哈萨克共和国的基尼系数为0.289，国民收入分配处于"较为平均"的阶段。独立以后，哈萨克斯坦从"较为平均"向"较不平均"过渡，基尼系数在1996年上升为0.353。[3]基尼系数上升的势头很快，到2001年，基尼系数超过了国际公认的警戒线0.4，达到0.411，国民收入分配处于高度不平均的状况。收入与分配机制失衡，伴随而来的是社会阶层的迅速分化。

在哈萨克斯坦，两极之间的差距在中亚虽然不是最大的，但仍然是比较大的。独立初期，新贵族人数大约占全国总人口数的10%—20%，他们占有的社会财富高达50%以上。[4]少数人占有大量财富的趋势在不断扩大，到2003年，占全国人口总数的1%—2%

---

[1] 李景阳：《基本经济制度转变中的社会冲突——对俄罗斯的实证分析》，东方出版社，2002年，第12—13页。

[2] 基尼系数是经济学家用来衡量收入公平程度的指标，即在全部居民收入中，用于进行不平均分配的那部分收入占总收入的百分比。

[3] 杨进：《贫困与国家转型：基于中亚五国的实证研究》，社会科学文献出版社，2012年，第35页。

[4] 杨志刚：《哈萨克斯坦独立十年：成就与问题》，《新疆大学学报》2003年第1期。

的最富有者控制着国内绝大多数的财政资金和自然资源,而占人口总数70%的是穷人。[1]从消费视角来看,最贫困人口群体消费在全社会消费中的比例不大,1993年,哈萨克斯坦20%的最贫困人口占国民总消费的份额只有7.5%。[2]

哈萨克斯坦两极分化迅速扩大的直接原因之一是收入初次分配的不平均。苏联时期,无论城市工人还是农庄农民,其雇主均为国家,国家劳动部门根据劳动性质、强度、技能水平、对社会贡献大小等方面来划定工资标准,尽管存在工资差别,但是这种差别不是很大。独立以后,在经济改革过程中,有人利用手中权力在私有化中大发横财。例如,在住房私有化过程中,地方行政长官违反库邦(为房屋私有化发放的一种购券)发放办法,随意将住房无偿分给住户,同时又发给他们大量库邦。总统纳扎尔巴耶夫在2007年国情咨文中就住房等敏感领域的政策实施提出批评,指出原本拟分配给因战争和劳动致残的残疾人群的公有住房(经济适用房),实际上大多被政府官员占有,违背了国家发展纲要明确应帮助支持多子女家庭、低保家庭、残疾人的政策初衷。

此外,在私有化过程中实行对"劳动集体"优惠,把原来属于全民的部分或全部财产转送给"劳动集体",这种做法不仅使非生产领域的人员无法享受这种优惠,而且让一部分人通过合法手段获取了全民的财产。一位地方代表在汇报私有化改革情况时说,有的单位在名义上是集体购买,而实际上是个人出钱骗取国家优惠。在2008年的国情咨文中,总统纳扎尔巴耶夫指出:中央政府检查的情况表明,阿斯塔纳和各州府周边的土地早已被冒名的公司和个人买

---

[1] 哈萨克斯坦《思想》1999年第1期,转引自赵常庆:《十年巨变——中亚和外高加索卷》,第275页。
[2] 杨进:《贫困与国家转型:基于中亚五国的实证研究》,第37页图2-7。

走了。而现在，一些人，其中不乏官员，又将这些地块以市场价格出售，拿着国家的钱发了财，而自己不做任何投入。

除了利用手中权力将国有资产转归己有外，在非国有化和私有化第一阶段的一些规定也导致了社会分配不公。如在实施市政财产私有化时，一半上缴国家，一半归地方所有。这一规定把本来属于"全民所有"的财产划归到了地方，附着在发达地区的国家财产变成了地方财产。这种对国有财产的不公平分配造成了地区的贫富差距。

同时，市场化分配机制中存在着诸如垄断现象，造成劳动工资分配在不同行业、不同部门之间的差距拉大，这也是造成两极分化的原因之一。这一点从占有垄断地位的电力行业与没有垄断地位的纺织行业中可以看出。独立前的1985年，纺织行业月均工资为188.7坚戈，电力行业的月均工资为203.8坚戈，前者比后者低7.4%；到1993年，纺织行业月均工资为129.1坚戈，电力行业月均工资为270.4坚戈，前者比后者低了52.3%，即前者只是后者的一半；到1995年，纺织行业月均工资为4422.7坚戈，电力行业的月均工资为12281.3坚戈，前者的工资只相当于后者的36%，即1/3略强。[1]1998年，从事卫生、社会保障、教育和文化艺术事业者的平均工资分别是平均工资水平的65.5%、64.8%、73.8%和65.4%。[2]

初次分配的不公导致了原有社会结构的瓦解。独立以后，哈政府把发展中产阶级作为未来社会阶级结构的战略目标。在哈萨克斯坦，有条件成为中产阶层的有两部分人："一部分是苏联时期的

---

[1] 杨进：《贫困与国家转型：基于中亚五国的实证研究》，第86—87页。
[2] 于洪君：《哈萨克斯坦独立后的经济和社会发展状况》，《东欧中亚研究》1998年第1期。

旧官员，他们在从计划经济向市场经济转变的过程中迅速获得红利，他们发财的机制源于其所掌控的企业获取贿赂、红利甚至是房产……另一部分对于旧中产阶层的确是一个新阶层，他们是随着我们不熟悉的新职业而形成的：经纪人、高管、房地产经纪人、人力资源经理等。""他们主要是官员、银行高管和矿业管理者。"[1] 因此，人为发展中产阶级并不成功，两极分化在市场经济中成为必然趋势。

在经济尚未全面复苏的形势下，以中小私有者为主要组成部分的中间阶层人数不多，经济力量脆弱，受经济危机或通货膨胀等因素的影响，他们逐渐向两极分化，大多数人很快滑向社会下层。原来处于较高社会层次的科研人员在失去基本的生活保障之后，也逐渐向较低社会层次流动，这些人员比独立以前缩减了二分之一，其中，有相当一部分人被社会结构分化的浪潮抛弃到社会的底层。[2]

哈萨克斯坦社会人群可分为三大利益群体：一是普通劳动者群体。这一群体由工人、农民、知识分子、个体劳动者组成，他们是社会的大多数。

二是生产要素所有者群体。这一群体由股份制、股份合作制企业中的股东和董事会的董事，私营企业主，股息、红息、利息受益者，以及专利、技术、信息的拥有者组成。他们把生产要素投入生产和经营领域，以获得利润为主要收入来源。他们是经济改革中形成的一个新的利益群体。[3] 这部分人在哈萨克斯坦被称为新生代。这部分人大多数是拥有现代知识和资源的年轻人，其中工商界的年轻

---

[1] 杨进：《贫困与国家转型：基于中亚五国的实证研究》，第184页。
[2] 王嘎：《试论中亚五国经济转轨过程中的社会结构分化》，《俄罗斯中亚东欧研究》2004年第6期。
[3] 辛显文：《论社会转型期的利益分化》，《北方论丛》2005年第2期。

人体现了这一群体的形成过程。他们中的绝大多数曾在国外接受教育，他们在市场经济的构建中不仅学以致用，而且还利用他们与外国投资者的联系，组建公司，成为工商界精英。"新生代"是经济改革的受益者。

三是经营管理者群体。这一群体由党政机关的领导和管理干部，以及企业的经营管理干部组成，他们在社会分工中处于领导和指挥的地位。这部分人是被称为"新哈萨克斯坦人"的新贵族。他们大多数是苏联遗产的继承者，其中"石油大亨"是该部分人中的典型代表，他们集中体现了新贵阶层的形成过程。20世纪60年代，随着油田的发展，一些人从哈萨克共和国各地来到产油区，有一些人是受党中央委派到能源行业的各个公司从事管理工作的，这些人中的大多数人担任了地区行政或党委的领导。独立以后，由于具有的工作经验，这些人继续在原来的部门担任要职。在所有制改造中，一部分领导者利用手中的权力，往往在没有竞争的情况下低价收购产油区的石油公司，使相当一部分国有资产转入个人名下，成了哈萨克斯坦新贵族。其他工业部门，以及金融、商业等领域的精英演变为"新贵阶层"的过程大致与之相同。这一群体中最突出的三大集团分别是：掌控油气资源的库利巴耶夫－苏尔汗别尔金集团、掌控黑色和有色金属资源的欧亚资源集团和掌控媒体的达里嘉－阿利耶夫集团。

这些集团的核心人物几乎都有在莫斯科留学的经历，其中一些人在苏联时期已担任领导职务。如库利巴耶夫－苏尔汗别尔金集团的库利巴耶夫在苏联时期担任哈萨克共和国文化、社会和科技发展基金会科技咨询中心经理；欧亚资源集团的核心人物马什科维奇曾在莫斯科担任谢别克集团副主席，该集团的另一位核心人物绍基耶夫任职于苏联驻日本商务处。

处于社会结构顶端的新贵阶层，不仅左右着社会利益的分配，在一定程度上还垄断着政治权力。以上集团与哈高层有着千丝万缕的联系，他们在政界有自己的代理人或保护人，在很大程度上能够影响立法和行政部门的决策，参与分配哈的主要资产和资源。社会学家认为："权力差异决定了社会报酬的不平等分配体系，简而言之，那些处于上层的人……能够获得更有价值的资源。"[1]

这些集团控制着哈萨克斯坦媒体。库利巴耶夫－苏尔汗别尔金集团控制着《大陆》杂志，以及《时代报》、《消息报》和《共青团真理报》；欧亚资源集团掌控了《哈萨克斯坦快报》；达里嘉－阿利耶夫集团下的阿尔玛－梅迪亚集团掌控着哈巴尔电视台、独立电视台和商业电视台，掌控的广播电台有欧洲－哈萨克斯坦电台、俄罗斯广播－亚洲电台，掌握的报纸有《新一代报》、《远景报》和《商队报》。

哈新贵阶层的形成突出表明社会财富逐步集中于官僚阶层和精英，公平的社会资源分配离中下阶层越来越远。总统纳扎尔巴耶夫对社会中贫富差距的问题高度重视，多次在国情咨文中谈到缩小贫富差距的问题。

1995年7月，哈萨克斯坦通过税收法典，对个人所得税做出了规定，该法典规定，对年收入超过最低收入程度者征收5%—30%的税。2001年新税法对该税种进行了调整，提高了向最高收入者征收个人所得税的税率，达到40%。这一政策如能很好执行，则对调解收入差距过大能够起到良好的促进作用，但是在征收过程中由于监管难以跟上，实际征管十分困难。[2]

---

[1]〔美〕马丁·N.麦格：《族群社会学》，祖力亚提·司马义译，华夏出版社，2007年，第33页。

[2] 杨进：《贫困与国家转型：基于中亚五国的实证研究》，第90—91页。

尽管如此，经过一段时期的治理，哈萨克斯坦贫富差距拉大的现象得到一定程度的遏制，基尼系数从2001年的0.339降低到2010年的0.289，全国最富有的10%人口和最贫穷的10%人口之间的收入差距在逐年缩小。到2003年，哈萨克斯坦最高20%人口收入是最低20%人口收入的5.61倍[1]，这一数字在中亚国家并不是最高的。

然而，税收只是依靠国家政权力量向纳税人收取的用于社会公共支出的财政资源，真正把财税资源在全社会层面合理公正地进行分配对于普通民众而言具有更加直接的意义，对社会下层来说，社会福利和社会保障政策将更加有意义（有关社会保障问题将在第十四章论述）。

第二节 贫困与失业

苏联时期，哈萨克共和国的贫困问题已经存在，世界银行公布的数据表明，1989年苏联的贫困率为11%，其中哈萨克共和国的贫困率为16%[2]，这一数字虽然在中亚五国中是最低的，但仍然比苏联的平均数要高出5个百分点。不过由于处于苏联的保障体制之下，贫困没有成为尖锐的社会问题。苏联解体以后，哈萨克斯坦在从计划经济向市场经济的过渡中，经历了放开物价、私有制改革、产业结构调整等一系列重大改革。这些改革没有使哈萨克斯坦人民很快富裕起来，相反随着经济改革的深入，大多数人的生活陷入了贫穷。贫困成了哈萨克斯坦政府面临的一个社会问题。

独立以后，哈萨克斯坦经济经历了一个衰退时期，在此期间，

1　杨进：《贫困与国家转型：基于中亚五国的实证研究》，第36页图2-6。
2　同上书，第16页表1-5。

贫困问题开始突显。在1992—1993年间,哈萨克斯坦居民中的66%的人生活在贫困线以下。[1]哈总统纳扎尔巴耶夫对当时的贫困状况描述道:"占世界面积六分之一的苏联的解体并不是一件简单的事情,延续了整整70年的经济往来中断了,生活秩序松懈了,人们的责任心少了,投机钻营,不劳而获,一夜暴富的人多了起来,犯罪现象滋生蔓延,价格无法控制。有不少人处于困境之中,不要说购置高档服饰,连起码的日用品也无力购置。"[2]随着经济的好转,贫困状况虽然有所改善,但直到1998年仍有三分之一以上的人处于贫困之中,据哈统计局资料,1998年一般贫困人口占总人口之比为39%。[3]

贫困率高的因素很多,经济衰退是导致国民贫困的主要因素之一。独立初期,与苏联经济联系的割断导致经济发展受阻,直到1998年,哈萨克斯坦国民生产总值只有1990年的45.6%。[4]

生产不景气造成了商品严重短缺,物资匮乏致使人民生活水平的下降。物资匮乏的情况其实在独立前夕已经显现,1988年,苏联消费品(包括食品、非食品和轻工产品)人均生产水平为1224卢布,而哈萨克共和国的这一数字只有619卢布,虽然在中亚国家中还算比较高的,但也只有全苏的一半左右。[5]1989年,联盟中央补足哈萨克共和国的消费品总值为57.32亿卢布。[6]独立以后,来自苏联中央的调节不复存在,而国内经济的衰退导致的物资匮乏情况更

---

[1] Daniel Linotte, *Poverty in Central Asia*, Helsinki Monitor, 2000, No. 2. p. 170.
[2] 〔哈萨克〕努·纳扎尔巴耶夫:《前进中的哈萨克斯坦》,哈依霞译,第26—27页。
[3] 杨进:《贫困与国家转型:基于中亚五国的实证研究》,第45页图2-11。
[4] 杨进:《塔吉克斯坦的现状与发展趋势》,社会科学文献出版社,2009年,第26页表1-6。
[5] 杨进:《贫困与国家转型:基于中亚五国的实证研究》,第9页表1-1。
[6] 同上书,第78页。

趋严重，大部分生活必需品都依靠进口。

物资的匮乏和物价开放导致了恶性通货膨胀。1993—1995年的三年间，哈萨克斯坦的通货膨胀率分别是1162.28%、1461.99%和176.28%。[1] 截至1995年6月，哈萨克斯坦水、电、房租的平均价格是独立前的10倍以上，各类生活必需品价格也呈上涨趋势。尽管政府对居民的生活必需品实施政府控价，但在市场经济的改革中，政府最终不得不在1992年2月初废除了对物价的所有控制措施。[2]

居民收入的减少也是国民贫困的因素之一。从居民收入来看，1993年，哈萨克斯坦就业人口中有4.2%日均收入低于1美元，1996年有5%的就业人口日均收入低于1美元，2002年上升到5.2%，从2003年起这一比例开始下降，但是仍有3.1%的就业人口日均收入低于1美元。2000年，哈萨克斯坦人民的最低生活标准为4097坚戈，而收入不到3000坚戈的人数占工作人员总数的51.9%，半数以上人的收入达不到最低生活标准线的水平。[3] 与城市居民相比，农村居民的收入更少，"1997年6月，哈全国月平均名义工资为7864坚戈（不包括小企业工资）……农业领域的平均工资为3096坚戈，只有平均水平的40.2%"。[4]

贫困导致了购买力的下降。1996年底，居民人均年消费的肉和肉制品由1990年的71公斤减少到50公斤，奶与奶制品由307

---

[1] 根据国际货币基金组织提供数据整理。

[2] Jonathan Aitken, *Nazarbayev and the Making of Kazakhstan*, Bloomsbury Academic, 2009, pp. 113-114.

[3] 常庆：《快速发展中的困扰——哈萨克斯坦经济形势及面临的社会问题》，《国际贸易》2003年第6期。

[4] 于洪君：《哈萨克斯坦独立后的经济和社会发展状况》，《东欧中亚研究》1998年第1期。

立升减少到 205 立升，食糖由 37.4 公斤减少到 18 公斤，鱼和鱼制品由 10.1 公斤减少到 5 公斤，鸡蛋由 221 个减少到 70 个，水果由 23 公斤减少到 13 公斤。[1]

贫困导致了人们对社会现实的不满。在巴甫洛达尔州进行的一项社会调查显示，72.2% 的人认为自己的生活比苏联时期差得多。[2] 一些地区发生了群众示威抗议活动，阿拉木图等不少城市发生退休人员的集会游行，要求政府提高退休金和生活待遇，"工人运动"、"拉特" 等反对派组织参与其间，与警察发生激烈冲突。集会中甚至有人呼喊"打倒纳扎尔巴耶夫"的口号。[3] 这些事件大多数与就业、贫困等社会问题有关。贫困成为哈萨克斯坦最严峻的社会问题之一，政府不得不采取新措施解决。

在经济下滑趋势发生逆转之后，哈政府开始制定和实施国家减贫计划。近十多年来，哈萨克斯坦凭借石油业的发展及由此而来的源源不断的美元提高了国家的经济实力，在一定程度上改善了贫困问题。1998 年以后，政府加大了对社会领域的预算拨款。2000 年以后，国民的总收入逐年上升。2003 年，哈萨克斯坦的月平均名义工资数额为 156 美元，在独联体国家中仅次于俄罗斯（181 美元）。[4]

经济好转之后，哈萨克斯坦的通货膨胀率在新世纪初期也得到遏制，1999—2000 年，哈通货膨胀率分别是 17.8% 和 9.8%[5]，可以看出，哈萨克斯坦的通货膨胀率开始控制在个位数。

---

[1] 于洪君：《哈萨克斯坦独立后的经济和社会发展状况》，《东欧中亚研究》1998 年第 1 期。
[2] 常庆：《快速发展中的困扰——哈萨克斯坦经济形势及面临的社会问题》，《国际贸易》2003 年第 6 期。
[3] 陈明山：《中亚政局相对稳定的原由及潜在问题》，《国际资料信息》2000 年第 3 期。
[4] 韩翔：《哈萨克斯坦 2003 年社会经济发展情况》，《中亚信息》2004 年第 2 期。
[5] 赵常庆编著：《哈萨克斯坦》，第 86 页表 4-1。

随着收入增加和通货膨胀率的下降，人民生活水平逐年提高，国家贫困化趋势得到了有效遏阻。哈萨克斯坦贫困问题得到根本性转变是在 2001 年以后。2000 年哈萨克斯坦签署了千年宣言，确定了新千年发展目标。第一目标便是必须在 2015 年将贫困人口的数量减少一半。[1]

失业是导致贫困的主要因素之一，解决好失业问题已经成为发达市场经济国家社会生活中的重要组成部分。独立以后，哈萨克斯坦大多数的居民仍以工资为生活来源的主要手段，获得就业机会对于生活保障有一定的作用，而失业对绝大部分人来说意味着生活失去着落而沦为贫困人群。

据官方提供的统计数据，哈萨克斯坦在 1991—1999 年间的失业率（%）分别是：0.5、0.4、（缺 1993）、1.1、2.1、4.2、3.8、3.9、3.9[2]，这些数据表明，哈的失业率处于 3%—6% 的合理范围之内[3]，然而，这只是官方的统计数据，大多数劳动者处于隐性失业状态，因此，实际失业人数的比例远远超过了这些数据。在 1992—1995 年间，哈萨克斯坦的就业人数锐减了 100.6 万[4]；1999 年，全国平均每个岗位有 36 个失业者应聘，在农村，这一数据高达 285 人。[5] 据哈萨克斯坦学者估计，失业率大约在 11%—13%。[6] 在失业

---

[1] 《哈萨克斯坦努力消除贫穷和失业》，聂书岭译，《中亚信息》2003 年第 11 期。

[2] 许新：《转型经济的产权改革——俄罗斯东欧中亚国家的私有化》，社会科学文献出版社，2003 年，第 315 页表 10-1。

[3] 失业率在 3% 至 6% 之间为正常性失业，见张跃庆、张念宏主编：《经济大辞海》，第 590 页。

[4] 孙壮志：《中亚五国经济转轨中的失业与就业问题》，《东欧中亚研究》1997 年第 3 期。

[5] 张树昌：《中亚五国和中国社会政策与社会问题的比较研究》，中国社会科学院研究生院博士学位论文，2003 年，第 59 页。

[6] 常庆：《中亚五国社会变化与社会发展模式》，《东欧中亚研究》2001 年第 1 期。

者中，年轻人占了很大比例，在1997年和1999年失业人数中近一半为年龄不到30岁的年轻人[1]，在2002年的失业者中，15—24岁的人占28.3%，25—29岁的人占26.1%。[2] 无所事事的年轻人成为社会不稳定的重要因素，失业成了哈萨克斯坦一个严峻的社会问题。

经济衰退是造成哈萨克斯坦大批劳动者失业的主要因素。独立初期，由于缺少资金，无法购买原材料和支付维修费用，加之俄罗斯族技术人员的离走，哈萨克斯坦大多数企业和工厂处于停产或半停产状况，完全关门或倒闭的现象逐年增加。截至1997年，哈萨克斯坦停产半停产的企业共800余家，占哈企业总数的三分之一以上；亏损企业达1700多家，国营企业有三分之二亏损。在此经济形势下，大批工人失业。据统计，失业人口（包括隐形失业者和长期休闲者）已逾百万人。[3]

私有化导致就业岗位的大量缩减，也是造成失业的因素之一。在经济转型初期，国家还未来得及为普通劳动者制定完善的就业保障制度，就匆忙推进了私有化。在私有化高潮时期，企业转产、停工或倒闭现象导致了大批职工失业，这一点可从以上1991—1999年官方统计的失业率中看出。失业人群是新增贫困人口的主要组成部分。

哈萨克斯坦从独立初期就开始解决失业问题。政府对失业者进行登记，给他们发放失业救济金，领取失业救济金的人数由1991年的1000人增至1996年（7月）的15.56万人。[4] 国家用于

---

1 王海燕：《哈萨克斯坦的经济改革与发展》，《东欧中亚市场研究》2001年第11期。
2 常庆：《哈萨克斯坦的经济现状与未来几年发展趋势》，《俄罗斯中亚东欧市场》2003年第1期。
3 李琪：《哈萨克斯坦共和国百年历史人口透视》，《西域研究》1997年第4期。
4 张森主编：《俄罗斯和东欧中亚国家年鉴（1999年）》，当代世界出版社，2001年，第245页。

社会领域的拨款由1991年占预算支出的29.11%增加到1995年的36.46%[1];随着失业人口的增加,失业金的发放难以继续下去。1995年,国家对失业保障进行了一系列改革(见第十四章社会改革与社会保障)。

1998年,哈萨克斯坦经济形势开始好转,失业人数逐渐减少,独立初期面临的失业与贫困的巨大压力减轻。2003—2006年间,国家登记的失业率分别是1.8%、1.5%、1.2%、0.9%。[2]据官方统计数据,2014年失业率为5%。[3]

在失业率逐步下降的同时,哈萨克斯坦的贫困率也开始稳定下降。2006年,哈萨克斯坦贫困人口的占比从2005年的31.6%一下降到了18.2%,2008年,这一数据已经下降到了12.1%。也就是说,从2001—2008年的时间内,哈贫困率下降了34.6%。[4]

2007年以后,哈萨克斯坦的通货膨胀率呈现下降趋势,2010年通货膨胀率下降到7.1%。[5]通货膨胀率的下降有利于人民生活水平的提高。2008年,哈萨克斯坦甚至向着富裕国家的目标前进,2011年,哈人均国内生产总值达1.13万美元。[6]在经济发展的基础上,哈国居民人均收入呈增长之势,到2013年,居民收入增加16倍,平均工资提高10多倍,处于国家社会保障下的居民得到最大

---

[1] A.内桑巴耶夫、E.阿累诺夫:《哈萨克斯坦共和国:临近21世纪的社会政治面貌》,《社会学研究》1996年第8期,转引自孙壮志:《中亚五国经济转轨中的失业与就业问题》,《东欧中亚研究》1997年第3期。

[2] 蒲开夫等:《独立后哈萨克斯坦的人口和社会发展》,《新疆大学学报》2010年第1期。

[3] 《哈萨克斯坦:2014年失业率为5%》,中国新闻网2015-04-07。

[4] 杨进:《贫困与国家转型:基于中亚五国的实证研究》,第26页。

[5] 夏咏、王贵荣:《哈萨克斯坦农业投资软环境调查分析》,《调研世界》2014年第2期。

[6] 赵常庆:《中亚五国新论》,第77页。

可能的扶持。[1]

随着通货膨胀率的下降,哈萨克斯坦居民生活水平不断提升,近年来,居民人均月消费呈现出逐年增长的趋势,年均增长为18.03%。[2]据世界银行排名,哈萨克斯坦已进入中等收入国家之列,并且居民购买力超过了中等发达国家的水平。

经济持续增长是解决贫困的根本途径,然而,贫困问题还涉及经济结构、收入分配、社会保障政策等诸多方面,因此,在经济稳定增长的前提下,贫困问题还可能出现反复。为了从根本上消除贫困,哈萨克斯坦于2009年颁布了包括《关于就业和社会保障法律的修改和补充规定》、《关于对某些公民进行社会援助法律的修改和补充规定》、《关于专门社会服务需求的评价与确定原则的规定》、《关于就业和强制性社会保险法律的修改和补充规定》、《关于社会福利金的使用、支付及其规模确定的原则规定》等数十项法律。法制化、规范化已经成为哈解决贫困问题的重要机制。

第三节 难以消除的腐败

腐败指利用手中权力以谋取私利的损人行为。这种行为在苏联时期也存在,但是并未成为哈萨克共和国的普遍性社会问题。独立之后,在政治和经济转型中,为了保证在经济发展中的地位,国家政治精英集团与经济精英集团紧密联合。相互勾结的结果,滋生了腐败现象,从政府基层到最高层到处都能看到腐败的身影。于是,

---

[1] 张圣鹏:《哈萨克斯坦在居民社会保障领域取得较大进展》,中华人民共和国商务部2013-09-26。
[2] 夏咏、王贵荣:《哈萨克斯坦农业投资软环境调查分析》,《调研世界》2014年第2期。

腐败成为哈萨克斯坦必须认真对待的严峻的社会问题。

腐败的重要特征之一是非法使用公共权力。在哈萨克斯坦，寻租[1]是腐败的一种普遍现象。寻租有以下三种方式：一是得到国家对公司业务的支持和促进（如政府的合同、补贴等）；二是获得国家的特权（如减免税收、获得垄断地位，或者出口配额优惠等）；三是规避国家法规条例对公司业务的影响（如对外贸易壁垒、安全或环境法规、牌照义务等）。[2]在私有化尚未完成、市场发育不成熟的情况下，一些重要生产部门仍然由国家掌握，为高层管理人员带来了权力寻租的机会。

哈萨克斯坦的政治、经济精英们掌握着市场游戏规则的制定权，在缺乏有效监督的情形下即可轻而易举地获得权力租金。以石油部门为例，政治或经济精英们控制着与能源投资进行大笔交易的渠道，于是，丰富的石油资源为最高层领导的寻租提供了最大的可能性。政府官员的寻租方式多种多样，例如，故意在项目审批程序上消耗时间，企业想要涉足石油行业，就必须贿赂主管官员才能成功地拿下合同。

由于权力寻租的普遍存在，处于哈萨克斯坦社会结构顶端的新贵阶层往往不是积极参与市场竞争，而是参与官僚政治的竞争，即积极进行权力寻租。如果不能与控制资源的国家高层领导建立关系网络，他们就无法在市场站稳脚跟并获得成功。于是，企业高层一般与总统家庭存在千丝万缕的联系，或者与总统府、中央政府和地方政府高层官员结成精英利益集团。他们之间存在着相互依赖的关

1　一些企业谋求国家和政府的支持和帮助，以赚取超过市场竞争的收益，这种超额收入被称为"租金"，谋求权力以获得租金的活动被称为"寻租"。

2　〔德〕J. 库兹涅尔:《哈萨克斯坦石油精英及其对能源政策的影响》，孙溯源译，《俄罗斯研究》2012年第1期。

系，经济精英依赖于政治精英保全自己的经济地位，而以总统为首的政治精英则依靠经济精英获得竞选成功，并维护其权力，使政策得以顺利实施。据俄罗斯学者的分析，这些精英集团把持着国家高层领导，控制了国家行政部门、石油天然气工业、国家商业银行、国家主要媒体等要害的权力部门和经济命脉。

寻租腐败对国家的危害相当大。当一个社会环境引导经济精英竞相成为寻租者，而不是成为具有创新精神的企业家，当普通大众满足于优越的生活条件，而不是努力工作之时，一旦资源耗尽或价格下跌，其福利体系就难以为继，其经济就会陷入萧条状态，就会出现社会动荡和经济危机相互作用的恶性循环。

除寻租外，哈萨克斯坦经济腐败的另一普遍现象是大量存在的"影子经济"。"影子经济"又称地下经济，指国家无法实行税收管理与监控的经济。参与"影子经济"的人大多数是掌握了国家经济命脉的特权阶层，他们利用代理人或代理公司，参股石油等企业的经营活动，以获取高额利益。2004年，中国石油工程建筑有限公司哈萨克斯坦分公司经理切尼·伊舍涅姆从事非法生产获利5800万坚戈。[1] 2008年，"影子经济"的年交易额相当于哈国内生产总值的30%—60%，据估算，从事非法"影子经济"的经营者，付给贪腐官员的好处费大约占其交易额的15%—20%。[2]"影子经济"的普遍存在直接影响了哈经济的正常发展。

在制度不透明、法律不确定和总统集权的威权政治体制下，"寻租"和"影子经济"使国家和人民利益受到了巨大损失。国家原能源、工业和贸易部长穆·阿布利亚佐夫在担任一家能源公司总

---

[1]《哈萨克斯坦加强对经济犯罪的打击力度》，谷维译，《中亚信息》2005年第3期。

[2] 王向东：《新闻透视：哈萨克斯坦大力惩治腐败》，《工人日报》2008-11-11。

经理期间（1997—1998）滥用职权，给国家造成了高达 650 万美元的损失[1]；阿克纠宾斯克州旅游和体育委员会主任侵吞国家资产 3 亿坚戈；阿克莫拉州资产管理局副局长使国家损失 4 亿坚戈；阿巴依区区长由于滥用职权给国家造成 200 万坚戈的经济损失；斋桑区区长多尔丹·托日巴耶夫因破坏投标给国家带来的损失达 250 万坚戈；克孜洛尔迪区副区长木拉提·乌色尔巴耶夫在担任不动产价格评估委员会主任时，故意低估价格使国家损失 240 万坚戈。[2] 据 2008 年的一项统计，哈每年收受贿赂的总金额已超过 10 亿美元，独立分析人士则认为，实际的数字要比这高出好几倍。[3]

在透明国际[4]公布的清廉指数中：哈于 2006—2009 年间的清廉指数分别为 2.6、2.1、2.2、2.7[5]，最高数字 10 表示最清廉，最低数字 0 表示最腐败。2002 年，透明国际在哈萨克斯坦分会的一份调查结果显示，公共和执法机构中最容易滋生腐败的部门是海关、道路警察、税务部、内政部，以及金融警察。[6]

腐败不仅使国家在经济上遭到损失，而且对政治秩序和政治规范也存在着极大破坏。随着腐败活动的肆虐，政府推行的改革会受阻，民众不满情绪将日益高涨，就有可能威胁社会稳定。如 2011 年，哈萨克斯坦爆发了独立以来规模最大的骚乱事件，即"扎纳瑙津事件"，事件爆发的原因除了因物价上涨人民生活缺乏保障等经济因素外，还有当地石油工人表达了对腐败、权贵的愤怒和对当局

---

[1]《哈萨克斯坦加大反腐败力度》，《法制日报》2004-03-10。

[2]《哈萨克斯坦加强对经济犯罪的打击力度》，谷维译，《中亚信息》2005 年第 3 期。

[3] 王向东：《新闻透视：哈萨克斯坦大力惩治腐败》，《工人日报》2008-11-11。

[4] 透明国际（Transparency Internation，简称 TI）是一个非政府、非营利、国际性的民间组织，以推动全球反腐败运动为己任。

[5]《世界各国（地区）历年清廉指数排名》，透明国际数据 2013-02-26。

[6] *Fighting Corruption in Transition Economies*, OECD, 2007, p. 37.

的强烈不满等因素。

腐败不仅造成了恶劣的社会影响，破坏了国家在国际社会中的形象，而且随着腐败官员的外逃还威胁着国家的安全。总统认为，目前的腐败现象已经直接威胁到国家的安全，成为社会进步的绊脚石。[1]他在各种公开场合严厉谴责并呼吁严惩腐败分子说道："对这类官员要严惩不贷。"[2]

实际上，哈萨克斯坦政府在独立后不久就力图遏制腐败。《反腐败法》于1998年出台，哈各级政府依法打击了一批贪污腐败分子。然而，反腐的收效并不大，努·纳扎尔巴耶夫总统在2002年5月召开的护法机关代表大会上承认，原先对付腐败的政策没有奏效，他命令建立一个专门的反腐机构，即国家反贪局。反贪局在反腐工作中取得了一些成就，据反贪局局长萨雷巴依·卡尔穆尔扎耶夫介绍，反贪局在2004年查办了贪污案999件，比2003年增加了50%。[3]

为了打击腐败，哈政府采取了提升公务员办事效率、加强人员素质培训等一系列措施。2008年4月，在阿拉木图建立了"透明国际哈萨克斯坦分会"等机构。这些机构将向遭遇腐败和滥用职权现象的市民提供法律咨询和援助。

在声势浩大的反腐败中，哈萨克斯坦在最近三年（2012—2014）内，已经有超过3200名官员因为涉嫌腐败而受到惩罚，其中不乏环境部部长、国防部副部长、统计署署长、国防部装备总局局长、

---

1 陈明山：《中亚地区的形势特点及发展趋向》，《现代国际关系》1999年第1—2期。
2 哈萨克斯坦驻华大使馆编：《2008年哈萨克斯坦总统纳扎尔巴耶夫演讲选编》，哈萨克斯坦驻华大使馆，2008年，第3页。
3 《哈萨克斯坦加强对经济犯罪的打击力度》，谷维译，《中亚信息》2005年第3期。

防空部队副总司令等一批位高权重的"大老虎"。[1]

2011年哈萨克斯坦国情咨文《携手共建未来》显示：2009年以后，哈在世界反腐败排名榜上的名次上升了45名，反腐败指数在独联体国家中也位居前茅。2010年，国际透明组织对178个国家清廉指数调查结果显示，哈萨克斯坦的"清廉度"排在105位，比2006年的排名上升了6位[2]；然而，2012年的清廉指数在176个国家中排名第133位，比2006年下降了13位；2013年哈萨克斯坦在177个国家中排第140位。[3] 这些数字说明反腐败任务在相当一段时期中会有多次反复。根本原因是哈萨克斯坦的威权政治体制以及垂直州长制，致使权力高度集中，然而监督系统却成为摆设，间接地为腐败提供了土壤，导致腐败现象屡禁不止。

总统在2013年的国情咨文中说："我已签署《关于新的国家公务体系法》，文件将加强反腐措施，提高选拔国家公务人员的透明度，采用精英治国原则。"哈萨克斯坦在独立以后陆续出台了一些有关反腐的法律和法规，表明了哈萨克斯坦政府打击滥用权力、打击贪污腐败行为的决心，但这些法律和法规在惩罚力度不大、可操作性不强等方面给腐败留有一定的空间。

第四节　防不胜防的毒品

苏联时期，哈萨克共和国就存在着毒品问题。哈萨克共和国的

1　《哈萨克斯坦打虎三年，3200官员落马，前总理涉嫌腐败被拘禁》，新华网2014-11-20。

2　夏咏、王贵荣：《哈萨克斯坦农业投资软环境调查分析》，《调研世界》2014年第2期。

3　郭业洲主编：《当代世界政党文献（2017）》，党建读物出版社，2018年，第202页。

野生大麻种植范围十分广泛，特别是哈吉两国交界的荒野，野生大麻的生长面积可达 14 万公顷[1]，每年收获的 1.45 万吨大麻叶可制成 5 吨至 6 吨的大麻素。[2] 苏联解体之时（1991），哈萨克共和国的吸毒人员有 20 多万，平均每千人中有 12.3 人[3]，在中亚国家中，哈毒品问题是比较严重的。独立以后，吸毒与贩毒成为哈萨克斯坦面临的社会问题之一。

独立以后，罂粟、大麻和麻黄的种植面积不断扩大，1998 年，哈萨克斯坦境内种植毒品的土地面积达 100 万公顷。[4] 是年，大麻的种植面积为 329628 公顷，罂粟 0.75 公顷，麻黄 88200 公顷。[5] 2000 年，罂粟的种植面积达到 2000 公顷，每年可生产大约 30 吨鸦片。[6] 其中，南哈萨克斯坦州、江布尔州和克孜勒奥尔达州成为罂粟的主要种植区。

毒品的生产情况也有所抬头。2003 年 4 月初联合国公布的一份调查报告显示，在中亚生产的大麻中有 98% 来自哈萨克斯坦境内，只有 2% 是在吉尔吉斯斯坦境内生产的。[7]

独立以后，在中亚国家中，哈萨克斯坦的吸毒人员是最多的。据官方统计，1997 年的吸毒人数有 2 万人，而实际数字可能达 30

1　贾铁军：《毒品走私——中亚公害》，《光明日报》1998-08-07。
2　许涛、徐晓天：《2003 年的中亚》，《国际资料信息》2004 年第 2 期。
3　邓浩：《中亚毒品问题：现状与前景》，《国际问题研究》2001 年第 4 期。
4　马喜荣等：《中亚毒品贸易不断增长的原因》，《决策与信息》2008 年第 7 期。
5　莫斯科卡瑞基中心：《丝绸之路上的毒品交易：中亚安全》，莫斯科，2000 年，第 15 页，转引自邓浩：《中亚毒品问题：现状与前景》，《国际问题研究》2011 年第 4 期。
6　Martha Brill Olcott, Natalia Udalova, *Drug Trafficking on the Great Silk Road: The Security Environment in Central Asia*, Carnegie Endowment for International Peace, 1 March 2000.
7　《毒品困扰哈萨克斯坦》，《中国青年报》2003-04-25。

万人，几年来一直呈几何级数增长。[1] 截至 2001 年，最近 5 年哈萨克斯坦的吸毒人数增加了 30%，其中女性吸毒者的数量增加了 50%，青少年吸毒者的数量增加了 90%。[2]

吸毒问题严重影响了哈人民身体健康和社会安定。随着吸毒人员的增加，感染艾滋病毒（HIV）的人也在增加。在毒品走私的重要中转城卡拉干达州的德米日托市，HIV 的感染率高达人口总数的 1%。[3]

随着毒品的泛滥，毒品犯罪案件增加，相当一部分的吸毒者为了获取毒资而走上盗窃、抢劫，甚至杀人的犯罪道路。从 1991 年起，与毒品有关的犯罪比率呈上升趋势。到 2000 年 6 月，哈萨克斯坦登记案件数量与 1991 年相比下降 19.8%，而与贩毒有关的案件却增加了 4.3 倍，与毒品有关案件数量由 2.9% 增长到 15.28%。[4] 2001 年，哈萨克斯坦从非法流通中缴获的各种麻醉剂和精神药物总量达 56 吨，有记录的相关犯罪数达 13313 次。[5]

独立以后，反毒是哈的基本国策之一。1998 年哈出台了《吸毒成瘾者治疗与社会康复法》，该法对建立吸毒成瘾者康复中心以及在公立学校和监狱等地方实施反毒项目进行了规定。[6] 2001 年，针对毒品滥用问题，哈在巴甫洛达尔州建立了集医疗、诊断和科研为一体的共和国吸毒成瘾人员治疗与社会问题科学与实践中心；2002 年，反吸毒成瘾和毒品走私委员会成立，该机构着重协调地方

1　贾铁军：《毒品走私——中亚公害》，《光明日报》1998-08-07。
2　《哈萨克斯坦吸毒人数不断增加》，文清译，《中亚信息》2001 年第 3 期。
3　Ian Mackinnon, Adam Piore, "The Other Raids Crisis", *Newsweek*, 11 June, 2001.
4　赵常庆编著：《哈萨克斯坦》，第 172 页。
5　许勤华：《解析毒品与毒品走私对中亚地区安全的影响》，《俄罗斯中亚东欧研究》2007 年第 2 期。
6　同上。

各级禁毒机构的反毒品工作。国际组织帮助哈解决毒品问题。联合国曾做出计划，在1998年底前向哈拨款4500万美元，用于清除野生大麻、戒毒和人员培训。[1]

打击毒品走私和贩运是禁毒的另一项重要任务，几乎所有运往俄罗斯的毒品（阿富汗生产的）都要经过哈萨克斯坦。毒品从阿富汗经塔吉克斯坦走私的毒品分别从乌吉两国进入哈萨克斯坦。经乌兹别克斯坦的毒品从乌南部地区运往北部城市塔什干后进入哈南部，从塔吉克斯坦经吉尔吉斯斯坦的大部分毒品北上进入哈，这条通道被贩毒者称为"绿色通道"。两国输入哈萨克斯坦的毒品以海洛因为主，运输方式主要采用铁路。抵达哈萨克斯坦的毒品，一部分供本国吸毒者使用，大部分从哈北部地区出口到其他独联体国家。

毒品走私和贩卖大多数由贩毒集团操纵。官方认为，在哈活动的贩毒组织以车臣等高加索人为主。在哈的贩毒组织比在其他中亚国家的同行更专业、更加庞大。据哈国家安全委员会副主席马拉卡里·努克诺夫说，他领导的国家安全机关已经破获了125个在中亚各国的犯罪团伙，其中有30个在哈萨克斯坦从事毒品交易。[2]

哈萨克斯坦着力打击毒品走私和贩卖。据官方数据，1991年，哈警方截获非法贩运的毒品总数为9吨，1996年为12吨，1997年为31吨。专家认为，这些数字与实际运入和运出哈的毒品数相比仅仅是九牛一毛。[3]据2010年联合国毒品与犯罪问题办公室调查报告，2009年大约有90吨阿富汗海洛因进入中亚，其中大约75吨至80吨最终抵达俄

---

1 杨恕、汪金国：《中亚安全和阿富汗毒品》，《东欧中亚研究》2001年第4期。
2 苏·威廉斯：《中亚毒品贸易猖獗》，《科技潮》1999年第10期。
3 贾铁军：《毒品走私——中亚公害》，《光明日报》1998-08-07。

罗斯,大约 11 吨在中亚消费,而中亚各国截获了 3.4 吨。[1]

为了严厉打击毒品走私和贸易,2001 年出台的新《刑法》规定,将贩毒罪的刑罚期限由原来的 5—12 年提高到 7—15 年,此外还规定,对持有大量毒品的犯罪分子,可处没收其财产的惩罚。[2]除健全法律、法规外,国家还成立了一些反毒机构和警犬培训中心,对毒品进行严厉的管制。

由于哈的毒品问题已成为区域性乃至世界性问题,应对这一问题不仅需要中亚国家的合作,而且必须依靠国际社会的支持和帮助。哈萨克斯坦与相关国家和国际机构合作打击毒品犯罪。哈俄两国曾试图在边界地区设置电网,加强对边境地区的管控,以阻止毒贩的通行和活动。不过,由于两国边界线很长,此项措施成本过高而无法实施,于是,两国正在考虑在边界地区部署机动边防部队。[3]2003 年,哈内务部在外国同行的协助下侦破了 17 起毒品走私案件,而去年同期为 9 起。[4]联合国毒品和犯罪问题办公室驻中亚地区代表托菲克·穆尔舒德利在新闻发布会上表示,将在阿拉木图设立禁毒信息协调中心,协调中亚各国之间行动,共同切断毒品贩运渠道。哈萨克斯坦经常邀请欧洲的缉毒专家来哈萨克斯坦实地传授经验和培训缉毒人员。

然而,在高利润的驱使下,一部分高官为走私毒品提供保护。据哈报纸披露,阿拉木图通往吉尔吉斯斯坦一个海关检查站的负责

---

[1] 吴大辉:《后反恐时代阿富汗的重建:关于中亚国家作用的探讨》,《俄罗斯研究》2014 年第 2 期。

[2] 周立民等:《中亚独联体国家毒品滥用现状》,《中国药物滥用防治杂志》2015 年第 1 期。

[3] *Central Asia: Drugs and Conflict*, ICG, 26 November, 2001.

[4] 伊里旦·伊斯哈科夫:《走私运进哈萨克斯坦的海洛因在增多》,《中亚信息》2003 年第 3 期。

人遭枪手刺杀，警方几经周折查出的内幕是，该站已经被当地黑势力操纵，前任站长收取贩毒者的"赃钱"，每周竟达 20 万美元之多。[1] 一些海关人员和警员与走私者内外勾结，阻碍了哈打击毒品走私和贸易工作的正常进行，使政府难以从根本上肃清毒品走私和贸易。在重金贿赂下，毒品犯罪率呈上升趋势，与 1991 年相比，到 2000 年 6 月，哈萨克斯坦登记案件数量下降了 19.8%，而与贩毒有关的案件却增加了 4.3 倍，与毒品有关的案件数量由 2.9% 增长到 15.28%。[2]

毒品的贩卖以及日益猖獗的毒品犯罪，为恐怖主义活动提供了重要的资金来源，严重危害了社会秩序，威胁着中亚地区的安全与稳定。哈萨克斯坦正在与其他中亚国家，以及联合国有关机构、上海合作组织等联手，采取各种措施，不断加大打击毒品犯罪活动的力度。

---

1 贾铁军：《毒品走私——中亚公害》，《光明日报》1998-08-07。
2 《全景报》2000-6-23，转引自常庆：《哈萨克斯坦的社会变化与社会问题》，《俄罗斯中亚东欧研究》2003 年第 2 期。

下编
曲折的"哈萨克斯坦道路"

独立后的哈萨克斯坦在西方国家发展模式的吸引下，开始了宪政改革。经历十多年的建设，宪政民主在理论上确立起来。然而，在三权分立的政治体制中，哈萨克斯坦实际上形成了总统权力过大、议会权力弱小、政权党独大的政权格局。在此政权格局下，新独立的哈萨克斯坦从动荡走向了稳定。2000年以后，哈萨克斯坦经济步入了稳定增长时期，连续4年（2001—2004）国民生产总值达到了年均9%以上的快速增长。[1] 2005年，哈萨克斯坦步入了"积极推动政治改革年"，然而，由于受到"颜色革命"的影响，直到2007年以后，哈萨克斯坦才开始了民主化进程的实质性阶段。2007年，纳扎尔巴耶夫总统在《新世界中的新哈萨克斯坦》的国情咨文中指出，哈萨克斯坦已经结束了过渡阶段，进入了全面现代化的新阶段。在新时期，政治改革的目标是加大推进民主化进程的力度，经济改革的目标是实现多元化、原料供应国转变为工业国，社会改革的主要任务是建立社会保障制度。

---

[1] 2001—2004年间国民生产总值增长率分别是13.5%、9.8%、9.3%、9.6%。

第十二章
"哈萨克斯坦道路"的核心——民主化

1995年，纳扎尔巴耶夫总统提出"哈萨克斯坦道路"的理念，具体内容是：在社会转型期，政治上坚持总统共和制，强化总统权力，坚持大总统、小政府、弱议会的政治格局，确保国家的政治稳定，在此前提下逐步推进民主政治发展。2007年，哈萨克斯坦修改了宪法，宪法修正案在威权政体中增加了一些民主的内容，扩大了议会的权力。2007年宪法标志着哈萨克斯坦开始从总统集权制向总统-议会制过渡。

第一节 短暂的动荡时期

2000年以后，在经济快速增长的形势下，哈政府开始了符合本国特色的民主化进程的推进。在2005年的国情咨文中，总统努·纳扎尔巴耶夫说："这些年来我们一直在按'先经济，后政治'的原则推进民主化，2005年应该成为积极推动政治改革年和全民大讨论年。"然而，正当哈萨克斯坦准备从威权政体向民主政体迈进之际，一股以和平和非暴力方式进行的颠覆政权的"颜色革命"从东南欧地区向中亚袭来。这场革命名义上是推动独联体国家的"民主化改造"，实质是美国为了争夺地缘政治利益而发起的、颠覆亲俄国家政权的斗争。在"颜色革命"的浪潮中，塞尔维亚、格鲁吉亚、乌克兰等国中亲俄罗斯的政权被推翻，亲美政权建立起来。

"颜色革命"又称花朵革命，指21世纪初期发生在独联体国家的、以和平和非暴力方式进行的政权变更运动；运动参与者通常采用一种特别的颜色或者花朵作为标志，故名。"颜色革命"的浪潮于2004年初向中亚蔓延，导致了新独立的中亚国家面临生死存亡的政治危机。这场危机始于吉尔吉斯斯坦总统阿卡耶夫下台的2005年3月24日，终于乌兹别克斯坦总统伊·卡里莫夫大选获得连任的2007年12月23日。其中，哈萨克斯坦总统努·纳扎尔巴耶夫在2005年底的大选胜出成为扭转形势的关键。经历此次动荡，包括哈萨克斯坦在内的中亚国家逐渐走向成熟和稳固。

在中亚国家"颜色革命"爆发前夕，2004年，哈萨克斯坦即将迎来议会大选。从历次选举的情况来看，议会选举实际上是总统大选的前哨战，谁在议会选举中赢得多数，谁就可以通过议会的立法权为随后的总统大选制定有利于本集团的"游戏规则"，从而在总统选举中获胜。因此，各党派和社会组织都在积极备战议会大选，为了整合力量，原有的政党开始了分化重组，新政党也迅速地组建起来。

在支持总统的政党阵营里，扩充祖国党的力量势在必行。2002年，祖国党吸纳了人民合作党、劳动党和正义党党员，并于2003年1月10日在司法部通过了重新登记。与此同时，新党的组建也如雨后春笋。2003年，以总统努·纳扎尔巴耶夫长女阿利娅·纳扎尔巴耶娃为首的阿萨尔党成立，并于12月19日通过了司法部的登记。由于该党领袖与总统的特殊关系，该党组建的宗旨是：要在总统的阵营内营造一种竞争氛围，在最大的、支持率最高的政党内创造挑战。支持总统的政党还有成立于2004年6月的哈萨克斯坦公正党,该党的宗旨是:建设公正的、民主的社会。[1]

反对派政党也在积极组建之中。2003年10月,由教育、卫生、科技、文化界人士和企业家组建的哈萨克斯坦精神复兴党成立,该党的主要宗旨是:发展经济,解决社会问题,建设具有崇高理想和精神充实的社会。[2] 2004年,获得重新登记的哈萨克斯坦共产党发生分裂,一部分人另行组建了自称是建设性反对派的共产主义人民党,党员的主要成分是工人、学生、知识分子、退休人员、企业家,其宗旨是:倡导与新的社会发展阶段相适应的马克思列宁主义。[3]

与此同时,非政府组织也在积极活动。2004年2月,在莫斯科召开的全国国际事务民主学会讨论了哈反对派的战略与战术。同年2月21日,反政府政党和团体的代表在阿拉木图召开哈萨克斯坦民主力量协调委员会成立大会,委员会的目标是为总统大选制定行动纲领。[4] 同年,在索罗斯基金会的领导下,保护大众传媒和新闻工作者的非政府组织等一些项目开始实施,在阿拉木图开办了哈萨克-美利坚大学,在年轻人中宣传民主价值观和独联体一些国家的"革命"经验。

在政党的分化重组和创建的过程中,哈最高领导集团内部出现了裂痕。2003年初,美国法院立案调查美国公民詹姆斯·吉分向哈政府高官行贿事件,即"哈萨克门事件"。[5] 詹姆斯·吉分的行贿让美国石油公司在哈获得开采石油的权利。媒体报道总统与此案有关,事件的矛头直指努·纳扎尔巴耶夫。

---

[1] 据中华人民共和国外交部网,哈萨克斯坦公正党2014年3月有党员7万人。
[2] 据中华人民共和国外交部网,哈萨克斯坦精神复兴党2014年3月有党员7.2万人。
[3] 据中华人民共和国外交部网,哈共产主义人民党2014年3月有党员9万人。
[4] 〔俄〕С. И. 切尔尼亚夫斯基:《变革时代的中亚》,《国外社会科学》2007年第6期。
[5] 姚欣:《美国调查"石油掮客"》,《法制日报》2000-07-05。

2004年，哈大规模调整人事，因权力之争，总统阵营出现分裂。2004年3月16日，紧急状况部部长扎·努尔卡季洛夫被解职，在随后举行的新闻发布会上，他历数努·纳扎尔巴耶夫"侵吞国有资产、压制民主、党同伐异、任人唯亲"等罪状。扎·努尔卡季洛夫与努·纳扎尔巴耶夫同是大玉兹哈萨克人的领袖，又是政坛老友，他的倒戈引起政坛的强烈反响。[1] 政府采取强硬手段打击反对派领导人，2004年11月12日，扎·努尔卡季洛夫在家中中弹身亡，尸体旁放着一把9毫米口径的"科巴利特"手枪。调查认为他是自杀，但自杀一说存在很多疑点。

反对总统的还有反对派联盟"为了公正的哈萨克斯坦"的领导人阿尔腾别克·萨尔森巴耶夫。萨尔森巴耶夫曾担任文化和新闻部部长、国家安全委员会秘书等职。2003年底，他加入反对派行列，成为"光明道路"党的主席之一。2004年，他重返政坛，当了三个月的新闻部部长，此后，萨尔森巴耶夫积极投身于反对派联盟的活动。

在如此动荡的政治形势下，2004年9月19日，哈萨克斯坦议会下院举行选举，结果有4个政党进入议会。其中祖国党取得了决定性的胜利，获得60.61%的选票，在分配给政党的10个议席中获得了7个席位；其余三个政党分别是"光明道路"党（得票率12.04%）、阿萨尔党（得票率11.38%）和农民党-公民党人民民主联盟（得票率7.07%），它们在议会下院中各获得一个席位。哈萨克斯坦共产党加入的共产党和民主党人民反对派联盟只获得3.44%的选票，未能进入议会。[2] 在进入议会的4个政党中，祖国党、阿萨

1　陈杰军、徐晓天：《2004年的中亚形势》，《国际资料信息》2005年第2期。
2　张宁：《哈萨克斯坦议会简介（二）》，《中国人大》2015年第14期。

尔党、农民党-公民党人民民主联盟是支持总统的,只有"光明道路"党自称是政府的建设性反对派。

因不满意议会选举结果,"光明道路"党主席拜缅诺夫拒绝进入议会。因此,下院中全部是总统的支持者。2004年11月,祖国党党员乌拉尔·拜古索维奇·穆罕默德扎诺夫当选为下院议长(2004年11月—2007年9月),下院副议长以及下设的7名委员会主席中有4名也是祖国党成员,祖国党实际上成了哈萨克斯坦的执政党。

在议会选举过程中,哈萨克斯坦政局稳定,没有出现骚乱。总统在2005年的国情咨文里提道:现在经济发展的状况已经允许哈萨克斯坦的工作重点转向促进民主发展和政治机构现代化的进程,执政权改革的主要方向是继续进行分散中央集权的改革,整顿国家管理体系,提高管理效率;本年8月份将进行州、市长试验性民主选举,并分阶段开始区、镇、村等各级行政领导的民主选举。

就在哈萨克斯坦准备加大力度推进民主化进程之时,2005年3月24日,吉尔吉斯斯坦爆发了"郁金香革命"。一个多月以后,5月12日,乌兹别克斯坦爆发了要求政府辞职的"安集延事件"。一时间,"颜色革命"在中亚国家蔓延开来,哈反对派认为民主改革的时机到了。

面对"颜色革命"的威胁,哈萨克斯坦吸取了"郁金香革命"的教训,并于第一时间以立法的形式对政党和非政府组织实施控制。2005年,哈及时出台了《哈萨克斯坦共和国选举法修正案》,该修正案规定:政党和代表候选人个人从筹备选举、鼓动宣传起至正式公布选举结果前,不得组织任何形式的抗议、上街游行、集会和其他形式的公开演说,以保证选举委员会能够正常工作。哈继而又出台了《国际或国外非政府组织在哈分部或代表处活动法》,该法规定：国外非政府组织的活动不得有政治目的，禁止企图暴力改变宪法体制，激化社会政治问题，挑起社会矛盾，引发社会混乱。根据该草案，非政府组织必须重新登记，规定国内非政府组织接受外国资本必须得到地方执行机关的同意。此外，政府还以威胁国家治安为名解散了颇有影响的哈萨克民主选择党，并开始对接受欧美资金援助的非政府组织进行财务调查。[1]

6月14日，总统发表讲话说，国家在改革中，要立足本国国情，不能照搬西方价值观。8月30日，总统再次强调，激进的政治改革只能导致社会不稳定，破坏民主进程；国家在加大经济发展力度的同时，应该"分步走、渐进式"地实现改革。政府采取了一些手段拉拢反对派，承诺将在现行宪法的框架内稳步推进政治改革，同时承诺，成立一个由总统直接领导的制定和细化民主改革纲要国家委员会，委员会中将包括政党和非政府组织等。促进民主和保障民生的一些政策也陆续出台，其中，国家社会福利计划将在2005年内提高公务员和事业单位人员的工资，增加幅度达32%；从2005年7月1日起大幅提高奖学金数额，每年派3000名学生到发达国家留学深造；从2006年1月起，国家将拨发补贴，用于照料1岁以下的儿童，并为低收入家庭18岁以下的孩子提供补贴。[2]

在做好充分准备的情况下，哈萨克斯坦步入了总统大选程序。根据1995年宪法"同一个人担任总统不能连续超过两届"的规定，努·纳扎尔巴耶夫已经两任，不能参加总统大选了。如果继续参选的话，哈萨克斯坦必须修改宪法。2003年，在中亚其他国家以修宪方式延长总统任期之时，哈萨克斯坦却没有这样做。总统对公众的

---

[1] 郑羽主编：《中俄美在中亚：合作与竞争》，社会科学文献出版社，2007年，第161页。

[2] 《哈萨克斯坦严防"颜色革命"》，《环球时报》2005-09-14。

解释是，因1998年修宪，总统任期应该重新计算，也就是说，按新宪法，1999年的当选是他本人的第一届。2004年4月，努·纳扎尔巴耶夫宣布将参加新一轮的总统竞选。对此，有反对者认为：一个民主国家的法律无论怎样修改也不会允许一个总统在位超过20年。[1]

参加此次总统大选的候选人有祖国党领袖努·纳扎尔巴耶夫，反对党联盟"为了公正的哈萨克斯坦"领袖图亚克拜，"光明道路"党领袖拜缅诺夫，自然生态联盟领袖叶列乌西佐夫和共产主义人民党主席阿贝尔卡瑟莫夫。2005年12月4日，总统大选如期举行，选举过程平静而顺利。大选结果，努·纳扎尔巴耶夫以91%的得票率再度连任。哈萨克斯坦主要反对派领导人的得票率为6.64%。[2]努·纳扎尔巴耶夫的胜出打破了独联体国家自2003年以来"逢选必乱"的怪圈，极大地鼓舞了中亚其他国家领导人遏制"颜色革命"的信心，稳住了中亚地区的局势。

反对派对大选结果不满，图亚克拜指责大选不公，欧安组织也指出选举中有舞弊行为。大选两个月之后，2006年2月13日，反对派领导人萨尔森巴耶夫遭到暗杀，反对派联盟"为了公正的哈萨克斯坦"数以千计的抗议者在阿拉木图举行示威游行，要求政府彻查此案和严惩凶手。示威者冲破当局划定的游行区域，与防暴警察发生冲突。事后，哈内务部宣布：上院办公厅主任叶尔赞·乌杰姆巴耶夫是谋杀萨尔森巴耶夫的幕后凶手，谋杀原因是"个人恩怨"；司法部门以谋杀罪判叶尔赞·乌杰姆巴耶夫20年监禁。

这些事件之后，总统努·纳扎尔巴耶夫提出了一系列政治改革的设想，主要目标是加强三权分立、促进民主化进程和实现社会稳定。2006年3月2日，总统发表了新任期首年的国情咨文。总

---

[1] 徐晓天：《中亚五国，十五年三变》，《世界知识》2005年第12期。
[2] 《纳扎尔巴耶夫为何再次连任》，《光明日报》2005-12-05。

统在咨文中把扩大议会权力、提高政党在国家政治生活中的地位作为促进政治民主化的重要措施提出，并将它们纳入国家发展战略构想。民主化措施的提出使哈萨克斯坦政党又活跃起来，在2006年至2007年间，国内政治力量又一次进行了分化重组。

支持总统的政党（祖国党、阿萨尔党、农民党-公民党人民民主联盟）合并组建了"祖国之光"人民民主党（简称祖国之光党）。祖国之光党于2006年12月22日在司法部获得登记。重组的祖国之光党成为哈萨克斯坦最大的政党。祖国之光党保持了原祖国党的立场和目标：政治上支持总统的"哈萨克斯坦道路"发展纲领；经济上继续加强国家对经济的宏观调控能力；对外关系上发展与中亚邻国，以及俄罗斯和中国等国家的睦邻友好关系。

祖国之光党的组建缩小了反对派的政治空间，迫使反对党放弃了以往的强硬立场。"光明道路"党主席拜缅诺夫于2006年9月宣布接受两年前的议会选举，以一种与当局合作的姿态进入议会，发挥着该党参政的职能。作为议会反对派唯一的代表，虽然他的作用十分有限，但在反对派一盘散沙的情况下，议会作为一个合法的抗争舞台，拜缅诺夫参与其中，还是有积极意义的。

2007年1月，全国社会民主党成立，并在司法部获得正式登记。全国社会民主党团结了"光明道路"党中的激进派领导人，通过积极参政逐渐成为一个有影响力的反对派政党，2018年拥有党员14万[1]，图亚克拜是该党主席。

2007年1月8日，总理艾哈迈托夫提出辞职（2003年6月—2007年1月），努·纳扎尔巴耶夫总统接受了他的辞呈，并于同月任命卡里姆·卡日姆卡诺维奇·马西莫夫为总理（2007年1月—

---

1 《哈萨克斯坦主要政党》，中亚地缘政治研究中心 2018-01-26。

2012年9月）组建了新一届政府。卡·马西莫夫上任之后表示，新政府的努力方向是使哈萨克斯坦跻身于世界最具竞争力的50个强国之列，为实现这一战略目标，继续坚持既定的优先发展方向是保障经济与社会不断发展的重要条件。[1]

总统在2007年国情咨文中提出了国家将来一段时间内民主改革的任务是：建立现代民主政权模式，保证实施对社会和国家更有效的管理，同时保持国家的政治稳定，保证哈萨克斯坦的公民拥有政治协商的权利和自由。为了完成此项任务，2007年，哈萨克斯坦议会对1998年宪法进行了修改，宪法修正案在原来的威权政体中增加了一些民主的内容，它的出台标志着哈萨克斯坦即将从总统集权制向总统-议会制过渡。

第二节 总统-议会制的平稳过渡

1991—1993年，哈对议会制进行建设。然而，依照西方建立起来的宪政体制未能保证国家政治和经济的转型需要，于是，在总统纳扎尔巴耶夫的操纵下，议会（即最高苏维埃）于1993年宣布解散，总统在两年中实施了本应由议会实施的权力。1995年宪法颁布，此部宪法给予总统许多权力，使"强总统"的政治架构以法律的形式确定下来；1998年对宪法的修改，使总统权力进一步得到扩大，哈最终形成了"强总统、弱议会、小政府"的威权政治模式。2003年后，随着政权稳固和经济持续发展，政治体制改革提上日程。这一进程的实质性工作因"颜色革命"在中亚蔓延而推迟到2007年才真正启动。

---

[1]《哈萨克斯坦新政府成员名单》，杨建梅译，《中亚信息》2007年第2期。

总统在2007年的国情咨文中提出了民主改革的方向：一是扩大议会的权限，增加议会在政府组建过程中的作用；二是加强地方议会的职能；三是引进陪审团制度以完善司法权力体系；四是扶持政党。

为了实现以上任务，哈萨克斯坦着手进行宪法和单项法律的修改工作。2007年5月18日，议会通过了《关于哈萨克斯坦共和国宪法的修正与补充》（简称《宪法修正案》）。哈在2007年的《宪法修正案》中确定了由总统集权制向总统-议会制的过渡。

第一，《宪法修正案》扩大了议会权限。这一点首先从增加议员人数、延长议员的任期时限和缩小总统权限中表现出来。《宪法修正案》规定：上院（参议院）增加8人，为47人，任期6年；下院议员由原来的77名（67名议员按统一地域选区选出，10名由比例选举制在政党基础上选出）增至107名，任期从4年改成5年。为了逐步由总统集权制向总统-议会制模式过渡，《宪法修正案》缩小了总统权限。2007年《宪法修正案》缩短了总统的任期，但首任总统被赋予无限次竞选总统的权利。《宪法修正案》又一新规定是：在努·纳扎尔巴耶夫之后，总统任期由7年改为5年，最多连任两届。

其次，《宪法修正案》加强了议会在人事任命中的作用。第44条规定，总统在与下院党团进行咨询之后，向下院提交政府总理人选，经过审议和下院通过，总统才可任命。而在以往的宪法中没有规定总统与议会进行咨询的程序。

再次，《宪法修正案》规定了政府应对议会负责。1995年宪法第53条规定：议会须以两院共同会议确认共和国财政预算、政府报告以及统计委员会对预算执行情况的报告，议会有权对财政预算做出修改和补充。而2007年《宪法修正案》的第53条规定：议会有权不通过以上报告，不通过政府报告的行为意味着议会对政府表达了不信任案。第 70 条规定：总理将亲自在新选出的议会下院向议员解释信任政府的问题，如果下院表示信任，则政府继续履行自己的职责，如果相反，将由总统决定僵局。

第二，《宪法修正案》扩大了地方议会的权限。州长、直辖市市长、首都市长的任命不再需要总理的推荐，地方议会有权以多数票对州长提出不信任案。《宪法修正案》明确规定了地方自治机关的体系：地方自治的实现可以通过居民直接参加解决自治问题，也可通过地方自治体系地方会议，以及其他地方自治机关来实现。

第三，为了逐步由总统集权制向总统-议会制模式过渡，《宪法修正案》在司法制度方面也做了改革。首先，对任命法官的程序和任命最高法院委员会成员的程序做了修改，扩大了宪法委员会的职能。《宪法修正案》第 71 条第 3 款规定，宪法委员会从两院产生的两名成员将不再由两院议长任命，而是由两院议员任命，从根本上提升上院与下院的作用。

第四，《宪法修正案》提升了政党和社会团体的作用。首先，在下院的 107 名议员中，9 名由哈萨克斯坦人民大会选出，人民大会不再只是一个咨询机构，成为有立法权的下院议员；其余的 98 个席位全部按照参选政党得票率进行分配，参选政党得票率超过 7% 的政党进入议会。从此，单一的政党比例制代替了以前的政党比例和单一选区的混合制。其次，在议会下院获得多数的政党有权组阁和推举总理人选。第三，总统可以当政党领袖，纳扎尔巴耶夫于 2007 年 7 月 4 日当选祖国之光党主席。以上修改提升了政党和社团在议会中的作用。

为了尽快实施新宪法，议会下院 80% 的议员（61 名）联名提出提前举行议会选举。2007 年 6 月 20 日，努·纳扎尔巴耶夫宣布解散本届议会，提前举行议会大选。努·纳扎尔巴耶夫确定了祖国之光党参加下院选举的名单，其中，努·纳扎尔巴耶夫之女达里加·纳扎尔巴耶娃不仅榜上无名，而且还被解除了该党副主席和政治委员会委员的职务。

在修宪两个月之后，2007年8月18日，议会提前举行选举，据2008年哈萨克斯坦总统国情咨文，此次选举是哈萨克斯坦独立后首次进行的比例制议会选举。这次选举选出议员154名，上院议员47人，其中32人由16个选区选出，其余15人由总统任命；下院议员107人，其中98人按照政党名单选出，其余9人由人民大会推举。选举结果是：祖国之光党赢得88.41%的选票，囊括了按照政党名单选出的全部98个议席。[1]

本届议会上下两院议长分别是祖国之光党成员卡·托卡耶夫和乌·穆罕默德扎诺夫。可以说，祖国之光党成了名副其实的执政党。新宪法对总统政党属性合法性的确立巩固了该党的强势地位，因此，祖国之光党能够在哈萨克斯坦议会下院和地方议会拥有绝对多数席位。与祖国之光党相比，反对派政党大多集中在首都和阿拉木图等发达城市，缺乏地方群众基础，加之，在选举前常常分化，力量遭到削弱。

祖国之光党的壮大为政治体制改革提供了稳定的基础，同时也保障了总统政令的顺利通过和总统意志的法律表达。总统努·纳扎尔巴耶夫在2008年的国情咨文中指出：现阶段，以祖国之光党为主要政党的模式可以被看作哈萨克斯坦政治体制的最佳模式。这一模式允许所有其他政党参与选举，可以进入议会和参加全部的政治进程。对于新政党的产生和抒发自己的意见不存在任何障碍。

---

[1] 郭学良：《哈"祖国之光"党获胜议会下院选举》，《光明日报》2007-08-23。

第十二章 "哈萨克斯坦道路"的核心——民主化

祖国之光党一党制议会遭到了国内反对派和西方社会的攻击，他们对哈萨克斯坦议会下院的合法性提出质疑。面对外部压力，总统及领导层相继提出继续政治改革的承诺，希望在执政党之外另建一个"建设性"的反对派。努·纳扎尔巴耶夫认为，两党制是比较理想的政党制度。

哈萨克斯坦总统在 2008 年国情咨文中强调："我们将继续走完善哈萨克斯坦政体和国体模式的道路，将公认的民主发展规律与我国社会传统相结合。"他指出：必须继续发展哈萨克斯坦的现代政治制度，各政党、非政府组织和其他社会机构应在这一进程中发挥主要作用，以此带动公民的政治参与和公民社会的发展。

政党在国家政治生活中的作用成为实现以上目标的重点。在祖国之光党一党独大的局面在短时期内难以打破的情况下，要实施多党政治就要降低议会选举门槛，为此，首先必须在法律上扫清障碍。2009 年，《政党法》、《选举法》、《地方自治法》法律修正案出台。按 2009 年 2 月通过的《选举法》，议会下院选举门槛仍为 7%，如果只有一个政党胜出，得票数居第二位的政党可以进入议会。

议会选举制的改革对反对派是有利的，为了进入议会，反对派加强了联合。全国社会民主党首领图亚克拜指出，反对派要想获得更高的地位，就必须联合起来，组成联合反对派。2009 年 6 月 16 日，哈萨克斯坦共产党、全国社会民主党和未获登记的阿拉格党的领袖们在阿拉木图举行代表会议，通过了三党联合的决议。新组织名称是"为了公正的哈萨克斯坦"。"光明道路"党于 2005 年 4 月分裂，其中一部分领导人重新组建了真正的"光明道路"党，但未获司法部登记，这些人加入到"为了公正的哈萨克斯坦"的反对派联盟中。"为了公正的哈萨克斯坦"联盟宣称：哈萨克斯坦政权具有反人民的性质，反对派力量的主要任务就是带领人民与当局的政权体系做斗争,只有"为了公正的哈萨克斯坦"联盟能够使哈萨克斯坦走向政治、经济和社会的复兴。截至2009年7月,哈萨克斯坦有10个政党在司法部登记。反对派政党有哈萨克斯坦共产党、全国社会民主党和"光明道路"党。

2010年,努·纳扎尔巴耶夫达到了权力的顶峰。2010年5月12日和13日,哈萨克斯坦议会上下两院通过了赋予纳扎尔巴耶夫"民族领袖"头衔的法案。"民族领袖"不只是一个荣誉称号,根据法案,纳扎尔巴耶夫获得了一些豁免权,如免遭拘留、逮捕,任何机构不得对其进行调查。法案规定:考虑到民族领袖的崇高地位,袭击民族领袖将被视为恐怖活动,任何歪曲民族领袖形象和破坏其声誉的行为都将受到法律追究。这些权利在他离任之后仍然有效。

同年6月4日,努·纳扎尔巴耶夫在《哈萨克斯坦真理报》上刊登了致议会两院议员的公开信。信中说:"我衷心感谢议会决定以法律形式确立我的'民族领袖'的地位,也感谢哈萨克斯坦民众对我的支持和对我工作的高度评价。"然而,"'民族领袖'的地位不应通过法律、命令或其他司法手段来确立",因此,"尽管这一法案旨在保持哈萨克斯坦的稳定和发展",努·纳扎尔巴耶夫仍然拒绝签署这项法案。不过,议会最终通过了这项法案。[1]

2010年底,以巴拉金斯克国立大学校长谢德科夫为首的总统支持者倡议,"授予"努·纳扎尔巴耶夫10年的执政时间,倡议者在全国发起签名。其间,祖国之光党组建了"哈萨克斯坦-2020"民主力量社会联盟。截至2011年1月中旬,中央选举委员会已收到超过500万份签名,占注册选民的一半以上。2011年1月14日,

---

1 张春友:《哈萨克斯坦确立纳扎尔巴耶夫为"民族领袖"》,《光明日报》2010-05-14。

哈萨克斯坦议会两院召开联席会议,一致通过了《关于对宪法进行修改的法律》,支持纳扎尔巴耶夫总统执政到 2020 年。[1]

2011 年 1 月 31 日,修正案受到宪法法院院长的质疑,他认为这一提案是违宪的,因这项提案未明确延长任期和任期次数,也未说明全民公决能否替代总统大选。同一天,努·纳扎尔巴耶夫向全国公开发表讲话,建议提前举行总统选举以取代延长总统任期的全民公决。当年 2 月 2 日,提前大选的法案在议会获得通过;2 月 3 日,总统选举的宪法修正案在议会获得通过。上述两项法案明确了总统可以签署决议举行非例行总统选举,并在确定后的两个月内完成总统选举。2 月 4 日,努·纳扎尔巴耶夫宣布 2011 年 4 月 3 日提前举行总统选举。

2 月 11 日,祖国之光党召开第十三次代表大会,会上推选努·纳扎尔巴耶夫为总统候选人。其他政党的候选人有爱国者党领袖卡西莫夫、共产主义人民党中央委员会书记艾哈迈德别科夫(2007 年 3 月以后担任)、自然生态联盟领导人叶列乌西佐夫。提前大选使部分政党有些措手不及,反对派政党社会民主自由党、共产党、前进党均未能推举候选人登记参选,部分反对派通过报纸、传单、网络等方式号召民众抵制投票。总统大选于 2011 年 4 月 3 日如期举行。纳扎尔巴耶夫赢得 95.55% 的选票获得连任,蝉联总统以后,于 2011 年 4 月组织了新一届政府。

2011 年 8 月 19 日,哈萨克斯坦顺利提前举行议会上院选举,全国 16 个选区的获胜者均是祖国之光党成员。哈萨克斯坦议会下院选举本应在 2012 年 8 月举行,但下院 53 位议员向努·纳扎尔

---

[1] 赵会荣:《哈萨克斯坦》,孙力主编:《中亚国家发展报告(2012)》,社会科学文献出版社,2012 年,第 256 页。

巴耶夫提出解散议会下院、提前举行选举的建议。2011年11月16日，总统努·纳扎尔巴耶夫下令解散议会下院，决定提前举行下院选举，时间定于2012年1月15日。

在下院选举之前，对总统造成最大挑战的反对党被取消了参选资格。2011年10月5日，哈萨克斯坦法院宣布暂停哈萨克斯坦共产党的活动，期限是半年；同年12月，哈萨克斯坦法院取消了对精神复兴党的登记。这些举措将反对派排除在议会下院的选举之外。到2011年12月，在司法部获得登记的政党有：祖国之光党、共产主义人民党、"光明道路"党、全国社会民主党、爱国者党、哈萨克斯坦共产党、"农村"社会民主党、精神复兴党。

2012年1月15日，哈萨克斯坦举行议会下院选举。有来自世界各地超过1000名的观察员来监督选举。努·纳扎尔巴耶夫确信：哈萨克斯坦的人民将为自己的未来、为国家的发展、为创造一个共同家园的和平生活而做出正确的选择。选举结果，下院议员107人，除人民大会推选的9人外，其余98人按照政党名单选出。其中，祖国之光党获得80.74%的选票，以绝对优势赢得选举，在议会中拥有83个议席；反对派"光明道路"党在选举中获得7.46%的选票进入议会，在议会中拥有8个席位；共产主义人民党获得7.2%的选票进入议会，在议会中拥有7个席位。

2007年以后，哈政治体制改革的方向之一是议会的多党制，政党体制的发展是"自上而下"的，几乎没有一个真正意义上的群众性政党，大部分政党主要是依靠政党领袖的威望或者依靠主要成员的行政资源取胜。尽管如此，多个政党进入议会扩大了议会的代表性，表明了哈政体正在从总统制向总统-议会制过渡。

第三节 艰难曲折的民主化道路

哈萨克斯坦的民主化进程从独立国家创建之日就已经提出,直到 2007 年以后,民主化进程才进入实质性阶段。从民主的标准来看,哈萨克斯坦已经实现了宪法意义上的民主和现实生活中的形式民主;从民主化的目标来看,哈萨克斯坦加强对总统、各级行政机关及其人员的有效监督。但一个事件的发生导致了总统权力的加强,哈民主化道路又经历了坎坷。

2011 年 12 月 16 日是哈萨克斯坦独立二十周年的国庆纪念日,当天,在扎纳瑙津市爆发了独立以来规模最大的骚乱。扎纳瑙津市位于哈萨克斯坦西南部的曼吉斯套州,曼吉斯套州和阿特劳州的石油开采量占全国的 70%。从 2010 年起,曼吉斯套州包括扎纳瑙津在内的多个石油城市爆发了劳资纠纷。2011 年 5 月中旬,卡拉让巴兹石油公司部分工人开始罢工,罢工者提出增加工资、建立独立工会等要求。100 余名罢工者被除名,公司管理层请求扎纳瑙津市政府介入。5 月下旬,该市工人也参与罢工以示声援。在长达近一年的时间里,州领导人最初忽视了工人经济诉求,然后又仇视工人的政治要求,于是,石油工人们对当权者的愤怒和对当局的不满在国庆之日爆发出来。"扎纳瑙津事件"持续了三天,造成 16 人死亡,百余人受伤。[1]

事件爆发的第二天,总统努·纳扎尔巴耶夫宣布该市进入紧急状态,12 月 22 日,努·纳扎尔巴耶夫来到扎纳瑙津市,接见了工人代表,表示他们提出的要求是合理的,并且采取了诸多安抚措

---

[1] 孙壮志:《当前中亚五国政治形势及未来走向》,《新疆师范大学学报》2012 年第 3 期。

施,如将失业工人安置到大型企业,他们的工资水平不低于失业前工资的80%至90%。此外,政府还将为他们解决住房和医疗保障等难题。[1]

事件之后,总统解除了扎纳瑙津市所属曼吉斯套州州长的职务;2012年1月,努·纳扎尔巴耶夫颁布总统令,以原副总理舒克耶夫取代他的二女婿铁木尔·库利巴耶夫,成为萨姆鲁克卡泽纳基金控股公司副总裁。"扎纳瑙津事件"最终得以妥善处理,但它在一定程度上对哈民主化进程产生了一些影响。

总统在2012年度国情咨文中没有提到民主化问题,更多地强调了经济和民生问题,文中重点突出了提高政府为居民服务的质量、保障就业、打击腐败、发展教育等问题。在2013年国情咨文中,总统强调了政府部门为国民的服务意识,文章指出:"我们将建立专业化的国家机构,为此必须本着我今天宣布的原则,即服务人民和国家高于一切。"

为了平衡政治集团之间的利益,纳扎尔巴耶夫于2012年调整了总统办公厅及政府要员。在最具影响力的三大政治利益集团中,经过调整,以库利巴耶夫为首的政治集团和以阿贝卡耶夫为首的南部政治集团力量比较强大,而以阿斯兰·穆辛为首的、代表小玉兹利益的西部政治集团则显得势单力薄。总体上看,大玉兹在政治上几乎控制了哈萨克斯坦。

"扎纳瑙津事件"由最初的抗议、罢工发展到大规模骚乱,当地政府的不作为是导致事件扩大的直接原因。地方政府不作为存在着客观因素,即地方自治权不足,应对突发事件能力有限。事件之

---

[1] 孙壮志:《当前中亚五国政治形势及未来走向》,《新疆师范大学学报》2012年第3期。

后，哈领导层采取措施扩大和加强了地方政府自治的权力。2013年，政治改革的目标是扩大地方的自治权力。在2013年的国情咨文中，纳扎尔巴耶夫首先坚定了走民主化道路是世界潮流和文明的途径，他强调指出："我们应该走文明的途径，与世界一同踏上进一步社会民主化的道路。"其次，他强调了公务员队伍的建设："我们将通过优化后的选拔机制和职业培训切实改善国家公务员队伍。……我们将成立国家人才政策委员会，培养一个全新的职业管理者阶层。从现在起国家公务人员的升迁要按步骤进行，在一个职级上熟练掌握技能并提高职业水平后才能升到另一个职级。我指示国家公务署在2013年底前推行这一全新的公务员升迁机制。"

紧接着，纳扎尔巴耶夫着重谈了地方政权的民主化问题。他指出："我们应该合理有序地实行放权管理。2013年，我们将采取一系列具体措施，划清中央和地方的责权，强化地方执政机关。"他提出的具体措施有：一是地方权力机构的权限将得到财政和干部资源的充实。二是通过民主选举方式选出地方领导人。从2013年起，总共要选出2500多名地方领导人，其中包括区长、镇长以及50位地市级领导人。这一数字占各级领导人总数的91.7%。[1] 三是将赋予村镇领导人更多的权限，增强他们在当地的影响力。四是各级地方领导人将直接与群众打交道并解决当地的实际问题，通过地方自治机构给予居民自主和负责任地决定地方问题的机会。

在"扎纳瑙津事件"之后，哈萨克斯坦在政党参政和地方政权上推进了民主化进程，尽管如此，与事件之前的情况相比，哈萨克斯坦政体由总统制向总统-议会制过渡的进程似乎中断了，起码是不再推进总统-议会制的进程，总统仍然是整个权力体系运转的核

---

[1] 赵常庆编著：《哈萨克斯坦》第2版，社会科学文献出版社，2015年，第73页。

心。根据总统的提议，按法定本应在2016年进行的哈萨克斯坦大选，提前到2015年举行。据说保持国家战略方针和政策连续性是提前选举的原因，一句话，是为了保证现任总统的胜出。有3位候选人参选，选举结果，现任总统大获全胜，现任总统高票胜出原因是亲总统政党的支持，截至2012年，除祖国之光党外，在司法部获准注册的10个政党中，还有5个属于亲总统派。

独立以后，哈萨克斯坦在借鉴西方发达国家民主化进程的实践经验中，以本国国情为基础，主张在确保国家社会政治稳定的前提下，逐步推进民主政治发展。必须承认，"总统权力强，议会权力弱"的政治格局维持了哈的社会稳定，促进了经济飞速发展，极大地改善了国民生活水平。

"扎纳瑙津事件"之后，按法定程序本应在2016年举行的大选，根据总统的意愿提前大选已成为哈的一种传统模式。这种不按法律程序出牌，抢在竞争对手准备就绪之前的竞选保证了在任者的成功。选举时间和任期的不确定性无视了国家大法，也反映了哈萨克斯坦仍然停留在威权政治阶段，这一点也是被西方国家视为不够民主的主要原因。

哈萨克斯坦的民主化道路还会经历艰难与曲折，也存在着诸多的不确定性。然而哈萨克斯坦政治改革的方向必将向民主政治体制过渡。哈总统认为，在建设和发展自己的新国家时，哈萨克斯坦人民不能也不应该按照旧的道路走。成熟的民主政治对哈萨克斯坦而言只是最后的结果，而非发展的开始。在以后的一段时间内，哈萨克斯坦的民主改革必将沿着扩大议会权限、提高各政党作用和完善司法权力体系的方向行进。在2017年国情咨文中，哈总统宣布哈将步入第三发展阶段，国家权力将向议会、总理和政党转移，并为此专门成立国家权力重新分配工作组。

第十三章
多元经济的构建

独立之初,哈萨克斯坦经济改革的战略目标是建立市场经济体制,这一目标于2002年初步完成。调整和优化产业结构的任务从国家独立初期已经开始,然而,由于资金的严重匮乏,实质性进展不大。在经济好转的形势下,2003年以后政府通过《2010—2014年哈萨克斯坦共和国加速工业创新发展国家纲要》(简称《工业纲要》)和《哈萨克斯坦2020年前国家战略发展规划》(简称《发展规划》)等中长期战略。在一系列规划中,实现经济多元化成为经济改革的主要目标。

第一节 多元化的经济战略

哈萨克斯坦在独立初期基本上完成了构建市场经济要素的任务。而经济结构调整的任务在2003年以前不仅没有实现,而且产业结构不合理的现象还有扩大的趋势。2003年以后,哈萨克斯坦的宏观经济总体上向着好的方面发展。在此形势下,哈制定了《工业纲要》和《发展规划》等中长期战略,经济结构调整、构建多元化经济的任务提上日程。

多元化经济战略是在国内经济高速发展的前提下提出来的。经济的高速发展可以从宏观经济中反映出来。一般来说,宏观经济包括了5个方面（大约17项指标）[1]。由于哈萨克斯坦统计数据的缺乏，本文暂以国内生产总值、通货膨胀率、国内固定资产投资、外商投资等基本数据说明哈经济的总体发展情况。其余的一些指标实际上在有关章节已经提到，如失业率在第十二章的社会问题中已经提到。

哈总统在1997年的国情咨文中，规划了到2030年进入世界50强国行列的蓝图。第一阶段，到2010年将哈萨克斯坦的国内生产总值（GDP）翻一番；第二阶段，到2020年加快推进经济多元化。

国内生产总值翻一番的任务在2007年提前完成了。1997年至2007年间，哈萨克斯坦GDP不只是翻了一番，而是增长了1.3倍。[2] 2006年，在世界银行公布的世界各国GDP的排名中，哈排在第58位，哈萨克斯坦进入前50位的目标似乎指日可待。

然而，2008年国际金融危机爆发，快速发展的哈萨克斯坦经济受到挫折。2010年经济开始复苏，国内生产总值达到1480.5亿美元，同比增长7.3%。此后，经济稳步上升。到2012年，国内生产总值已经进入世界50强。[3]

2003年以后，哈萨克斯坦通货膨胀率一度处于不稳定时期，2003—2008年的通货膨胀率分别为：6.8%、6.7%、7.5%、8.4%、18.8%、17.2%[4]，不难看出，受全球经济影响，哈萨克斯坦在2007—2008年的通货膨胀率升到了两位数。2010年以后，通货膨

---

[1] 国家宏观经济分析，主要包括国民经济总体指标、投资指标、消费指标、金融指标、财政指标五大方面。其中，国民经济总体指标包括国内生产总值、工业增加值、通货膨胀率、失业率、国际收支，投资指标包括政府投资、企业投资、外商投资，消费指标包括社会消费品零售总额、城乡居民储蓄存款余额，金融指标包括货币供应量、利率、汇率、外汇储备，财政指标包括财政收入、财政支出、赤字或结余。

[2] 王爱君：《哈萨克斯坦未来5—10年经济发展规划简介》，中华人民共和国商务部 2010-03-20。

[3] 赵常庆：《中亚五国新论》，第71页。

[4] 杨进：《贫困与转型：基于中亚五国的实证研究》，第25页表1-9。

胀逐步稳定下来，适当的通货膨胀率是经济发展中的正常现象，而不稳定的通货膨胀率将不利于哈萨克斯坦的经济增长。

在经济好转的形势下，从2000年起，哈萨克斯坦的固定资产投资率（固定资产投资在GDP中的比重）呈上升趋势，截至2007年，固定资产投资率超过了20%，个别年份接近甚至超过了30%。然而，受全球经济的影响，哈固定资产投资呈现出不稳定的倾向。其中2008年，固定资产投资的增长速度降至4.6%，2011年，固定资产投资率只有18.3%。[1]

2003年以后，哈在引进外国投资数额上虽不是稳步增加，但基本呈上升趋势。2004年，哈引进直接投资83.173亿美元，比上年增加了79.9%，2005年下降到66.186亿美元，2006年至2008年再次增加，分别达到106.236亿、184.53亿和197.60亿美元。2008年受金融危机的影响，外国投资开始萎缩，2009年至2010年分别为196.69亿美元和173.53亿美元。[2]2011年以9.4%的增幅达到198.5亿美元[3]，2012年吸引外国直接投资比上年增长7%，达225亿美元，创历史最高纪录。[4]在吸引投资方面，截至2015年，哈萨克斯坦在发展中国家中排16名，在世界各国中排28名。[5]

哈萨克斯坦经济快速发展主要得益于能源和原材料出口，如2013年，哈的油气出口占全部外汇收入的60%—70%，占国内生产总值（GDP）的30%。[6]自然资源的开采和出口使哈的经济稳定和

---

[1]《哈萨克斯坦固定资产投资分析》，中华人民共和国商务部2012-09-18。
[2]《2010年哈萨克引进外国直接投资情况》，中华人民共和国商务部2011-05-26。
[3]《2011年哈萨克引进外国直接投资情况》，中华人民共和国商务部2012-05-04。
[4]《哈萨克斯坦2012年吸引外国直接投资额创纪录》，新华网2013-06-27。
[5] 温会丽、仇蕊：《经济下滑严重，走入寒冰时期——2015年哈萨克斯坦经济形势分析》，《中亚信息》2016年第2期。
[6]〔哈萨克〕伊万·沙拉法诺夫：《哈萨克斯坦如何应对"荷兰病"》，任群罗译，《俄罗斯研究》2015年第2期。

快速增长，居民福利增加，社会环境安定。然而，从以上宏观经济数据不难看出，以能源出口为基础的经济易受国际经济和政治形势的影响。2000年以后，哈萨克斯坦经济在多年中实现了两位数的平均增长速度，主要得益于国际能源价格高位运行，由此给哈萨克斯坦带来了巨大的红利。而在2008年的国际金融危机中，受世界原油和矿产原料需求的锐减、价格暴跌影响，哈工业产量下滑，当年哈GDP增长率仅为3%。[1] 从2014年下半年起，哈萨克斯坦经济增长受到国际原油价格暴跌影响，2015年经济增长率下滑至1.2%。[2] 除世界经济的影响外，全球政治形势对哈的经济也产生了影响。如在"9·11事件"爆发之前的2001年第三季度，哈企业的平均赢利率为24%，事件发生的当月，哈萨克斯坦外贸出口下降了4%，企业平均赢利率降到19%。[3]

依赖自然资源的开采和出口的经济发展不仅易受国际经济形势的影响，而且如果不能很好地利用从自然资源中所获得的巨额红利，还有可能引发导致经济衰退和社会不稳定的"荷兰病"。[4] 从世界范围来看，凡是自然资源丰富又实现了经济长期稳定增长的国家，其成功的经验之一是合理使用资源收益，利用巨额的资源收益实现经济结构多元化。

哈萨克斯坦领导人已经认识到，合理地使用从自然资源中获得的巨额红利，发展多元经济是本国经济持续发展的唯一途径。早在

---

[1]《哈萨克斯坦2008年社会经济发展简况》，《中亚信息》2009年第3期。

[2] 温会丽、仇赯：《经济下滑严重，走入寒冰时期——2015年哈萨克斯坦经济形势分析》，《中亚信息》2016年第2期。

[3] 常庆：《哈萨克斯坦的经济现状与未来几年发展趋势》，《俄罗斯中亚东欧市场》2003年第1期。

[4] 国际上把国家经济因某一初级产品部门的异常繁荣而产生了资源转移效应、相对价格效应和支出效应，最终导致制造业逐渐衰落的现象称之为"荷兰病"。

2000年，哈萨克斯坦就设立了国家石油基金（简称国家基金），基金的来源包括石油行业的税收和矿产部门私有化的收入。2005年，总统纳扎尔巴耶夫在评论哈经济发展时指出："毋庸置疑，石油领域的发展是经济增长的火车头。我们的目标一方面是发展这一领域，另一方面是利用这一领域的资源建立一个新的、不依赖于原料资源现有储量的有生命力的经济模式。"[1] 2005年，纳扎尔巴耶夫签署总统令，规定国家基金的使用仅限于造福下一代人的开发和投资项目，以及政府鼓励投资的非能源部门。国家基金的设立和有效使用，使政府有能力实现经济发展的多元化，到2020年，国家基金累计额将达到900亿美元，其中80亿美元用于推行多元化经济。[2]

为了促进生产型投资，国家基金主要投入到基础设施、环境保护、外部资源和技术的引进等方面。2005年政府颁布第633号决议，确定优先投资的领域是机械制造、建材、纺织、冶金、食品加工等行业。[3] 政府希望通过对能源开采设备和技术的研发，促进能源装备制造业和服务业的发展，继而带动相关行业的人才培养，强化国内人力资本的积累。如此发展下去，必将形成能源开采带动制造业发展，制造业发展引发对高素质劳动力和先进技术的需求，这种需求反过来将促进社会对科学技术的研究热情和培养人才的积极性，最终将形成促进经济继续增长的良性循环机制，摆脱对能源资源的依赖。

在2008年国际金融危机之后，哈萨克斯坦不再单纯追求GDP的增幅。从2010年起，国家开始了第二阶段（2010—2020）构建经济多元化的任务，拟定在2020年形成多元化经济体系。2010年

---

1 《哈萨克斯坦总统评析本国经济》，杨建梅译，《中亚信息》2005年第11期。
2 白璐璠：《哈萨克斯坦油气投资环境趋紧》，《中国海关》2011年第6期。
3 崔炳强：《哈萨克斯坦投资环境略析》，《商场现代化》2008年第8期。

3月19日，纳扎尔巴耶夫总统签署了哈萨克斯坦加快工业化发展的方案。方案的主要任务：一是加强保障经济多元化部门的工作；二是为产业化营造良好的发展环境；三是在民众化产业发展的区域建设经济特区；四是对主要的经济领域采取优惠政策。不难看出，四大任务都是围绕着推进经济多元化而安排的。

2012年12月14日，纳扎尔巴耶夫在国家独立日庆祝大会上提出了《哈萨克斯坦-2050》战略，拟定了在2050年前跨入全世界发达国家30强的目标，重点扩大非资源类商品出口，发展农业、工业、基础设施、交通等领域。为了完成以上任务，农牧业、制造业、加工业、运输业、基础设施等非资源性产业的发展成为经济发展的主要方面。

第二节　构建中的现代化农牧业

独立初期，为了稳定和发展农业，哈萨克斯坦通过了一系列法律法规：2001年颁布了《土地法》、《谷物法》，2003年颁布了《土地私有法》。但截至2002年以前，哈萨克斯坦农牧业在经济发展中一直是薄弱环节，农牧业的萎缩束缚了国民经济的发展。2003年以后，振兴农业成为政府经济工作的重点，政府将2003年至2005年定为"农村发展年"。经济多元化战略进入实质性阶段，农牧业的发展将被置于首位。

在2003年的国家预算中，优先考虑的三个方面之一就是农业部门与农村建设，预算给农业部门540亿坚戈（当时146坚戈等于1美元），其中100亿坚戈投入农村基础设施建设。[1] 政府鼓励科学

---

[1] 常庆：《哈萨克斯坦的经济现状与未来几年发展趋势》，《俄罗斯中亚东欧市场》2003年第1期。

采种、科学种田，在农业机械缺乏的情况下，鼓励建立农业拖拉机站和服务站，并且制定了恢复农机制造业的具体措施。

2005年，发展现代农业的纲要出台。为了保证纲要的顺利实施，农业部组建了农业区域事务委员会，据2005年哈萨克斯坦总统国情咨文，当年，在国家预算中创纪录拨款579亿坚戈以发展农业生产。此后两年，农牧业得到一定的发展：2006年哈萨克斯坦农牧业总产值约66.4亿美元，占GDP的8.2%；2007年，哈萨克斯坦的粮食毛产量达到了创纪录的2260万吨，较2006年增加了22%。[1]

尽管如此，直到2010年，农业对国民经济的贡献是很低的。2010年，包括能源在内的采矿业在哈萨克斯坦GDP中的占比为19%，制造业的占比为11.3%，农业为4.5%。[2] 2010年，哈政府出台了《发展规划》和《工业纲要》两个纲领性文件。在《发展规划》中首次将发展农业摆在了第一位，未来十年战略任务之一是发展农业生产、扩大其生产总产值比重。在以上文件的框架下，有关方面制订了至2010年的农业发展规划。规划目标是粮食产量要达到2500万—2700万吨，高产牛应达到650万—700万头。[3]

为达到以上目标，政府采取了多项措施。第一，加强了水利建设以扩大耕地面积。政府出台了完善县级农田水利建设的规划，采取维修或新建桥梁闸涵、清淤沟渠、铺设地下输水管道等措施以扩大灌溉面积。此外，政府与周边国家协调用水，以保障哈萨克斯坦

---

[1] 李宁：《哈萨克斯坦粮食生产的现状与趋势》，《全球科技经济瞭望》2010年第6期。

[2] 王维然等：《自然资源是哈萨克斯坦的赐福还是诅咒？》，《俄罗斯研究》2012年第5期。

[3] 赵常庆：《哈萨克斯坦欲大力发展农业，中哈农业合作潜力巨大》，欧亚系统科学研究会2021-03-23。

南部耕地的使用。

第二，对农业机械进行了更新。据农业部统计，截至2009年，哈国内共有13.48万辆拖拉机，4.46万台联合收割机，1.56万台切割机，4.75万辆卡车，9.04万台播种机和34.89万件土地培育工具。在以上农机中，近70%的设备是1991年前制造的。[1]要打造现代化农牧业，必须对农牧用机械进行更新。

2010年以后，哈萨克斯坦致力于自主生产农业机械设备，如将阿拉木图州卡拉套市一座机械修理厂改建成拖拉机制造厂。但是，解决农机缺乏的主要途径还是购买国外先进农机，为此，政府出台了一系列法律法规取消或降低了部分农机的进口关税。2013年，政府取消了播种机、多功能中耕机以及装卸机、拖车、收割机等农业机械的进口关税，将履带式拖拉机的进口关税从15%下调至5%。同时，农业部还对进口农业机械实施6%—12%的补贴额。[2]

2010年以后，政府更新了一批农业机械。2012年9月，哈萨克斯坦农业金融集团公司进口了760台联合收割机。2013年，哈萨克斯坦农业机械租赁公司与俄罗斯农机制造厂签订了一次性进口500台联合收割机的合同。[3]中国出口哈萨克斯坦的农业机械产品排在前两位的是收割机和农林园艺机械。

为了购买先进的农机，政府举办了国际农牧机械展览会。由美国TNT国际展览公司创办的阿拉木图农业展（2004—2014）、阿斯塔纳农业展（2006—2014）和奇姆肯特农业展（2011—2014）取得了很好的效果。来自世界各国的从事农业机械、农化和农业技术

---

1 李宁：《制约哈萨克斯坦粮食生产发展的主要因素》，《国际资料信息》2010年第5期。
2 张驰：《哈萨克斯坦农业及农业机械化》，《湖南农机》2013年第5期。
3 同上。

开发的展商参与了这些活动，为哈萨克斯坦引进世界先进农机创造了条件。

第三，实施农业支持政策。以往每公顷粮食作物补贴7500坚戈，从2010年起，农业部建议每公顷补贴增加到13000坚戈，而且把农业补贴的范围扩大到包括温室农作物等所有农作物。[1] 政府给建造养殖场、农场、种植温室、蔬菜储藏库和其他农牧业生产项目发放全年利息不超过6%的低息贷款，还款时期可以推迟到12年，从2006年起，有130家合作社获得了优惠贷款。[2] 此外，政府还调低了种子、农用燃油、润滑剂及耕种和收割所必需的其他商品价格。

第四，实行农产品采购政策。当农产品市价低于国家规定底价时，政府按照市价采购。2009年，农业获得丰收，哈萨克斯坦国有农业集团下属的控股公司的粮食集团宣布，将按每吨165美元（2.475万坚戈）的价格在国内收购300万吨的当季粮食，之所以将收购价格确定在这一水平是为了保障农民的收入，保持国内市场面粉和面包制品价格的稳定。[3]

以上措施促进了农业生产，但到2010年，哈萨克斯坦粮食和豆类作物的净产量是1220万吨[4]，离2010年规划的2500万吨至2700万吨还有相当大的距离。

2005年之后，促进农产品加工业的工作开始了。总统纳扎尔巴耶夫在2005年国情咨文中指出：必须对农业生产的工业化问题予以特别的关注，在农产品的生产和加工领域实施产业化发展。在此思想指导下，哈萨克斯坦政府采取了一系列的措施支持农产品加

1　张驰：《哈萨克斯坦农业及农业机械化》，《湖南农机》2013年第5期。
2　李宁：《哈萨克斯坦粮食生产的现状与趋势》，《全球科技经济瞭望》2010年第6期。
3　同上。
4　《2011年哈粮食出口潜力为700万吨》，中华人民共和国商务部2011-01-21。

工业的发展。

首先是资金方面的支持。哈政府加大了对农业加工企业拨款，有关方面继续向农产品加工企业实施利息补助政策。2012年，哈萨克斯坦总统纳扎尔巴耶夫在会见哈农业部长马梅特别科夫时表示，哈萨克斯坦具备相关资源和基础，最近15年为发展国家农工综合体，已投入1.5万亿坚戈，仅2011年就投入了不少于1150亿坚戈（1美元合149.22坚戈）。[1]

其次是在税收政策上给予优惠。政府提高那些与本国产品类似的进口食品的关税。哈萨克斯坦农业部部长库里什巴耶夫说："对于那些哈萨克斯坦本国可以生产的食品，我们将提高其进口关税，以此来保护国内市场免受进口产品的冲击。"哈萨克斯坦尽管采取了多种措施，但农产品出口在哈萨克斯坦的对外贸易中所占份额仍然不大，2014年占5%左右，农产品进口所占份额较高，占到产品总进口的7%以上，高于农产品出口占比。[2] 可见，对于一个农业生产大国来说，哈萨克斯坦粮食加工业的发展水平仍然较低。

畜牧业是哈萨克斯坦农业中的重要部门，独立以来，哈萨克斯坦的畜牧业一直处于下滑趋势，牧地萎缩是其中主要原因之一。哈萨克斯坦大部分刈草场和天然牧场被废弃，草场退化面积超过4800万公顷，缺水的牧场已不再适宜用于放牧，类似情况在阿特劳和阿克纠宾斯克州都已经出现。[3] 为了促进畜牧业的发展，政府正在采取积极措施扩大牧场。

种畜供应紧张也是畜牧业发展的最大障碍。1999年种羊供应

1　《哈萨克斯坦农工综合体发展面临新挑战》，中华人民共和国商务部 2012-07-02。
2　夏咏、王贵荣：《哈萨克斯坦农业投资软环境调查分析》，《调研世界》2014年第2期。
3　古丽孜议娜等：《哈萨克斯坦畜牧业生产概况及发展趋势》，《草食家畜》2013年第6期。

率只有7%，2000年下降到3.8%。据农业部专家估算，全国品种改良约需要700万种牛（公母牛仔各350万头），而实际上只有14.43万头种牛的保存量。到2003年，良种牲畜占总存栏数的比例仅为3%—5%，哈农业部计划在2010年将良种牲畜的比例提高到15%—20%。[1]

哈萨克斯坦的肉牛品种有哈萨克白头牛、桑特格牛、盖洛威牛和卡尔梅克牛。哈萨克白头牛被作为发展重点，成立了许多培育和饲养牛犊的专业化综合体与工厂化饲养场。哈萨克斯坦制订了"2011—2015年扩大牛肉出口计划"，该计划在实施的当年就有了成效，2011年建成产量达1.77万头牛的5个育肥场，进口了1.35万头，农牧场也购买了5.56万头牛。[2] 政府对改良和育种工作进行补贴，对进口良种牛，农业部给予每头牛补贴724美元至1449美元不等的补贴。[3] 为保证扩大牲畜的再生产，政府还将为农场主提供优惠贷款。

哈萨克斯坦养羊业曾确定了细毛、半细毛、卡拉库尔羔皮和肉脂兼用四个发展方向。目前，肉脂兼用羊与肉毛兼用羊已成为哈养羊业的主要发展方向之一。此外，哈萨克斯坦的马、猪的品种选育工作做得较好，其中哈萨克斯坦猪的良种率在90%以上，发展重点是大白猪。[4]

尽管如此，畜牧业的发展还是十分缓慢。到2012年，在经营和使用的天然牧场与刈草场仅是独立以前的三分之一左右[5]，大部

---

[1] 《哈萨克斯坦种畜供应紧张》，中华人民共和国商务部2011-04-20。
[2] 《哈萨克斯坦农业发展现状和前景》，中华人民共和国商务部2012-05-03。
[3] 古丽孜议娜等：《哈萨克斯坦畜牧业生产概况及发展趋势》，《草食家畜》2013年第6期。
[4] 同上。
[5] 同上。

分牲畜的存栏量仍低于1990年的水平[1]。2013年至2017年,哈萨克斯坦牛肉产量开始逐年增加,分别为:383468吨、405474吨、416823吨、430600吨、450432吨。[2]

林业也是哈萨克斯坦的薄弱环节。哈的森林覆盖率只有4.7%,全国林地面积仅2621.6万公顷。[3] 林地面积的44%在东哈萨克斯坦州,15%在西哈萨克斯坦州,其余分布在阿克莫拉州、阿拉木图州和巴甫洛达尔州。2000年至2004年间,针叶林资源明显减少,冷杉林面积减少13%,冷杉木减少17%。哈萨克斯坦独立以来,由于管理工作跟不上,森林火灾频频发生,乱砍滥伐林木的事件也屡禁不止,森林资源遭到破坏。2002年至2004年间,被乱砍滥伐的林木就有16万立方米之多。[4]

2003年,哈萨克斯坦制定《森林法》,开始加强对林业的管理。《森林法》规定国家对森林资源具有保护、利用、管理和监督的职能;明确了森林占有和森林利用的权利、原则和方法,以及利用森林资源的收费标准;对违犯《森林法》应该追究的法律责任也做了规定。《森林法》将以法律的形式保证林业的持续发展。目前,哈萨克斯坦的原木不能自足,每年需从俄罗斯进口。

第三节 建设中的制造业与加工业

在独立国家创建时期(1991—2003),哈萨克斯坦经济的发展主要依靠工业拉动,但哈工业结构并不合理。在原苏联分工体系

---

1 曲春红、张振兴:《哈萨克斯坦农业发展概况》,《世界农业》2014年第2期。
2 周振勇等:《哈萨克斯坦肉牛产业发展概况》,《现代农业科技》2020年第13期。
3 《哈萨克斯坦森林大量退化,专家呼吁制定长期规划》,《中国绿色时报》2005-5-30。
4 《哈萨克斯坦森林现状堪忧》,谷维译,《中亚信息》2004年第12期。

中，有色金属开采、冶炼、初加工是哈主要发展重点。独立后，哈确立了优先发展能源工业，其中采掘业在工业发展中起到了重要作用，而轻工业发展滞后，特别是制造业和加工业。2002年，哈萨克斯坦的纺织和轻工业产值只占工业总产值的1.7%，这一比例在2003年和2004年继续下降到1.3%和1%。[1]这种状况一直持续到2015年，据哈投资和发展部投资委员会主席叶尔兰·哈伊洛夫说："我们在2005—2015年间共吸引外资2150亿美元。而这些投资主要面向我国生产行业。但近年来，投资商开始关注我国制造业。而这些投资项目的74%将在工业创新发展规划期间得到实施。"[2]

在经济形势稳定以后，哈政府开始致力于改革不合理的工业结构。2002年1月25日，总统努·纳扎尔巴耶夫在政府和州长扩大会议上向政府提出7项任务，其中第1项是政府必须关注原料深加工问题，使其提高附加值，特别要认真研究进口替代政策。[3]2003年政府制定了《2003—2015年工业创新发展战略》，《发展战略》的核心内容是扩大加工工业和高科技产业在国民经济中的占比，提高具有高附加值产品的出口比重。2004年，国家聘请了国际著名研究机构对本国相关部门的150个经济领域进行了分析研究，首批选定了建材生产、纺织、冶金、食品加工、油气机械制造、旅游和运输服务7个优先发展领域。2010年，政府出台《工业纲要》，提出了加快发展加工业、制造业，以及中转运输、交通基础设施等非资源产业的任务。根据文件要求，在未来十年（2010—2020）实现产业结构合理化，使哈萨克斯坦从一个原料供应国转变为工业国。

---

1 中国商务部欧洲司综合处：《哈萨克斯坦纺织业的现状及前景》，《俄罗斯中亚东欧市场》2006年第8期。
2 《投资和发展部：哈萨克斯坦近十年吸引外资2150亿美元》，哈通社2016-02-16。
3 常庆：《哈萨克斯坦的经济现状与未来几年发展趋势》，《俄罗斯中亚东欧市场》2003年第1期。

为实现以上目标，哈采取了以下措施。第一，政府在《工业纲要》的框架下制定了《竞争力企业的后危机复兴》和《生产力2020》。在《竞争力企业的后危机复兴》计划中，政府准备在未来5年内对关系到经济命脉和具有重要战略意义的30家至50家大型企业进行整合，以提高其后危机时代的竞争力；《生产力2020》计划从2011年年中开始实施，到2012年初，已有12个行业的200多家代表性企业参与进来，其中有27个项目获得了总金额达400亿坚戈（约合2.7亿美元）的国家资金支持。[1]

第二，在《工业纲要》框架下，针对中小微企业制订了《商业路线图2020》和《就业2020计划》，以保障非资源领域的区域性中小企业稳定平衡发展。政府加大了对中小微企业的支持力度，为它们提供优惠贷款和贷款担保，向它们提供培训干部和提高专业技能等服务。2009年实行了新税法，减轻了非资源经济领域，尤其是中小企业的税负。从2010年起，国家已投资2514亿坚戈（约合17亿美元）支持了820个项目。[2]

第三，为了创建与国际接轨的现代化工业，哈萨克斯坦加强了工业园区和经济特区的建设。早在国家尚未独立之时，根据1990年颁布的《哈萨克苏维埃社会主义共和国自由经济区法》，哈萨克共和国在杰兹卡兹甘州建立了斋列姆-阿塔苏等自由经济区，1996年，自由经济区改名经济特区。独立初期，哈萨克斯坦借鉴国外经验建立了若干工业特区和科技特区，到2009年，已经建起了9个大的经济特区或工业特区。

坐落在首都阿斯塔纳市伊希姆河左岸的阿斯塔纳新城经济区建于

---

[1]《哈萨克斯坦近年来经济发展成就引人瞩目》，中华人民共和国商务部2012-01-31。
[2] 同上。

2001年，此后不断扩大，2011年面积达到7092.9公顷。该经济区建立的宗旨是通过引进国际先进的工艺，建设现代化基础设施，其重点是发展橡胶塑料制品、建材加工、机器制造、制药等行业。

苏联时期哈萨克斯坦核工业得到一定发展。2004年哈在苏联成功爆破第一颗原子弹的库尔恰托夫城建"核技术园区"，该园区于2008年部分工业装置投入生产，如今库尔恰托夫城已经从一个核武器实验场地发展成为哈萨克斯坦核技术和高新技术的基地。

独立初期，哈的纺织业呈逐年萎缩趋势，直到2003年，在产棉40.2万吨的情况下，只有4%的棉花在国内纺织厂加工。2004年，纺织业产值在GDP中的占比只有0.4%—0.5%，轻纺产品的出口额只占外贸总额的1%。[1] 2004年，政府把纺织业确定为国家优先发展的7个领域之一，建立纺织业特区是发展纺织业的有力措施。哈政府将"南方经济特区"设在了哈唯一的产棉区南哈萨克斯坦州，特区占地面积200公顷，特区内将新建15个左右的纺纱、织布、染色、成衣厂。国家为此拨款8.2亿坚戈（约合615万美元），计划在2006年春完成。特区内的企业可享受十年内免缴财产税、土地税、企业所得税及增值税等一系列优惠和税收政策。此外，政府还计划吸引私营投资发展该经济特区。除了加工本国生产的籽棉外，还计划进口邻国乌兹别克斯坦和塔吉克斯坦的棉花作为经济特区棉纺业原料的补充。[2]

2006年，以哈萨克斯坦硅谷著称的阿拉套信息技术园建立，它离阿拉木图市25千米，占地面积350平方千米，定位为发展IT产业链的区域性投资、科研和商务中心。努·纳扎尔巴耶夫总统在

---

[1] 中国商务部欧洲司综合处：《哈萨克斯坦纺织业的现状及前景》，《俄罗斯中亚东欧市场》2006年第8期。

[2] 同上。

开业典礼上说:"我早在2002年访问印度班加罗尔信息技术中心时就产生了建立这种技术园区的想法。今天我们的第一个信息技术园区终于开业了。这个项目可以说是哈萨克斯坦为实现进入世界最具竞争力的50强国家之列战略目标而放飞的'第一批燕子'之一。"[1]阿拉套信息技术园由国家无偿提供土地,享受免除公司所得税、进出口商品的关税及增值税、土地税和财产税等税收和海关制度方面的优惠。同时,降低了企业入驻技术园区的投资门槛。

2007年,在阿特劳州建立了占地面积1787.4公顷的国家石油化工产业技术园,生产高附加值石化产品和原油深加工。

2011年以后建立的大工业园区还有:以机械制造、仪器仪表及与油气开采相关的机械设备为主的乌拉尔斯克技术园,坐落在西哈萨克斯坦州首府乌拉尔斯克市郊,占地面积1112公顷;发展油气运输、物流服务的阿克套海港经济区;发展旅游业的布拉拜经济特区,园区建在距阿斯塔纳近300千米的地方;卡拉干达州的萨雷阿尔卡经济特区,以发展冶金工业为主,主要生产在国际市场上具有较强竞争能力的重工业产品;建在中哈边境上,主要发展贸易、物流的霍尔果斯东大门经济特区。2011年,新修订的《经济特区法》对经济特区的设立以及特区企业享有的优惠等予以了明确规定[2],为加工业和制造业的发展提供了法律保障。

经济特区的建设促进了哈萨克斯坦加工业的发展。2010年,哈萨克斯坦工业总产值增长10%,其中加工工业产值增长18%。[3] 2011年,工业总产值同比增长3.8%,其中加工工业产值同比增长

---

1 《哈萨克斯坦的第一个信息技术园区》,谷维译,《中亚信息》2006年第10期。
2 《哈萨克斯坦经济特区现状》,中华人民共和国商务部2013-07-04。
3 李宁:《〈2010—2014年哈萨克斯坦共和国加快工业创新发展国家纲要〉及其实施》,《俄罗斯中亚东欧市场》2013年第5期。

6.7%，矿产开采业同比增长 1.6%，化学工业同比增长 22.5%，机械制造业同比增长 19.6%，冶金工业同比增长 6.7%。[1] 新增工业生产能力对 GDP 的贡献率达到 2%，某些部门已经出现了 100% 哈萨克斯坦自主创新生产的产品。[2]

经济特区的建设虽然使制造业、加工业、农业有了一些突破，然而在短时间内，经济特区的效果还未完全显现出来，哈萨克斯坦经济仍未摆脱对资源和原料的依赖。不过，可以预见，随着轻工业和农业技术园区的建成和引进外国技术的合资企业的开工，随着生物、石化、纺织等领域的世界级跨国公司在园区落户，这些都将对优化哈萨克斯坦的经济结构会起到促进作用。

第四节　调整中的能源政策

独立初期，哈萨克斯坦确立了能源立国的战略。在独立前后哈颁布了《外国投资法》等一系列与石油开发有关的法律。

在投资优先的战略下，重工业，特别是采矿业得到进一步发展，轻工业中的制造业由于基础薄弱、设备老化、投入不足等原因而日益萎缩。1999 年，包括石油在内的采矿业在哈萨克斯坦 GDP 的占比从 1999 年的 10.4% 增加到 2004 年的 13.6%[3]；同期，制造业从 14.1% 降到 13.3%。[4]

国家经济好转以后，哈萨克斯坦的能源政策发生了变化。2003

1　赵会荣：《哈萨克斯坦》，孙力主编：《中亚国家发展报告（2012）》，第 254 页。
2　李宁：《〈2010—2014 年哈萨克斯坦共和国加快工业创新发展国家纲要〉及其实施》，《俄罗斯中亚东欧市场》2013 年第 5 期。
3　王维然等：《自然资源是哈萨克斯坦的赐福还是诅咒？》，《俄罗斯研究》2012 年第 5 期。
4　同上。

年1月8日，哈萨克斯坦修改了此前颁布的《外国投资法》，2005年5月4日，总统签署了一项名为《关于对哈萨克斯坦共和国某些有关投资问题的法律文件所做的修改和补充》的法案，对2003年颁布的《外国投资法》在国家对国内人才的扶植、提供投资的优惠、免除关税以及国家实物赠予等方面做了修改和补充，以往宽松的外资投资环境开始发生改变，外国投资者原先享有的优惠特权基本上被取消。

1992年颁布的《哈萨克斯坦共和国矿产资源法》和1996年的《地下资源与地下资源利用法》（简称《资源利用法》），系统规定了地下资源勘探、开发的权利与义务，地下资源的国家参与等内容。国家经济好转以后，国家对《资源利用法》进行了三次（2004、2005和2007年）修订。其中2005年的修订强化了哈在收购市场上转让股份的优先权：为保护和加强国家经济的原料能源基础，在新签及已签的合同中规定，在购买所转让的地下资源利用权或拥有地下资源利用权的法人的股份时，在不低于其他购买者提出的购买条件的情况下，国家相对于合同的其他方或拥有地下资源利用权的法人，拥有优先购买权。[1] 2007年的修订出现了"战略资源区块"这一新概念，当油气合作影响到国家经济利益和安全时，哈方可单方面终止合同。

哈萨克斯坦的《石油法》于1995年颁布，1999年进行了修订。1999年修订的《石油法》明确赋予了哈萨克斯坦国家油气公司一系列权利：能以参股形式加入石油的勘探、开发、加工、销售、运输，参与对油气管道及其他油气基础设施的设计、建设、运营实施管理和监控。新《石油法》给予能源和矿产部清点合同的权利，如

---

[1] 《哈萨克斯坦严格限制矿产开发条件》，黄婷婷译，《中亚信息》2009年第2期。

2007年11、12月份解除了84个合同，2008年上半年又解除了20个合同。[1]此外，2005年出台了修改的《海上石油业务产品分成协议法》，该法明确规定在海上石油项目中，哈萨克斯坦国家石油天然气公司所占的比例不能少于50%。[2]

以上法律和法规的修订本出台以后，哈萨克斯坦开始大规模回购外资股份。独立之初，哈萨克斯坦由于缺乏资金，没有能力掌控一些大项目的股权，也无力组织参与对特大型油气田的开采。比如，在两个特大型油气田中，哈萨克斯坦竟然没有属于本国的股份。[3]1999年修订的《石油法》规定，哈萨克斯坦国家油气公司在作业者注册资本中所占的股份比例应不少于50%。

2004年1月1日开始实施的《哈萨克斯坦共和国税法典修正案》扩大了哈在产品分成协议中的份额，使哈在石油价格不断上涨的背景下获得的利润大幅增长。[4]2005年，国家油气公司代表政府以9.13亿美元的代价购得BG集团所出售股份的一半[5]，这是哈政府在大项目资产转让上首次行使国家优先权。2008年11月，哈国家油气公司扩大了在卡沙干油田中的本国份额，意大利埃尼、英荷壳牌、美国埃克森美孚、法国道达尔公司的股份从18.52%减至16.81%，美国康菲、日本领先国际石油开发公司的股份从9.26%和8.33%分别减至8.4%和7.56%，只有哈萨克斯坦国家油气公司的股份从8.33%增加到16.81%[6]，与国际石油大公司埃尼、壳牌、

---

[1] 徐春明：《哈萨克斯坦石油产业概述》，中华人民共和国商务部2010-02-22。
[2] 崔炳强：《哈萨克斯坦直接利用外资的环境、特点分析及启示》，《新疆财经》2009年第3期。
[3] 孙永祥：《哈萨克斯坦油气工业发展新动向》，《亚非纵横》2010年第4期。
[4] 《哈萨克斯坦严格限制矿产开发条件》，黄婷婷译，《中亚信息》2009年第2期。
[5] 于新：《哈萨克斯坦资源矿产投资相关法律简析》，中华人民共和国商务部2009-12-08。
[6] 徐春明：《哈萨克斯坦石油产业概述》，中华人民共和国商务部2010-02-22。

埃克森美孚、道达尔公司持平。

在经济危机时期，2009年，哈萨克斯坦从中国获得100亿美元的贷款，其中50亿美元用于收购哈萨克斯坦曼吉斯套油气公司的部分股权，另外50亿美元贷款则将用于哈萨克能源工业，特别是基础设施建设项目中。[1]按照协议的规定，曼吉斯套公司的开采权将转由哈国家油气公司和中石油属下的一家子公司的合资企业控制。此外，印度中亚石油公司在巴甫洛达尔石化厂的控股也被哈国家控股公司收买。[2]2010年，哈萨克斯坦开始回购全世界最大的凝析气田之一的卡拉恰加纳克油气田项目，2011年，购回卡拉恰加纳克油气田10%的份额。[3]

除了明确本国收购等方面的优先权外，哈政府还强化了"哈萨克斯坦含量"。哈萨克斯坦含量指的是：优先使用哈生产的设备、物资和产品，优先考虑哈提供的服务（包括航空、铁路、河运等运输服务），在用工方面优先考虑哈公民。

为了保证哈萨克斯坦含量，政府采取了一系列措施。2004年，《矿产资源使用者用于油气作业的商品、服务和工程采办条例》出台，第一次提出了"哈萨克斯坦含量"这一概念。"哈萨克斯坦含量"首先规定：执行合同过程中雇用的哈萨克斯坦不同等级员工与外国员工有一定比例，随着培训和提高哈萨克斯坦员工专业水平强制计划的实施，外国员工的数量应逐年减少。政府希望通过培训来提高干部的专业素质，以最大限度地取代外国专家。其次，"哈萨克斯坦含量"在商品、服务等环节做出如下规定：石油开采企业的

1　王晓明：《专访哈萨克斯坦国家主权基金董事会主席卡伊拉特·克利姆别尔托》，《21世纪经济报道》2010-09-15。

2　孙永祥：《哈萨克斯坦油气工业发展新动向》，《亚非纵横》2010年第4期。

3　《哈萨克斯坦近年来经济发展成就引人瞩目》，中华人民共和国商务部2012-01-31。

开采办法要求在采办招标过程中,在价格相差不超过20%时,优先选用当地供应商和承包商。[1]

2009年,《对有关哈萨克斯坦含量问题若干法律的修改和补充法》出台,该法规定在石油合同中必须加入哈萨克斯坦含量方面的内容以及违约的责任。2010年出台了《矿产资源使用者用于油气作业的商品、服务和工程采办条例》(简称《采办条例》)。2012年修订了《允许雇主聘用外国劳动力和向外国人颁发劳务许可的条件和规则》(简称《劳务许可条例》)。修订后的《采办条例》和《劳务许可条例》增加了一些规定,即从2012年1月1日起,外方人员办理劳务许可占相应等级员工总数的比例如下:高级管理层为30%,中级管理层为10%,专家为5%,工人为5%。在为外来员工办理劳务许可证的同时,要求矿产资源使用者提交对外来员工所在岗位进行当地化的替换计划,否则拒绝颁发劳务许可。[2]

在以往签署的石油合同中也包含了矿产资源使用者年度投资的1%用来培训哈员工的条款,但许多石油公司并未履行。从2010年开始,哈石油和天然气部加大了对矿产资源使用者履行此项义务的监督和检查,要求未完成培训义务的石油公司将培训费上缴给哈政府,并提出警告,如果第二年还未完成此项义务,除了上缴未花掉部分的培训费以外,还要支付违约金。[3]

哈政府不断调整能源出口关税。2000—2011年,哈在油气领域的投资总额超过1250亿美元,其中75%—80%为外资,同期石油出口的总收入为4300亿美元,是投资额的2.5倍,其中大部分

---

[1] 崔炳强:《哈萨克斯坦直接利用外资的环境、特点分析及启示》,《新疆财经》2009年第3期。

[2] 赵娟:《哈萨克斯坦油气领域哈萨克斯坦含量问题及其应对策略》,《国际石油经济》2012年第7期。

[3] 同上。

收入流入跨国公司手中。[1]为了加强对本国资源的控制,争取更多的国家利益,政府从2008年起开征原油及石油制品出口税。2008年5月18日起,出口原油每吨征收109.91美元的出口关税。[2]2008年9月,哈政府决定将原油出口税提高至每吨203.8美元。然而,在2008年金融危机时,国际油价下跌,2008年12月20日,原油出口关税降至每吨139.79美元。2009年1月26日,原油出口税被迫取消。[3]2010年,哈政府宣布将修改西方投资者的油气合同,部分优惠税收政策被取消;是年8月,政府重新对原油和石油产品征收出口税,税额定在每吨20美元。从2011年起,出口原油税将提高到每吨40美元。[4]

根据哈政府的规定,在哈萨克斯坦开采石油、天然气及其他地下矿产资源的外资企业必须与哈政府签订地下资源使用合同。哈政府向企业提供的合同有两种,一种是海上石油项目产品分成协议,一种是超额利润税协议。海上石油项目产品分成协议主要适用于海上石油开采项目,规定外国投资者在哈境内开发海上石油时,在项目投资回收期前哈国家所占的利润份额最低比例为10%。投资回收期后,哈国家所占的利润份额最低比例为40%。其中投资回收期为25年或30年。在超额利润税协议下,外国投资者必须缴纳15%—60%不等的超额利润税。

从国力上看,哈萨克斯坦的本国企业在技术、设备、经验、资金等方面还无法完全独立作业,需要借助外国投资者的资金、技术

---

1 《2000至2011年哈萨克斯坦油气领域发展简述》,中华人民共和国商务部2012-11-01。

2 此项规定不包括原来与哈政府签有"海关体制稳定"条款(即不受后出台的海关法律制约)合同、签有"产品分成协议"的石油开采公司。

3 徐春明:《哈萨克斯坦石油产业概述》,中华人民共和国商务部2010-02-22。

4 于欢、王海霞:《哈萨克斯坦酝酿倍增原油出口税》,《中国能源报》2010-09-06。

等优势,油气开采仍然需要依靠外国公司。因此,哈政府在本国利益与外国投资之间的平衡点仍然是油气领域发展面临的问题。

第五节 日益达标的原油加工业

要实现经济产业结构多元化的任务,哈首先要从原料优先导向的积累方式向增加资源附加值的科技加工方式转变。在石油出口方面,哈是大国,然而哈的石油加工业赶不上国内需求,石油产品依靠进口。据哈油气部于2010年发布的《2011—2015年哈萨克斯坦油气部战略规划》的数据,2011年,国内汽油、柴油和航空煤油分别存在80万吨、25万吨和20万吨的缺口量。[1]这些缺口依赖进口油品补充。为了满足国内对油品的需求,对苏联时期建立的三大石油炼厂(阿特劳、奇姆肯特和巴甫洛达尔)进行翻新和现代化改造被列为哈萨克斯坦国家石油与天然气公司的重点工程。

阿特劳炼油厂位于里海北岸、乌拉尔河河口,始建于1945年,设计炼油能力为490万吨/年,原油加工深度为54.9%[2],原油来自本国阿克纠宾斯克州恩巴油田、田吉兹油田。该厂拥有的二次加工设备,包括催化装置、延迟焦化装置、焦炭煅烧装置,能够生产航空和车用汽油以及各种机动车和锅炉燃料。在20世纪70年代,该厂加工的石油主要来自曼格什拉克半岛,此油有较高的石蜡含量。

奇姆肯特炼油厂位于哈萨克斯坦南部,于1984年投产,设计加工能力为800万吨/年,苏联解体时,第二条生产线还未建成,

---

[1] 赵景忠:《哈萨克斯坦三大炼油厂现代化改造研究分析》,《国际工程与劳务》2014年第5期。

[2] 傅吉江、郭美莲:《哈萨克斯坦石化工业现状及需求分析》,《俄罗斯中亚东欧市场》2005年第4期。

年加工能力大约只有600万吨/年。该炼油厂加工库姆科尔油田的原油（占炼油厂油源的80%）和俄罗斯西西伯利亚油田的原油（占炼油厂油源的20%）[1]，加工深度为59%[2]。

巴甫洛达尔石化厂位于东北地区，是哈最大的石油加工厂，该厂于1978年投产，设计产能为600万吨/年，原油来自苏联西伯利亚油田，加工深度为82%。[3] 投产之初仅有简单的加氢精制工艺，1983年至1986年间陆续建成了催化装置、延迟焦化装置、重油真空蒸馏装置、石油沥青收集装置、气体分馏装置。

除以上三大炼油厂外，哈萨克斯坦拥有石油加工许可证的小型炼油企业还有32个，其年加工能力从1万吨到40万吨不等，加工的产品不符合欧-2标准，只是半成品、二次加工或深加工的原料。[4]

独立初期（1994年以前），由于国内经济不景气，设备得不到更新，上述三大炼油厂加工原油的能力有限，哈萨克斯坦本国生产的原油大部分运往境外加工，只有520万吨石油和29亿立方米天然气就地加工。[5] 2000年，在经济好转的情况下，政府对上述三大炼油厂进行现代化改造的工作提上日程。

阿特劳炼油厂改造工程于2000年提上日程。当年3月底，政府与日本丸红公司草签了关于改造的框架协议。协议规定，阿特劳炼油厂将引进石油分馏、石油加氢精制、柴油加氢精制、脱硫、异

1　赵景忠：《哈萨克斯坦三大炼油厂现代化改造研究分析》，《国际工程与劳务》2014年第5期。

2　彭京旗：《哈萨克斯坦石化建设工程市场开发》，《当代石油石化》2011年第12期。

3　同上。

4　李洁：《哈萨克斯坦石油加工领域发展和炼厂改造情况》，中华人民共和国商务部2012-10-09。

5　常庆：《哈萨克斯坦石油天然气工业现状和发展规划》，《国际石油经济》1994年第2期。

构化和含硫量测定等方面的设备。这项改造完成之后，该厂的原油加工量可达到430万吨/年，加工深度达到82%。[1] 2003年至2006年，阿特劳炼油厂建成了汽油、柴油的加氢精制组合装置、硫黄生产装置、氢气的生产和净化装置。在哈萨克斯坦的2007年国情咨文中提到，阿特劳炼油厂已经能够生产符合欧洲标准的汽油和柴油燃料。

2000年，奇姆肯特炼油厂对柴油加氢精制装置进行了改造。2003年12月，新建的减压蒸馏装置进入开工试运行状态，当年该厂加工原油360万吨，综合商品率91.21%，主要产品有汽油A-76、A-80、AI-91、AI-95。[2] 奇姆肯特炼油厂的成品油主要供应本国市场，另有少部分的汽油、柴油、重油和蜡油（2004年新开发品种）用于出口。汽油和柴油主要向塔吉克斯坦和吉尔吉斯斯坦出口，重油向中国和土耳其出口，蜡油主要向中国和波罗的海沿岸国家出口。

哈国三大炼油厂之一的巴甫洛达尔石化厂建于1978年，加工通过管道运来的俄罗斯西西伯利亚原油。2015年正式启动改造计划，拟定从2016年1月1日起，在第一批两个发生装置投入使用后，石化厂将生产符合欧-4标准的发动机燃料，整个改造工程于2017年完成。改造后，西西伯利亚原油的加工量从每年500万吨增至700万吨，保障哈原油炼油能力达每年500万吨。[3]

2005年，哈萨克斯坦的原油加工量增加了近17%，达到1100

---

[1] 常庆：《哈萨克斯坦石油天然气工业现状和发展规划》，《国际石油经济》1994年第2期。

[2] 傅吉江、郭美莲：《哈萨克斯坦石化工业现状及需求分析》，《俄罗斯中亚东欧市场》2005年第4期。

[3]《哈萨克斯坦国家开发银行为巴甫洛达尔石化厂现代化改造融资》，中华人民共和国商务部2015-01-09。

万吨。[1]然而，由于遭受国际金融危机的影响，2008年"三大炼油厂改造规划"面临搁浅的风险。2009年，政府发布了《石油炼化厂综合发展六年规划》（简称《六年规划》），哈油气部于2010年发布《2011—2015年哈萨克斯坦油气部战略规划》，将保障国内市场成品油需要列入哈油气部面临的三大任务之一，计划到2016年将全国石油炼制量提升到1750万吨。截至2012年，三家工厂的总炼油量为1450万吨（一级加工），其产品符合欧-2环保标准，即符合哈萨克斯坦2010年颁布的车辆有害物质（污染物）排放标准。[2]

炼油厂不能生产足够成品油的第一个原因是原油供应不足。有专家认为，三家炼油厂的加工已经达到1850万吨/年，能够生产1100万—1200万吨成品油，若满负荷加工，不但能满足哈国内对成品油的需求，还会有一定量的出口。然而由于奇姆肯特炼油厂工艺落后，生产装置较少，只能加工来自本国油田的原油，不能加工其他原油，其设备利用率只有60%。[3]

巴甫洛达尔石化厂加工的石油由俄罗斯西伯利亚油田供给，因俄油出口到哈免征出口税。由于出口税高于内部税率，哈将多出来的本国石油对外出口，每年国家基金和国库能额外收入15亿美元。[4]2011—2012年，巴甫洛达尔石化厂两年炼油均超过400万吨，这主要得益于国家油气公司的财政支持和俄罗斯原油的稳定供应。

---

[1] 刘燕平：《哈萨克斯坦油气现状》，《国土资源情报》2007年第4期。
[2] 李洁：《哈萨克斯坦石油加工领域发展和炼厂改造情况》，中华人民共和国商务部 2012-10-09。
[3] 傅吉江、郭美莲：《哈萨克斯坦石化工业现状及需求分析》，《俄罗斯中亚东欧市场》2005年第4期。
[4] 李洁：《哈萨克斯坦石油加工领域发展和炼厂改造情况》，中华人民共和国商务部 2012-10-09。

国内炼油厂不能满足国内需求的第二个原因是炼油厂的技术无法完成石油的深加工。有专家认为，由于高辛烷值等类产品加工难度大，部分汽油需要进口，航空燃料短缺近40%，车用汽油中高辛烷值汽油占70%，这一比例也将继续增长。[1]

为了提高炼油厂的技术，政府制定了三个炼油厂的现代化改造计划。2009年10月，中国石化工程建设有限公司在阿特劳炼油厂中标，获得了在该厂新建生产芳香烃综合体的工程。2010年，此项目开始动工，拟在2014年9月投产。芳香烃综合体建成以后可以通过降低硫化物、芳香烃中苯的含量，生产出符合欧洲标准的汽油。

继芳香烃项目之后，阿特劳炼油厂又开始了原油深加工项目。它是哈萨克斯坦《工业纲要》和《六年规划》的国家重点工程之一，中国石化集团炼化工程有限公司中标。2012年9月10日，阿特劳炼油厂举行了原油深加工项目的奠基仪式。2016年竣工的原油深加工项目是阿特劳炼油厂改造的收尾项目，包含250万吨/年催化装置（R2R）等17套，还有系统管网等配套系统，它们建成后可使该厂的原油加工深度提高至85%，可以生产高辛烷汽油、航空油、柴油，其生产的所有动力燃料都可达到欧-5标准的发动机燃油、制造深色石油产品。

巴甫洛达尔石化厂现代化建设也已开始。2009年秋，哈国家油气公司和意大利埃尼公司签署了油气勘探项目。2010年3月，哈国家油气公司与意埃尼公司签订了巴甫洛达尔石化厂现代化建设的协议。根据改造计划，该厂计划新建6套炼油设施、1套不间断催

---

[1] 李洁：《哈萨克斯坦石油加工领域发展和炼厂改造情况》，中华人民共和国商务部 2012-10-09。

化剂（CCR）回收重整设施以及1个通用汽油分馏加氢精制设施。改造后的巴甫洛达尔石化厂原油加工能力将恢复到750万吨/年，石油加工深度将提高到90%，轻质石油产品产量增加，生产的机动车燃料质量达到欧-4和欧-5标准。

2012年，奇姆肯特炼油厂（哈国家油气公司与中石油合资企业）的升级改造提上日程。升级装置由中国石油工程建设公司负责设计、采购和施工。2013年10月，改造工程动工。2014年3月29日，柴油加氢装置开始进行新反应器的并入工作，4月14日，装置开工。2014年2月，哈国家油气公司与中国石油工程建设公司签署合同，决定在奇姆肯特炼油厂建立石脑油异构化装置。预计该石脑油异构化装置首个启动阶段的安装启用会实现每年60万吨的加工量。要实现这一目标需要用现代科技方法对高辛烷值汽油生产过程进行改造。工程完成以后，奇姆肯特炼油厂将能够生产定性安全的高辛烷值汽油。

除了改造三大炼油厂外，哈萨克斯坦在独立以后还新建了被称为第四大炼油厂的阿克套沥青厂。2005年，哈国家石油天然气公司开始准备将阿克套塑料厂改造为沥青厂，以卡拉江巴斯油田的石油做原料。2006年，中国信托投资集团以19亿美元的价格收购卡拉江巴斯油田，当年，哈国家石油天然气公司与中国信托投资集团所属的国际金融公司达成协议，计划于2007年底前共同实施沥青厂的建设工程，这是中国在哈非资源领域最大的投资项目。为了保证卡拉江巴斯油田的原油能顺利运抵阿克套沥青厂，还将修建一条长5千米的石油管道。2013年12月20日，阿克套沥青厂在哈阿克套市举行了投产仪式，总统纳扎尔巴耶夫通过视频连线发表讲话说：此前哈萨克斯坦主要从俄罗斯进口沥青，阿克套沥青厂建成以后，将实现沥青的自给自足。[1] 该厂能够生产欧洲最高标号的沥青，在此之前，哈短缺的 30 多万吨沥青是以每吨 300 美元的价格从俄罗斯进口的。[2]

哈萨克斯坦总统纳扎尔巴耶夫说：到 2014 年，哈现代化的石油加工工业可保证国家对高品质油品的需求。[3] 政府计划到 2016 年将全国石油炼制量提升到每年 1750 万吨，能够生产高标号的汽油，满足国内需求。

第六节　逐渐完善的基础设施

哈萨克斯坦地理位置优越，北上可达俄罗斯，向东可达中国和亚太地区，向南可达南亚次大陆及印度洋。在"工业创新发展二五计划"中，哈萨克斯坦的基础设施建设首先提出加强交通基础设施建设，希望通过铁路和公路使哈萨克斯坦与东西南北的大市场连接。

独立初期，哈萨克斯坦公路、铁路、航运、水运在内的交通运输业一直呈下滑趋势，1998 年，国内公用运输货运量只占到 1991 年的 30%。[4]2010 年，哈出台的《发展规划》和《工业纲要》提出了加强运输、交通和电力等基础设施非资源性产业的建设。在交通领域上预计在 2020 年前新建铁路 1400 千米，新建和改造公路 1.6 万千米；具体实施的大项目有通往波斯湾的乌津—戈尔甘线铁路和连接欧洲与亚太地区的西欧—中国西部的双西公路。

乌津—戈尔甘线是哈萨克斯坦铁路建设的最大项目，起于哈萨

1　《中哈非资源领域最大直接投资项目投产》，《上海电力》2014 年第 1 期。
2　《哈萨克斯坦加强交通基础设施建设》，顾凡编译，《中亚信息》2007 年第 6 期。
3　孙永祥：《哈萨克斯坦油气工业发展新动向》，《亚非纵横》2010 年第 4 期。
4　王海燕：《中亚五国经济发展的趋势分析》，《新疆社科论坛》2005 年第 4 期。

克斯坦西部城市乌津，经土库曼斯坦的克孜尔卡亚、贝雷克特、埃特列克，终于伊朗境内的戈尔甘，全长938千米。共建乌津—戈尔甘线的协议于2007年12月1日签订，哈萨克斯坦、土库曼斯坦和伊朗三国政府商定各自开始境内段的建设。2013年5月，哈萨克斯坦与土库曼斯坦路段宣告竣工；2014年12月3日，土库曼斯坦至伊朗段正式接轨，改变了以往从哈萨克斯坦到波斯湾的铁路线是经乌兹别克斯坦绕行的现象，新铁路的建成将缩短600千米的运程，运输时间将缩短两天。乌津—戈尔甘铁路成为北—南国际运输走廊的一部分，北可接俄罗斯境内的铁路网，南可达波斯湾，缩短了欧亚中心到南部海岸的距离；乌津—戈尔甘铁路在建成后的最终年货运量将达到1000万—1200万吨。

铁路的另一个项目是热特肯—霍尔果斯线的建设。热特肯—霍尔果斯起于阿拉木图以北约70千米处的热特肯村，终于中哈边境口岸霍尔果斯，全长298千米。2009年8月3日，新铁路线举行了开工典礼；2011年12月2日热特肯—霍尔果斯线成功运营。热特肯—霍尔果斯线的开通提高了哈的转运能力，促进和扩大哈与中国及东南亚国家的经济联系。

双西（欧洲西部—中国西部）公路交通走廊是哈基础建设的最大项目。2006年11月，时任哈副总理的马西莫夫致函时任中国副总理吴仪，提出双西公路交通走廊的合作项目，希望双方共同融资实施。2007年12月，哈交通运输部完成双西项目可研究报告。2008年2月26日，哈交通运输部公布了双西项目的投资方案，哈萨克斯坦的资金将通过国家财政预算拨款、国际融资、"特许经营权"引资等途径筹集。2009年春，哈政府与欧洲复兴开发银行及亚洲开发银行签署了修建双西公路交通走廊的借款协议。

双西公路交通走廊东起中国连云港，西至俄罗斯圣彼得堡，总长 8445 千米，其中在哈境内有 2787 千米。双西公路在中国和俄罗斯境内的路段状况较好，改造工程重点在哈境内，需翻修改造公路 2452 千米，新修公路 335 千米。2009 年 9 月 10 日，哈总统纳扎尔巴耶夫亲自宣布双西公路交通走廊哈萨克路段正式动工。哈萨克斯坦投资发展部公路委员会主席普舍姆巴耶夫于 2016 年 4 月 13 日宣称，双西公路在哈境内路段大部分改造工程已经完工。据世界银行预测，双西公路全线通车后，中国和西欧国家间公路货运量将提高 2.5 倍，仅车辆维修每年将为沿线国家带来 3 亿美元的收入。[1]

哈萨克斯坦总统纳扎尔巴耶夫在 2015 年国情咨文中宣布，国家将用 5 年时间实施"光明大道"新经济计划，新经济计划的核心是要大力推动基础设施建设，特别是完善交通道路基础设施。（在基础设施建设上）首先应该加强对交通道路基础设施的完善，包括首都在内的全国各地区都应形成公路、铁路和航空一体的紧密相连的立体交通网络。同时，还要加强国家东西部地区物流枢纽的建设。

除了交通设施外，电力工业也是基础设施建设的重要方面。电力工业是衡量一个国家经济发达程度的标志之一。哈萨克斯坦的电力工业是苏联时期建立起来的。20 世纪 60 年代中叶，苏联在哈萨克共和国修建了包括叶尔马科夫、埃基巴斯图兹 1 号电站在内的一批大型电站，并且建设了当时世界唯一的超高压配电网。独立以后，由于资金短缺，无力对电力工业的基础设施进行更新，已经停止运行的发电站机组有的被拆作为维修配件使用，有的报废。1990 年，哈萨克共和国发电 900 亿千瓦时，2001 年发电量只有 553 亿

---

[1]《双西公路哈萨克斯坦境内路段 2017 年将全线通车》，新华网 2016-04-14。

千瓦时。[1]

为了促进电力工业的发展，政府在经济形势稍有好转的情况下，于1999年以后陆续出台了一系列有关发展电力的文件。[2] 总统纳扎尔巴耶夫在2008年的国情咨文中指出：为了保障经济和居民用电，首先需要建设巴尔喀什热电站、埃基巴斯图兹电站第三台机组、马伊纳克水电站等电力设施。在2010年出台的《工业纲要》框架下，2011年发布了《2010—2014年电力行业发展纲要》的政府令。该发展纲要的目标：一是完成对现有发电基础设施的改造；二是改善电力结构，合理配置电力资源；三是发展新能源，在2020年前使电力生产能够满足国内需求。

对现有发电基础设施的改造是政府发展电力工业的迫切任务。政府计划在2010—2015年期间投资12.6亿美元，改造机组容量共341.5万千瓦。在此期间完成的改造有：阿克苏电站4号机组的改造，计划改造三台机组（每台机组30万千瓦）；埃基巴斯图兹1号电站改造一台50万千瓦机组，埃基巴斯图兹1号电站使用了电力生产自动化管理系统，提高了发电作业的稳定性，安装了净化装置，减少了有害气体的排放；江布尔电站转变为煤发电，机组容量为6×20万千瓦；卡拉干达2号电站改造总功率为41.5万千瓦发电机组。

电网的改造和建设也是电力设施改造的重点。哈萨克斯坦电网大部分是苏联时期建设的，近三分之一的低压电网已超过使用寿命，需要改造和更新。2005年，国家电网管理公司总裁卡纳特·博祖姆巴耶夫在接受记者采访时说，国家电网有40%将更换为新的现

---

[1] 赵常庆编著：《哈萨克斯坦》，第119页。
[2] 《2030年前国家电力领域发展纲要》、《2010年前统一电力体系发展纲要及2015年前展望》和《2007—2015年电力领域发展措施计划》。

代化设备。[1]2010年至2011年期间，国家电网公司与印度KEC公司、韩国电力集团等公司分别签订了一系列改造变电站和电网工程的协议。

改善电力结构，合理配置电力资源也是电力工业刻不容缓的任务。哈萨克斯坦的电力分布存在着区域分割、分配不均的特征。哈萨克斯坦电力的分布和输配格局是苏联时期形成的，当时，哈萨克共和国的电力布局被纳入全苏电力工业体系，哈西部的阿克纠宾斯克、阿特劳、西哈萨克斯坦三州的电网纳入俄罗斯电网体系，阿拉木图等南部地区用电纳入中亚电力系统，哈东部和北部地区由本国电力系统供电。

独立后，哈电力工业布局虽然得到重新规划，然而电力生产和供应仍未摆脱苏联时期的模式，不平衡状况仍然存在。西部阿克纠宾斯克、阿特劳、西哈萨克斯坦和曼吉斯套州依靠俄罗斯供电的现象仍然未改变，其中，阿克纠宾斯克州每年进口150兆—200兆瓦，西哈萨克斯坦州每年进口50兆—100兆瓦[2]；南部地区的部分电力依靠吉尔吉斯斯坦和乌兹别克斯坦，在两国电力不足的情况下，哈南部地区就面临电力短缺的困境；煤炭资源丰富的中北部地区电力工业较为发达，出现电力过剩的情况。

为了解决以上问题，哈政府从三方面入手。第一，建设跨区域输变电线路，改善国家输电干网的电力运输状况。1998年，一条从埃基巴斯图兹到阿拉木图的"北—南"500千伏输电线建成。2009年，第二条"北—南"输变电线竣工，为电力短缺的南部地区提供了稳定的供电保障。此外，建设北电西送的"北部—阿克纠宾斯克

---

[1] 维嘉：《哈萨克斯坦的电力设施严重老化》，《中亚信息》2005年第12期。
[2] 同上。

州"输电线路，北电东送（从埃基巴斯图兹到乌斯季卡缅诺戈尔斯克）的高压输电线（500千伏），东电南送（从舒里宾水电站到阿尔玛）的高压输电线（500千伏），它们的建成将缓解南部和西部的电力紧张状况。

第二，在制订电力规划和确定开发项目中，哈政府优先满足南部和西部。其中，建设南部的巴尔喀什热电站被列为电力工业的重点项目。巴尔喀什热电站地处巴尔喀什湖西南岸，位于阿拉木图州靠近埃基巴斯图兹煤矿的地区。2009年3月，韩国电力集团和三星集团在此项目的招标中胜出，同年5月13日，哈韩两国元首签署了《巴尔喀什电站建设项目合作协议》。该项目总金额达45亿美元，其中75%由韩国财团与哈萨克铜业公司共同融资，25%由萨姆鲁克能源公司出资。2010年6月，哈总统纳扎尔巴耶夫通过视频完成了电站的开工奠基仪式。巴尔喀什电站项目分两期建设，两期分别为2组660兆瓦的发电机组，2012年9月启动了巴尔喀什电站一期的建设项目，预期2018年投产。该电站的投产将保证哈南部地区的高峰用电。

哈萨克斯坦南部地区煤炭资源有限，而水力资源相对丰富，但水能的利用率很低。政府计划用5年至10年时间将水力发电的比重从2012年的大约12%提高到20%。2007年，在阿拉木图州的恰雷恩河开始建设马伊纳克水电站。马伊纳克水电站是水能利用领域中的最大项目，1985年已经开始着手，由于资金缺乏于1992年被迫中断。1999年，政府制定的《2030年前国家电力领域发展纲要》做出了建设马伊纳克水电站的决议。2007年8月，水电站开始施工，2011年12月9日竣工，2012年4月3日第一台发电机组正式运转。马伊纳克水电站总功率为300兆瓦，年发电量为10亿千瓦时。

在资金不足的情况下，政府计划重点发展中小型水电站。目前，全国约有450座废弃的小水电站，若能获得恢复改造，每年可生产电力约60亿千瓦时。[1] 在伊犁河上，有装机容量为36.4万千瓦的卡布恰盖水电站和装机容量为5万千瓦的凯尔布拉克水电站；在额尔齐斯河，有装机容量7.8万千瓦布拉克水电站；在大阿拉木图河和小阿拉木图河上有装机容量为6.1万千瓦的梯形水电站；此外，还有装机容量共23.5万千瓦的阿克苏河小型水电站和装机容量39万千瓦的杰伊杰克河水电站。专家估计，这些中小型水电站如果得以建成并顺利发电，将可以弥补南部地区的电力缺口。

在油气资源丰富的西部地区，政府准备建立天然气发电厂。其中，有装机容量4.8万千瓦的阿克套燃气电站、装机容量14.4万千瓦的田吉兹雪佛龙燃气电站和装机容量20万千瓦的库姆科尔燃气电站。

第三，核能也是电力工业发展的任务之一。1973—1999年在滨里海城市阿克套曾建设了一座核电站、装机容量350兆瓦，采用快中子反应堆。1999年之后，核电站停产。为了解决能源短缺问题，政府计划在2009年完成阿克套核电站的经济技术论证工作，安装ВБЭР-300型反应堆。政府计划在阿拉木图、乌斯季卡缅诺戈尔斯克、谢米巴拉金斯克、巴尔喀什湖附近兴建核电站，由于受2011年3月日本福岛核电事故影响，核电站的建设计划一再推迟。

哈萨克斯坦地处北半球的气流活跃区，境内有10个以上的州拥有风速为每秒8—10米的风力发电潜力，据估计，全国风力潜在发电量相当大，如准噶尔大门地区每平方米面积1.7万千瓦时，理

---

[1] 邓铭江等：《哈萨克斯坦水资源及水能资源开发前景分析》，《水力发电》2014年第7期。

论上可利用的发电量为 30 亿千瓦时。2006 年，政府开始在准噶尔大门地区建设试验性风力发电站。直到 2011 年，哈第一座风力发电站（科尔泰风电站）投入使用。

截至 2015 年底，哈萨克斯坦全国共有发电站约 102 个，装机总容量 20844.2 兆瓦。其中火电站（汽轮机）装机容量 17300 兆瓦，占 83.3%，燃气涡轮发电站装机容量 1000 兆瓦，占 4.8%，水电站装机容量 2480.4 兆瓦，占 11.9%。[1] 埃基巴斯图兹 1 号电站是哈最大的火力发电站，2010 年占哈发电量的 13%。[2]

独立二十多年来，由于重视基础设施的建设，哈萨克斯坦的交通和电力设施得到了极大的改善。

第七节　快速发展的服务业

哈萨克斯坦的大部分服务业在独立后得到了较快发展，其中突出的有电信业、药品及医疗器械的生产和旅游业。

1994 年，由哈萨克电信和加拿大公司合资组建成立了哈萨克电信公司，它是最早经营模拟移动通讯的运营商。1995 年 3 月，哈萨克斯坦互联网网络管理中心成立，1996 年"阿斯特尔"公司开始提供因特网服务。1999 年 10 月，哈萨克斯坦互联网可连接比什凯克以及其他 21 座城市，其中 15 个中心站达到了一体化的要求。然而，直到 21 世纪初，哈萨克斯坦移动通讯市场还具有强垄断和高

---

[1] 商务部国际贸易经济合作研究院、中国驻哈萨克斯坦大使馆经济商务参赞处、商务部对外投资和经济合作司：《对外投资合作国别（地区）指南——哈萨克斯坦（2016 年版）》，第 34 页。

[2] 《艾默生赢得哈萨克斯坦最大的热电厂埃基斯图兹 GRES-1 实施管控现代化项目》，《现代化工》2010 年第 7 期。

价位的特点。哈萨克斯坦的邮电、通讯，以及医疗卫生、零售贸易等领域在国内生产总值中所占比重是很低的，有些领域甚至呈现出萎缩状态，如邮政业的业务量到2000年还不及独立前的一半。[1]

2003年，哈萨克斯坦政府成立了哈萨克斯坦信息及通讯署，其主要职能包括：制定和执行国家关于信息化和通信的政策；发放电视、无线电广播、电信牌照；实施电信监管等职能。2005年，哈政府采取措施逐步放开了邮政和电信服务市场，出台了《2003—2005年电信部门发展纲要》，为发展竞争创造了条件。此后，一些外企相继进入了电信市场，如俄罗斯Kar-Tel公司，到2006年，该公司有用户120万户，用户数达到了哈人口总数的8%，占据了哈萨克移动通讯市场26.5%的份额。[2]

2006年哈萨克电信公司仍然是国家控股公司，财政部持有其50%的股份，公司员工约为3.6万人。[3]哈萨克电信公司拥有电信业务执照，包括经营本地电话、长途通讯、电报、国际长话、互联网、智能网等业务。

据统计，截至2014年底，哈萨克斯坦固定电话线路数有435.34万线，与2007年相比，固定电话线路数增加了26%；固定互联网用户210.09万户，固定互联网用户增加了82%。此类数据说明其信息技术基础建设突飞猛进，尤其是固定互联网的用户量激增。[4]

2015年，哈萨克斯坦开始发展"下一代网络"（NGN）技术，力图使高质量通讯和高速互联网覆盖国内全境。

---

[1] 王海燕：《哈萨克斯坦方兴未艾的第三产业》，《东欧中亚市场研究》2002年第9期。

[2] 《哈萨克斯坦电信产业概况》，中华人民共和国商务部2006-08-23。

[3] 同上。

[4] 陈玲等：《哈萨克斯坦信息技术产业发展与现状》，《中国科技纵横》2006年第12期。

独立初期,哈萨克斯坦对医疗卫生事业的投入减少,直到2003年,政府对卫生事业的支出才929亿坚戈。[1]生产的药品只有120种,价值900万美元,只能满足国民需求的3%。[2]

独立初期,哈萨克斯坦在原苏联卫生委员会的基础上组建了卫生部,负责医疗卫生行业的立法、政策的制定,监管改革、医务人员的教育培训和监测国民健康状况。1993—1998年,政府颁布了一系列法律、法规,出台了多项措施以促进本国的医疗业。与此同时,医疗卫生行业开始了所有制改革。为了减轻国家经济压力和提高医疗服务质量,政府在保留一部分由国家拨款的国有医疗机构外,新成立了一些在财政和法律上独立的医疗企业,允许规模不大的私营医院和联合诊所从事医疗卫生事业。到2005年,国家医疗、医疗保险和私人医疗相结合的卫生体系在哈萨克斯坦基本上建立起来。

2005年,政府出台了《2005—2010年医疗卫生改革和发展纲要》,根据纲要,优先发展基础医疗救助体系,包括发展基层卫生服务网点、提高社区门诊部的服务水平、增加服务项目(预防、疾病防治、按规定提供免费和优惠药品),以及加强卫生人员的培训。政府拟在2005—2006年对医疗卫生系统的服务、管理进行调整,构建质量控制系统和医学信息系统,为医疗卫生事业的持续发展打好基础。国家为社区级医院设定的指标为每2000名居民配备一名医生,2006年1756名接受了系统培训的医生重新充实到社区医疗队伍,到2007年上半年,接受培训的医生比例为27%。[3]政府计划

---

[1] 阿里木江·阿不来提:《中亚社会保障问题研究》,企业管理出版社,2013年,第53页表2-13。

[2] 王海燕:《中亚五国经济发展的趋势分析》,《新疆社科论坛》2005年第4期。

[3] 《哈萨克斯坦药品发展政策及现状分析》,中华人民共和国商务部2007-11-30。

在2008至2010年间重建初级医疗保健服务网，实现医疗卫生系统现代化，创建有竞争力的医疗卫生系统。

药品行业是医疗卫生和保健事业的分支，哈萨克斯坦于2002年成立了国家医药委员会，负责药品的管理和流通，以及对医务人员管理和从业资格的审查，以保证医疗质量。在私有化改革中，医疗卫生系统对苏联时期全部由国家负担医疗卫生事业的状况也进行了改革，在哈萨克斯坦陆续建立一些药品生产的独资或合资企业。政府在对原有的老厂实行达标改造的同时，按国际药品生产质量管理规范（GMP）标准建设起一批制药厂，如国内符合GMP国际标准的最大注射剂生产厂于2003年在阿拉木图市成立，其产品可满足国内市场对血液替代注射剂的需求。

2005年以后，制药业成为哈优先发展的行业，国家采取增加关税的措施限制进口药品，以保障本国的制药业，如2003年每吨进口药品平均关税16200美元，2006年为21900美元。在此政策的指引下，哈药品生产及研制方面取得很大进展，2005年已经有66个药品企业实现了药品自主生产，生产1500种药品。2007年7月28日，哈萨克斯坦工贸部长奥拉兹巴科夫在访问国内制药厂时发表讲话说："哈萨克斯坦药品生产以每年30%—35%的速度递增。"[1]

然而，哈仍未摆脱对进口药品的依赖，据哈国家统计署公布的数据，2006年进口药品总计2320吨，总价值5.085亿美元，分别比2005年增长11%和17.5%。2007年，药品市场国产药品所占比例仅10%，外国药品占90%，哈卫生部门的目标是将国产药品市场

---

[1] 《哈萨克斯坦药品发展政策及现状分析》，中华人民共和国商务部2007-11-30。

占有率提高到 20%—30%。[1]2012 年，哈萨克斯坦医药市场总值达 12 亿—14 亿美元，医药市场上 20% 的药品为国产药品。[2]

在构建经济多元化中，旅游成为哈重要产业。1992 年，哈出台了《哈萨克斯坦旅游法》，1993 年加入了世界旅游组织，1997 年制订了恢复丝绸之路主要历史遗迹、建设旅游基础的计划。然而，由于经济形势的艰难局面，哈政府实际上未能将旅游业列为经济发展的重要组成部分。1997 年，在经济好转的形势下，发展旅游业被提上日程。当年，哈政府确立了旅游业发展战略，在旅游业发展战略中，政府提出了将哈建设为"中亚地区最佳旅游国家"的目标。哈参加了联合国教科文组织实施的"丝绸之路"洲际旅游线路，2005 年，哈政府制订实施了丝绸之路旅游 2005—2020 年规划，总投资 72 亿坚戈。[3]2005 年以后，旅游事业有了长足发展，成为哈的支柱型产业之一。为实现以上目标，哈政府采取了多项措施。

哈萨克斯坦发展旅游业有着得天独厚的自然和人文优势，古代草原之路和丝绸之路的北道穿越其境。为发展旅游业，政府陆续兴建了一批旅游基地，其中著名的有南哈萨克斯坦州的萨雷-阿加什、阿拉木图州的阿拉散-卡帕尔和曼吉斯套州的里海旅游基地。到 2016 年初，哈萨克斯坦的度假胜地已经有 494 个。[4]

政府在旅游基地上建设了疗养院、度假村、滑雪场、饭店等休闲、娱乐、体育等基础设施。酒店等旅游企业的建设促进了旅游经

---

[1] 《哈萨克斯坦药品发展政策及现状分析》，中华人民共和国商务部 2007-11-30。
[2] 蒋小林：《哈萨克斯坦制药业现状及当前主要任务》，《国际技术装备与贸易》2013 年第 4 期。
[3] 王友文、王广元：《中哈国际旅游合作与共建丝绸之路经济带互动模式探微》，《新疆社会科学》2015 年第 4 期。
[4] Babakhan Kymbat：《哈萨克斯坦旅游产业发展战略研究》，《中国市场》2016 年第 12 期。

济的发展，到2016年，哈萨克斯坦大约有600家酒店。[1]

旅游公司和旅行社陆续成立起来，截至2016年，哈萨克斯坦共有1500多个各种所有制形式的旅游公司和旅行社，全国有5.8%哈公民在这些旅游服务部门工作。[2]为了发展国际贸易和旅游业，政府与许多国家建立了免签证制度。旅游公司和旅行社为外国客人制定了历史文化游、保健游、民俗游、山地游、渔猎比赛等专项旅游项目。

重视旅游产业人才队伍的培养和旅游教育的培训。截至2016年，哈已有28所大学和科技中心培训旅游管理人员，每年毕业的高等专家大约有900名，中等专家大约有400名。[3]

世界旅游组织报道，哈目前每年入境游客人数大约是4.96百万人次，出境人数为10.14百万人次，国内旅游人数为3.13百万人次，旅游总收入为17.17亿美元。[4]旅游业为哈经济带来了机遇，与此同时，旅游及其相关行业的发展还可以为哈创造更多的就业机会。

相对于旅游发达国家，哈旅游业尚处于初级发展阶段，还未对丰富的旅游资源进行充分利用。哈萨克斯坦正在利用欧亚走廊建设契机，挖掘旅游资源潜力。2014年6月22日，丝绸之路被联合国教科文组织列为世界文化遗产保护项目，借助世界文化遗产项目的影响力，哈加强了旅游业的宣传推广，设计具有丝绸之路特色的国际精品旅游线路，打造丝绸之路旅游产品，推动医疗、体育、文化等旅游资源的开发和利用，以提高旅游业在GDP中的比重。

---

1 Babakhan Kymbat:《哈萨克斯坦旅游产业发展战略研究》,《中国市场》2016年第12期。
2 同上。
3 同上。
4 同上。

第八节　深入发展的外向型经济

独立之初,哈萨克斯坦在发展外向型经济方面做了大量工作,以摆脱独立的经济困境。首先,哈萨克斯坦制定相关法律,保护对外贸易和外资的投资环境,哈先后出台了《关于开展外经活动基本原则》、《关于外国投资法》、《关于自由经济区的法令》、《关于保障外经活动处自主权的总统令》;其次,加强与独联体各国的经济合作,并与俄等独联体国家签订了一系列经济合作条约;再次,积极争取外资,加快国内经济建设。

哈萨克斯坦经济的外向度不断提高,已经有180多个国家和地区与哈萨克斯坦建立了外贸关系。

2003年以后,哈萨克斯坦的对外贸易步入了快速增长时期,对外贸易持续稳定增长。2003年至2008年外贸增长率分别是:31%、54%[1]、(2005年空缺)36.9%[2]、30%[3]、35.5%[4]。2009年,受金融危机的影响,对外贸易比上年下降34.4%,2010年呈恢复性增长,出口881.2亿美元,同比增长48%,进口380.4亿美元,同比增长25%。[5] 哈萨克斯坦对外贸易对经济增长的贡献十分突出,2004年至2007年进出口总额在GDP中的占比在70%以上(76.3%、79.2%、76.5%、76.8%),2008年达到了82.3%,对外贸易的高依

1　中华人民共和国驻哈萨克斯坦大使馆经济商务参赞处:《2004年哈萨克斯坦全年社会经济发展状况》,转引自郑国富、张养志:《哈萨克斯坦经济体制转轨的模式与绩效》,《俄罗斯中亚东欧市场》2006年第4期。

2　陈其钢:《独立15年哈萨克斯坦经济回顾与展望》,《新疆社会科学》2008年第2期。

3　《哈萨克斯坦对外贸易分析》,谷维译,《中亚信息》2008年第4期。

4　《2008年哈萨克斯坦对外贸易及哈中贸易情况》,中华人民共和国商务部2009-03-06。

5　王雅静:《哈萨克斯坦经济发展情况分析》,《大陆桥视野》2012年第7期。

存度，使哈经济容易受到国际经济冲击。

哈萨克斯坦对外贸易的结构在独立之初并不合理，出口产品仍以附加值低、技术落后的初级产品为主，矿产品占出口总额的70%左右，而机电产品、运输设备和仪器仪表等产品进口一直位居前列，占进口总额的40%以上。[1]2006年8月14日，第765号政府决议（《关于哈萨克斯坦关税税率》）提高了啤酒曲、育种雏鸡、干蛋黄、履带式拖拉机等产品的进口关税。2010年，哈政府出台《发展规划》和《工业纲要》两个纲领性文件，文件规定了未来哈萨克斯坦的主要经济任务是在2010年至2020年间从原料供应国转变为工业国，为此哈政府采取了以下措施。

首先，哈政府利用关税调节进出口产品结构。政府对原油出口税进行了调整：在国际油价为每桶19美元以下时，征收1%的最低税率；在国际油价为每桶40美元以上时，征收33%最高税率。

其次，哈政府引导了投资方向。2003年以后，随着引进外资的增加，外资流向不平衡的状况成为哈构建多元化经济的重要问题。据哈国民银行，1993年至2008年间吸引的外资：流入第一产业的有0.605亿美元，占外资总量的比例只有0.07%；流入第二产业的为443.115亿美元，占比49.42%，其中，流向采矿业的外国直接投资金额累计达331.72亿美元；流入第三产业的为452.997亿美元，占比50.51%。[2]直到2011年，矿产品出口还占出口总额的70%左右。不难看出，对外资的引导和优化工作是实现经济多元化的关键。

  1　刘乐、马莉莉：《哈萨克斯坦经济转型与"丝绸之路经济带"建设》，《欧亚经济》2016年第1期。
  2　郑国富：《哈萨克斯坦吸引外国直接投资的现状与前景分析》，《经济与管理》2009年第12期。

投资政策成为哈萨克斯坦转换经济结构的主要手段之一。2003年颁布了新的《哈萨克斯坦共和国投资法》，国家工贸部投资委员会根据法律制定了引导外资投向优先领域的特殊优惠政策。2005年，政府把机械制造、食品加工、建材、旅游、纺织和冶金行业确定为优先投资领域，希望外国投资者转变投资观念，关注基础领域如农业以及可再生能源等新经济领域的投资潜力。[1]此外，政府对优先领域的投资给予免征财产税和土地税、提供所得税优惠、免除设备和零部件进口关税，以及国家实物赠予等优惠政策。以上政策在引导外资向优先行业倾斜方面起到了促进作用。

自2010年起，外资在哈萨克斯坦经济中的投资结构发生了变化，2013年，加工业吸引的外资已占外资总额的40%。中小企业也是哈萨克斯坦利用外资的重要方向。截至2009年5月1日，外商独资企业15226家，其中小型企业14803家，中型企业308家，大型企业115家；与外商的合资企业9188家，其中小型企业8769家，中型企业288家，大型企业131家。[2]

1996年1月，哈萨克斯坦启动了加入世界贸易组织的谈判，历经近二十年的谈判，2015年7月27日，哈萨克斯坦正式被批准加入世界贸易组织，成为该组织的第162个成员国。

---

[1] 黄婷婷：《哈萨克斯坦鼓励外国投资者对哈进行利润再投资》，《中亚信息》2009年第7期。

[2] 《经济商务张地参赞访谈》，中华人民共和国商务部2009-06-25。

第十四章
社会改革与社会保障

社会保障制度是哈萨克斯坦社会改革的重要内容,也是该国政治、经济改革能够顺利进行的社会基础。独立以后,随着市场经济的深入发展,旨在保障公民社会的一系列法律和战略规划出台,包括保障就业、养老、医疗、住房、教育在内的社会改革提上了日程。哈萨克斯坦形成了符合本国国情的社会保障体系,它是哈萨克斯坦社会安定团结的保证。

第一节 符合国情的社会保障体系

苏联时期,哈萨克共和国执行的是统一的社会保障制度。苏联时期的社会保障由国家负担,虽然存在着一些不公平的现象,但大多数人还是能够享受到国家法定的一些基本保障,具有国家化、全覆盖、低水平的特点。由于经济发展不平衡,中亚五个加盟共和国的社会保障往往需要联盟中央的补贴,因此,哈萨克共和国覆盖全体国民的社会保障制度能够一直实施到苏联解体。

独立初期,哈保留了苏联时期的社会保障制度。在经济改革初期,哈出现了经济衰退,1991—1995年,哈萨克斯坦国民生产总值下降了31%。[1] 接着哈出现了失业、贫困等苏联时期没有的或者

---

[1] 赵常庆:《十年巨变——中亚和外高加索卷》,第192页,据表9-1计算得出。

说不严重的社会问题，于是，哈政府出台了一些保护普通民众基本利益的政策，如保护私有化企业的工人就业，规定了最低工资额，对一些基本消费品进行限价，等等，但这些保护性措施都是以政策的形式出现，法制化的保障制度没有确立。在国家经济衰退的形势下，哈政府已无力实施苏联时期的全民保障制度，于是，哈萨克斯坦陆续制定了一些符合本国国情的、以"重点保障"为指导的社会保障制度。

1992年，纳扎尔巴耶夫总统在谈到哈萨克斯坦社会发展战略之时，首次提到了建立保障体系的问题。他提到了社会发展战略应该注意的两个方面：一是人们生活水平和生活质量的提高；二是社会保障体系的建设。他强调了以下两方面的目标：一是使人们的生活达到近似于发达国家消费标准；二是对养老金领取者、残疾人、多子女家庭、儿童和青年，以及其他缺乏保障的公民实行国家社会保护。[1] 不难看出，"重点保障"的思想在独立之初就提出来了。1998年通过的《哈萨克斯坦共和国保障法》，再次强调了"重点保障"原则，即社会保障和社会救助的对象是以失业者、残疾人、老年人、多子女家庭、儿童和青年学生为主体的弱势群体。此后，国家陆续出台了一系列与社会领域和社会保障有关的法律，如《社会保障法》、《劳动法》、《养老金法》、《保险法》、《教育法》。

除了法律的制定外，哈萨克斯坦成立了劳动和社会保障部。该部负责制定有关劳动、劳动安全及保护、就业、居民社会保障、养老金、强制性社会保险标准等法律文件。该部所承担的任务包括对需要社会救济的公民及家庭、残疾人、失去供养者、特别补助金、地下作业和山区工作人员、有害或恶劣条件下的工作人员、核试验

---

[1] 常庆：《中亚五国社会变化与社会发展模式》，《东欧中亚研究》2001年第1期。

场受害人员、政治迫害的受害者等支付补贴以及一次性补偿等。该部按职能分工设立了2个委员会和9个局，这些机构在地方州市设立了16个分支机构。

有关军残人员的保障制定了社会优抚制度。社会优抚指国家依法制定的、对有特殊贡献的军人及其眷属实行的社会保障制度。哈政府对卫国战争参加者和伤残人员，卫国战争中牺牲战士的遗孀、孤儿、老人和曾经在有害生产条件下工作者进行经济补贴，补贴标准随着经济形势的好转而不断提高。

有关老年人的保障是确立社会保险制度。社会保险是建立累积退休金制度，退休金的数额与工龄挂钩，社会保险资金来源主要是用人单位和劳动者个人的缴费。如2001年税法规定，对个人工资征收20%的社会税、30%的职工社会义务保险费，在收缴的税款中，85%用于退休基金、10%用于医疗保险、5%用于社会保险基金（失业保障制度的内容见本章第三节）。2000年，哈养老金领取者有183.57万人，全国月平均养老金每人为4104坚戈。[1] 与2000年相比，2013年，养老金已经增至41790坚戈。自实施社会保险制度以来，社会服务体系得到了进一步发展，到2013年，已有8万多人（老年人、残疾人）在103个社会医疗机构、16个残疾人康复中心、35个白天逗留处所和506个上门服务处所得到了专门社会服务。[2]

有关母亲和儿童的保障纳入了社会救助范围，又称社会救济或社会补贴范围。社会救助是国家对低于最低标准者实施补贴，为失去劳动能力的人（暂时或永久）提供基本保障。为了对多子女家庭进行扶持，2003年，哈以母婴计划的形式确定了对母婴的保障。国

---

1 赵常庆编著：《哈萨克斯坦》，第181—182页。
2 张圣鹏：《哈萨克斯坦在居民社会保障领域取得较大进展》，中华人民共和国商务部2013-09-26。

家对生育进行一次性补贴，对照顾1岁前婴儿者进行补贴，对低收入家庭18岁以下子女进行补贴，对养育残疾儿童和多子女母亲进行专项补贴。2003年，哈的婴儿死亡率下降到16.5‰，明显低于1999年的21‰和2001年的19.3‰，出生人数达到25.3万，比2002年增加11‰。[1] 此外，政府提高了学生的助学金和学习贷款。

有关残疾人的保障有专门的计划。2008年，哈签署了联合国《残疾人权益公约》及其《任择议定书》，开始以国际标准承担对残疾人的保护义务。目前，哈已经实施了2012年至2018年保障和改善残疾人生活质量的计划，向其提供合适的环境，并且为残疾人恢复生活功能创造必要条件。

有关低收入者的保障也纳入社会救助范围。2005年，有50.51万低收入人群接受了社会补贴，其中，接受社会补贴的农村居民占总额的61.8%，受助金额为31亿坚戈，接受社会补贴的儿童占总额的62.6%（2004年是61.8%）。是年，政府出台了《对有子女家庭的国家援助法》，所有家庭（不论收入如何）1岁以下的婴儿和低收入家庭18岁以下的子女都可得到社会补贴，后者的平均收入不低于基本生活水平。[2] 此外，哈政府大力推行廉租房体系，年新建住房面积将不低于600万平方米，2020年之前城市和农村的统一供水覆盖率将分别达到100%和80%。[3] 与2000年相比，2013年，"收入低于最低生活标准的居民数量减少了7.8倍，定向社会救助的领取者人数减少了12倍（减至9.73万人）"。[4]

除了社会保险、社会补贴外，社会保障中还有覆盖全民的社会

1　韩翔:《哈萨克斯坦2003年社会经济发展情况》，《中亚信息》2004年第2期。
2　《哈政府加大就业和社会保障力度》，谷维译，《中亚信息》2006年第4期。
3　《哈总统承诺继续推进国家政体改革》，新华网2011-03-30。
4　张圣鹏:《哈萨克斯坦在居民社会保障领域取得较大进展》，中华人民共和国商务部2013-09-26。

福利制度。社会福利制度指由国家或社会在法律和政策范围内向全体公民提供的保障制度，其中包括医疗、教育方面的福利（见本章第五节和第六节）。

哈总统在2008年的国情咨文中，重点谈到了社会保障；在2012年的国情咨文中，再次把社会领域作为第一重点。目前，哈萨克斯坦基本上形成了具有本国特点的，包括社会保险、社会救助、社会福利、社会优抚等形式的社会保障体系。

哈萨克斯坦的社会保障改变了过去资金完全依赖国家预算的做法，政府把社会领域的一部分责任移交由市场解决，有效地减轻了政府的财政负担。哈萨克斯坦改革后的社会保障体系以社会保险为核心，政府建立和完善各种社会保险制度。在社会保险制度中既有由国家法律规定的强制保险，也有由个人意愿投保的附加险。

哈萨克斯坦的社会保障改变了过去全民由国家负担的做法。苏联时期社会保障的主要特征是在社会领域实行平均主义，总统纳扎尔巴耶夫在许多场合下说依然有人吹嘘过去把平均主义当作社会公正的标志。他还说："让我们想一想平均主义和伴随我们的贫穷，专制主义的漫长统治和人毫无个人价值的情形，还有舆论宣传的可悲性和我们的生活不可能得到改变的情形吧。"[1] 他在国情咨文中曾指出："旧体系（指苏联的社会政策体系）提供较为安全的最低限度的社会福利，但是我们决不能忘记，这一制度正在崩溃，因为从经济的角度看，它被证明是没有竞争力的。"[2] 为了克服过去社会保障平均主义的矛盾，哈的社会保障体系"应该激励个人的责任心，而不是让人们依赖国家"。[3] 改革以后的哈萨克斯坦社会保障体系既

---

[1] 〔哈萨克〕努·纳扎尔巴耶夫：《前进中的哈萨克斯坦》，哈依霞译，第93页。
[2] 杨进：《贫困与国家转型：基于中亚五国的实证研究》，第158—159页。
[3] 同上书，第163页。

体现了公平，又有侧重。

哈萨克斯坦改革后的社会保障制度强调了制度的有效性和效率性。"这一制度必须是有效的，补贴的支付必须有针对性，即谁有权获得补贴，谁最需要补贴"，"这一制度必须是有效率的，即这一制度必须透明、可操作性强、低成本、简单易行，重复性补贴必须限制在最低程度，该制度的基本单元可以灵活调整"，"该制度应该在短期内确保最大的人口覆盖率"。[1]

在高度重视社会领域改革的思想指导下，哈在社会保障领域取得了显著成就。国家用于社会保障和社会救助的国家财政支出由2000年的1510亿坚戈增加到2013年的13710亿坚戈。截至2013年，哈国已有近400万人（国家居民数量的四分之一）得到了社会救助，有40万人领取儿童和家庭补贴。与开始实施这一标准的2003年相比，对生育的补贴增加了5倍，照顾婴儿的补贴提高了3.1倍。对有子女家庭的社会救助提高了生育率，近5年来增加了1.5倍，目前已有20万个家庭育有4个和更多儿女。[2] 从2009年起，社会补贴和国家专项补贴每年提高9%，哈萨克斯坦社会福利的增长速度已经超过经济增长速度。[3]

第二节 有待完善的就业保障

就业保障是国家社会保障的重要内容之一，指国家为保障公民实现劳动权采取的各项措施。哈萨克斯坦的就业保障主要有两个

---

1 杨进：《贫困与国家转型：基于中亚五国的实证研究》，第164页。
2 张圣鹏：《哈萨克斯坦在居民社会保障领域取得较大进展》，中华人民共和国商务部2013-09-26。
3 哈萨克斯坦驻华大使馆编：《2008年哈萨克斯坦总统纳扎尔巴耶夫演讲选编》，第19页。

方面的内容：一是为劳动者创造相对稳定的就业环境，使之获得公平、公正的待遇；二是对失业者给予基本的生活保障，使之有机会获得培训，以促进再就业。独立以后，哈萨克斯坦始终将就业放在社会政策的中心位置。

独立之初，哈萨克斯坦以法律的形式保障就业。为了解决就业问题，1995年以后，哈政府陆续出台了近20项法律法规，规范了劳动力市场，建立了再就业制度。2001年，新的《劳动就业法》获得通过，该法涉及了政府的就业政策，建立了就业报告和就业监测等制度。如该法第1章第4条规定，确保为哈萨克斯坦公民提供平等的就业机会，确保生产性就业，减少失业，创造就业机会。根据劳动力市场的需求制定投资政策及其发展前景，为劳动者提供教育培训体系，鼓励雇主维护现有就业机会并创造包括对目标群体的新的就业机会。可以说，哈萨克斯坦在独立初期就以法律手段保障公民的就业。

2006年，哈劳动和社会保障部与东欧和国际劳动组织中亚管理局等国际组织签署了《2007—2009年哈萨克斯坦国家劳动规划》，该规划明确了政府未来三年的任务，扩大居民的就业率成为优先发展的方向之一。[1] 2008年，哈劳动和社会保障部启动了促进就业的四种机制：预测各行业对技术和服务人才的需求，调节劳动力资源配置，将国内现有的劳动力储备引入市场，鼓励企业主参与人才培训。[2] 为了顺利开展此项工作，国家财政拨款42.935亿坚戈；其中，用于失业人员职业教育的资金占25%，用于促进就业的

---

1 《哈萨克斯坦通过2007—2009年劳动规划》，岳萍译，《中亚信息》2006年第12期。

2 《哈劳动和社会保障部制定新的就业促进模式》，谷维译，《中亚信息》2008年第10期。

资金占 25.4%。[1]2009 年，哈新增就业岗位 25.86 万个，实际安排就业人数 24.78 万；2010 年，新增 13.3 万个就业岗位，实际安排就业人数 12.95 万。[2]

2011 年，在政府制定的《2020 年前国家就业规划》(简称《就业规划》)中，培训、扶持和迁移保障就业三项任务是规划的主要目标。是年，总统纳扎尔巴耶夫在 2011 年度国情咨文中强调了保障就业的三点规划：一是建立高效的劳动培训和就业促进机制；二是大力扶持乡镇企业，增加就业机会；三是提高劳动力资源的合理流动，组织偏僻地区的劳动力向经济发达地区迁移。为完成以上任务，采取的具体措施有：一、国家免费培训有意在城市就业的人员，为其提供必要的交通、住房补贴以及解决子女入托等问题；二、为农民提供 300 万坚戈的小额贷款，帮助他们创业；三、免费培训，以提高专业技能，为劳动力合理流动创造条件。

在《2020 年前国家就业规划》开始实施的当年 (2011)，财政拨款 2000 亿坚戈，扶持措施涵盖了 23.5 万人；其中，10 万多人受到了培训和再培训，82% 经过培训者得到了安置。在参加规划的人员（主要是农村居民）中，有大约 1.2 万人获得了总额 239 亿坚戈的经营活动小额贷款，有大约 1 万人（2800 个家庭）由经济萧条地区迁移到了具有较高经济潜力的居民点，他们中的大部分得到了就业安置。[3]

在 2011 年的基础上，哈萨克劳动和社会保障部于 2012 年对《就业规划》的措施加以改进：其中在培训方面的改进主要是扩大再教育，实行终身教育制，以及加大培训本国劳动力以替代外国劳

---

1 《哈通过技能培训促进就业》，杨建梅译，《中亚信息》2008 年第 8 期。
2 《哈萨克斯坦近年来经济发展成就引人瞩目》，中华人民共和国商务部 2012-01-31。
3 张圣鹏：《哈萨克斯坦在居民社会保障领域取得较大进展》，中华人民共和国商务部 2013-09-26。

动力的力度；在发展乡镇企业方面的改进主要是简化抵押贷款发放的程序，以及加大建设和维护农村公用设施和通讯等基础设施的力度；在促进劳动力流动方面的改进主要是保障移民的住房和培训。

2015年，哈总统签署《对哈萨克斯坦共和国劳动法典进行修改补充的法案》，同年9月，哈通过了新的《劳动法》（于2016年1月1日开始施行），以便更好地实施改革目标。新《劳动法》对哈的劳动法体系进行改革和完善，该法兼顾了企业和劳动者利益，明确国家、雇主和雇员的社会责任，推动了自由劳动关系的形成。与此同时，与新《劳动法》匹配的《关于对哈萨克斯坦有关劳动调节法律规定进行修改和补充的法律》也随之出台。

除了法律法规外，哈政府还建立了一些促进就业的机构。在世界银行实施的"社会保护计划"下，哈建立了数百个有关劳动就业、失业等研究机构。这些机构的建立对促进公民就业起到了积极作用。

除了法律的制定和机构的建设外，哈政府采取了许多措施以促进就业。首先，政府合理扩大了劳动力密集产业，对劳动力密集的私人企业加大了扶持力度，到1995年底，哈在私人商业和私人工业企业就业的人数已经占全国就业总人数的22.17%。[1]1995年12月，政府拟定了1996—1998年深化改革计划，鼓励和支持中小企业的发展，希望创造15万个至20万个就业岗位，使失业人数减少一半。[2] 2000年，失业率为12.8%[3]，2003年失业者为经济自立人

---

[1] 孙壮志：《中亚五国经济转轨中的失业与就业问题》，《东欧中亚研究》1997年第3期。

[2] 《国内形势和对内对外政策基本方针》，《哈萨克斯坦真理报》1996-10-08，转引自孙壮志：《中亚五国经济转轨中的失业与就业问题》，《东欧中亚研究》1997年第3期。

[3] 赵常庆编著：《哈萨克斯坦》，第169页。

口总数的8.1%。[1]2008年，当中小企业受金融危机影响融资困难之时，政府从国家基金中拨款1200亿坚戈扶持中小企业走出困境。[2]

其次，政府根据市场需求对失业者进行技能培训。据1996年7月的数据，在官方登记的失业人数为25.6万人，其中接受培训的有6100人。[3]从统计的数据来看，培训的力度不是很大，不能满足再就业的需求。进入21世纪以后，哈陆续成立了四个职业培训中心。此外，在哈的475所大专院校和312所职业学校中，有近10.5万人在接受专向职业培训。[4]

第三，政府在引进外资、创办合资和独资企业上注意录用本地工人和注意技术工人的培养。政府坚持以下立场：优先录用哈公民，只有在有利于提高本国工作人员专业技术水平及增加其专业知识的情况下，才允许引进外国工作人员。[5]2006年，哈政府与外资外商企业负责人举行会谈，讨论了引进外国劳动力和培养哈专业技术人才的问题。会上，哈总理与外国公司领导人共同制订了关于培养哈专业技术人才的中长期规划，哈方负责人要求合资企业和外国公司在2006年为哈公民提供4300个新的就业岗位，并为2459名哈专业技术人员提供培训、进修和深造的机会。[6]

卓有成效的就业措施产生了积极影响，在2008—2010年中，

---

[1] 《哈萨克斯坦努力消除贫穷和失业》，聂书岭译，《中亚信息》2003年第11期。
[2] 刘晖：《浅论哈萨克斯坦失业率下降的原因》，《现代经济信息》2011年第20期。
[3] 赵定东、朱励群：《1999—2000年前苏联与东欧国家的失业状况与治理》，《东北亚论坛》2006年第3期。
[4] 刘晖：《浅论哈萨克斯坦失业率下降的原因》，《现代经济信息》2011年第20期。
[5] 《哈修订引进外国劳工的规则》，聂书岭译，《中亚信息》2003年第12期。
[6] 《哈政府加大就业和社会保障力度》，谷维译，《中亚信息》2006年第4期。

哈政府共创造40万个就业岗位[1]，稳定了劳动力市场。然而，在就业保障中仍然存在一些问题。其中，男女就业不公平的现象仍然存在，根据2014年的统计，哈失业人员中男性占43.4%，女性占56.6%。[2] 此外，对特定人群就业的法规体系不健全，尽管2001年出台的《劳动就业法》第5条就规定，在国家促进就业的人群中包括低保障收入者、21岁以下的年轻人、23岁以下的孤儿院的学生、父母遗弃的孤儿、抚养未成年子女的单亲家庭或多子女家庭、两年内即将达到退休年龄者、残疾人。

就业保障的另一方面是建立失业保险制度。失业保险制度是对暂时中断劳动、失去劳动报酬的劳动者给予帮助的社会保障制度。雇主按月为雇员代缴强制性失业社会保险金，参保人在失业时就可以从社保基金中获得社会补助金。失业救助是促使失业者再就业的前提条件，主要包括两方面内容：一是保障失业者的基本生活；二是使失业者得到技术培训，通过专业训练、职业介绍等手段，为他们重新实现就业创造条件。

从2005年1月1日起，哈通过社保基金为失业人群发放社会补助。强制社会保险的投保人在就业指导机构进行登记以后，可以从登记日起的12个月内在居住地国家发放中心的分支机构领取失业补助金。为失业者发放失业补助的数额，不仅取决于支付人（雇主和个体从业者）在社保基金中交付的每月扣款数额，还与强制险参保年限有关。补助金的发放时间长短取决于投保时间的长短。例如，2010年65%的社会补助金领取人获得了6个月的补助；政府根据具体情况也有可能延长补助金的发放时间，如在哈受到了金融

---

[1] 刘晖：《浅论哈萨克斯坦失业率下降的原因》，《现代经济信息》2011年第20期。

[2] 《哈萨克斯坦：2014年失业率为5%》，中国新闻网2015-04-07。

危机影响之时，2009年哈总统发表国情咨文《从危机走向恢复和发展》，根据国情咨文延长了社会补助金的发放期，社保基金多发放了6.61亿坚戈。[1]

2011年1月23日，哈《居民就业法》出台，就业法的内容不仅有利于调节居民就业的社会关系，还强调了对失业人员的社会保障措施。哈萨克斯坦实施社会强制保险体系以来，2013年已拨付3305亿坚戈用于参保者因丧失工作能力、失业或因怀孕、生产和照顾1岁前婴儿而失去收入的社会扶持。[2]

独立以来，控制失业一直是哈萨克斯坦政府的一项重要任务。随着经济进入强势增长时期，进入21世纪以后，哈萨克斯坦的失业率一直呈下降趋势，就业率持续上升。据哈国家经济部统计委员会数据，2014年哈经济领域就业人数为850万人。在总就业人口中，受雇人数为610万人，占71.9%，自主就业人数为240万人，占总就业人口的28.1%[3]，自主创业的空间还很大。哈萨克斯坦政府社会政策的优先方面是提供就业机会，总统纳扎尔巴耶夫表示，其所建议的"2020企业路线图"的任务就是创造劳动就业岗位，同时在各地区培养中小企业家阶层。因此"政府应对中小企业给予利率和信贷补贴，给予部分信贷担保"。[4]

尽管哈政府为解决就业采取了一系列积极措施，然而，失业目前仍是哈萨克斯坦的一个社会问题，如何更好地为失业者提供保障仍然是哈政府的重要任务。

---

[1]《哈萨克斯坦在促进就业领域取得显著成就》，中华人民共和国商务部2012-02-01。

[2] 张圣鹏：《哈萨克斯坦在居民社会保障领域取得较大进展》，中华人民共和国商务部2013-09-26。

[3]《哈萨克斯坦：2014年失业率为5%》，中国新闻网2015-04-07。

[4] 杨进：《贫困与国家转型：基于中亚五国的实证研究》，第168页。

第三节 关注弱势群体的住房改革

苏联时期,哈萨克共和国居民的住房以国有为主,国有住房由共和国财政拨款建设,国家在房屋建设方面的投入很大,在1989年至1991年间,哈萨克共和国每年投入的资金占投资总额的14%—24%。[1]房屋建成以后,政府按工龄、职务、家庭人口等一系列标准对一部分人进行分配。房屋产权归属于国家或出资修建单位,居住者需缴纳房租,房租远远低于建筑和维修成本,大约是每平方米3戈比,占职工月工资的3%[2],房屋的维修费用由国家承担。实际上,苏联时期的房屋分配具有福利性质。

福利分房不仅需要等待很长时间,而且还存在着不公平分配的弊端。在苏联后期,哈萨克共和国每年净增人口在20万人以上,而国家在正常年份投资建造的住房仅10余万套(1991年降到8.45万套)。[3]从1990年起,苏联各加盟共和国建房总面积普遍呈大幅下降趋势,其中,哈萨克斯坦降为498万平方米,比最高年份下降了43.3%[4],建房的速度赶不上居民对房屋的需求,申请住房者一般要排队等候很长时间。

独立初期,哈萨克斯坦住房严重缺乏。1991年,有300万人(占总人口的17.7%)在等待分房或需要改善住房条件,其中有160万人居住在危房、筒子楼和集体宿舍中。据哈学者估计,哈大

---

1 〔哈萨克〕B.诺维科夫:《关于哈萨克斯坦住房私有化》,阿拉木图,1992年,第1页,转引自常庆:《哈萨克斯坦的住房制度改革》,《东欧中亚研究》1994年第6期。

2 常庆:《哈萨克斯坦的住房制度改革》,《东欧中亚研究》1994年第6期。

3 同上。

4 乔木森:《东欧中亚国家的住房制度改革》,《东欧中亚研究》1995年第6期。

约缺房200万套，约合1.53亿平方米。[1]

为了解决供求矛盾的紧张状况，独立前夕的哈萨克共和国已经开始了住房制度的改革，并以立法的形式确定了国有住房私有化的基本原则。国有住房的范围包括各级苏维埃管理的国有住房、国家机关、国营企业和社会团体管理的住房。

独立以后，改革住房分配制度的任务迫切起来。1993年9月6日，哈政府出台了《新住房政策》，实行国有住房私有化，将国有住房出售给住户，住房及其所有设备的维修一律由住户负责。然而，微薄的工资难以支付购房费用。哈萨克斯坦先后出台了《国有资产私有化库邦机制条例》、《国有住房私有化条例》，以及《关于加速国有住房私有化和保障非国有化以及私有化进程的措施》等一系列法律文件。这些文件的基本内容是：对现有国有住房私有化和以后由国家投资建设的住宅，将以商品房的形式出售。国有住房私有化成为哈非国有化和私有化的主要内容开始在全国展开。

为了加速推进国有住房私有化，国家采取了住房私有化库邦机制。库邦是一种代金券，凡在哈长期居住、有工龄的公民都可以领取。库邦是国家按工龄长短等标准发放的，截至1991年9月1日，每一年工龄可得到400库邦。根据哈有关方面计算，有21年工龄者所领取的库邦能够买一套27平方米的住房。

有关法规规定，公民用库邦购买的住房，不足部分交纳现金。如果公民缺乏足够的现金，可以在交纳20%的定金后，其余部分分10年付清。对多子女家庭、年轻家庭、低收入家庭，可以根据个人愿望，在最初交纳15%的定金后，其余部分分15年付清。

住房私有化库邦机制的一些规定反映了政府对弱势群体的关

---

[1] 乔木森：《东欧中亚国家的住房制度改革》，《东欧中亚研究》1995年第6期。

注。对残疾或工伤人员的规定有：从小残废者每人可领取 5000 库邦；三级残废在按工龄计发库邦之外增加 2000 库邦；按劳保规定提前退休者，退休后每年仍发给 400 库邦，领取时间至一般公民规定的退休年限（男 60 岁，女 55 岁）。其中，对未成年人或年轻人的规定有：父母中有一个人可为未成年儿童领取 2000 库邦；生育并抚养 5 个或 5 个以上的、年龄不超过 8 岁的孩子的母亲，除按工龄计发外，再增加 5000 库邦；在校大中专学生每人可得 2000 库邦；不足 16 岁的无父母的孤儿，每人可领取 5000 库邦；从事公益事业不足 21 岁的青年每人可得 2000 库邦。对于在国营农场和集体农庄直接从事农业生产者的优惠规定是：如果动用全家库邦仍然达不到购房所需数额时，不需补交现金，其中从事农业生产不足 20 年者必须与当地有关部门签订保证从事农业生产 20 年的合同。[1]

除了给弱势群体的优惠外，对于一些购房困难者（如卫国战争参加者和一、二级残疾者），国家通过社会保障的形式无偿分配住房。由于购房条件相当优惠，居民表现积极，在私有化开始不到一年半的时间（截至 1992 年底），私有化的住房达 100.73 万套，占住房总量的 39%，其中，无偿或部分收费的有 21.39 万套，出售的为 79.34 万套。[2]

为了加快住房建设，哈萨克斯坦鼓励私人建房。国家为个人建房者提供年利率 5%、偿还期 30 年的贷款。[3] 1993 年哈成立了国家住宅建设银行，由国家拨款 100 亿卢布作为法定资本，1994 年又追加 20 亿卢布，在国家预算中单辟了住房建设一项。

哈萨克斯坦的住房所有制结构发生了根本变化，私有住房比重

---

[1] 常庆：《哈萨克斯坦的住房制度改革》，《东欧中亚研究》1994 年第 6 期。
[2] 同上。
[3] 乔木森：《东欧中亚国家的住房制度改革》，《东欧中亚研究》1995 年第 6 期。

大大提高，为住房市场化奠定了基础。到1992年底，私有化住房已经占23%，1994年基本完成了住房私有化的工作。[1]

在住房改革中，政府始终关注改善社会弱势人群的住房状况。在2005年国情咨文中，纳扎尔巴耶夫总统指出，按照住宅建设纲要，当年仅依靠预算拨款应建成供弱势群体居民的住宅1600套，供用抵押贷款购房者的经济型住宅11700套。在2006年的国情咨文中他再次强调了建立促进私人住房建设大规模发展的激励机制，以及发展住房建设存款体制，为收入低而无法通过抵押贷款体制获得住房的居民提供帮助。在2007年的国情咨文中他谈到了建设廉租房、保障用地分配的透明性等问题。在2008年的国情咨文中，纳扎尔巴耶夫总统强调：为我国公民特别是年轻家庭提供廉价和高质量住房问题，一直是国家最为关切的问题。

2008年，国家出台了新的《国家住房计划》，其中提到了通过住房建设公积金体系向国家公务员和预算内工作人员提供购房预付贷款，年息不超过4%；还提到了加大出租房的建设，包括为国家公务员和预算内工作人员提供此类住房。2009年，国家拨出545045坚戈用于支持住房建设和解决集资建房人的困难。

2011年2月16日，哈政府通过《住房建设国家扶持计划》，在地方贷款建房方面，政府机构应该根据住房公积金政策实行，国家计划在2011年至2013年间拨款408亿坚戈。按照这一政策，哈每年计划建成300万平方米以上的平价住房。[2]

2012年初，纳扎尔巴耶夫总统在当年的国情咨文中提出了哈萨克斯坦未来十年国家发展面临的十大任务，其中，加大廉价住房

---

1 乔木森：《东欧中亚国家的住房制度改革》，《东欧中亚研究》1995年第6期。
2 《哈萨克斯坦政府通过〈住房建设国家扶持计划〉》，新华网2011-02-17。

建设排在十大任务的第二项。哈于 2012 年通过国家规划《保障性住房 2020》，决定在 2020 年底之前修建 6300 万平方米的中低价格住房，改善约 100 万个家庭的居住条件，改造 3500 万平方米的二手住房。《保障性住房 2020》特别提到了廉租房计划，国家准备每年修建 53 万平方米的廉租房，如果承租人在 15 年之内按月支付房租，那么 15 年之后这套住房的产权就归承租人所有。[1]

据统计，哈萨克斯坦人均住房面积 2010 年为 18.2 平方米，其中，城镇居民人均住房面积为 20.2 平方米，农村居民人均住房面积为 16.5 平方米。[2] 截至 2015 年，哈萨克斯坦仍然存在着住房总面积不足、危房改造等急需解决的问题。哈政府计划从 2015 年开始到 2020 年，每年建成 130 万平方米居民住宅。[3]

第四节 走出困境的养老保障制度

养老保障制度改革是社会改革的任务之一，建立完善的养老保障制度是政府执政为民的重要组成部分。

苏联时期，哈萨克共和国实行现收现付型养老保障制度。现收现付制是以在职员工缴纳的部分工资税作为养老金发放给退休者，即下一代工人支付上一代工人养老金的方式。独立前夕，1991 年 6 月 17 日，哈萨克共和国制定并通过了《哈萨克公民养老保障法》，该法仍然沿袭苏联时期的现收现付型养老保障制度，即以企业定期缴纳的相当于在职职工工资总额的 25% 的工资税作为退休职工的养

---

[1]《哈萨克斯坦通过〈保障性住房 2020〉国家规划》，新华网 2012-06-06。
[2]《联合国：2050 年哈萨克斯坦城市化水平达 69.1%》，中华人民共和国商务部 2021-09-09。
[3]《哈萨克政府拟通过"2020 年经济适用房纲要"》，中华人民共和国商务部 2012-03-07。

老金。[1]

独立以后，国家继续执行这一保障制度，在1992—1995年间，政府继续维持着原有的处理各项福利和社会事务的机构。然而，独立初期的经济衰退导致了养老金发放的困难。一方面，大批工厂关闭和企业不景气导致了工资税的欠缴，劳动力从国有部门向非国有部门的转移也是工资税减少的原因之一；另一方面，开工不足导致员工的提前退休又加大了养老赡养率，1995年，哈60岁以上退休职工与在职职工之比高达56%。[2]尽管国家用于社会领域的拨款不断增加，即由1991年占预算支出的29.11%增加到1995年的36.46%[3]，但政府还是无法正常发放养老金，拖欠现象日趋严重。到1996年，政府拖欠职工养老金达190亿坚戈，仅对政府部门退休人员的负债就相当于当年国内生产总值的25%，而同期哈萨克斯坦养老金隐性债务积累已占国内生产总值的88%。[4]

养老金制度的改革势在必行。尽管在1995年宪法第28条的第1款中仍然出现了如下规定：哈萨克斯坦共和国保证其公民的最低工资和退休金，并在他们年老、患病、残废、失去赡养者和法律规定的其他情况下提供社会保障；然而，在该条的第2款中已经提出了改革的方向：鼓励自愿参加社会保险，建立社会保障的补充形式和慈善事业。1997年，《国家养老保障体系改革纲要》和《哈萨

1　李毅、杨进：《哈萨克斯坦养老金制度改革与资本市场的发展》，《俄罗斯中亚东欧市场》2006年第6期。

2　代志明、何洋：《哈萨克斯坦养老金制度改革的解读与借鉴——兼对中国养老金制度改革的反思》，《云南社会科学》2004年第5期。

3　〔哈萨克〕A. 内桑巴耶夫、E. 阿累诺夫：《哈萨克斯坦共和国：临近21世纪的社会政治面貌》，《社会学研究》1996年第8期，转引自孙壮志：《中亚五国经济转轨中的失业与就业问题》，《东欧中亚研究》1997年第3期。

4　IMCC/USAID, *Kazakhstans Accumulation Pension Systems at Two Year*, A Comparative Analysis, Feb. 2000.

克斯坦共和国养老保障法》（简称《保障法》）出台。《保障法》于1998年1月1日生效。为了进行养老保障改革，1999年10月22日，哈政府劳动和社会保障部部长尼·拉斯托夫茨与国际货币基金组织代表举行了会谈，双方讨论了该基金会向哈提供数额相当于1亿坚戈的一批贷款问题，这批贷款用于支持哈萨克斯坦的养老金改革。[1]

新的养老保障制度有如下一些特点：

一、对养老金的来源进行了改革。除了原有的国家预算养老金外，增加了国家强制性个人积累性养老基金。按1997年《保障法》，企业（无论何种所有制）一律要执行宪法规定的为公民提供社会保险的义务，由企业缴纳15%的法定工资税构成，这一部分仍然采取现收现付的形式，这部分收入成为国家基本养老金的支柱，保证了最低的养老金需求，此外，建立个人账户。员工在职期间实行强制性储蓄，这一部分缴费数额为工资总额的10%。[2] 企业和个人的储蓄全部进入个人账户。

二、对养老金支付的改革。首先，提高了领取养老金的年龄，1998年之前女性的退休年龄在55岁，男性则在60岁，1998年以后女性和男性的退休年龄分别是58岁和63岁。其次，养老金由个人账户按月支付，养老金的总额取决于个人养老金账户的总额。支付水平由两部分组成：一部分是国家预算支付的养老金，这一部分取决于工人退休前的工作年限和收入水平，这一部分养老金将随着以通胀水平（指数形式）为基础的养老金津贴总额以及预算水平的

---

[1]《哈国向国际货币基金组织求助养老金贷款》，李鸿林译，《中亚信息》2000年第4期。

[2] 代志明、何洋：《哈萨克斯坦养老金制度改革的解读与借鉴——兼对中国养老金制度改革的反思》，《云南社会科学》2004年第5期。

增加而增加；另一部分取决于过去的积累数额。与此同时，1997年《保障法》规定了各类伤残人、带幼儿的无业母亲、苏联时期的老军人、各类学生等弱势群体按工龄由国家预算的养老金支付。

三、新的养老金保障制度对参保人群采取了不同的处理方式。1998年1月1日以前退休者仍由社会统筹国家基本养老金支付。1998年1月1日以后退休者的养老金由两部分组成：一部分按照1998年1月1日之前的工作年限的比例进行支付；另一部分则从积累性养老基金支付，并与个人的养老金储蓄成比例。1998年1月1日之后工作的公民适用于新的养老金法，将由积累性养老基金支付。以上规定为现在退休人员设计了分配型方法和为未来退休人员设计了积累型方法，在此过程中，个人养老金储蓄的份额将会逐渐增加，直至2045—2050年分配制度被彻底取消。[1]

四、私人公司参与管理个人养老金账户。为了实施新的养老保障制度，政府成立了1家国营和14家私营的养老基金公司，负责个人账户管理，职工可在15家中任意选择和转换。此外，政府成立了7家负责养老基金投资的基金资产管理公司，由政府提供信息让基金所有人了解其账户基金的运行情况。

以社会统筹和个人账户为主体的养老金体系在实施的最初几年就取得了相当大的成效。由于支付水平与员工在职时的工资和缴费挂钩，个人缴费的积极性提高了，对新的养老保障制度充满了信心；加之，新的养老保障制度打破了国家垄断福利部门的状况，增强了个人账户基金增值的希望，养老金覆盖范围逐步扩大，养老金积累额大幅度提高。在改革的当年（1998），参保人数只有370

---

[1] 祁别克·安娜法耶娃等：《哈萨克斯坦养老金制度改革回顾与展望》，《新疆大学学报》2008年第6期。

多万,基金累计总额220多亿坚戈,在国内生产总值中的占比为1.4%;到2004年,参保人数达到了近700万,基金累计总额3800多亿坚戈,在国内生产总值中的占比为13.4%。[1] 参保人数和基金总额的增加显示了公众对养老基金的信心不断增强。

2004年,哈政府又出台了《2005—2007年进一步深化社会改革计划》,在此计划的框架内三级退休养老保障体系最终形成。第一级是由国家提供基本社会支出的基础级,目的是向所有达到退休年龄的退休者和残疾人支付基础养老金,以防止退休人群的贫困化;第二级是国家强制性社会保险的强制级,目的是逐步实现基金积蓄制的养老体系;第三级是通过自愿储蓄获取养老金的自愿级,目的是使每个居民均有机会扩大储蓄以获得额外的养老金。目前,哈萨克斯坦的退休养老体系改革正在从基础级向强制级平稳过渡,最终将实现自愿积累的退休养老体系。根据世界银行的测算,由基础—强制—自愿的转变要到2043年才能完成。在此之前,退休者只能依靠在个人必备储蓄账户上的储蓄领取退休金。根据2004年的社会改革计划,政府在劳动和社会保障部下成立了3个工作组,从各方面进行完善退休养老体系的工作。

三级退休养老保障体系实施以来,由国家社会支出的基础级退休养老金逐年上升。从2005年6月1日开始,退休金标准为3000坚戈。2005年1月1日退休金增长幅度比通货膨胀水平高7.7%,2006年1月1日退休金增长幅度比通货膨胀水平高8%。[2] 2005年6月还修改了哈萨克斯坦1997年《保障法》,加大了经济实体的退休金保障力度,扩大了就业人群的养老保险范围,改善了退休金缴

---

[1] 李毅、杨进:《哈萨克斯坦养老金制度改革与资本市场的发展》,《俄罗斯中亚东欧市场》2006年第6期。

[2] 《哈政府加大就业和社会保障力度》,谷维译,《中亚信息》2006年第4期。

纳机制,建立了统一的结算中心。据2007年哈萨克斯坦总统国情咨文,领取基础退休金的人数为167.5万人,国家财政预算资金总计为553亿坚戈,将使平均保障金超过13600坚戈。

三级退休养老保障体系实施以来,强制级的缴费也是逐年增加。到2012年,哈总共开设了840万个个人储蓄账户,2012年10月1日,退休储蓄总量达到3.0319万亿坚戈,相当于国内生产总值的10%。[1]2013年,哈有180万名退休者,与2000年相比,平均退休金增加了10倍,由4298坚戈增至41790坚戈。[2]可以说,养老制度的改革取得了成功。

三级退休养老保障体系实施以后,国家补贴部分将会趋于下降,与之对应的,养老金中的积累部分将会逐年上升,并且最终将会完全替代由财政预算支付的养老金。

随着社会经济形势的变化,哈萨克斯坦的养老金制度还在不断完善之中。2012年的国情咨文提出了哈萨克斯坦未来十年国家发展面临的十大任务,完善养老金制度是其中之一。为了发展储蓄退休体系,2013年6月21日,《哈萨克斯坦退休保障法》获得通过,并从2014年1月1日起开始生效。《退休保障法》第4章第3条规定,哈萨克斯坦退休金发放中心每年都要提高退休金数额。同时,为增加在有害和特殊生产条件下就业居民的退休储蓄量,雇主应缴纳占劳动支付基金5%的强制性职业退休费用。[3]国家对有工作的妇女在其生育和照顾孩子期间的退休金缴纳进行补贴。这些措施有助于加强国家对退休职工的养老保障。

---

1 李洁:《不断完善的哈萨克斯坦三级退休养老体系》,中华人民共和国商务部2012-11-23。

2 张圣鹏:《哈萨克斯坦在居民社会保障领域取得较大进展》,中华人民共和国商务部2013-09-26。

3 同上。

第五节　摸索中的医疗保障制度

哈萨克斯坦医疗保障的内容包括免费医疗保障制度、医疗保险和医疗补贴。1991—1995年实施覆盖全民的医疗保障制度，1996—1998年实施覆盖全民的医疗保障与强制保险制度，1998—2015年实施覆盖全民的医疗保障与自愿保险制度。

苏联时期，哈萨克共和国实施覆盖全民的免费医疗保障制度（简称医保制度），其中，预防接种、卫生防疫、住院、急救、助产等项目全部由国家负担，在这种制度的保障下，绝大多数人生病可以得到免费医疗救治。然而，由于覆盖面大和管理机构庞大，随着经济的衰退和国家在社会领域方面的投入减少，医疗水平普遍偏低。80年代以后，医疗设备的老化得不到及时的更新，医疗卫生资源已经无法满足人们对基本医疗的需要。苏联解体前夕的1989年，苏联中央政府在新经济制度下开始了医疗改革的试点。是年，在哈萨克共和国内建立了5个医疗改革示范点，1990年医疗改革项目被取消，但是医疗改革的议题仍在政治改革的进程之中。[1]

独立初期（1991—1995），哈萨克斯坦继续实施苏联时期全民免费医疗的国家担保型免费医保制度，覆盖全民的医疗保障包括急救、输血、肿瘤、精神病、传染病专科治疗，特殊人群（残疾人、退伍军人、老人儿童）的医疗服务，公共卫生等项目。1991年到1996年，在经济面临困境的情况下，政府对医疗部门的财政拨款基本上保持着增加的势头（除1994年减少外）[2]，尽管如此，财政拨款还是不能满足人们对医疗的需求，医疗卫生条件进一步恶化。

1　Maksut Kulzhanov, Bernd Rechel, "Kazakhstan: Health Systems and Review", *Health Systems in Transition*, Vol. 9, No. 7, 2007, p. 24.
2　欧尔：《哈萨克斯坦的医药卫生业》，《东欧中亚市场研究》2000年第10期。

据世界卫生组织的数据,哈萨克斯坦医院的建设数从1990年的1778家降至1998年的991家,同期的病床数也由227810张降至123493张,降幅接近50%。[1]居民健康状况每况愈下。在独立初期的6年中,死亡率居高不下,1994年全国死亡人数为160600人,比1989年增加了34200人,平均每千人中死亡9.5人。[2]高死亡率的现象在男性劳动力中突出,死亡病因主要有贫血、肾病、恶性肿瘤、心血管病。1990年,哈萨克共和国"0 12岁儿童每10万人有2649.4人患病,到1999年则为68254.5人,增长18倍"。[3]由于政府无力承担庞大的医疗费用,国家担保型医保制度将无法继续下去。1995年6月,哈总统签署了关于建立强制医疗保险的法案,1996年,强制医疗保险在全国范围内展开。

强制医疗保险是以筹集潜在就诊者的资金,为所有投保者提供全部或部分医疗支出的一种保险形式。按照规定,强制医疗保险覆盖范围包括除军人以外的所有公民,雇主须拿出雇员工资的3%作为强制医疗保险经费[4];此外,儿童、老人、学生和失业人员等社会保障群体的医疗保险费由各州转移一定比例的财政预算作为保险基金;对于未缴纳工资税的个体商户和无业者需自己缴纳医疗保险费。

在执行强制医疗保险的同时,哈政府出台了与之配套的保障性福利项目和基本福利项目。其中,保障性福利项目面向全体公民,

---

[1] WHO Regional Office for Europe, *Highlight on Health in Kazakhstan*, Copenhagen: WHO Regional Office for Europe, 1999.

[2] 李琪:《哈萨克斯坦共和国百年历史人口透视》,《西域研究》1997年第4期。

[3] 常庆:《快速发展中的困扰——哈萨克斯坦经济形势及面临的社会问题》,《国际贸易》2003年第6期。

[4] 刘术等:《哈萨克斯坦医疗卫生制度改革》,《国外医学》(卫生经济分册)2005年第22卷第2期。

包括面对残疾人、老兵、退休职工和儿童，以及对癌症和精神病的专项服务；基本福利项目只覆盖参加强制医疗保险的人群，服务项目包括流动性治疗和大多数的住院治疗。[1]

1996年，哈萨克斯坦在首都成立了直接对内阁负责的国家保险基金总部，在各地区成立了州医疗保险基金公司。州基金的20%上缴国家保险基金总部，国家负责为各州的医疗保险基金提供培训和信息，并负责把征收所得的20%的费用在各州之间进行再分配。各州的强制医疗保险基金设立了收费部门、财务部门和医疗标准部门三个部门。收费部门负责与企业联系征收费用，财务部门负责处理索赔，医疗标准部门负责控制治疗中的缺陷和维持医护质量。

强制医疗保险的实施并未收到预期的效果。1996年，强制医疗保险基金征收的费用只占全部卫生预算的15%，1998年，强制医疗保险基金征收的费用占全部卫生预算的40%。强制医疗保险基金拖欠医疗机构的费用达80亿坚戈。[2]

强制医疗保险实施失败的原因主要是一些企业经济不景气，负债累累，无力支付员工的保费。此外，地区财政不愿履行缴费义务，往往拖欠转移支付，到1998年底，地方政府拖欠强制医疗保险基金的金额高达270亿坚戈。[3]此外，由于资金管理不善，1998年底，强制医疗保险基金出现了重大的金融违规行为，基金领导者被指控窃取并挪用了巨额医疗保险基金。至此，强制医疗保险制度宣告终止。

1998年以后，医疗部门恢复了政府预算性筹资方式，即全民

1　Maksut Kulzhanov, Bernd Rechel, "Kazakhstan: Health System Review", *Health Systems in Transition,* Vol. 9, No. 7, 2007, p. 40.

2　Ibid., p. 42.

3　Ibid.

医保支出由国家中央预算全额承担。所有的医疗支出由医疗服务机构负责,医保基金则用于支付人员培养、设备购买、后勤技术维修保障等工作。与此同时,哈萨克斯坦开始了自愿医疗保险制度。

自愿医疗保险制度由企业或个人自愿缴费,公民根据自己的意愿和实际需要决定是否参加医疗保险,并自愿选择医疗保险项目。自愿医疗保险给予公民更大的选择权,医保受益人可以在哈萨克斯坦境内任何一家签约机构中获得医疗服务保险,并自愿选择医疗保险项目。医疗保险基金被划入商业保险的范畴,自愿医疗保险基金的征收和运营由保险公司以商业规则操作。截至2010年,哈共有23家保险公司提供医疗保险服务。这些公司把提供有质量的服务作为自愿医疗保险的主要原则,许诺由保险公司的医护人员监督医疗服务质量,当投保人与医疗机构产生矛盾时,将由保险公司维护投保人的利益。自愿医疗保险纳入商业范畴减轻了政府负担,政府加大了对社会保障群体的医疗扶助。

然而,从具体实施的情况来看,自愿医疗保险制度的运行并未解决医保的根本问题。到2010年,自愿医疗保险人数只占全国人口的1.8%。同年,医疗保险收入在医疗机构总收入中的占比仅为3.44%,医疗保险在保险公司的保险金额中仅占各类保险金总额的6.87%。[1] 保险公司能够获得的收益非常有限,因此,多数保险公司并不愿意继续实施自愿医疗保险。

从效率的角度看,哈医疗保险制度建立和改革的主要驱动力是减轻政府在医疗领域的财政负担,提高医疗部门的资金水平。然而,强制医疗保险和自愿医疗保险制度都没有达到预期的目

---

1 杨恕、王琰:《哈萨克斯坦医疗保险制度改革问题研究》,《新疆社会科学》2012年第4期。

的。在 1999—2003 年间，在医院获得的资金中，工资占资金数的 53.9%—64.3%，一部分资金被用于电、水、燃气等服务性支付，只有少于 10%—15% 的费用用于医疗护理。[1] 哈的医疗保险制度无法发挥应有的效能。为了医保体系的后续发展，强制医疗保险再次提上日程。

政府于 2000 年通过决议，决定由公共医疗机构提供一系列的免费医疗服务。2002 年以来，医疗卫生领域的财政支出逐步增加，无论是实际投资额还是所占 GDP 的比重都在大幅度增长。据哈萨克斯坦卫生部的统计，哈萨克斯坦卫生总支出从 2003 年的 929 亿坚戈提高到 2010 年的 5697 亿坚戈，每年以 130% 的比例增长。[2]

2002 年，政府通过决议，认为强制医疗保险应该成为卫生筹资的主要来源，并设想在 2008 年开始实施。2004 年政府出台了《2005—2010 年国家卫生改革和发展项目》，项目指出国家在采用自愿医疗保险方案的同时，将重新考虑恢复强制医疗保险制度。然而，强制医疗保险制度一直处于讨论之中，2012 年 4 月 4 日，在阿拉木图召开的全国保险会议上提出了要尽快推进医疗保险走向强制医保，然而，具体的实施方案还未见到。

截至 2015 年，哈政府仍然在自愿医保的范围内做一些调整。据 2015 年出台的医疗卫生计划，哈政府将缓慢提高自愿医保支出在居民工资中的占比，拟定由 2017 年的 4% 提高升至 2024 年的 7%，雇主支出的幅度也将由 2017 年的 2% 上升到 2020 年的 5%。[3] 医保问题的根本解决办法仍在摸索之中。

---

[1] Nazmi Sari, "Consumer Spending for Pharmaceuticals and Its Implications for Health Care Financing: The Case of Kazakhstan", *Eastern European Economics*, Vol. 42, No. 1 (Jan-Feb, 2004), pp. 43-55.

[2] 阿里木江·阿不来提：《中亚社会保障问题研究》，第 53 页。

[3] 《哈萨克斯坦社会医疗保险基金简述》，中华人民共和国商务部 2016-06-03。

除了医疗保险外，医疗补贴也是医疗保障的重要方面。2003年，哈政府从四个方面开始实施扶持母婴计划，一是对生育进行一次性补贴，二是对 1 岁前婴儿的照顾补贴，三是对低收入家庭中 18 岁以下儿童进行补贴，四是对残疾儿童养育者的补贴。该计划实施的当年，婴儿死亡率从 1999 年的 21% 和 2001 年的 19.3% 下降到 16.5%，出生人数达到 25.3 万，比 2002 年增加 11%。[1]

在医疗改革的过程中，哈政府逐渐确立了医疗卫生事业的优先方向。哈卫生组织系统分为五等，即国家医疗中心、州医院、区医院、乡村医院和初级医生工作站。2004 年，政府通过了《2005—2010 年国家卫生改革和发展项目》，在此规划中，突出了初级医疗服务改革与建设，以及加强医疗卫生人员的培训。

哈萨克斯坦的医改经历了曲折艰辛之路。虽然医疗卫生体制改革取得了一些成就，但在实际运行中问题依然不少。2012 年，哈卫生部部长阿利耶夫曾宣称，哈医药卫生行业的发展目标是：人人享受国家保障的免费医疗。要实现这一目标，医保效率的提高和医疗服务网络的建立等是哈政府面临的艰巨任务。

第六节　有待完善的教育保障

教育是培养高素质人才以实现哈萨克斯坦进入世界 50 强的前提条件，哈萨克斯坦将教育确立为社会领域的优先发展方向。独立以来，保证国民受教育的机会和促进教育的公平是哈萨克斯坦教育保障的重点。

苏联时期，哈实施全民受教育的保障体系。哈萨克共和国在教

---

[1] 韩翔：《哈萨克斯坦 2003 年社会经济发展情况》，《中亚信息》2004 年第 2 期。

育方面得到了前所未有的发展。1970年，哈萨克共和国居民的识字率已达99.7%。[1]据1989年人口普查统计，在就业人口中，每1000人中有925名接受过高等和中等完全或不完全教育，其中具有高等教育程度的人数为130人。[2]在此良好的基础上，独立后的哈萨克斯坦在教育方面取得了举世公认的成就。

从教育的投入来看，哈萨克斯坦经历了国家独资到多种渠道集资的变化。1995年宪法强调：国家保证公民在公立学校免费接受中等教育，中等教育为义务教育；哈萨克斯坦公民有权通过竞争在公立高等学校接受免费高等教育。然而，经济不景气导致了教育经费大幅削减，国家对教育投入不足，哈萨克斯坦只有减少学校数量，适龄儿童上不了学，有124所学校实行三班制，阿斯塔纳有三所学校实行四班制。[3]1996年，在6至13岁的儿童中有14%的人没有入校学习。[4]此外，教育经费不足还导致了以下一些问题。2002年8月10日的哈萨克斯坦《快报》上刊登了一篇介绍哈中小学生健康状况的文章，文章揭示，2002年政府对全国12至18岁的中小学生的体检，发现有1/2的人需要治疗。孩子们身体不好与学校的状况有关，全国有60%的学校校舍不适于教学，20%需要大修，60%学校没有医务教师，40%的学校没有操场，有操场的学校已经12年没有添置新的体育用具。[5]

1　阿依提拉·阿布都热依木：《哈萨克斯坦独立后20年的教育现状探究》，《新疆师范大学学报》2012年第1期。

2　叶玉华：《哈萨克斯坦现代教育体系的发展》，《外国教育研究》2003年第9期。

3　常庆：《哈萨克斯坦的经济现状与未来几年发展趋势》，《俄罗斯中亚东欧市场》2003年第1期。

4　哈萨克斯坦发展研究所：《1997年哈萨克斯坦人权发展报告》，阿拉木图，1997年，第61页，转引自常庆：《中亚五国社会变化与社会发展模式》，《东欧中亚研究》2001年第1期。

5　常庆：《哈萨克斯坦的经济现状与未来几年发展趋势》，《俄罗斯中亚东欧市场》2003年第1期。

2002年以后，哈政府在财政预算中逐步增加了对教育的拨款。在2003年度的财政预算中，用于教育的费用将增长33.2%。[1] 2007年《教育法》规定，国家对教育的投入预算每年将增加160亿坚戈（当时约121坚戈合1美元）。当年（2007）国家教育拨款总额是4806.96亿坚戈，占国内生产总值（GDP）的3.7%。2008年，教育经费总额达到6273亿坚戈，占GDP的比例是4%。[2] 尽管如此，政府的投入仍然不能满足教育发展的需求。

早在1993年，哈萨克斯坦就着手解决教育经费的问题，并以法律的形式承认了有偿教育的合法性。1999年《教育法》重申了这一原则：国家允许多种形式办学和不同所有制教育机构并存。在法律基础上，哈萨克斯坦成立了一些参股大学和私立大学。此外，哈萨克斯坦还采取收学费的方式增加教育投入，从2005年开始，哈萨克斯坦的学生学费增加70%，职业技术教育学费增加90%。[3] 此后，在哈形成了公立学校和非公立学校并存，以及免费义务教育与有偿教育并存的局面。

哈萨克斯坦有完整的教育体制以保障公民受教育的连续性。1999年《教育法》规定，哈萨克斯坦教育由五个阶段组成，即学前、初等、中等、高等和研究生教育；2007年7月10日出台的新《教育法》确定了教育发展的优先方向，即完善学前教育、学校教育和职业技术教育，发展高等教育，保证公民均有接受高质量教育的机会和权利。

---

[1] 常庆：《哈萨克斯坦的经济现状与未来几年发展趋势》，《俄罗斯中亚东欧市场》2003年第1期。

[2] 阿依提拉·阿布都热依木：《哈萨克斯坦独立后20年的教育现状探究》，《新疆师范大学学报》2012年第1期。

[3] 高艺：《哈萨克斯坦常设学龄前教育机构大幅减少》，《中亚信息》2004年第7期。

独立初期（1991—1996），因财政在教育领域的投入严重不足，哈学前教育根本满足不了需要。哈萨克斯坦停办了一大批幼儿园，导致常设的学龄前教育机构数量减少了87.3%。[1] 2000年，学前教育机构的总数从1991年的8881所减少到1089所。由于学前教育机构减少，许多孩子只能在家接受学前教育，2007年《教育法》规定：1岁至5岁的儿童可以在家里或学前教育机构（幼儿园、托儿所）接受学前教育。据统计，在1—6岁儿童中，2007年有90万人没有进入学前教育机构。2008年《哈萨克斯坦教育状况与发展》显示，哈学前教育普及率只有35.6%，其中4岁以下儿童的教育普及率才有22.9%。[2] 到2013年1月，哈有学前教育机构8590所，其中幼儿园3128所，入园学龄儿童64.43万人，幼儿教师中的56.4%拥有高等学历。[3] 至此，学前教育的问题得到基本改善。

关于初等和中等教育，2007年《教育法》第8条规定：国家保障每一个哈萨克斯坦公民免费接受学前、普通初等和中等专业教育。第31条规定：从2008年起，哈萨克斯坦开始实行12年制学校教育，12年教育包括三个阶段：初等教育（1—4年级）、基础中等教育（5—9年级）、高级中等教育（10—12年级）。其中，1—9年的初、中等教育由国家财政负担。

与学前教育相比，初等和中等教育的发展要好一些。截至2013年1月，哈有全日制普通中等学校7698所，在校学生253.68万人，教职员工29.2万人，其中87.9%具有高等学历；中等专业技术和职业教育学校有888所，全日制学生46.69万人，函授生12.04

---

[1] 伊里旦·伊斯哈科夫：《哈3年内将用国家预算资金建设374所学校》，《中亚信息》2004年第5期。

[2] 阿依提拉·阿布都热依木：《哈萨克斯坦独立后20年的教育现状探究》，《新疆师范大学学报》2012年第1期。

[3] 《2013年哈萨克斯坦大学排行榜》，中华人民共和国商务部2013-07-30。

万人。[1]

　　哈萨克斯坦公民在完成普通中等、职业技术或高级中等教育以后，可以在竞争的基础上获得免费的高等教育。以上措施使哈萨克斯坦积累了一批高素质的人才。独立以后，哈萨克斯坦高等教育的任务是扩大规模，增加大学和大学后教育的招生人数。为此，哈萨克斯坦成立了私立大学，2000—2001学年，在全国170所高等院校中，私立学校为112所。[2] 从1995年起，哈大学生人数有所增长，2006—2007年，哈在校大学生人数75.90万[3]，其中一半是公费生。目前，自费生及在私立高等院校学习的学生有逐年增多的趋势。

　　哈萨克斯坦在教育保障方面仍然存在教育机会不均等的情况，主要反映在贫富受教育不均等和地区教育资源不均等方面。

　　贫富差异所导致的教育机会不均等从九年基础教育之后表现出来。贫困家庭的子女由于经济原因不可能进入职业技术学校学习。哈萨克斯坦的职业技术学校分公立、私立两类，最初私立职校的比例不多，以后逐年增加，到2012年已经占此类学校总数的55%。在公立的职校中，计划内招收的学生学费由国家预算支付，享受国家和地方财政补助的学生占16.3%，其余的83.7%是自费生。[4] 由此可知，在完成九年基础教育之后，大部分学生必须付费才能接受高一级的教育，付不起钱就不可能继续深造。从高等教育来看，教育机会不均等的情况更加严重。在公立大学中，公费大学生

　　1　《2013年哈萨克斯坦大学排行榜》，中华人民共和国商务部2013-07-30。
　　2　马新英、孟凡丽：《哈萨克斯坦高等教育的历史演变及现状分析》，《俄罗斯中亚东欧市场》2011年第3期。
　　3　数据来自《哈萨克斯坦2006年社会经济发展统计》，杨建梅编译，《中亚信息》2007年第9期。
　　4　阿依提拉·阿布都热依木：《哈萨克斯坦独立后20年的教育现状探究》，《新疆师范大学学报》2012年第1期。

人数逐年下降，自费生不断增加。2007年，在国立大学学习的学生占总数的54%，享受国家教育奖学金的学生占17.4%，自费生占81.2%。[1]免费高等教育的机会越来越少，贫困家庭的孩子入学机会减少。

对于因贫困产生的教育机会不均等的问题，政府以加大教育投入予以解决。2012年，政府把60%的财政收入用于解决就业、住房、教育、卫生等民生问题；在教育方面，哈政府提高助学金和贷款额度。随着教育经费投入的增加，哈萨克斯坦教育机会均等问题在一定程度上得到了解决。

此外，地区差异也导致了教育机会和教育质量的不均等。从学前教育来看，在阿拉木图州学前教育的入学率是8.7%，而在科斯塔奈州是84.3%。由此可见，一些地区儿童的学前教育是得不到保障的。从职业教育来看，职业技术教育系数的差距很大，在江布尔州是2.9%，而巴甫洛达尔州是8.7%，另有27个地区还未建立职业技术学校。此外，教育资源在地区分配上也不均等，2007年哈基础教育学生平均费用为8.83万坚戈，北哈州达到了13.63万坚戈，南哈州只有6.58万坚戈。2007年，哈学生平均拥有计算机的比例是23∶1，而在卡拉干达州是13∶1，在南哈州却是33∶1。[2]资源分配的不均，导致获得优质教育服务的机会也不一样。

哈政府解决地区教育差异的手段是充分利用互联网教学。2004年，哈在全国范围内连通国际互联网的学校只占全国学校总数的35%；2005年1月1日，这一数字达到62.4%。[3]哈政府于2008年

---

[1] 阿依提拉·阿布都热依木：《哈萨克斯坦独立后20年的教育现状探究》，《新疆师范大学学报》2012年第1期。

[2] 同上。

[3] 马新英、孟凡丽：《哈萨克斯坦高等教育的历史演变及现状分析》，《俄罗斯中亚东欧市场》2011年第3期。

拟定了《哈萨克斯坦教育与科学部2009—2011年战略规划》,此规划拟定的基础教育的目标是:在受教育机会方面保证公平性,着手提升教学质量,将地区内公共设施不完善的学校减少到47.5%;给92%的学校配备多媒体教室和物理学、化学、生物学学科独立教室,给65%的学校提供因特网,多功能教学、电视教学所需资源。[1]

尽管哈萨克斯坦在教育保障方面还存在一些问题,但十多年来保障教育的成绩是主要的。在有129个国家参评的"2009年发展全民教育全球排行榜"上名列第一,截至2011年,中小学实行义务教育,中等教育覆盖率98.5%,国立和公立高校采取奖学金制和收费制两种方式。[2]

---

[1] 阿依提拉·阿布都热依木:《哈萨克斯坦独立后20年的教育现状探究》,《新疆师范大学学报》2012年第1期。

[2] 《2013年哈萨克斯坦大学排行榜》,中华人民共和国商务部2013-07-30。

第十五章
立足本国的对外关系

独立初期,哈萨克斯坦制定了在互利友好基础上与世界各国发展关系的外交原则,并确立了多层次、全方位的外交政策。在外交实践中,哈萨克斯坦在与中亚国家建立友好关系的同时,确立了发展以俄罗斯为首的独联体国家关系、以美国为首的西方国家关系、以中国为首的周边国家关系和以土耳其为首的伊斯兰国家关系的外交政策。经过二十多年的经营,哈萨克斯坦的外交取得了很大成就,截至2018年,哈萨克斯坦已经与183个国家建立了外交关系,在世界各地开设外交机构90多个,有137个国家的大使派驻到哈萨克斯坦(68个是兼任),有20多个国际组织在哈建立了办事处。[1]

第一节 对话形式的中亚国家关系

1992年,哈总统纳扎尔巴耶夫签署了批准建立哈萨克斯坦共和国外交部、哈萨克斯坦共和国大使馆等命令,确定了以多元平衡原则为基础的独立外交政策。哈对外政策的目标是:保障国家安全,保护本国公民在国外的利益;使哈萨克斯坦进入国际社会,与对哈萨克斯坦发展互利关系感兴趣的所有国家发展关系。

---

[1]《外交部部长在哈萨克斯坦外交工作人员日发表文章——国家利益的捍卫者》,哈萨克斯坦共和国驻华使馆 2018-07-04。

哈萨克斯坦在独立初期迅速与中亚其他国家建立了外交关系。哈总统认为:"同中亚国家保持密切友好的关系对我们来说非常重要,这是由共同的边界、业已形成的经济联系、经济上的互补性和相互依赖以及历史、文化、民族的共同性决定的。"[1]

解决边界纠纷是独立初期的哈萨克斯坦面临的首要问题。中亚五个加盟共和国的国界是苏联政府于1924年至1936年期间人为划分形成的。长期以来,中亚五个加盟共和国之间虽然发生过边界纠纷,但因苏联中央政府出面解决而未引起大的边界冲突。独立以后,中亚五国分别确立了自己的主权地位,随着中亚国家边界的确立和管理的加强,中亚国家在国界的划分上出现了冲突。

建国之初,哈萨克斯坦虽然与周边国家都存在着边界纠纷,但为了维护国家稳定,采取了维持现状的立场。1992年5月,哈总统纳扎尔巴耶夫在一次记者招待会上曾说,现行边界的不可更动性是稳定的基础,他态度鲜明地指出:"我们拥护独立国家的领土完整,主张业已形成的边界不再更改。"[2] 在此思想的指导下,哈政府以高层互访和对话的方式妥善地处理了与中亚邻国之间的边界问题。

哈乌两国之间的领土之争在苏联时期已经开始。在1924年的民族国家划界之时,苏联中央政府将锡尔河州的卡扎林县、阿克梅切金县、土尔克斯坦县、奇姆肯特县、阿拉木图县、塔什干县,以及米尔扎古尔县的大部和撒麻耳干州热扎尔县的几个乡划归哈萨克共和国。[3] 乌兹别克苏维埃社会主义共和国则要求将以上乌兹别克族人较多的地区归属本国。独立以后,哈萨克斯坦继承了原哈萨克共

---

1 《哈萨克斯坦真理报》1997-05-16增刊,转引自赵常庆主编:《中亚五国概论》,第296—297页。

2 〔哈萨克〕纳扎尔巴耶夫:《前进中的哈萨克斯坦》,哈依霞译,第20页。

3 王尚达:《中亚国家之间的边界问题》,《中国世界史研究论坛第五届学术年会论文集(2008)》,第921页。

和国的领土，并与乌兹别克斯坦就边界问题进行了磋商。

　　1995年2月10日，哈、乌、吉三国总统签署了《三国国家间首脑会议协议》，其中第一条重申了不破坏边界现状。[1]尽管如此，哈乌两国还是发生了边界冲突。乌兹别克斯坦于2000年初单方面在哈南部的有争议的地块（哈萨克州萨勒阿什县境内）进行划界，引起了哈的严重不满，两国关系紧张起来。2000年1月28日，萨勒阿什县边境地区发生牧羊人被乌边防军殴打事件，事件发生以后，哈方认为这是乌边防军入侵哈领土的行为[2]，哈政府不顾国内某些势力的施压，主张通过谈判和平解决分歧。2001年11月16日，在乌总统访哈期间，双方确定了96%的边界；哈总统纳扎尔巴耶夫在双方会谈之后的新闻发布会上指出：卡里莫夫的访问是历史性的事件，因为在会晤中双方签订了乌哈国家边界条约。[3]2002年9月9日，两国总统在哈首都阿斯塔纳签署了《关于哈乌边界个别地段的条约》，至此，哈乌两国明确划分了1096千米的边界。[4]2004年5月19日，在距塔什干17千米处隆重地举行了两国边检站之间象征性界桩的揭幕仪式。到2009年，哈乌两国长达2351千米的边界最终划定。

　　独立以后，哈与吉尔吉斯斯坦也发生了边界纷争，双方以会谈形式解决了边界纠纷。截至2001年，两国之间未划清的边界地段共有105块，涉及吉境内的楚河州、塔拉斯州和伊塞克湖州。2007年4月底，在哈总统纳扎尔巴耶夫访吉期间，双方签署了设立两国最高国务理事会的有关文件。2008年初，吉总统巴基耶夫访哈，双

　　1　《特别快车报》1995-02-15，转引自刘庚岑：《中亚国家的民族状况与民族政策》，《东欧中亚研究》1995年第6期。
　　2　陈联璧：《中亚五国的民族关系问题》，《世界民族》2001年第2期。
　　3　《乌哈两国签订国家边界条约》，李付岩译，《中亚信息》2001年第12期。
　　4　赵常庆：《中亚国家关系现状探析》，《国际观察》2002年第4期。

方签署了设立两国总理理事会的文件,据吉政府负责边界谈判的高级代表介绍,哈吉两国达成了对等置换的办法,当年完成了1200千米边界的勘察,下一步将具体调整15个地段的边界。2008年8月,两国就边界条约的批准文书进行了换文,吉议会已经批准了两国边界条约。2017年12月25日,吉总统热恩别科夫访哈,两国元首签署两国边界线划界协议,结束了两国长达1200多千米的边界线划界工作,至此,苏联解体后遗留的哈吉边界问题从法律角度获得全面解决。[1]

哈与土库曼斯坦的国界纠纷集中在曼格什拉克州的归属上。位于里海东岸的曼格什拉克州于1973年3月18日设置(1990年改名曼吉斯套州),归属哈萨克共和国。独立以后,哈土两国很快划定了国界。有关报道说,哈土之间国界的划分是中亚国家中最早完成的。2001年7月5日,哈土对两国边界进行勘界后达成了协定,协定从2006年8月31日开始生效。不过,哈土边界的最终完成是在2017年。2017年11月10日,哈、土、乌三国外交部部长在乌撒马尔罕市签署了三国边界交界处协议,据哈总统府新闻局消息,哈参议院于2017年12月28日举行全体会议,审议并通过了《哈萨克斯坦和土库曼斯坦间关于批准哈土两国国境线划分协议》的法案。土哈划分的边境线全长达458.3千米,共安置30个国界标识。

水资源的分配和利用是关系哈与吉等国家关系的重要问题。中亚大多数河流是国际性河流,其中阿姆河和锡尔河都是流经三国以上的河流。位于两河上游的塔吉两国占有的水资源较多,而处于两河下游的哈、乌、土三国水资源缺乏。苏联时期,水资源的分配是

---

[1] 《哈萨克斯坦与吉尔吉斯斯坦签署划界协议,就两国国界达成一致》,澎湃新闻2017-12-26。

按资源优势互补的模式解决的。在春夏两季，上游国家放水发电，既解决了本国的能源问题，又为下游国家提供了灌溉用水；在冬季蓄水之时，下游国家向上游国家提供能源和其他工农业产品作为补偿。苏联解体之后，调控机制丧失，原来的水资源分配模式难以继续，上下游国家之间在水资源的分配和利用方面产生了冲突。

关于水资源的分配，按苏联中央政府的规定（1987），哈、吉、塔、乌四国从吉水库托克托库尔中的年取水量分别是4.21、0.22、1.02、5.75立方千米，各国的占比分别为37.6%、1.96%、9.1%、51.3%[1]，显然，上游吉塔两国的配额少。独立以后，吉塔两国要求重新分配水资源，哈乌则坚持继续维持原来的分配制度。

关于水资源利用方式问题集中在用水应不应该付费。苏联时期（1986—1991），哈乌两国为补偿吉对托克托库尔水库的维修，曾为吉提供了超过1100万吨的煤、360万吨重油及970万立方米天然气。[2] 独立以后，下游国家认为水是大自然的恩赐，不再对吉进行补偿。

中亚国家就水资源的分配和利用召开过多次会议。1992年，中亚五国在哈首都阿拉木图召开会议，会上，五国组建了国际水利管理协调委员会，签署了《关于在共同管理与保护跨境水资源领域合作的协议》（即《阿拉木图协议》），会议决定在新配额未出台之前依然沿袭旧配额。1996年，哈、乌、吉三国领导人在吉首都比什凯克召开会议，会上讨论和制定水资源新分配方案，就以经济手段解决水资源利用进行了讨论。1997年，哈、乌、吉、塔四国再

　　1　焦一强、刘一凡：《中亚水资源问题：症结、影响与前景》，《新疆社会科学》2013年第1期。
　　2　同上。

次召开会议，会上决定哈乌两国按用水量向吉付水费。[1]1998年，哈、乌、吉三国签署了框架协议，形成新的能源交换补偿机制，并确定在此基础上每年续签，然而，这一补偿协议因缺乏互信及有效监督机制而未得到完全执行。2006年，哈吉两国成立了"楚河-塔拉斯河委员会"，哈同意向吉支付一定的费用，以抵偿吉在其境内操作和管理几个大坝和水库的部分开销。2008年五国元首峰会上，哈吉两国达成了重要协议：哈向吉提供必要数量的煤，以缓解吉电力供应（缩减水电站建设规模）问题，吉保证在灌溉季节向邻国供水。[2]2012年3月2日，哈总统纳扎尔巴耶夫提议，中亚国家在解决水资源争论和管理问题上采取平等互利的原则，有偿使用水资源在下游国家中已经得到认同，水资源的市场化是保证中亚地区稳定和民族和谐的基础。

非法移民也是哈与中亚国家关系的一个问题。对输出国和接纳国来说，非法移民都是一股不稳定的力量，在一定程度上影响了中亚地区的稳定。在中亚国家中，乌、塔、吉三国人口增长过快、失业问题严重，前往哈萨克斯坦打工的人很多，其中没有办理正当入境手续者被哈视为"非法移民"。2005年"颜色革命"以后，乌克兰、吉尔吉斯斯坦大批非法移民进入哈萨克斯坦。哈政府担心移民中有极端势力，采取了限制移民政策，导致了乌（乌克兰）、吉、塔三国的不满。中亚国家之间对此展开了谈话和协商。2006年5月，塔总统在访哈期间签订了劳动移民协议的履行程序；同年10月，两国有关领导人商讨了非法移民和劳动移民的居留问题，提出了联合打击非法移民、取缔非法移民渠道、抓捕非法移民组织者等

---

1 《中亚上合组织成员国同俄罗斯及中国的经济合作态势》，聂书岭译，《中亚信息》2007年第4期。

2 《中亚水资源问题新进展》，中华人民共和国商务部2008-10-17。

措施。[1]2008年，哈在外国劳务准入方面开始采取新标准，即增加了受教育水平、工作经验等要求。这些措施在一定程度上限制了非法移民，使中亚国家之间劳务输出规范化。

独立以来，哈萨克斯坦与中亚国家以对话方式顺利解决了边界纠纷、水资源分配和移民问题，建立了稳定的政治关系，并在此基础上展开了互助友好的经济关系。

第二节　渐行渐远的中亚一体化

独立前夕，中亚国家之间已开始了经济合作。1990年，在哈总统倡议下，五国领导人就经济、文化合作举行了首次会晤，开始了经济一体化的构想。独立以后，哈乌率先开始了经济一体化进程，1993年7月，双方在阿拉木图签署了"1994—2000年经济一体化协议"。1993年11月和1994年1月，双方先后签订《关于建立统一经济空间》和《建立统一经济空间》，这些条约和协定的签署标志着中亚一体化进程正式起步。

1994年4月30日，哈、乌、吉三国总统在吉签署了《三国建立统一经济空间的协议》，决定取消关税壁垒、建立统一市场的目标。为了保证统一经济空间有效地行使职能，哈、乌、吉三国建立了协调和执行机构。哈、乌、吉三国元首于同年7月8日在阿拉木图制定了三国《经济一体化纲要（1995—2000）》，纲要规定共同开发燃料动力、冶金、化学、机器制造等9个方面最优先部门。[2] 会上，哈、乌、吉三国领导人签署建立中亚合作与开发银行的协议，

1　《哈塔两国关注劳动移民问题》，岳萍译，《中亚信息》2006年第11期。
2　〔吉尔吉斯〕M. 伊马纳利耶夫：《中亚：区域合作与外部世界》，刘清鉴译，《东欧中亚研究》1996年第2期。

该银行由条约国各出资 300 万美元作为银行的本金（注册资金 900 万美元），银行的主要任务是筹建和协调财政联系机制、三方货币兑换，制定合作与信贷方案。中亚合作与开发银行的成立缓解了中亚国家资金困难的局面。1995 年 4 月 14 日，哈、乌、吉三国建立中亚国家联盟；是年 7 月，哈、乌、吉三国签署关税同盟议定书，规定不再对彼此过往货物征收关税。[1]1998 年，塔吉克加入中亚国家联盟，是年，中亚国家联盟更名为中亚经济共同体，中亚经济共同体成立的宗旨是为了解决中亚国家共同面临的问题，促进中亚国家之间的经济合作。2001 年，中亚经济共同体更名为中亚合作组织。2002 年，第一届中亚合作组织部长会议召开，会议决定将能源、交通和贸易合作确定为合作的优先领域。[2]

哈萨克斯坦为中亚经济一体化做了很多努力，然而，中亚五国政治经济发展不平衡，各国产业结构基本相似，互补性不强等因素制约了中亚经济一体化的进程。随着政治、经济独立性的加强，中亚国家之间相互依存的关系在逐渐减弱，中亚经济一体化渐行渐远，最终名实俱亡。这一点可以从对外贸易的情况反映出来，从 2001 年起，哈与中亚国家的贸易已经无足轻重了：2001 年至 2004 年间，在哈对外贸易总额中，乌进口额所占比分别只有 1.3%、1.3%、1.1%、1.8%，出口额所占比分别为 1.7%、1.0%、1.1%、1.0%；吉进口额所占比分别为 0.5%、0.5%、0.7%、0.7%，出口额所占比分别为 1.0%、1.1%、1.2%、1.1%；塔进口额所占比分别为 0、0、0.1%、0，出口额所占比分别为 0.7%、0.5%、0.6%、

---

1 赵常庆：《十年巨变——中亚和外高加索卷》，第 349 页。
2 《第二届中亚经济合作部长会议即将召开》，周晓玲译，《中亚信息》2003 年第 11 期。

0.7%。[1] 十多年的实践表明，中亚国家在商品、劳务、资本、劳动力等自由流动方面，不是越来越方便，而是越来越困难。[2] 2005年10月6日，中亚合作组织成员国元首在圣彼得堡峰会上决定将该组织并入欧亚经济共同体，中亚经济一体化进程中断。

尽管如此，哈萨克斯坦仍然是中亚国家的贸易伙伴，其中，哈吉贸易最为稳定，在哈萨克斯坦与中亚国家的对外贸易中，吉尔吉斯斯坦所占份额约为23%。[3] 哈乌贸易在乌仅次于俄罗斯和乌克兰，占第三位。[4] 从1992年至2001年的十年间，哈土贸易在土处于第六位[5]，哈塔贸易排在塔乌、塔俄（罗斯）之后，占第三位。[6] 从合资企业的情况看，乌、吉、塔、土四国在哈萨克斯坦都有合资和独资企业，哈在中亚国家也有合资和独资企业，到2002年，吉、乌、塔、土在哈的合资和独资企业分别有74家、53家、16家、3家。[7] 截至2003年7月1日，哈在吉登记注册的合资、独资企业770家，其中205家正在运作。[8] 哈土两国感兴趣的是能源、交通、里海开发等领域的合作。2002年，哈向吉直接投资630万美元，占当年吉外国直接投资总额的5.5%。[9]

除了政治、经济关系外，哈萨克斯坦与中亚国家的教育文化交流也十分频繁。哈乌双方将分别为对方提供教学资料，交流教学经

---

1 赵常庆：《上海合作组织框架内俄罗斯与中亚国家以及中亚国家之间的经济关系》，《俄罗斯中亚东欧市场》2006年第11期。
2 赵常庆：《中亚国家关系现状探析》，《国际观察》2002年第4期。
3 《谁是哈萨克斯坦在中亚最大的贸易伙伴？》，丝路新观察2023-08-23。
4 赵常庆编著：《哈萨克斯坦》，第143页。
5 施玉宇编著：《土库曼斯坦》，社会科学文献出版社，2005年，第153页。
6 刘启芸编著：《塔吉克斯坦》，第134页。
7 赵常庆编著：《哈萨克斯坦》，第271页。
8 刘庚岑、徐小云编著：《吉尔吉斯斯坦》，第275页。
9 同上。

验。2006年底,哈乌两国举行了国际阿肯弹唱会,在乌高校举办了题为《阿拜的世界——我的世界》的研读大赛和《乌兹别克斯坦与哈萨克斯坦的传统友谊:历史与现代》为主题的征文大赛。[1]2013年,在乌首都塔什干建立了一座阿拜纪念雕像,而在哈首都阿斯塔纳也在计划为乌文化精英尼扎木丁·阿里舍尔·纳沃伊(1441—1501)建纪念碑。

第三节　俄罗斯的战略支柱——哈俄关系

独立以后,哈萨克斯坦将俄罗斯确定为其外交关系的重点。一方面由于哈俄之间政治、军事和经济的历史联系;另一方面哈是俄罗斯与中亚接壤的唯一国家,哈俄之间的陆路边界线长7500多千米,俄罗斯与中亚其他国家的陆路交通要通过哈萨克斯坦,地缘因素也决定了哈俄关系的重要性。

独立初期,哈俄确立了友好合作的政治关系。1992年5月25日,哈俄两国签署了《哈俄友好合作互助条约》,这是哈与外国签订的第一个确定双边关系的文件,这一条约成为双方建立全新双边关系的法律基础。此后,在国际问题上,哈萨克斯坦基本上与俄罗斯保持一致;在区域问题上,哈萨克斯坦也始终支持俄方立场。

在哈俄政治关系史上,1995年是两国关系获得突破性进展的一年。1995年初,哈总统纳扎尔巴耶夫率总理、副总理等多名政府要员组成代表团出访俄,与叶利钦总统、切尔诺梅尔金总理举行了多轮会谈,签署了17个文件,发表了《哈俄扩大和加强合作宣言》。此次访问,哈俄双方解决了两个问题:一是两国人民的国

---

[1] 海力古丽·尼牙孜:《哈萨克斯坦与乌兹别克斯坦当前关系浅析》,《俄罗斯研究》2007年第2期。

籍问题，对两国公民自由迁移的解决办法是，居民在两国之间移居时，根据移居者的意愿立即获得该国国籍，不受居住时间的限制；二是在一方长期居住的另一方公民，除不得在对方国家权力机关和外交机构任职外，在经济生活中享有同样的权利。[1]

此后，两国政治关系平稳深入发展。1998年，哈俄两国就划分里海北部海底和两国债务问题签署了协定。2000年，在普京出任俄总统后，独联体国家成为俄外交发展的优先方向。2001年，普京对哈进行首次正式访问。2002年底，俄将2003年确定为"哈萨克斯坦年"，2003年2月18日，哈总统努·纳扎尔巴耶夫出席了莫斯科举行的"哈萨克斯坦年"开幕仪式。2004年被哈政府定为"俄罗斯年"，是年初，俄总统普京访哈，这是普京连续两年将哈选定为首次出访的国家。2005年，哈俄两国签署了《俄哈边界条约》，解决了两国之间的陆地边界问题。[2] 2013年，哈俄两国总统签署了《21世纪睦邻友好同盟条约》，该条约的签订成为双方战略伙伴关系的基础。除以上政治交往外，哈俄两国的政治合作还在独联体、集体安全条约、上海合作等组织的框架下进行着双边合作。

在哈俄两国关系中，安全防御与军事合作被置于首位。独立以后，哈萨克斯坦面临的首要问题是维护国家的独立和安全，与俄罗斯的军事合作是保障哈安全的优先方向。1992年5月25日，哈俄两国总统签署了《哈俄友谊、合作与互助协定》，协定规定：哈俄双方拥有共同的军事战略空间，两国共同使用彼此境内的军事基地、靶场和其他军事设施。同年，哈萨克斯坦加入了以俄罗斯为主导的独联体集体安全条约。

1　陈明山：《哈俄关系新发展》，《国际资料信息》1995年第2期。
2　赵华胜：《俄罗斯与中亚国家的双边关系》，《和平与发展》2008年第2期。

独立初期，哈俄两国的陆上边界由哈俄两国共同组建的边防部队守卫，而哈的领空安全由俄提供保护。独立后不久，1994年12月10日，哈俄对位于哈拜克努尔市西南288千米的拜克努尔发射基地签订了长达20年的租用协议，年租金为1150万美元[1]；2004年初，哈决定将租赁期从2014年延长到2050年，租金每年1.15亿美元。[2] 2007年，拜克努尔发射基地有人员3000名[3]；2008年，由于发射的军事卫星越来越少，俄国防部决定将发射场的人员减少到2800人。建于20世纪60年代中期的巴尔喀什湖雷达节点也是哈保卫领空的基地。1994年12月14日，哈俄两国签订协议确认了巴尔喀什湖雷达节点属于哈，俄方拥有10年的使用权。

独立以后，哈俄双方建立了海上防御。2004年，俄总统普京在访哈期间，承诺帮助哈组建里海舰队，以优惠条件向哈出售武器装备。

除了哈陆海空的安全外，俄罗斯对哈提供军事技术的援助。2006年5月20日，哈俄两国总统在俄南部索契会晤，双方就扩大军事技术协作达成了协议；2008年，哈俄两国总统发表了联合声明，国防和军事领域的合作被视为战略伙伴关系的重要组成部分；为了确保哈武装力量获得可靠的现代化武器和军事技术，2013年5月15日，哈总统纳扎尔巴耶夫签署总统令，批准哈俄政府签署的两国军事技术协议。

经济合作也是哈俄关系中的重要内容。独立初期，俄是哈第一贸易伙伴。1995年，在哈的对外经济中，俄罗斯所占比重将近

---

[1] 马毅达：《俄罗斯海外军事基地完全解密：已失去纯粹军事色彩》，《东方早报》2007-06-07。

[2] 陈杰军、徐晓天：《2004年的中亚形势》，《国际资料信息》2005年第2期。

[3] 马毅达：《俄罗斯海外军事基地完全解密：已失去纯粹军事色彩》，《东方早报》2007-06-07。

80%。[1] 同年，哈代表团访俄，两国总理及有关方面签署了《哈俄关境合并和实行自由贸易协定》、《关于外经活动统一调节办法的政府间协定》、《关于保证相互兑换和稳定汇率协定》等文件。从 2004 至 2008 年五年间，哈俄之间贸易达到 662.56 亿美元。[2]

哈俄两国在金融方面开展广泛合作，其中欧亚发展银行（简称欧亚银行）的建立具有重要意义。2006 年 1 月 12 日，哈俄签订了协议成立欧亚银行。欧亚银行总部设在哈阿拉木图市，正副行长分别由俄哈代表担任，注册资本 15 亿美元（俄哈分别出资 10 亿和 5 亿美元）。[3]

哈萨克斯坦是中亚地区最重要的石油生产国，能源领域是哈俄经济合作的主要方面，哈总统指出，俄哈能源合作具有战略性、规模性和长期性。哈俄能源合作包括能源的开发、加工和运输三个环节。参与哈油气开发领域的有卢克石油公司、俄天然气工业股份公司、俄石油公司。由于俄油气企业不具备大陆架油气田开发所需的资金和技术优势，积极参与哈油气开发的卢克石油公司在哈石油总产量中的比例不到 8%，在外国投资者中占比低于美国能源巨头雪佛龙、埃克森美孚和中国石油企业。[4] 然而，在油气运输领域，俄罗斯占据垄断地位。哈的铁路干线、输油和输气管道大多数经俄罗斯通往其他国家，哈原油主要通过俄罗斯过境出口，如 2006 年，哈出口石油 5230 万吨，其中 4200 万吨通过俄罗斯的管道进入国际市

---

[1] 陈明山：《哈俄关系新发展》，《国际资料信息》1995 年第 2 期。
[2] 根据《2004—2008 年哈萨克与上合、欧亚经成员国贸易统计》附表 1 统计，中华人民共和国商务部 2009-05-21。
[3] 《欧亚经济共同体在地区合作中的作用和发展前景》，中华人民共和国商务部 2008-05-19。
[4] 王海燕：《俄罗斯与哈萨克斯坦油气合作评析》，《国际石油经济》2015 年第 7 期。

场。[1]哈通往俄罗斯的天然气管道主要有中亚—中央、布哈拉—乌拉尔、卡拉恰加纳克—奥伦堡,以上管道不仅将哈产天然气,而且还将土库曼斯坦和乌兹别克斯坦的天然气输往俄罗斯。

2002年7月,哈俄签署关于原油过境协议,有效期5年,在双方没有异议的情况下可自动顺延5年。2009年11月,哈俄两国对2002年协议进行了修订和补充,2013年12月两国对2009年协议又做了补充,双方约定在2020年哈通过俄过境输送的原油不低于6900万吨。2015年2月,哈能源部副部长卡拉巴林提出:哈计划在2020年开采原油10400万吨,按协议过境俄罗斯输送原油每年6900万吨的话,这将占哈出口量的近80%,俄在哈石油外运通道中占据垄断地位。[2]

独立以来,哈俄双方的文化合作频繁。1997年12月,哈总统纳扎尔巴耶夫强调哈萨克斯坦长期的战略伙伴是俄罗斯,俄罗斯是哈萨克斯坦商品的巨大市场,俄罗斯文化是哈萨克人永远都需要的。[3]在哈萨克斯坦,全天能看到俄电视台的节目,这种情况在独联体其他国家并不多见;在哈的沿街、宾馆、饭店等场合随处可见俄罗斯的《劳动报》、《消息报》、《共青团真理报》;俄语书籍也很多,在独联体其他国家,只有白俄罗斯和吉尔吉斯斯坦与哈的情况相当。[4]哈俄两国在航天等高技术领域展开合作,拜切列克发射系统是合作项目,为此,哈萨克斯坦耗资65万美元在俄罗斯培养专家,

---

1 赵华胜:《俄罗斯与中亚国家的双边关系》,《和平与发展》2008年第2期。
2 王海燕:《俄罗斯与哈萨克斯坦油气合作评析》,《国际石油经济》2015年第7期。
3 〔哈萨克〕纳扎尔巴耶夫:《俄罗斯是我们的主要伙伴》,《实业界报》1997-12-19,转引自赵常庆主编:《十年巨变——中亚和外高加索卷》,第340页。
4 赵常庆编著:《哈萨克斯坦》,第268—269页。

耗资 6500 万美元建造并发射了哈萨克斯坦第一颗广播通讯卫星。[1]

独立以来，哈萨克斯坦是俄罗斯主导的欧亚主义的热情鼓动者和独联体地区一体化的积极支持者，是俄的最重要战略支柱。截至 2018 年 2 月，哈俄两国已签署 200 多个合作协议和条约，两国在多个领域的合作保障了区域的稳定，两国关系属于稳定的战略合作伙伴性质。纳扎尔巴耶夫表示，过去 20 年的合作成果表明，哈俄两国关系堪称睦邻、盟友关系之典范。

第四节　平稳发展的哈美关系

在哈萨克斯坦的对外关系中，美国仅次于俄罗斯排在第二位。1991 年 12 月 25 日，在苏联国旗从克里姆林宫降下的当天，美国承认哈萨克斯坦独立；第二天（12 月 26 日），哈美正式建交；1992 年 1 月，美国在哈首都阿拉木图建立了大使馆，这是哈独立以后第一个外国驻哈大使馆。美发展与哈萨克斯坦的关系是美实现中亚地缘政治利益的关键。美在哈的利益依托于安全、民主和能源三大支柱，美希望通过这三大支柱，达到遏制俄罗斯的目的。

哈萨克斯坦将发展与美国的关系视为哈与西方国家关系的重点，哈总统纳扎尔巴耶夫认为：要把主要注意力放在世界上最主要的经济大国美国的身上。哈希望通过加强与美国的关系以达到立国、强国的目的。对刚独立的哈萨克斯坦来说，来自美国的政治支持非常重要，这种支持为哈进行国际交往、国际经济贸易提供了便利。在《中亚之鹰的外交战略》一书中，哈前总理卡·托卡耶夫写道："对我国来说，在世界上巩固国际地位和维护国家利益都与同

---

[1] 〔哈萨克〕A. Ю. 鲁坚科：《俄罗斯与哈萨克斯坦经贸合作的重点领域》，杨建梅摘译，《中亚信息》2007 年第 2 期。

美国的合作直接相关。"[1]一方面,哈通过美国可以在巩固独立和维护安全方面摆脱对俄罗斯的依赖;另一方面,发展与美关系是通向国际机构,特别是国际金融机构的道路。1992年,哈总统开启了访美之行,拉开了哈美之间被称为"新型"外交关系的序幕。

哈美之间政治关系的基础是哈萨克斯坦的无核化承诺。无核化是哈美建交之初的重要问题。美担心哈境内的核武器、核材料、核技术被卖给激进的第三世界国家和国际恐怖集团,敦促哈将核武器交俄罗斯保管和处理,而哈方则坚持美必须首先承诺为哈提供安全保证。在哈的坚持下,1994年2月,哈美两国签署了一系列军事与安全合作协议。在此协议下,哈总统纳扎尔巴耶夫签署了《核不扩散条约》,并在美"蓝宝石"行动中,将哈的600公斤浓缩铀成功运往美国。[2]

无核化是哈萨克斯坦独立初期哈美关系的重点,而哈萨克斯坦由社会主义国家向民主世俗国家的转化是哈美政治关系的主线。在1994年哈总统纳扎尔巴耶夫访美期间,两国领导人签署了《民主伙伴关系宪章》[3],宪章的核心是哈在"民主价值观"和"人权"等方面与美保持一致。美则承诺给予哈贸易、金融等方面最惠国待遇,并允诺组织成立1亿美元的基金会,扶植哈企业经营活动。[4]美总统克林顿称,该条约的签订为两国建立长期伙伴关系奠定了基础。

1997年,在哈总统访美期间,哈美签署了18个文件,其中经

---

1 〔哈萨克〕卡·托卡耶夫:《中亚之鹰的外交战略》,赛力克·纳雷索夫译,新华出版社,2002年,第126页。
2 吴大辉:《美国对中亚的军事安全政策》,《俄罗斯中亚东欧研究》2008年第2期。
3 王聪:《纳扎尔巴耶夫访美与美国的中亚布局》,《世界知识》2018年第5期。
4 陈明山、何希泉:《中亚地区目前形势特点及发展前景》,《现代国际关系》1995年第2期。

济伙伴行动计划最为重要,它是对 1994 年通过的《民主伙伴关系宪章》的重要补充,即哈美关系走向"战略伙伴水平",有利于哈国安全、独立、主权、领土完整和民主发展。在此次哈美总统的会晤中,美总统克林顿谈道:华盛顿认为哈萨克斯坦是中亚重要的国家,是中亚地区稳定和经济繁荣的关键,这一定位提高了哈萨克斯坦在中亚的地位。1999 年,在纳扎尔巴耶夫访美期间,美总统作了"哈萨克斯坦是美国中亚战略目标稳定与独立的重中之重"的演讲,奠定了哈美关系稳定性发展的基础。

2001 年 9 月 11 日,恐怖分子劫持的飞机撞击美纽约世贸中心和华盛顿五角大楼,2001 年 10 月 7 日,美发动了对基地组织和塔利班的反恐战争,哈美之间加强了安全合作。哈总统表示:哈萨克斯坦准备拿出所有可动用的资源,来打击恐怖主义,这包括借出军事基地和开放领空。[1] 美国防部长拉姆斯菲尔德于 2002 年 4 月访哈,哈宣布将在意外或发生事故的情况下,向美领导的国际反恐联盟提供位于南哈萨克斯坦州州府奇姆肯特、江布尔州卢戈沃伊和阿拉木图的三个机场。哈美于同年 7 月 10 日签署了备忘录,规定美军用飞机在出现燃料不足、技术故障等特殊情况下,可以在哈机场降落,并接受维修、技术服务和保养等。[2]

在乌兹别克斯坦发生"安集延事件"以后,哈美关系上升到新阶段,美确立了哈在中亚的领导地位。2005 年,美国务卿赖斯到哈访问时说:"哈萨克斯坦可以成为中亚地区的地区领袖,哈政府有机会成为中亚地区政治与经济改革的真正领袖。""我相信纳扎尔

---

[1] 戴超武、李春玲:《"9·11"事件后美国对中亚地区的政策及其影响》,《世界经济与政治论坛》2002 年第 1 期。

[2] Jim Nichol, "Central Asia's New States: Political Developments and Implications for U. S. Interests", UNT Digital Library, Updated May 9, 2003, p. 2.

巴耶夫总统可以运用自己的领导能力与在民众中的广泛支持,将哈萨克斯坦带进新的阶段,随后领导中亚地区。"[1]哈对此做出积极回应,哈《实业周报》于2005年10月7日发表文章认为:"美可以从乌兹别克斯坦撤出军事基地,但并不会离开中亚……与美国搞好关系也是中亚各国手中重要的外交牌。"[2]2006年6月6日,美副总统切尼访哈时声明:"哈萨克斯坦正沿着一条正确的道路发展,国家在经济和政治领域取得巨大的成功。我们准备与哈萨克斯坦在所有领域进行合作,推动两国在经济和政治领域的发展。"[3]同年9月26日,哈总统访美,两国表示要在经济、能源合作以及反恐方面成为真正的伙伴,是年,美在哈的投资达120亿美元,投资额与其他国家相比居首位。[4]2008年12月23日,哈出台了《批准哈美政府间谅解备忘录》的法案,其内容是:当参加阿富汗反恐行动的美国空军飞机穿越哈领空时,哈方有义务提供空中导航服务;当美军飞机需要紧急迫降时,哈方将提供阿拉木图机场供其使用。[5]2012年3月,哈外交部部长卡泽哈诺夫访美,两国决定建立"哈美战略伙伴关系委员会",委员会成为两国政治磋商的平台。

除政治和安全合作外,经贸合作也是哈美关系的重要内容。在哈萨克斯坦独立以后,美政府迅速与之建立了正式的双边贸易关系和相互投资关系。1992年5月19日,哈美之间签订了《贸易与投资协定》。尽管如此,与政治军事合作相比,哈美经济,特别是贸

---

[1] 王高峰:《哈萨克斯坦大选与"颜色革命"的未来趋势》,《国际展望》2006年第2期。

[2] 孙力等:《"民主改造"讨人嫌,赖斯中亚"救火"之行不轻松》,《环球时报》2005-10-12。

[3] 庞大鹏:《浅析美国对中亚政治体制评价的历史演变》,《俄罗斯中亚东欧研究》2007年第6期。

[4] 《2006年中亚国家大事记》,岳萍译,《中亚信息》2007年第1期。

[5] 康燕:《美出招在中亚挤压俄罗斯》,《世界新闻报》2008-12-30。

易关系可以说并未得到充分发展，在2008—2013年间，哈美年贸易额只有25亿美元左右，不足哈外贸总额0.1%。[1]

在哈美经济合作中，能源是吸引美的重要因素。1993年至2004年，美对哈的直接投资达66亿多美元，主要用于资源开发。[2]1993年，哈与美国第三大石油公司雪佛龙签署了共同开采田吉兹油田的协议，根据协议，美国拟在40年内投资近300亿美元开发田吉兹油田，近几年每年将投入15亿美元。[3]哈总统纳扎尔巴耶夫在其《哈萨克斯坦之路》一书中写道：这个合同的签署奠定了哈独立的经济基础，成了真正的世纪合同。除雪佛龙公司外，埃克森美孚石油公司、科诺索石油公司也在哈设立了分公司，其中，美莫比尔石油公司和壳牌石油公司与哈里海大陆架石油公司合作，共同开发里海大陆架的石油。到2012年，美国公司的石油产量约占哈萨克斯坦现在石油产量的29%。[4]哈美在能源领域上的合作，解决了哈独立初期在资金和技术方面的困难。

哈美在油气运输方面的合作主要是建设绕开俄罗斯的运输路线。1998年10月29日，美能源部长与包括哈在内的中亚和高加索6国在土耳其签署了建立巴杰油管的安卡拉宣言。巴杰管道始于阿塞拜疆首都巴库附近码头，经格鲁吉亚，终于土耳其的杰伊汉码头。这条管道除了运输巴库的石油外，还接受来自哈最大的油田卡沙干及中亚其他油田输送来的石油。2002年8月7日，巴杰管线公司（BTC）在英国伦敦成立，是年9月18日开始动工，2005年全

---

[1] 赵会荣：《俄美中欧在中亚：政策比较与相互关系》，《新疆师范大学学报》2014年第4期。
[2] 赵常庆：《中亚五国与环太平洋大国的关系》，《俄罗斯中亚东欧研究》2005年第3期。
[3] 青文：《中亚各国对外经贸关系》，《东欧中亚市场研究》2000年第2期。
[4] 高寿柏：《哈萨克斯坦与美国的石油合作》，《中国石油石化》2012年第12期。

线完工，2006 年 7 月 13 日在杰伊汉终端举行了启用仪式。在美国推进下，哈阿（阿塞拜疆）于 2006 年达成协议，哈每年通过船只向杰伊汉管道输送 2500 万吨石油，这一数额达到了该管道运输能力的近一半。[1]

哈美两国之间的军事合作从独立以后就开始了。到 2003 年，哈美签署了军事合作五年计划。2007 年 4 月 7 日，哈在新的国家军事学说中指出，哈将在军事装备现代化、军事技术转让、人员培训、军事基础设施建设等方面加强与美合作。近十多年来，哈美之间举行的代号为"草原之鹰"的军演已经成为哈美军事合作中的一个缩影。

除了哈美双边关系外，美国还在北约[2]框架下与哈展开军事合作。苏联解体以后，为了吸收新独立国家，北约建立了"北大西洋合作委员会"。1992 年 9 月，哈外长率团参加了北大西洋合作委员会第 3 次会议。1992 年 10 月，美国提出了建立外围组织"和平伙伴关系计划"的构想，这一构想于 1994 年 1 月在布鲁塞尔首脑会议上获得通过。1994 年 5 月 27 日，哈加入了"和平伙伴关系计划"，1998 年 3 月，哈在北约正式设立代表处。

1995 年，北约帮助哈、乌、吉三国组建联合部队"中亚维和营"。1996 年，维和营参加了以美国为首的北约在美国北卡罗来纳州举行的联合军事演习。1997 年 9 月 15 日，北约 500 名空降兵与维和营在哈奇姆肯特市某军事训练场举行了联合演习，演习是在北

---

1 郑羽：《苏联解体以来美国对中亚政策的演变（1991—2006）》，《俄罗斯中亚东欧研究》2007 年第 4 期；Jim Nichol, "Central Asia: Regional Developments and Implications for U. S. Interests", UNT Digital Library, Updated June 29, 2006, p. 19.

2 第二次世界大战结束以后，为了遏制苏联，欧美国家签署了《华盛顿条约》。20 世纪 50 年代初，随着冷战形势的紧张，《华盛顿条约》发展为常设机构北大西洋公约组织（简称北约）。

约"和平伙伴关系计划"框架下进行的。[1] 以后,北约与中亚国家的军演每年一次定期举行。

1997年,哈成为北约成员国的伙伴国。同年北约成立了"欧洲-大西洋伙伴关系委员会",该委员会成为加强北约成员国与伙伴国之间政治磋商和军事合作的论坛。1999年下半年,中亚恐怖主义活动猖獗,"9·11事件"以后,北约将国际恐怖主义、大规模杀伤性武器及其运载工具的扩散定为首要威胁,反恐斗争成为北约一切工作的重心。大部分北约成员国加入了美国领导的反阿富汗塔利班政权和基地恐怖组织的军事行动,哈向美国开放了空中走廊。2002年6月,哈加入了北约以维和与反恐为宗旨的"计划与分析进程计划"。

2002年,北约出台了根据各国国情制订的双边合作计划,即"单独伙伴行动计划",哈萨克斯坦于2006年1月31日签署了该计划,其具体合作领域在政治与安全、军事与国防等方面。

总的来说,哈在军事上仍然更多地依赖着俄罗斯,对北约的东扩持不支持态度,认为这会破坏力量均衡,因此,哈与北约之间的军事合作仅局限于"和平伙伴关系计划"框架内。

独立初期,哈因核设施问题在美外交政策中占据着重要地位,随着哈萨克斯坦采取弃核化,哈在美外交政策中的地位有所下降,关系紧密的哈俄关系决定了美全球战略的中亚地区的地缘着力点放在了乌兹别克斯坦,而不是中亚大国哈萨克斯坦。近年来,美在哈的投资不断增长,在"C5+1"(中亚五国加美国)框架下,哈美两国举行了一系列战略合作会谈。

---

[1] 刘庚岑、徐小云编著:《吉尔吉斯斯坦》,第299页。

第五节　欧盟项目下的哈欧关系

欧洲联盟组织（简称欧盟）是在欧洲共同体基础上形成的国家联盟组织。1952年和1958年，欧洲六国（法国、联邦德国、意大利、荷兰、比利时、卢森堡）分别组建了欧洲煤钢共同体、欧洲经济共同体和欧洲原子能共同体。1965年4月8日，上述三个共同体融为一体，统称欧洲共同体（又称欧洲共同市场）。1991年12月，欧洲共同体成员国通过了《欧洲联盟条约》，条约于1993年11月1日生效，欧盟正式成立。

欧盟形成之时，正值哈萨克斯坦独立，欧盟国家很快承认了哈萨克斯坦的独立国家地位，为了扩大影响，欧盟积极发展与包括哈在内的中亚新兴国家的关系。哈萨克斯坦与欧盟关系（简称哈欧关系）最初只是在欧盟实施的一些援助项目框架下展开的经济合作。依据欧共体与苏联于1989年签署的《贸易和合作协定》，欧盟继续与独立中亚国家进行贸易和经济合作，只不过将协定改名为"对独联体国家的技术援助计划"（即"塔西斯计划"）[1]，塔西斯计划的主要目标是促进受援国的经济增长，维护中亚国家的独立与稳定，从而保障欧盟周边地区的稳定。

1994年，哈萨克斯坦加入塔西斯计划，在此框架下接受了欧盟的援助。塔西斯计划超过半数的援助是给经济实力居前位的哈乌两国，截至2006年，哈接受了16850万欧元的援助，欧盟对哈的援助力度在中亚国家中仅次于乌兹别克斯坦（16895万欧

---

[1] 塔西斯计划（TACIS: Technical Assistance for the CIS）的援助对象为苏联地区12个国家，包括中亚五国、外高加索三国，以及俄罗斯、白俄罗斯、乌克兰和摩尔多瓦。

元）。[1]2006年，塔西斯计划期满停止，欧盟从2007年起开始实施"发展合作工具"，哈在此框架下继续与欧盟发展经济合作。2007—2013年间，欧盟在此框架内对哈的援助款为7400万欧元，而同期给予塔吉克斯坦的援助款为1.28亿欧元。[2]不难看出，欧盟已经将重点援助对象转向塔吉克斯坦。

1994年，欧盟向联合国提交了一份名为《没有出海口的中亚新独立的发展中国家及其邻国的过境运输体系：现状和未来行动方案》的报告，这一方案是欧亚运输走廊计划的蓝本[3]。1994年，哈参与了欧亚运输走廊计划。1995年，欧盟在哈阿拉木图市召开会议，会上成立了贸易支持、公路运输、铁路运输、海洋运输四个工作组，并且规定了各工作组的职能。到2004年底，欧洲复兴开发银行、世界银行、亚洲开发银行和伊斯兰开发银行对此项目相继投资总额超过了17亿欧元。[4]与此同时，欧盟开始关注环境保护问题，实施了如水资源治理、大气环保、生物保护、卫生保健等项目。其中哈、乌、吉三国在天山西部组建跨界自然公园的计划获得欧盟近90万欧元的援助[5]，哈农业与狩猎业委员会是该方案的代理执行

---

[1] "European Community Regional Strategy Paper for Assistance to Central Asia for the Period 2007-2013", EEAS Website.

[2] 陈柯旭、石婧:《中美欧援助塔吉克斯坦比较研究——关于援助资金、领域分配和效果评估》，《新疆师范大学学报》2014年第3期。

[3] 欧亚运输走廊计划的主要内容是：改造和修建中国—哈萨克斯坦—吉尔吉斯斯坦—乌兹别克斯坦—土库曼斯坦—阿塞拜疆—格鲁吉亚—黑海—欧洲的铁路和公路；改造里海的阿克套、巴库、土库曼巴什和黑海的波季、巴统等港口；修建支线道路基础设施；培训高水平的国际运输业人才；制定统一的关税和税率规则，促使项目参与国加入有关国际公约和协定。有32个国家参与了该计划，成员国包括欧盟国家、高加索和中亚国家。

[4] 张宁：《中亚一体化合作机制及其对上海合作组织的影响》，《俄罗斯中亚东欧研究》2006年第6期。

[5] 《哈、吉、乌欲建跨界自然保护区》，周晓玲译，《中亚信息》2004年第3期。

机构。

　　除了援助外，哈积极发展与欧盟的贸易。哈欧贸易不断发展，贸易额呈上升趋势。在2010—2014年间，哈欧贸易总额从211亿欧元增至307亿欧元，其中，进口增加10.7%，出口增加6.6%；哈在欧盟与中亚国家的对外贸易中占据了绝大部分份额，2014年，哈欧贸易额达307亿欧元时，中亚其他四国（乌、塔、吉、土）与欧盟的贸易额分别是18亿、3亿、5亿、20亿欧元。[1] 哈向欧盟国家出口商品主要是农牧产品，如2014年，哈向欧盟出口粮食92000吨、亚麻247700吨、棉花纤维15900吨、鱼片5900吨。[2] 除贸易外，欧盟向哈投资，过去十年间（2013—2023），欧盟在中亚地区的投资超过1200亿美元，其中哈萨克斯坦占了70%。[3]

　　除经济合作外，哈萨克斯坦还与欧盟发展政治关系。1994年，欧盟出台了《走向亚洲新战略》。当年，欧盟在哈首都阿拉木图设立了大使级代表处，负责欧盟与哈、吉、塔三国的联系。1995年，哈萨克斯坦与欧盟签署了"与欧洲联盟及其成员国伙伴合作协议"，其目的是通过合作与政治对话推进哈的民主进程和经济发展。根据协议，双方建立了部长级合作理事会、议会合作委员会和分委会等一系列机构。

　　该伙伴合作协议于1999年7月1日生效，此后不久（1999年下半年），恐怖主义在中亚地区活动猖獗，由于中亚国家处于国际反恐斗争的前沿，欧盟提升了对中亚国家的关注度。从此，哈欧

---

[1] 本段中的数据是根据欧盟统计局网（Eurostat）数据库："2010—2014年欧盟与中亚五国进出口额与增幅"计算的。

[2] 金桥编译：《2015年哈萨克斯坦向欧盟出口总价值为2.198亿美元的农产品》，哈萨克国际通讯社2016-04-14。

[3] 《哈外交部副部长罗曼·瓦西连科在第二届欧盟-中亚经济论坛开幕式的讲话》，哈萨克国际通讯社2023-05-19。

之间的合作注重非传统安全领域。2002年10月30日，欧盟出台的《欧盟与中亚：2002—2006年战略文件暨2002—2004年指导计划》，目标是促进中亚国家的安全与稳定，以及削减贫困。

欧盟于2002年以后与中亚国家共同应对非传统安全威胁，其中包括毒品走私问题。在欧盟的援助项目中，制定了专门针对中亚国家的打击毒品犯罪和边界管理的项目。此两个项目从2002年启动，对于前者，欧盟的目标是支持中亚国家以制度建设为基础制定毒品控制战略，以保证毒品的消费和贩卖行为持续缩减。对于后者，欧盟专家工作组建议受援国政府新建统一的边界管理机构，并在哈建立了部长级委员会，2008年，哈吉两国边界机构达成协议，在边界交汇站（阿克杰霍尔和科尔达伊）展开边界控制行动。

2007年6月22日，欧盟出台了《欧盟与中亚：新伙伴战略（2007—2013）》。根据新战略，欧盟与中亚国家在司法领域展开合作。从2008年起，为了促进中亚国家的司法改革，欧盟与中亚各国先后召开司法部长会议。2008年，哈总统纳扎尔巴耶夫提出"通往欧洲之路"的对外规划，陆续与法国、德国、英国、西班牙、意大利、匈牙利建立战略伙伴关系。2015年12月21日，哈欧双方在阿斯塔纳签署了《关于扩大合作伙伴关系协议》，协议涵盖了29个领域的合作，促进了哈欧关系的蓬勃发展。[1]

除政治和经济外，哈欧在人文领域也加强了合作。欧盟援助哈萨克斯坦高等教育领域项目是在"坦普斯计划"（Tempus）的框架下进行的，该计划于1990年发起，哈于1994年加入。该计划的工作重点是教学课程改革、大学管理改革以及促进高等教育与社会的联系。

---

[1] 《〈哈欧扩大伙伴关系与合作协定〉3月1日正式生效》，中华人民共和国商务部2020-02-27。

当然，哈欧关系的发展并非一帆风顺。欧盟于2004年9月公布的"欧洲睦邻与伙伴关系工具"以及于2009年5月7日正式启动的"东部伙伴关系"计划，将中亚五国排除在外。有一部分领土在欧洲的哈萨克斯坦对此计划很不满意。尽管如此，这一计划并未影响到哈欧关系的主流。

第十六章
国际组织与国际地位

独立以后，哈萨克斯坦参加的国际或区域性组织有联合国、欧洲安全与合作组织（简称欧安组织）、独立国家联合体（简称独联体）、上海合作组织（简称上合组织）、亚洲相互协作与信任措施会议（简称亚信会议）等。如今，哈萨克斯坦正以有活力、有竞争力的形象出现在国际舞台上，成为国际关系中受欢迎和有权威的参与者。

第一节 积极配合联合国、欧安组织的活动

1992年3月2日，联合国接纳哈萨克斯坦为正式成员国，从此，哈萨克斯坦获得了国际主体地位。1992年10月，哈首次率代表团出席联合国第47届大会，此后，哈派代表团出席了历次联合国大会，配合联合国的工作和支持联合国的决议。哈萨克斯坦成为联合国正式会员国以后，自觉地履行了联合国的各项决议，联合国在哈成立了中亚地区禁毒信息协调中心等机构，该机构承担了联合国的各项义务，对中亚地区安全、生态、毒品等问题的解决做出了贡献。

1995年6月8日，哈萨克斯坦参加了联合国在日内瓦召开的裁军会议，哈总统纳扎尔巴耶夫在会上发表了要求停止核试验的讲话。1997年3月，中亚五国首脑会聚哈萨克斯坦，签署了《阿拉木

图宣言》，宣言表达了中亚五国建立中亚无核区的政治意愿。9月，中亚五国外长签署了关于建立中亚无核区的联合宣言。12月，在联合国第52届大会上，建立中亚无核区的决议获得通过，中亚五国负责无核区条约的起草工作。2006年9月8日，中亚五国在哈东部城市谢米巴拉金斯克正式签署《中亚无核武器区条约》。2015年召开的联合国大会批准了哈总统关于"废除核试验——我们的使命"的核不扩散的倡议。哈萨克斯坦在中亚无核区问题上的不懈努力为世界地区和平与安全做出了贡献。

在地区安全方面，哈萨克斯坦参与了联合国的反恐行动，支持安理会反恐委员会的工作。1997年，中亚五国元首通过的《阿拉木图宣言》对阿富汗内战升级表示关注与不安。1999年，联合国安理会呼吁阿富汗各派势力停火，内战两派签署了停火、交换战俘的初步协议。2012年3月13日，哈外长卡济哈诺夫在首都阿斯塔纳会见联合国秘书长特使延恰时指出，哈方全力配合联合国，实施中亚反恐战略。2013年6月28日，哈总统与扬·库比什（联合国驻阿富汗援助团负责人）见面时表示，哈将继续协助联合国，参与推动阿富汗稳定进程、维护地区和平稳定。此外，哈在阿斯塔纳和谈框架下举行了九轮叙利亚问题谈判，阿斯塔纳和谈成为联合国主持的日内瓦和谈的重要辅助手段，为实现政治解决叙利亚问题做出了贡献。

在社会经济方面，哈萨克斯坦支持联合国于2000年9月提出的消除贫穷、饥饿、疾病、文盲、环境恶化和对妇女歧视等问题的千年发展目标。为实现千年发展目标，联合国经济和社会委员理事会下属的亚太经济和社会委员会拟定了"中亚经济专门计划"，该计划由联合国经社理事会、联合国秘书处和联合国机构驻中亚办事处以及中亚合作组织执委会协助实施。据联合国有关机构的确定，哈萨克斯坦负责牵头的是交通基础设施领域和简化商品、服务和人员的过境手续领域。

在联合国的千年发展目标中，联合国关注包括中亚地区在内的全球生态问题，特别是咸海问题。咸海位于哈萨克斯坦和乌兹别克斯坦之间，曾是世界第四大湖，20世纪中叶以来，由于气候变化和人类引水灌溉等因素的影响，咸海水量已经减少了74%。[1] 咸海干涸已造成严重生态危机，据联合国环境规划署的一份报告，目前有六千多万人居住在咸海地区，咸海水量减少，对当地气候的影响也变弱，周边地区冬天的气温越来越低，夏天的气温则越来越高。包括哈萨克斯坦在内的中亚国家支持和协助联合国处理咸海问题。

2005年，哈萨克斯坦和世界银行共同出资约8500万美元，在属于哈萨克斯坦的"小咸海"地区建造了科卡拉尔水坝。该项目实施以后，小咸海地区的水面面积在第二年的5月就扩大了13%，水岸线向北延长了30多千米。[2] 2009年4月28日，中亚五国首脑在哈阿拉木图市召开了拯救咸海国际基金会创始国首脑会议。由于咸海的治理是一个庞大的系统工程，依靠中亚国家自身的力量是无法解决的，中亚国家倡议在联合国环境规划署的领导下建立咸海问题委员会。

20世纪70年代初，为了处理欧洲安全事务和欧洲国家在经济、科学、技术和环境方面的合作，欧洲25国于1972年在芬兰首都赫尔辛基召开大使级会议，会议草拟了《赫尔辛基最后建议蓝皮书》。经过三年酝酿，1975年8月，以上国家签署了《赫尔辛基最后文件》，该文件的签署标志着欧安会正式成立。

---

[1]《世界水日：咸海已从"海"变成"池塘"，到2020年或将完全消失》，文汇网 2018-03-22。

[2]《中亚五国共谋咸海可持续发展》，《人民日报》2009-04-30。

1991年，苏联解体，哈萨克斯坦独立。1992年1月30日，欧安会部长理事会在捷克斯洛伐克联邦共和国的首都布拉格举行，会上决定吸收包括哈萨克斯坦在内的中亚五国为欧安会正式成员国。1993年，欧安会办公室主席托卡和秘书长访问了哈萨克斯坦等中亚五国。在实现中亚无核区的过程中，哈乌等中亚国家在欧安会的框架内进行过积极的活动。

1994年12月，哈总统纳扎尔巴耶夫出席了在匈牙利首都布达佩斯举行的欧安会首脑会议，此次会议决定从1995年1月1日起，欧安会更名为"欧洲安全与合作组织"（简称欧安组织）。1996年12月，哈萨克斯坦等中亚国家领导人出席欧安组织里斯本高层会晤，会议发表声明说，欧安组织重视中亚地区的作用。欧安组织轮值主席国波兰外长盖莱梅克于1998年4月14—20日访问哈萨克斯坦等中亚五国，强调中亚是欧安组织的重要组成部分。

考虑到国家和区域稳定以及促进欧安组织标准的实施，1998年7月23日，欧安组织常设理事会决定在哈成立"阿拉木图中心"，中心由大使等三位专家组成，其宗旨是协助欧安组织在地区性事件方面的工作。以后，哈与欧安组织的活动基本上在该中心的框架下活动。

阿拉木图中心的重点工作首先放在安全领域。在此方面，中心协助欧安组织与恐怖主义和组织犯罪，与武器、化学制品的违法交易做斗争，中心特别关注放射性物质的存放和处理安全问题。此外，中心除了对诸如反对恐怖主义和反洗钱方面提供财政和技术援助外，开始警察合作项目和支持执法改革项目，以及组织中亚国家执法官员进行经验交流等活动。

其次，阿拉木图中心的工作是配合欧安组织民主体制和人权办公室（简称办公室）在哈境内推动民主进程。2001—2002年间，中心举办了有关选举立法改革的一系列讨论会，并提交了一份全面修正和改进选举法律的提案；在2003—2004年间，与办公室合作对进一步改善选举法提出了意见，对2005年大选组织了观察团。

再次，阿拉木图中心协助办公室在哈境内推动人权。在此方面，中心进行了以下一些活动：在办公室的支持下举办尊重人权会议；监督哈境内的人权状况；与政府和非政府官员进行建设性对话；支持民间社团，特别是妇女组织的发展；参与提高人权意识的各种活动，如由哈境内非政府组织组织的研讨会。

最后，阿拉木图中心承担了促进国际环境协议实施的角色，开展了与环境问题相关的全国性活动，参与哈萨克斯坦环境政策的制定。中心与联合国欧洲经济委员会、联合国中亚经济专门项目、联合国亚太经济社会委员会合作，建立了楚河、塔拉斯河委员会，起草了有关楚河和塔拉斯河水量分配的基本文件，并将建立一个处理水资源问题的跨国委员会。[1] 以上活动开辟双边或多边合作，有利于资源的合理协调。

第二节 推动世界和平的"弃核化"

1945年7月16日黎明，美国在新墨西哥州阿拉莫戈多引爆了一颗梯恩梯（TNT）当量2万吨的原子弹，世界进入核时代，二十天以后，原子弹开始用于战争。1945年8月6日和8月9日，美国先后在日本广岛和长崎投放了代号分别为"小男孩"和"胖子"的原子弹，它们导致了22万日本人当场死亡，随后因辐射又有超过20万人去世。

---

1 杨恕、李欣：《论欧安组织的中亚战略——以阿拉木图中心为例》，《俄罗斯中亚东欧研究》2006年第6期。

1954年3月1日，美国进行了代号为"喝彩城堡"（Castle Bravo）的氢弹试验，其威力比以上两颗原子弹大得多，达到了1500万吨当量。杀伤力巨大的核武器在国际社会中引起了深切担忧。

印度总理贾瓦哈拉尔·尼赫鲁在1954年4月2日召开的联合国大会上首次提出，应该缔结一项禁止核试验的国际协议。1968年7月1日，英国、美国、苏联等59个国家分别在伦敦、华盛顿和莫斯科签署了《不扩散核武器条约》（简称《不扩散条约》）。该条约规定：保证核不扩散，保证推进核大国的核裁军，和平利用核能。1970年3月5日，《不扩散条约》正式生效。

按《不扩散条约》的规定，在1967年1月1日以前拥有核武器，或拥有其他核爆炸装置的国家为核武器国。于是，美国、苏联、英国、法国、中国五国成为合法拥有核武器的国家。在此5个核国家中，中国于1992年3月正式加入《不扩散条约》，并且主张全面禁止和彻底销毁核武器，法国主张维持最低限度的核威慑力量，英国也希望维持最低限度的核威慑水平。1996年9月10日，第50届联合国大会以158票赞成、3票反对（印度、不丹和利比亚）、5票弃权（古巴、黎巴嫩、叙利亚、坦桑尼亚和毛里求斯）通过了《全面禁止核试验条约》（简称《全面禁止条约》）的决议。1996年9月24日，有71个国家在纽约签署了该条约，其中包括5个拥有核武器的国家。然而，由于该条约附有以下条件，即在所列44个具有核能力的国家全部签署并批准之后的180天生效，而至今美国、中国、埃及、伊朗、以色列等国还未正式批准，因此，《全面禁止条约》尚未生效。

尽管如此，限制核武器的努力一直在继续。美苏两国于1991年7月签署了《第一阶段削减战略武器条约》，并确定该条约于1994年12月正式生效。然而，条约签订后不到半年，苏联就解体了。戈尔巴乔夫在辞去苏联总统之时，第一时间将苏联战略核力量的指挥控制权交给了俄罗斯总统叶利钦，但俄罗斯未能有效继承原苏联拥有的 27000 枚核弹头。于是，苏联的解体导致了乌克兰、哈萨克斯坦和白俄罗斯三个核武器国的产生。其中，哈萨克斯坦境内的谢米巴拉金斯克试验场是原苏联最大的核试验场，占地面积 18500 平方千米。[1] 苏联解体后，哈萨克斯坦继承了原苏联 7.6% 的核力量，成为世界第四核大国，当时拥有 1400 多枚核弹头，104 个导弹发射井和 40 架战略轰炸机，其核力量超过了英、法、中三国的总和。[2] 新增加的三个核国家均宣布对本国境内的核武器拥有主权，这不仅影响了原苏美之间《第一阶段削减战略武器条约》的履行，而且还意味着增添了三个危险的核扩散策源地，对世界和平造成了极大威胁。

独立初期，俄罗斯无法对原苏联境内的核材料进行有效管控，曾多次发生核材料走私未遂事件。作为原苏联核武器生产、试验和部署地区的哈萨克斯坦，又与聚集了极端伊斯兰势力和形形色色国际恐怖分子的阿富汗邻近，恐怖主义分子本·拉登曾在独联体国家及中亚地区招募核物理学家。[3] 在此形势下，国际社会非常担心哈所拥有的核武器、核材料、核技术被卖给激进的第三世界国家和国际恐怖集团。哈萨克斯坦能否履行原美苏之间签订的《第一阶段削减战略武器条约》，并承担条约中的义务成为国际社会关注的焦点。

为了阻止核恐怖主义与核扩散的威胁，俄罗斯坚持核武器应该由独联体统一控制，美国也希望俄罗斯成为取代原苏联的唯一核大

---

1 《哈国政府着手恢复谢米巴拉金斯克试验场的自然环境》，杨建梅译，《中亚信息》2001 年第 10 期。

2 Oleg Bukharin et al., *Russian Strategic Nuclear Force*, MIT Press, 2001, p. 24.

3 吴大辉：《美国对中亚的军事安全政策》，《俄罗斯中亚东欧研究》2008 年第 2 期。

国,因此,也积极促使俄罗斯成为独联体境内唯一核国家的过程。为保障世界和平,哈萨克斯坦最终加入了《不扩散条约》,对防止核扩散和确保一个较为安全的世界做出了自己的贡献。

独立初期,哈萨克斯坦领导集团存在着弃核、保核两种意见。保核者认为,核武器能够有效地威慑潜在的敌人,如果弃核,哈萨克斯坦在面临威胁之时将无力保护本国的安全;弃核者认为,保留核武器与"国际不扩散核武器条约"相悖,将致使"邻近国家"也大搞核武器,地区安全将受到影响。当时,在哈周边国家中,巴基斯坦在扩大本国的核武库,伊朗不履行"核不扩散"的义务,印度虽已终止核试验,但并未做出停止核试验的正式承诺。此外,弃核者认为"保核"在短时间内会使哈成为赢家,但从长远来看,哈国却变成了战略性的输家。[1] 从国际形势来看,在世界各国要求防止核扩散、呼吁核裁军的大环境中,保留核武器还有可能导致针对哈萨克斯坦的严厉制裁,使新兴国家面临不和谐的国际关系。从国内形势来看,保留核武器将对哈萨克斯坦的经济构成沉重的负担。

在这场争执中,哈总统纳扎尔巴耶夫和时任外交部部长的扎卡耶夫坚持了"弃核"立场。苏联时期,在1949—1989年的40年间,哈谢米巴拉金斯克是苏联的核试验场,该地区像广岛、长崎和切尔诺贝利一样深受核试验的影响[2],核污染区域大约有500万人以上受到核辐射危害[3]。苏联解体前夕,总统纳扎尔巴耶夫于1991年8月29日签署总统令,命令关闭谢米巴拉金斯克的核试验场,此后,

---

1 〔哈萨克〕纳扎尔巴耶夫:《站在21世纪门槛上——总统手记》,陈兵、王嘉琳译,第43页。

2 《哈国政府着手恢复谢米巴拉金斯克试验场的自然环境》,杨建梅译,《中亚信息》2001年第10期。

3 黄越承、周平坤:《切尔诺贝利事故对健康、环境和社会经济的影响》,《中华放射医学与防护杂志》2006年第3期。

8月29日被定为哈萨克斯坦反核武器日。纳扎尔巴耶夫总统认为，哈萨克斯坦没有权力继续以核爆炸的方式消灭自己的人民和土地，保留核武器带给新生的独立的哈萨克斯坦的弊端远远大于好处。拥有核武器意味着哈萨克斯坦将坐在两个火药桶上：第一，在不稳定的后苏联地域条件下，大规模杀伤性武器对哈萨克斯坦的安全构成了实际的威胁；第二，由于在哈领土上部署了导弹，核国家把哈萨克斯坦置于其瞄准器下。[1] 托卡耶夫外长认为："哈萨克斯坦领导人应该让国际社会清楚，哈萨克斯坦无意破坏现有的不扩散制度，无意增加国际紧张局势，无意用核武器耀武扬威；恰恰相反，哈国选择了与所有有关国家进行建设合作的路线。"正是在哈当局敦促下，哈最终选择了弃核化道路。

1993年12月，美国副总统戈尔与哈总统纳扎尔巴耶夫签署了关于安全拆除哈境内核武器的框架协议，哈方同意将境内的导弹转移并销毁。次年2月，哈总统纳扎尔巴耶夫访问美国，在此期间，双方签署了一系列包括核安全协议在内的重要文件。1994年3月28日，俄罗斯总统叶利钦和哈总统纳扎尔巴耶夫签署了关于转移核武器的协定。1994年12月5日，哈萨克斯坦与美、俄、乌（乌克兰）、白（白俄罗斯）相互交换了《第一阶段削减战略武器条约》，从而使该条约继续生效。[2] 到1995年4月，哈境内的1040枚核弹头全部转移到俄罗斯[3]。1996年9月，哈销毁了境内最后100个弹道

1　〔哈萨克〕纳扎尔巴耶夫：《站在21世纪门槛上——总统手记》，陈兵、王嘉琳译，第54页。

2　何玉阳：《哈萨克斯坦弃核的理性分析》，《东南大学学报》2010年第12卷增刊。

3　吴大辉：《美国对中亚的军事安全政策》，《俄罗斯中亚东欧研究》2008年第2期。

导弹发射井[1]，哈萨克斯坦真正实现了无核化。哈萨克斯坦自愿放弃核武器，为防止核武器扩散做出了表率，对世界和平做出了伟大贡献，赢得了国际社会的赞誉。1995年以来，联合国五大常任理事国先后承诺为哈萨克斯坦提供核保护。

2006年9月8日，在哈萨克斯坦的倡导下，中亚五国在哈东部城市谢米巴拉金斯克签署了《中亚无核武器区条约》。条约规定：缔约国不得进行核试验，不得研制、生产、储存核武器及其他核爆炸物，也不得利用其他方式获取并控制核武器；缔约国不得允许其他国家在中亚无核区储存放射性核废料。该条约于2009年3月21日正式生效。联合国秘书长潘基文发表演讲说："该条约的生效将推动加强全球核不扩散机制，彰显无核武器区的战略和道义价值，并显示出在实现无核武器世界方面取得更大进展的可能性。随着《中亚无核武器区条约》的生效，中亚将成为在北半球建立的第一个无核区。"[2] 2009年6月，纳扎尔巴耶夫建议联合国将8月29日定为国际拒绝核武器日。2010年4月，联合国秘书长潘基文在对哈萨克斯坦访问时表示，纳扎尔巴耶夫总统有能力将其在中亚的成功经验运用于近东地区，希望纳扎尔巴耶夫成为建立近东无核区的倡导者。

2011年10月12日，在谢米巴拉金斯克核试验场关闭20周年之际，哈萨克斯坦在首都阿斯塔纳举办了以"为了无核化世界"为主题的国际论坛。在为期两天的无核化世界国际论坛上，哈总统纳扎尔巴耶夫再次呼吁建设无核化世界。他说，针对南亚和中东地区有关国家发展核武器这一事实，目前国际社会缺乏有效的监管机

---

1 Hall Gardner, *Dangerous Crossroads: Europe, Russia and the Future of NATO*, Praeger, 1997, p. 140.

2 《联合国欢迎〈中亚无核武器区条约〉生效》，新华网 2009-03-21。

制。另外，一些拥有核武器的国家以及处在核门槛的国家抵制国际核查。在这种情况下，核技术和核材料落入恐怖分子手中的可能性加大。

在主张无核化世界的同时，哈萨克斯坦主张和平利用核能。哈萨克斯坦铀矿总储量约150万吨，已探明铀矿储量占世界总量19%，2009年12月，成为世界铀开采第一大国。[1]在2011年的"为了无核化世界"国际论坛上，哈总统纳扎尔巴耶夫说，哈萨克斯坦将支持在本国境内建立核燃料银行，为已经承诺和平利用核能的国家提供核燃料。为了实现承诺，哈提出了建立低浓缩铀银行的倡议。2014年，第四届亚信峰会的《上海宣言》写道：我们注意到哈萨克斯坦关于在其境内建立低浓缩铀银行的倡议，呼吁国际原子能机构在不损害其地位的情况下通过该银行向其他国家供应低浓缩铀。[2]

哈萨克斯坦选择了核裁军的非军事化方针，成为国际社会中地区安全的因素，为世界和平做出了贡献。在和平利用核能上，哈萨克斯坦为承诺和平利用核能的国家提供核燃料，这是哈萨克斯坦为建设无核世界做出的又一贡献。

第三节　积极参与独联体的活动

哈萨克斯坦不仅参与创建了独立国家联合体，而且积极参与了它的活动，对它所提倡的政治、军事、经济一体化都给予了支持。独联体是苏联解体后的产物，由原苏联12个加盟共和国组成。1991年12月8日，俄罗斯、乌克兰和白俄罗斯三国总统在白俄罗

---

[1]《潘基文欢迎〈中亚无核武器区条约〉生效》，人民网2009-03-22。
[2]《亚信峰会上海宣言（摘要）》，《新闻晨报》2014-05-22。

斯首都明斯克签署了成立"独立国家联合体"的协议。12月13日，中亚五国领导人在土库曼斯坦首都阿什哈巴德开会，一致同意以创始国身份加入独联体。12月21日，包括哈萨克斯坦在内的原苏联11个加盟共和国在哈首都阿拉木图签署了《阿拉木图宣言》，宣告独立国家联合体成立。

在独联体成立之初，哈萨克斯坦积极参与了独联体国家旨在建立军事、经济和政治一体化的活动。1992年5月15日，在乌首都塔什干召开的独联体第5次元首峰会上，哈萨克斯坦签署了独联体集体安全条约，标志着独联体军事一体化的开始。此后，哈出席了1992年8月14日在明斯克召开的独联体会议，会上签署了关于建立维持和平部队的议定书。1993年3月1日在集体安全条约缔约国国防部长首次会议上，哈参与了对开展和扩大国防安全领域的合作的磋商；哈出席了同年8月24日召开的独联体国防部长理事会会议，会上决定建立集体安全条约缔约国常设执行机构——独联体军事合作协调司令部。哈出席了1994年4月14日莫斯科召开的独联体国家国防部长非例行会议，通过了共同宣言草案，草案内容包括在保障这些国家安全方面相互协作的基本方针以及对北约"和平伙伴关系"计划的态度；哈出席了同年7月18日在莫斯科举行的独联体国家国防部长理事会会议，会上讨论了加强独联体国家军事安全合作、独联体范围内的维持和平行动等问题，通过了独联体国家集体安全构想，哈萨克斯坦支持这一构想，并承办了1995年2月10日的独联体国家首脑会议；哈出席了当年5月26日在明斯克召开的独联体国家元首理事会，与俄罗斯等七国领导人签署了保卫独联体成员国与非成员国家之间的边界（即独联体外部边界）条约。哈出席了1996年10月29日召开的独联体国家国防部长理事会会议，讨论了独联体国家的军事安全问题以及中亚地区局势的问题。哈承办了 1997 年 12 月 24 日召开的独联体国家边防军司令委员会第 27 次例行会议，会上通过了关于独联体各国边防军在监控独联体各国对外边境口岸方面合作的协议草案，讨论了 15 个有关独联体边界安全的重要问题，并通过了独联体边防军行动的基本准则草案和关于独联体各国边防军间信息交换的法律草案。哈承办了 1998 年 7 月 8—9 日在阿拉木图举行的俄、哈、吉三国友好 98 联合军事演习。

1999 年下半年以后，国际恐怖主义、宗教极端势力和民族分裂主义三股势力波及了独联体的许多国家，新兴的中亚国家政权面临着三股势力的威胁。于是，抵抗三股势力成为激活集体安全条约的推动力，集体安全条约成员国通过了集体安全条约共同战略条例，决定建立共同的集团军。哈萨克斯坦参加了 1999 年 10 月 26 日—11 月 2 日在比什凯克举行的军事协调指挥作战演习，参加了 10 月 27—28 日独联体防空部队举行的代号为"首长司令部"的联合军事演习，参加了 10 月 29 日—11 月 2 日代号为"99 独联体南部盾牌"联合指挥作战军事演习。2001 年以后，哈萨克斯坦参与了独联体召开的强调与国际恐怖主义、分裂主义做斗争中的合作问题会议。

2002 年 5 月 14 日，根据俄总统普京的提议，集体安全条约改为集体安全条约组织（简称集安组织），这一提议获得通过并于 2003 年 4 月 28 日正式成立。集安组织定期开会协调有关军事、政治问题的立场。2004 年 8 月初，俄与哈、吉、塔三国在吉伊塞克湖州的埃杰利韦斯举行了"防线-2004"的军事演习，以检验集安组织应对恐怖袭击、跨越国境调遣部队及采取快速行动的能力。

除军事一体化外，哈萨克斯坦还积极支持独联体国家之间的政治合作。哈萨克斯坦承办了 1992 年 3 月 27 日的独联体七国议会首脑会议，会上签署了《成立独联体国家跨国议会大会的协定》，跨国议会大会是一个协商机构，由成员国派出的议会代表团组成；哈出席了9月15—16日在吉尔吉斯斯坦比什凯克召开的独联体跨国议会第一次会议，大会决定建立独联体各国议会的合作机制，并成立了法制、经济、财政、环境保护等专门委员会。哈出席了1993年1月22日在明斯克举行的独联体国家元首和政府首脑会议，就一系列政治、军事和经济问题进行讨论，其间包括哈萨克斯坦在内的独联体七国首脑签署了《独联体章程》；哈出席了同年8月7日在莫斯科举行的解决塔吉克-阿富汗边界地区冲突问题的讨论会，并签署了《边界不可侵犯宣言》。哈出席了1994年6月8日在圣彼得堡举行的独联体跨国议会大会理事会会议，会议讨论了独联体成员国之间的经济和社会合作问题。哈出席了2000年1月25日在莫斯科召开的独联体元首会议，讨论了合作对付恐怖主义的问题，通过了《独联体国家联合反对国际恐怖活动纲领》和《独联体反恐怖中心章程》，会议还决定成立"国防部长俱乐部"。

随着集安组织的成立，独联体国家开始协调有关政治问题。2004年9月16日，独联体国家首脑理事会在哈首都阿斯塔纳举行，会议讨论了加强成员国之间的反恐合作问题。与会者共同发表了关于打击国际恐怖主义的联合声明，以及2005—2007年采取共同措施打击犯罪计划和打击非法贩卖毒品的合作计划，加强独联体国家护法机关合作。[1]

独联体在成立之初就开始构建独联体国家的经济一体化。对此哈萨克斯坦也采取了积极参与的态度。1993年1月4日，哈萨克斯坦与其他中亚四国在乌首都塔什干晤，讨论中亚五国在政治和经

---

1 陈杰军、徐晓天：《2004年的中亚形势》，《国际资料信息》2005年第2期。

济方面进行合作以及建立统一的中亚市场等问题，独联体经济一体化过程开始启动。

然而，与军事一体化不同，独联体国家间对经济一体化存在着不同认识，它制定的许多协议得不到有效的执行。在此形势下，在独联体国家中形成了中亚经济共同体、欧亚经济共同体、古阿姆集团和四国统一经济空间等区域性经济组织。1996年3月29日，哈吉两国与俄罗斯、白俄罗斯签署了《在经济和人文领域深化一体化合作条约》，决定成立跨国委员会等机构以协调条约国的经济改革进程和加快它们的一体化进程。1997年，上述四国建立了关税同盟，并决定在跨国委员会下设立政府首脑委员会。1998年4月28日，四国关税同盟决定吸收塔吉克斯坦加入。此后，哈、吉、俄、白（白俄罗斯）、塔被称为五国关税同盟。截至1999年10月，五国关税同盟已有60%的关税税率实现统一，涉及1.1万种商品。[1]

2000年10月10日，五国关税同盟总统在哈首都阿斯塔纳签署条约，决定将关税同盟改组为欧亚经济共同体，在共同体内实行统一关税税率、统一的非关税调节措施，还准备制定针对第三国的五国统一贸易制度，建立统一关税区。2001年5月31日，欧亚经济共同体跨国委员会第一次会议在白俄罗斯首都明斯克举行，会议宣布欧亚经济共同体正式成立。

欧亚经济共同体设有议会合作机构跨国议会大会和共同体法院，前者负责审议共同体所提出的有关法规草案，办公地在俄圣彼得堡，后者由各成员国派出的法官组成，负责审判成员国之间在经济合作中出现的法律诉讼，办公地在白俄罗斯的明斯克。

在一体化委员会下设立了海关分委会，负责海关领域规范，制

---

[1] 潘德礼主编：《俄罗斯》，社会科学文献出版社，2005年，第542页。

定关税税率的原则，取消非关税壁垒，简化、协调和统一成员国的海关业务，以及协调与非成员国的关系等。据不完全统计，截至2002年底，俄罗斯与哈萨克斯坦统一了85%的进口关税税率。[1]2007年10月6日，在塔首都杜尚别召开的峰会上，哈、俄、白三国领导人签署了统一关税的协议。

在独联体框架内建立的协调机制对成员国之间的政治、经济、安全方面的传统联系起到了纽带作用，对中亚五个加盟共和国向独立国家的平稳过渡、经济恢复和发展起到了重要作用。然而，随着独联体各国政治、经济独立性的加强，成员国之间相互依存的关系在逐渐减弱。2005年以后，独联体国家中出现了一些问题。其中主要问题是俄格战争的爆发。为了争夺南奥塞梯的控制权，俄罗斯与格鲁吉亚于2008年8月8日爆发了战争。在多方调停下，双方在停火协议上签字，俄军于8月18日开始撤离格鲁吉亚。战争结束以后，格鲁吉亚于2009年8月18日正式退出了独联体。2009年10月，乌、哈、吉、塔中亚四国总统没有出席在摩尔多瓦首都基希讷乌举行的元首峰会。

尽管独联体内部出现了危机，但由于面对恐怖主义等安全威胁，哈萨克斯坦仍然看重由俄主导的独联体"集安组织"和独联体中最大的经济一体化组织"欧亚经济共同体"。因此，哈萨克斯坦必将继续支持独联体的活动，并在其中发挥积极作用。

第四节　外交首选上合组织

苏联解体以后，国际和地区形势发生了很大变化，为了解决苏

---

[1] 张宁：《中亚一体化合作机制及其对上海合作组织的影响》，《俄罗斯中亚东欧研究》2006年第6期。

联时期遗留的边境等问题，1996年4月26日，中亚三国（哈、吉、塔）与中俄两国（总称上海五国）首脑在中国上海签署了《关于在边境地区加强军事领域信任的协定》。为了提高地区安全水平，上海五国首脑又在莫斯科签署了《关于在边境地区相互裁减军事力量的协定》，协定对双方边界军事力量的规模、武器配置、活动方式、相关信息等方面做了具体规定。此后，上海五国首脑年度会晤的形式被固定下来。

上海五国最初的工作主要是解决边界问题，随着恐怖主义活动的日趋猖獗，1998年7月3日，上海五国元首在哈阿拉木图开会，讨论反恐怖主义等地区安全问题，会后发表了《阿拉木图联合声明》。此后，上海五国合作的重点由边界、军事互信等传统安全领域转向反恐怖主义等非传统安全领域。

2001年6月15日，中亚四国（哈、吉、塔、乌）与中俄两国元首在上海召开会议，签署了《上海合作组织成立宣言》，上海合作组织（简称上合组织）正式成立。上合组织成立不到三个月，"9·11事件"发生，9月14日，正在哈阿拉木图召开的上合组织六国总理会发表声明，表示上合组织愿与所有国家和国际组织联合，为根除恐怖主义进行斗争。为了协调打击恐怖主义的行动，上合组织成员国举行了联合反恐演习。2003年，哈萨克斯坦承办了代号为"联合-2003"（8月6—12日）的军事演习[1]，以探索多国协同联合反恐，为维护地区安全做出了贡献。

上合组织成立之初，成员国之间的经济合作也提了出来，2001年的《上海合作组织成立宣言》写道：上海合作组织将利用各成员国之间在经贸领域互利合作的巨大潜力和广泛机遇开展区域经济合

---

1 《上海合作组织各领域的合作》，《大陆桥视野》2005年第4期。

作，启动贸易投资便利化进程。同年9月14日，哈承办了首届成员国总理会议，会上讨论了区域经济合作问题。2002年，上合组织六国先后建立了经贸部长和交通部长会议机制，哈领导人出席了2002年5月28至29日在上海举行的首次经贸部长会议，签署了《启动贸易和投资便利化进程的备忘录》。2004年6月17日，哈总统出席了上合组织第四次峰会。2005年，上合组织成员国成立了实业家委员会，哈参与了成员国之间的金融合作。2010年11月16日，上合组织成员国在莫斯科成立了"银行联合体"，它取代了以往的财政、捐赠等融资方式，为上合组织成员国经济合作提供资金支持，深化了成员国之间的财政金融合作。

上合组织国家之间的贸易规模在不断扩大，彼此经济依存度提高。据统计，2001年，上合组织成员国外贸总额占世界贸易总额的8%[1]；2015年，这一数字达到18.3%，贸易总额超6万亿美元[2]。

在投资方面，中俄两国加大了对上合组织其他成员国的投资。截至2010年5月底，中国国家开发银行在上合组织成员国的贷款余额为314.42亿美元，支持了一大批能源、电力和交通基础设施等项目。[3]

除了经济合作外，上合组织国家之间展开了救灾、环保、人文等领域内的交流与合作。2005年，哈在《上海合作组织成员国政府间救灾互助协定》上签字，并在一些国家举办了救灾演练。2006年5月，哈、乌、吉与俄罗斯在哈国家训练场举行了为期10天的救灾演习比赛，比赛设置了事故搜救、野外搜救、水上搜救、越野赛和

---

[1] 《上海合作组织11年发展回眸》，新华网2012-06-05。

[2] 《哈萨克斯坦专家：上合组织15年发展成就巨大、前景广阔》，国际在线2016-11-02。

[3] 《国开行上合组织5月末贷款余额314.42亿》，财经网2010-06-04。

综合操练等部分。[1] 同年 11 月 21—22 日，哈在《上海合作组织成员国 2007—2008 年救灾合作行动方案》上签字，并参与了包括震后应急搜救、伤员救治、应急通讯保障、消防救援演练等项目的演习。2009 年 5 月 22 日，哈派救援队参加了在俄莫斯科州诺金斯克市举行的"博戈罗茨克"救灾演练。

与此同时，哈萨克斯坦积极参与上合组织国家间的文化合作。2002 年，哈文化部长出席了在北京召开的成员国文化部长第一次会议，会上讨论文化交流与合作，并签署了《上海合作组织成员国文化部长联合声明》。声明规定，成员国之间举办音乐节和互办文化节、组织文艺团体巡回演出，在文物保护、博物馆和图书馆、电影、电视、广播、出版和体育运动等方面进行合作，此次会议将上合组织成员国之间的文化和艺术领域的合作推向新的水平。

在上合组织框架下，哈与其他成员国之间开始了教育领域的合作。哈承办了 2005 年上合组织成员国峰会，会议期间举行了文化部长会议和首届上合组织文化节。2006 年 6 月，哈总统在上海峰会上签署了《成员国政府关于教育合作的协议》，协议为有关教育机构的交换，教育纲要的审批、认证等程序，以及互相培养学生和教师等问题达成了一致。[2] 2008 年 10 月 22—24 日，哈承办了上合组织国家教育部长会议，对教育领域的合作做出规划。

在上合组织成立十周年之际，2011 年 6 月 15 日，哈承办了成员国峰会，会上发表了《阿斯塔纳宣言》，宣言说：上合组织成员国恪守《上海合作组织宪章》和《上海合作组织成员国长期睦邻友好合作条约》的原则和规定，在共同维护和平、安全和稳定，以及

---

1 张晓宁：《上合组织开展救灾演练》，《中国减灾》2006 年第 7 期。
2 《中亚上合组织成员国同俄罗斯及中国的经济合作态势》，聂书岭译，《中亚信息》2007 年第 4 期。

在上合组织区域内开展政治、经济、人文和其他领域多边合作方面为本组织有效运作奠定了坚实的基础。在以往取得成就的基础上，成员国将继续本着互信、互利、平等、协商、尊重多样文明、谋求共同发展的精神加强合作，共同落实本组织基本文件规定的所有宗旨和原则。

在上合组织框架内的合作是哈萨克斯坦外交政策的重要领域，哈政府为此发挥了重要作用。在安全合作方面，哈政府曾建议上合组织与包括在阿拉木图市筹建的联合国属下的中亚地区信息协调中心等地区反毒品机构建立合作的关系。为解决21世纪的挑战，哈总统纳扎尔巴耶夫在2009年提出了一些建议，即建立上合组织紧急情况预警和救灾中心，以及建立监控机制，防止传染病的扩散。

在经济合作方面，哈当局认为上合组织国家合作的优先方向是能源合作，应该在拥有世界能源总储量的42%、世界油气总储量的35%[1]的上合组织国家中建立能源俱乐部。2003年通过的《多边经贸合作纲要》，提出了在能源合作方面的主要任务是：改进现有的能源设备和能源系统，开发新产区和开展地质勘探，发展交通基础设施建设，为互相开放能源市场和实现无障碍运输创造条件。哈总统在2006年召开的上合组织成员国元首理事会上提出制定亚洲能源战略计划的设想。在2007年召开的上合组织元首峰会上，哈总统纳扎尔巴耶夫指出："哈萨克斯坦作为能源生产和输送大国，希望看到在上合组织范围内建立一个完整的能源基础设施网络。"上合组织将成为成员国通过亚洲能源战略道路上的一个起点。

---

[1] 韩璐：《2007年度中国上海合作组织研究中心研讨会综述》，《国际问题研究》2007年第4期。

在2006年的上合组织成员国元首峰会上,哈总统纳扎尔巴耶夫提出了签署《过境运输领域协议》的建议,并开始着手改造相关道路,落实作为新丝绸之路的"西欧－中国西部"项目。考虑到2008年的经济危机,哈方在上合组织会议中提出了维护全球粮食安全的建议,并且强调指出,该领域的安全应成为上合组织区域内社会经济稳定的保障。

在人文领域的合作方面,哈总统纳扎尔巴耶夫在2007年上合组织峰会上建议成立上合组织各民族文化、历史和语言研究教学中心。哈政府承办了2008年10月22—24日上合组织教育部长会议,会上讨论了组建上合组织网络大学的构想,上合组织网络大学已于2010年启动,成员国的60多所顶尖高校加入其中。[1]

在上合组织的战略发展方向上,哈总统在2007年上合组织成员国元首理事会上提议上合组织与欧盟建立伙伴合作联系。两年以后,哈在上合组织会议上发出倡议,成员国共同签署《上合组织秘书处与亚信会议秘书处谅解备忘录》和《上合组织秘书处与欧安组织秘书处合作备忘录》,这些文件的签署将对维护地区安全,特别是对解决阿富汗问题起到推动作用。

哈萨克斯坦与上合组织的合作是哈外交政策的首选,哈萨克斯坦认为上合组织是实现区域合作的有效手段,而且还将为进一步增强上合组织的生命力而努力。

第五节 促进地区稳定的亚信会议

由于自然、历史的原因,亚洲是一个多民族、多文明的地区。

---

[1] 《上海合作组织11年发展回眸》,新华网2012-06-05。

由于发展水平不一，利益诉求各异，亚洲又是一个充满着矛盾和冲突的地区。冷战结束以后，亚洲不少国家直接面临恐怖主义、宗教极端主义，以及跨国有组织犯罪、毒品和军火走私的威胁，亚洲成为全球最不稳定的地区。随着21世纪世界经济重心向亚太地区的转移，亚洲成了各种外部力量博弈争夺的地区。这些传统和非传统的安全威胁不是一国一地可以独自解决的，亚洲各国迫切需要加强合作，共同有效应对威胁和挑战。因此，搭建一个官方对话平台，成立一个促进亚洲各国沟通和信任的机构显得十分重要。

1992年10月，哈萨克斯坦总统纳扎尔巴耶夫在第47届联合国大会上倡议在亚洲建立一个保障亚洲和平、安全和稳定的论坛，并将该论坛命名为亚洲相互协作与信任措施会议（简称亚信会议）。倡议一经提出，就得到了包括中国在内的多个亚洲国家的支持。

1993年3月，第一次亚信会议在哈萨克斯坦召开，启动了亚信会议的进程。1993—1996年期间，在当时的哈首都阿拉木图市举办了一系列由部分亚洲国家代表参加的专家级会议，确立了亚信会议的成立宗旨：促进亚洲各国间的对话与协商，消弭误解、对立与冲突，保障地区的稳定与安宁，通过对话与合作来实现亚洲的和平与安全，自由和繁荣。此外，这次会议还就亚洲安全问题达成了以下共识：不管亚洲各国间存在着怎样的矛盾与分歧，都不能阻碍本地区各国共同维护地区安全的努力。在1994年的第三次亚信会议上，与会专家决定成立一个特别工作小组以筹备外长级会议。

1997年12月，在哈萨克斯坦召开了亚信会议副外长会议，会上通过了《亚信会议声明》，其主要内容侧重于政治和安全方面，主张亚洲国家开展政治对话、促进裁军和实现地区安全。1999年，亚信会议成员国的第一次和第二次外长级会议在阿拉木图召开，来自中国、俄罗斯、土耳其等16个国家的外长或副外长、部分国家的观察员，以及联合国、欧洲安全与合作组织等国际组织的代表出席了会议。两次外长会议拟定了亚信会议成员国之间相互关系的基本原则：相互尊重主权和领土完整，互不干涉内政，和平解决争端，不使用武力和以武力相威胁，发展经济、社会和文化合作；亚信会议须由至少三分之二成员国出席的法定人数方可召开，亚信各级会议的决定和建议均须协商一致通过，所有成员国均应参与决策过程，如无任何成员国在通过决定和建议时提出异议，则视为协商一致等。

在以上文件的基础上，2001年，亚信会议开始筹备成员国元首峰会（亚信峰会）。哈萨克斯坦外长、副外长等高官作为特使被派到亚洲各国递交了哈总统纳扎尔巴耶夫的亲笔信，邀请出席亚信会议第一次国家元首和政府首脑会议。然而，由于"9·11事件"的发生，第一次亚信峰会直到2002年6月4日才召开。

第一次亚信峰会在哈阿拉木图市召开，出席峰会的有中国、蒙古、俄罗斯、土耳其、以色列、巴勒斯坦、阿塞拜疆、伊朗、哈萨克斯坦、吉尔吉斯斯坦、塔吉克斯坦、乌兹别克斯坦、阿富汗、巴基斯坦、印度、埃及16个成员国的元首、政府首脑或代表。此外，美国、澳大利亚、日本等国以亚信会议观察员身份出席会议。会议通过了《阿拉木图文件》和《关于消除恐怖主义和促进文明对话的宣言》。与会国在充分考虑了本地区特殊性和多样性特点基础上，对在亚洲消除大规模杀伤性武器、实现无核化、反对恐怖主义、反对分裂主义、打击贩毒活动、打击非法军火交易等领域的责任进行了确认。可以说，第一次亚信峰会的主要议题集中于应对亚洲安全与稳定。

2004年10月，亚信会议外长会议召开，此次会议在原有16个成员国的基础上，新增了泰国（2004年加入），17个成员国的外长或副外长,以及一些国家的观察员和联合国、欧安组织等国际组织的代表参加了会议。与会国在建立相互信任的范畴、规则和程序方面达成了一致,发表了共同宣言。从建立相互信任的范畴、促进稳定和安全协议方面来讲,这次会议在亚洲国际关系史上达到了前所未有的规模。

2004年亚信会议外长会议通过了《亚信信任措施目录》和《亚信程序规则》,为亚信会议成为地区安全机制奠定了法律基础。2006年,第二次亚信峰会在阿拉木图召开,会上通过了《亚信论坛秘书处协定》,为亚信会议成为常设的亚洲地区机制化论坛创造了条件;同年6月,亚信会议在阿拉木图设置了常设执行机构——亚信会议秘书处,秘书处经费来源是哈萨克斯坦政府拨款和成员国自愿捐款。亚信会议多层次官方对话平台机制形成,主要是国家元首和政府首脑会议(亚信峰会)、外长会议和高官委员会会议三级机制。亚信峰会和亚信外长会议每四年举行一次,两会交错举行,间隔两年,举办峰会和外长会议的国家任主席国。

2010年6月,第三届亚信峰会在土耳其共和国的伊斯坦布尔召开。首次在哈萨克斯坦以外的城市召开标志着亚信理念正为更多的亚洲国家所接受。会上各国领导人签署了《亚信论坛秘书处及其工作人员、成员代表特权与豁免公约》,亚信会议开始向正式国际组织迈进。

2014年5月20日至21日,第四届亚信峰会在中国上海召开,出席峰会的成员国有26个:除2004年的17年国家外,新增加成员国有韩国(2006)、约旦(2008)、阿联酋(2008)、越南(2010)、伊拉克(2010)、巴林(2010)、柬埔寨(2011)、卡塔尔(2014)、孟加拉国(2014)。观察员国家或国际组织有11个:印度尼西亚、斯里兰卡、菲律宾、日本、马来西亚、乌克兰、美国、突厥语国家议会大会、联合国、欧安组织和阿拉伯国家联盟。众多国家的参与体现了，亚信会议是一个促进亚洲区域对话与互信的、开放性的、有效的地区论坛。

第四次亚信峰会的主题是：加强对话、信任与协作，共建和平、稳定与合作的新亚洲。与会者一致认为：在亚信会议的框架下，通过加强信任措施和对话合作，通过平等协商、和平合作的方式处理矛盾分歧，亚洲各国才能共同应对挑战、维护稳定和共享安全。会后发表了《上海宣言》，《上海宣言》表达了亚信会议成员国加强信任合作、建设共同安全环境的坚定信念。

亚信会议已经成为亚洲讨论地区安全与合作问题的重要多边平台，为维护亚洲安全起到了积极的作用。针对亚洲的安全问题，成员国政治领袖在此进行广泛的交流和沟通，释疑增信，为亚洲的安全构架建设、为亚洲地区安全稳定和对话合作做出了重要贡献。除了地区安全外，亚信会议还起到了政治宣示的作用，维护和平、推动和谐与信任始终是亚信会议的政治方针。

应该指出，亚信会议在区域经济文化合作方面也发挥了独特作用。在亚信会议框架下，亚洲各国合作的范围从最初的应对新挑战和新威胁的军事和政治等领域的对话，扩展到经济、生态、人文等多个领域的对话与合作。在深化政治、安全领域合作的基础上，亚信会议确定了亚洲国家互利共赢的经济合作方向，通过成员国之间技术交流来整合贸易，扩大成员国之间的贸易、投资、金融和旅游合作，各方可根据自愿原则参与落实相关信任措施，循序渐进开展合作。在此过程中，阿塞拜疆、伊朗、以色列、哈萨克斯坦、蒙古、韩国、俄罗斯、塔吉克斯坦、泰国、土耳其自愿担任了落实具体领域信任措施的协调国或联合协调国。中国倡议的"丝绸之路经济带"和"21世纪海上丝绸之路"有力地推动了亚信会议成员国之间的经济合作。如今，成员国在中小企业发展、促进旅游、青年交往、防治沙漠化等共同感兴趣的领域建立了交流机制，加强了互利合作，多方面地契合了亚信会议以合作谋安全、以发展促安全的理念。

在走过了艰辛的筹备（1993—1996）、外交协调（1996—2001）、高层对话（2001—2004）和机制完善（2004年以后）几个阶段之后，目前，亚信会议已经发展成为一个涵盖了90%以上的亚洲大陆领土和人口的国际组织。亚信会议平台的构建是倡议国——哈萨克斯坦努力的结果。哈总统纳扎尔巴耶夫的政治远见和哈政府致力于地区和平稳定的责任担当受到了国际社会的敬佩。

可以预见，在亚信会议成员国的同心协力下，在哈萨克斯坦一如既往的努力下，亚信会议将向着更加成熟、更具行动力和影响力的方向发展，为亚洲和平与稳定做出新的贡献。

参考书目

中文书目

《金史》，中华书局，1975年。
《元史》，中华书局，1976年。
《元朝秘史》，鲍思陶点校，齐鲁书社，2005年。
米儿咱·马黑麻·海答儿：《中亚蒙兀儿史——拉失德史》第一、二编，新疆人民出版社，1983、1986年。
（清）梁份：《秦边纪略》，赵盛世等校注，青海人民出版社，1987年。
（清）汪廷楷、祁韵士：《西陲总统事略》，中国书店，2010年。
岑仲勉：《汉书西域传地里校释》，中华书局，1981年。
韩儒林主编：《元朝史》（上），人民出版社，1986年。
杨建新主编：《古西行记选注》，宁夏人民出版社，1987年。
中国社会科学院苏联东欧研究所、国家民族事务委员会政策研究室编译：《苏联民族问题文献选编》，社会科学文献出版社，1987年。
张保国：《苏联对中亚及哈萨克斯坦的开发》，新疆人民出版社，1989年。
公抒编著：《原苏联各共和国概况》，世界知识出版社，1992年。
哈斯木·霍加主编：《哈萨克斯坦共和国概况》，新疆人民出版社，1992年。
黄宏、纪玉祥主编：《原苏联"七年改革"纪实》，红旗出版社，1992年。
韩康信：《丝绸之路古代居民种族人类学研究》，新疆人民出版社，1993年。
中国军事百科全书编审委员会：《中国军事百科全书·军事地理测绘气象》，军事科学出版社，1997年。
潘志平主编：《民族自决还是民族分裂——民族和当代民族分立主义》，新疆人民出版社，1999年。
赵常庆主编：《中亚五国概论》，经济日报出版社，1999年。
张森主编：《俄罗斯和东欧中亚国家年鉴（1999年）》，当代世界出版社，

2001年。
陈联璧等:《中亚民族与宗教问题》,中央民族大学出版社,2002年。
李景阳:《基本经济制度转变中的社会冲突——对俄罗斯的实证分析》,东方出版社,2002年。
潘志平主编:《中亚的民族关系:历史、现状与前景》,新疆人民出版社,2003年。
赵常庆编著:《哈萨克斯坦》,社会科学文献出版社,2004年。
厉声:《哈萨克斯坦及其与中国新疆的关系(15世纪—20世纪中期)》,黑龙江教育出版社,2004年。
马大正、冯锡时编:《中亚五国史纲》,新疆人民出版社,2005年。
胡振华主编:《中亚五国志》,中央民族大学出版社,2006年。
张宏莉:《当代哈萨克斯坦民族关系研究》,世界知识出版社,2007年。
《哈萨克族简史》编写组:《哈萨克族简史(修订本)》,民族出版社,2008年。
古丽阿扎提·吐尔逊:《中亚恐怖主义犯罪研究》,中国人民公安大学出版社,2009年。
杨进:《贫困与国家转型:基于中亚五国的实证研究》,社会科学文献出版社,2012年。
赵常庆:《中亚五国新论》,昆仑出版社,2014年。
石源华、祁怀高主编:《中国周边国家概览》,世界知识出版社,2017年。

译著

《苏联共产党代表大会、代表会议和中央全会决议汇编》第四分册,人民出版社,1957年。
《苏联国民经济建设计划文件汇编》(第三、四、五个五年计划),人民出版社,1957年。
〔美〕迈可尔·刘金:《俄国在中亚》,陈尧光译,商务印书馆,1965年。
〔俄〕A. D. 列夫申:《吉尔吉斯-哈萨克各帐及各草原的述叙(摘译)》,新疆社会科学院民族研究所译,1975年油印稿本。
〔美〕约翰·多恩伯格:《勃列日涅夫——克里姆林宫的明争暗斗》,静海译,生活·读书·新知三联书店,1975年。
〔俄〕M. A. 捷连季耶夫:《征服中亚史》第1卷,武汉大学外文系译,商务印书馆，1980年。
〔苏联〕伊·亚·兹拉特金：《准噶尔汗国史》，马曼丽译，商务印书馆，1980年。
苏联科学院经济研究所编：《苏联社会主义经济史》第3卷，生活·读书·新知三联书店，1982年。
苏联科学院经济研究所编：《苏联社会主义经济史》第4卷，生活·读书·新知三联书店，1982年。
〔英〕道森编：《出使蒙古记》，吕浦译，周良霄注，中国社会科学出版社，1983年。
〔波斯〕拉施特主编：《史集》第1卷第2分册、第2卷，余大钧等译，商务印书馆，1983—1985年。
苏联科学院经济研究所编：《苏联社会主义经济史》第5卷，生活·读书·新知三联书店，1984年。
〔苏联〕威廉·巴托尔德：《中亚突厥史十二讲》，罗致平译，中国社会科学出版社，1984年。
苏联科学院经济研究所编：《苏联社会主义经济史》第6卷，东方出版社，1986年。
〔苏联〕尼·谢·赫鲁晓夫：《最后的遗言——赫鲁晓夫回忆录续集》，上海国际问题研究所、上海市政协编译组译，东方出版社，1988年。
〔日〕佐口透：《新疆民族史研究》，章莹译，新疆人民出版社，1993年。
〔哈萨克〕努·阿·纳扎尔巴耶夫：《探索之路》，陈兵、王嘉琳译，新疆人民出版社，1995年。
〔哈萨克〕努·纳扎尔巴耶夫：《站在21世纪门槛上——总统手记》，陈兵、王嘉琳译，时事出版社，1997年。
苏联科学院历史研究所编：《苏联民族-国家建设史》（下），徐桂芬等译，商务印书馆，1997年。
〔法〕勒内·格鲁塞：《草原帝国》，蓝琪译，商务印书馆，1998年。
〔美〕罗伯特·达尔：《论民主》，李柏光、林猛译，冯克利校，商务印书馆，1999年。
〔日〕猪口孝等编著：《变动中的民主》，林猛等译，吉林人民出版社，1999年。
〔哈萨克〕努·纳扎尔巴耶夫：《前进中的哈萨克斯坦》，哈依霞译，民族出版社，2000年。

〔英〕安东尼·D.史密斯：《全球化时代的民族与民族主义》，龚维斌、良警宇译，中央编译出版社，2002年。

〔美〕曼纽尔·卡斯特：《认同的力量》，夏铸九、黄丽玲等译，社会科学文献出版社，2003年。

〔哈萨克〕努·纳扎尔巴耶夫：《时代·命运·个人》，陈兵、王沛译，人民文学出版社，2003年。

〔美〕哈罗德·伊萨克：《族群：集体认同与政治变迁》，邓伯宸译，台北立绪文化事业有限公司，2004年。

〔哈萨克〕努·纳扎尔巴耶夫：《关键的十年》，曹特金等译，民族出版社，2004年。

〔伊朗〕志费尼：《世界征服者史》（上），何高济译，商务印书馆，2004年。

〔美〕本尼迪克特·安德森：《想象的共同体：民族主义的起源与散布》，吴叡人译，上海人民出版社，2005年。

〔美〕马丁·N.麦格：《族群社会学》，祖力亚提·司马义译，华夏出版社，2007年。

外文书目

Sir Henry Howorth, *History of Mongols, from the 9th to the 19th Centuries*, Part II, Longmans, Green and Co., 1927.

W. Barthold, *Turkestan Down to the Mongol Invasion*, Luzac and Co., 1928.

V. V. Barthold, *Four Studies on the History of Central Asia*, Tr. by V. and T. Minorsky, E. J. Brill, 1956.

Geoffrey Wheeler, *The Modern History of Soviet Central Asia*, Weidenfeld and Nicolson, 1964.

V. Minorsky, translation and explained, *Ḥudūd al-'Ālam* (With the Preface by V. V. Barthold), E. J. W. Gibb Memorial, 1970.

M. I. Artamonov, *Sokrovishcha sakov*, Iskusstvo, 1973.

A. M. Khazanov, *Sotsialnaya Istoriya Skifov*, Nauka, 1975.

A. I. Terenozhkin, *Kimmeriytsî*, Naukova dumka, 1976.

Mohammed Ayoob, ed., *The Politics of Islamic Reassertion*, St. Martin's Press, 1981.

Denis Sinor, *The Cambridge History of Early Inner Asia*, Cambridge

University Press, 1990.

Robert A. Lewis, ed., *Geographic Perspectives on Soviet Central Asia*, Routledge, 1992.

Edward Allworth, ed., *Central Asia: 130 Years of Russian Dominance, A Historical Overview*, third edition, Duke University Press, 1994.

Hall Gardner, *Dangerous Crossroads: Europe, Russia and the Future of NATO*, Praeger, 1997.

M. S. Asimov, C. E. Bosworth, eds., *History of Civilizations of Central Asia*, Vol. IV, UNESCO Publishing, 1998.

Chahryar Adle, Irfan Habib, *History of Civilizations of Central Asia*, Vol. V, UNESCO Publishing, 2003.

后　记

继六卷本《中亚史》之后，五卷本《中亚五国史研究》的付梓，标志着本人历时四十多年的中亚史研究完成了。如果将储备各种知识的二十多年的学习阶段也算在内的话，那么本人一生只做了梳理中亚地区历史这一件事。在完成《中亚史》和《中亚五国史研究》的撰写之后，作者理应对它们的价值做一点反思。

关于这两套书针对的读者人群和写作初衷有以下几点：

一是让初学中亚史的读者能够在较短时间内对中亚历史有一个提纲挈领的了解。为达到这一目标，两套书必须具有系统性，应该做到结构合理完整、内容详略得当、表达措辞准确。我认为《中亚史》这一目的已经达到了。网上有人评价说，这是一套非常好的中亚入门史书，整体看下来就可以了解中亚史的框架。

对于初学者，还应该了解这两套书的以下情况。第一，关于中亚人名。书中出现的人名，几乎无一例外地采用了中国古籍的记载，以及以往著作使用的、人们所熟悉的人名，而没有按外文的发音规律新造人名，如库泰拔、俾路支、阿布杜拉等等。这样做的目的是避免给本已觉得中亚历史难读的初学者制造新的障碍。第二，关于中亚地名。书中出现的地名，基本上也是采用中国古籍的记载和约定俗成的地名，即采用了当时著作所赋予的名字，而不是如今的称谓，如元朝时期的报达（今巴格达）、不花剌（今布哈拉）、忽毡（今苦盏）等等。有的地名在第一次出现时标出或加注了今地名，在总体阅读中可能会给初学者带来一些不便。尽管如此，采用各时代文献所记地名既是一部历史著作展现历史感所需要的，也是初学者积累历史地理知识所必需的。

二是让已经进入中亚史领域的读者，对中亚历史有一个全面的了解。因此两套通史性著作讲究面面俱到，让这部分读者或丰富自己的中亚知识，或将已有的散乱知识系统化，对中亚形成一个全貌的认识。我认为《中亚史》的这一目的也基本达到了。有人评价说，这套书的好处有三：条理清晰，体系完整；史料涉及浩如烟海；文笔通俗，浅显易懂。

三是给中亚史研究的学者提供一些可能性。两套书是通史性著作，不可能对每一个问题都信马由缰地铺开来论述或深入探讨，因此存在着许多再研究的空间，如阿姆河和锡尔河对中亚历史、对中亚民族关系的影响，如联合国十分重视的咸海问题，如独联体、上合组织的系统研究以及中亚国家在其中所发挥的作用等等。我认为《中亚史》的这一目的也部分达到了，它的出版激起许多研究者探讨中亚朝代和中亚文化的热潮。

如果将两套书分别比作一幢建筑的话，那么它是一幢中式建筑而不是西式建筑；它的外观和内部结构都是作者按中国著书立说的方式独立设计和执行的。如果你从不同角度观察这一建筑，会发现它与其他建筑存在着不一样的地方。因此，以上三类读者在宏观的视野下都会产生一种崭新的、与其他著作不一样的感觉。但是，如果你将建筑物推倒，你看到的只是人们所熟悉的、没什么新意的、令人大失所望的砖头。不可否认的是，这幢建筑的材料来自人们所熟悉的，有些甚至是被广泛使用的中外著作。作者从各类中英文文献中搬来了这些"砖头"，经过主观的甄选、细致的整理、认真的辨识，最终用来构建了自己的"建筑"。读者将在这一"建筑"中了解系统和全面的中亚历史知识。

对于《中亚五国史研究》，以下情况需要向读者交代：

一是研究资料方面的缺憾。在《中亚五国史研究》的上篇中，由于资料的缺乏，研究尚处于起步阶段，还存在一些不足。如丝绸之路的研究很多，但它在中亚五国境内的走向却未见研究；如中亚民族形成的研究也不少，但除塔吉克族外的中亚四个民族是如何从欧罗巴人种演变成蒙古利亚人种突厥族群的，以及地域、政权在中亚五国的民族形成过程中的作用如何，哪些部落对民族的形成起着关键的作用等等问题，除了介绍苏联时期的考古资料外，国内的研究很少；再如中亚五国今天的国土是如何形成的，作者见到的大多数研究只是笼统地说苏联划界，几乎没有见到追根溯源的、系统的研究。以上是一部通史性著作不能回避的问题，作者做了一些尝试。尽管作者对它们的考察和研究着力不少，但仍然不太满意，这些问题的研究还有待完善。

在《中亚五国史研究》的中篇和下篇中，有关独立国家政权的构建、国家意识形态的构建，独立以后的宗教和民族问题的处理等问题，由于中亚五国独立建国时间不长，学界对它们的研究还未能做到深入剖析和宏观概括，因此，《中亚五国史研究》对各国政体的变化、宗教和民族政策的变化，主要依据各国历年来颁布的宪法和宪法修正案的条款，以及各国不同时期颁布的政令来推导和论述，推论中不免带有主观性，只能起到抛砖引玉的作用。

二是最新研究成果的使用情况。《中亚五国史研究》的撰写始于2010年，2018年交稿。习近平主席于2013年提出的建设"丝绸之路经济带"的倡议掀起了中亚研究的热潮，学界在经过一段时间的研究之后陆续发表了一些研究成果。但本书只采用了2017年以前的研究成果，在日新月异的研究面前，这部通史性著作难免挂一漏万，会出现成果使用不全面，甚至所用数据说明问题的力度不够的情况。

三是中亚形势的新变化。2016年以后，中亚形势发生了一些新变化，主要是一些国家的新老领导人进行了权力交接。2016年乌兹别克斯坦总统卡里莫夫突然病逝，2019年哈萨克斯坦总统纳扎尔巴耶夫宣布辞去总统职务。两位中亚强国总统的变动引起研究者对前任统治者的执政理念、政府的方针政策的重新审视，2019年以后的研究可能有更加细致入微的分析，可能会对权力的运作有更加准确的观察，因此评价也可能会更加客观。

《中亚五国史研究》的出版，要感谢关心和帮助我的很多人。特别是浙江大学博士王凤梅，在大半年的时间里，几乎每天晚上都在帮助本书完善和核对注释。还要感谢以商务印书馆编辑程景楠女士为首的编辑团队，他们勤奋敬业的工作态度和认真负责的精神让我钦佩。

两套书的出版，如果一石激起千层浪，好评、差评如潮都是好事，说明它们激发了读者对中亚的兴趣，是有价值的；如果石沉大海、无人问津，那才是作品和作者最大的悲哀。欢迎读者批评指正。

蓝 琪

2024年3月1日